# 유럽 국민국가의 계보

990~1992년

Coercion, Capital and European States

by Charles Tilly

Copyright ⓒ Charles Tilly, 1990; 1992

All rights reserved. Authorised translation from the English language edition published by Blackwell Publishing Limited. Responsibility for the accuracy of the translation rests solely with Greenbee Publishing Company and is not the responsibility of Blackwell Publishing Limited. No part of this book may be reproduced in any form without the written permission of the original copyright holder, Blackwell Publishing Limited.

Korean translation copyright ⓒ 2018 by Greenbee Publishing Company
Korean translation rights arranged with A.P.Watt Ltd. through EYA(Eric Yang Agency)

**유럽 국민국가의 계보: 990~1992년**

**발행일** 초판1쇄 2018년 6월 30일 | 초판2쇄 2019년 5월 20일
**지은이** 찰스 틸리 • **옮긴이** 지봉근
**펴낸이** 유재건 • **펴낸곳** (주)그린비출판사 • **주소** 서울시 마포구 와우산로 180, 4층
**전화** 02-702-2717 • **이메일** editor@greenbee.co.kr • **신고번호** 제2017-000094호

ISBN 978-89-7682-295-6 93340
이 도서의 국립중앙도서관 출판예정도서목록(CIP)은 서지정보유통지원시스템 홈페이지(http://seoji.nl.go.kr)와
국 가자료공동목록시스템(http://www.nl.go.kr/kolisnet)에서 이용하실 수 있습니다.(CIP제어번호: CIP2018019707)

이 책의 한국어판 저작권은 EULAMA S.R.L과 EYA(Eric Yang Agency)를 통해 A Blackwell Publishing Limited와 독점
계약한 (주)그린비출판사에 있습니다.
저작권법에 의하여 한국 내에서 보호를 받는 저작물이므로 무단전재와 복제를 금합니다.
책값은 뒤표지에 있습니다. 잘못 만들어진 책은 서점에서 바꿔 드립니다.

철학이 있는 삶 **그린비출판사** www.greenbee.co.kr

# 유럽 국민국가의 계보

990~1992년

찰스 틸리 지음 | 지봉근 옮김

프리즘총서 **027**

그린비

지적인 열광자, 기획자, 창작자, 그리고 친구인
스테인 로칸을 추억하며

# 서문

창조적 신경증. 나는 이렇게 부르는데, 이는 생산적인 결과에 대한 한 사람의 충동과 공포를 총괄하는 예술을 말한다. 이 책은 글쓰기에 그것을 적용하는 예가 될 것이다. 이 경우 복잡한 사건들에 대해 단순한 균형을 발견하거나 고안하려는 나의 충동은, 아주 벅찬 일이 아닌 다른 과업을 수행하여 무거운 책임감을 탈출하려는 욕구와 결합하였다. 이 책의 독자라면 누구라도 순서를 세우고 단순화하려는 나의 충동의 기호들을 인식할 것이다. 그러나 두 번째 욕구는 조금 설명이 필요하다. 나는 그전에 여러 번 고통스럽거나 어려운 다른 일을 피하기 위해 역시 어려운 일에 뛰어들고 있는 자신을 발견했다. 이번에는 유럽의 도시와 국가 들의 상호작용에 대한 논문을 수합하는 일을 빔 블로크만스Wim Blockmans와 공동으로 시작했다가, 대단히 야심적인 책을 또 시작했다. 그것은 서기 1000년 이후 유럽의 몇몇 지역에서 특정한 도시와 국가의 결합을 비교하는 일이었다.

이 책은 정확하게 말하면 페리 앤더슨Perry Anderson의 대단한 도전에 응답하는 뜻이 있었다. 즉, "오늘날은 '아래로부터의 역사'가 맑스주의자와 비맑스주의자 모두에게 좌우명이 되고, 과거에 대한 우리의 이해를 주요하게 개선해 냈던 때인데, 그럼에도 역사적 유물론의 기본적인 격언 중 하나를 상기하는 것이 필수적이다. 곧 계급 간의 세속적인 투쟁은 궁극적으로 사회의 **정치적**——경제적이거나 문화적인 것이 아닌——차원에서 해결된다. 다른 말로 하면, 계급들이 존속하는 한, 생산관계의 기본적 전환을 은폐하는 것은 바로 국가의 건설과 파괴이다"(Anderson 1974: 11). 이 책이 나의 경력의 오랜 관심사 세 가지를 통합할 수 있기를 나는 희망한다. 그 셋은 집단행동의 역사와 역학, 도시화 과정, 그리고 국민국가의 구성이다.

내가 이해하길, 그런 책이라면 외국의 자료와 언어에 대한 숙달이 필수적이었고, 시대적 항목에 딱 맞아야 할 많은 목록과 통계 시리즈는 말할 필요도 없다. 나는 책을 쓰기 시작했지만, 곧 잘 모르는 곳의 새로운 자료들을 파고 있고, 새 언어를 배우고 옛날 것을 검색하는 능력을 시험하고 있는 자신을 발견했다. 코넬대학에서 1987년에 메신저 강연Messenger Lectures을 통해 이 책의 아이디어를 조합할 수 있도록 기회를 주었다. 이타카에서의 토론은 이 아이디어들이 얼마나 거친 것이었지를 증명해 주었지만, 나에게 이 주제가 중요하고 또 거기에 필요한 오랜 노력을 들일 가치가 있다는 것 또한 확신시켜 주었다.

1988년 2월과 3월에 이 책을 작업하면서, 나는 파리 정치학연구소 Institut d'Etudes Politiques에서 일련의 강연을 하였다. (기회를 마련해 준 알랭 랑슬로Alain Lancelot와 피에르 번바움Pierre Birnbaum에게, 그리고 내가 파리에 머무는 동안 도움을 준 인문과학연구소Maison des Sciences de l'Homme의 클레멘스 헬러Clemens Heller에게 감사드린다.) 나의 계획은 그러한 강연 사이사이에 파리의 기록 보관소에서 작업을 하는 것이었다. 그러나 연이은 강연의 초기에 나는 유럽의 도시와 국가에 대하여 다시 강연하였다. 발표에서 제기되었던 적극적인 질문에 대해 다시 생각하면서 나는 갑자기 다른 책도 충분히 진행할 수 있다는 것을 깨달았다. 그것은 내가 이미 시작했던 것보다 더 도식적이고, 종합적이며, 간결하고, 실현 가능한 책이었다. 그 책을 쓰는 것은 나에게 어마어마한 큰 프로젝트에서 일시적으로라도 명예롭게 퇴장하는 것을 허가하였다. 기록 보관소에 가는 대신에, 나는 집에서 키보드 앞에 머물렀고 새 책에 흥분하여 자판을 두드리기 시작했다. 코넬대학과 연구소에서 했던 강연들을 재작업하니 그 계획에 적합하였고, 따라서 내가 3월 말에 뉴욕에 돌아왔을 때 이 책 주요 부분의 초안이 작성되었다.

러셀세이지재단Russell Sage Foundation이 고맙게도 1년 동안의 휴가를 후원해 준 덕에 다른 프로젝트들은 무시한 채, 컴퓨터에 달라붙어 쓰기를 계속했다. (그동안 러셀세이지의 폴린 로스스타인Pauline Rothstein과 다른 직원들이 도서관 자료를 찾는 데 필수 불가결한 지적인 도움을 주었고, 카밀 예지Camille Yezzi는 일상적인 일들을 수월하게 해주었고, 에릭 워너Eric Wanner와 피터 디 자노시Peter de Janosi는 너그러이 도와주었고, 로버트 머튼Robert Merton과 비비아나 젤리저Viviana Zelizer는 큰 구조, 많은 과정, 엄청난 비교를 다루어야 하는 나의 작업을 격려했다.) 1988년 7월에는 고르지 않지만 완결된 원고가 나왔다. 그것과 뒤이은 원고가 '국가, 강제, 자본, 은, 칼, 왕홀'States, Coercion, and Capital, Silver, Sword, and Scepter이라는 제목으로, 그리고 덜 달콤하지만 더 정확한 '강제, 자본, 그리고 유럽 국가'Coercion, Capital, and European States라는 제목으로 한 차례 돌았다. (이 책의 현재 판본은 이전에 나타났던 다음의 자료들을 포함하고 이를 적용하였다. "The Geography of European Statemaking and Capitalism Since 1500", eds. Eugene Genovese and Leonard Hochberg, *Geographic Perspectives in History*, Oxford: Basil Blackwell, 1989; "Warmakers and Citizens in the Contemporary World", CSSC[Center for Studies of Social Change, New School for Social Research] Working Paper

41, 1987; "How War Made States and Vice Versa", CSSC Working Paper 42, 1987; "States, Coercion, and Capital", CSSC Working Paper 75, 1988; "State and Counterrevolution in France", Social Research 56, 1989, pp.71~98.)

뒤이은 몇 달 동안 많은 친구들과 동료들이 이 책의 다양한 부분들에 대해 읽거나 들었다. 그것에 대해 이야기하고 끊임없이 수정하고 싶어 하는 나의 충동에 의해 그들이 아주 바빠졌다. 재닛 아부루고드Janet Abu-Lughod, 빔 블로크만스, 브루스 캐로더스Bruce Carothers, 새뮤얼 클락Samuel Clark, 브라이언 다우닝Brian Downing, 카르멘자 갈로Carmenza Gallo, 토르발 그랜Thorvald Gran, 마졸레인 티 하트Marjolein 't Hart, 피터 캐첸스타인Peter Katzenstein, 앤드루 커비Andrew Kirby, 존 린John Lynn, 페리 마스Perry Mars, 마르텐 프라크Maarten Prak, 시드니 태로Sidney Tarrow, 웨인 티 브레이크Wayne te Brake, 빈 웡Bin Wong이 헤아릴 수 없는 선물을 나에게 주었다. 그들은 전체 원고의 초고를 사려 깊게 비평해 주었다. 한편 리처드 벤젤Richard Bensel, 로버트 저비스Robert Jervis, 조 허즈번즈Jo Husbands, 데이비드 라이틴David Laitin은 특정한 절에 대해 예리한 논평을 더해 주었다. 나의 아이디어들을 전달하는 방법에 대해 제안해 준 아델 로트만Adele Rotman에게 따뜻한 감사를 드려야 한다. 니키 아두바Nikki Aduba는 능숙한 주의력과 지성으로 원고를 편집했다. 루이즈 틸리Louise Tilly는 내가 이 일을 할 때 그녀 자신의 책을 끝내느라 바빴으나, 나의 집착을 너그러이 참아 주었고 전략적인 조언도 해주었다.

베르겐대학, 캘리포니아대학 어바인캠퍼스, 시카고대학, 제네바대학, 레이든대학, 웨스턴온타리오대학, 뉴욕시립대학, 컬럼비아대학, 하버드대학, 에스토니아과학아카데미의 청중들은 분석 부분에 대한 날카로운 질문을 해주었다. 국가 구성과 집단행동에 대한 뉴스쿨의 대학원생 세미나는 이 책의 논점들을 만들어 내는 데 여러 차례 도움을 주었다. 컬럼비아대학 사회과학센터의 해리슨 화이트Harrison White와 그의 공모자들(특히 리사 앤더슨Lisa Anderson, 데이비드 캐너딘David Cannadine, 마틴 가길로Martin Gargiulo, 데니스 잭슨Denise Jackson, 제럴드 마웰Gerald Marwell, 살바토레 피트러첼로 Salvatore Pitruzzello, 케이트 로버츠Kate Roberts, 헥토 샤미스Hector Schamis, 카말 세하디Kamal Shehadi, 잭 스나이더Jack Snyder, 클레어 울만Claire Ullman, 로난 판 로셈Ronan Van Rossem)에게 깊은 은혜를 입고 있는데, 그들은 이 책의 초고를 검토할 즐거운 세미나를 조직했다. 이렇게 도움을 준 평자 중 누구도 현재 버전의 완성된 초고를 보지 않았으며, 따라서 나의 실수에 대한 책임은 전혀 없다.

확실히 실수가 있다. 1000년으로 시간을 늘렸기에, 의심할 것도 없이 나는 주요한 아이디어를 고려하는 데 실패했고, 핵심적 사건들을 놓쳤고, 중요한 모순들을 무시했고, 의미 있는 사실을 잘못 알았고, 변화된 것들을 부정확하게 설명했다. 나는 오직 독자들만이 어떤 실수나 누락을 나에게 알려줄 것이고, 손쓸 도리가 없다고 거부하기 전에 나의 실수가 전반적인 논점에 어떻게 심대한 영향을 줄 것인지에 대해 생각해 볼 것이라고 희망한다. 나는 낙관적인 기분에서, 이 책이 고故 스테인 로칸에 의해 시작된 작업을 이어 가는 것이기를 희망한다. 아울러 스테인과 내가 함께 작업했던 『서유럽의 국민국가 구성』*The Formation of National States in Western Europe*에 의지하여 이 책이 견실해지고, 더불어 그 오류를 바로잡게 될 것이다. 나는 이 책이 『큰 구조, 대규모 과정, 엄청난 비교』*Big Structures, Large Processes, Huge Comparisons*와 『사회학이 역사와 만나면』*As Sociology Meets History* 같은 이전의 책에서 내가 옹호했던 대규모 범주의 변화 과정에 대한 역사적 기반 연구 프로그램의 예시가 되고, 앤서니 기든스Anthony Giddens, 앨런 프레드Allan

Pred, 아서 스팅치콤브Arthur Stinchcombe, 해리슨 화이트의 최근 저작에서 전형적으로 보였던 역사적 우연성의 이론들을 활발하게 하는 작업에 기여할 수 있기를 희망한다. 만일 그렇게만 된다면, 충동과 공포가 다시 한 번 더 지식에 대한 건설적 기여를 하게 될 것이다. 물론 이제 나는 문젯거리에 마주 섰다. 그 거창한 책이 나를 기다린다.

찰스 틸리

# 차례

1 이 책은 Charles Tilly, *Coercion, Capital and European States, AD 990-1992*, Blackwell Publishing, 1990; 1992를 번역한 것이다. 틸리의 책은 1990년에 'Coercion, Capital and European States, AD 990-1990'이라는 제목으로 처음 출간되었으나 소비에트연방의 붕괴 등을 반영하여 2년 뒤에 개정판이 출간되었고, 이때 제목에 포함된 연도 또한 수정되었다.

2 인용 출처는 괄호 주 형식으로 표기되어 있으며, 인용된 문헌의 상세 서지정보는 권말의 참고문헌에 실어 두었다.

3 인용문의 대괄호([ ])는 인용자인 틸리가 삽입한 것이며, 본문 중 독자의 이해를 돕기 위해 옮긴이가 대괄호를 삽입한 경우 끝에 '── 옮긴이'라고 표시해 두었다.

4 본문 중 등장하는 단위 중 마일과 제곱마일은 킬로미터와 제곱킬로미터로 변환하였다.

5 단행본·정기간행물의 제목에는 겹낫표(『 』)를, 논문·기사의 제목에는 홑낫표(「 」)를 사용했다.

6 외국어 고유명사는 2002년에 국립국어원에서 펴낸 외래어표기법을 따르는 것을 원칙으로 하되, 관례가 굳어서 쓰이는 것들은 관례를 따랐다.

# 1장

∽

## 세계사에서의 도시와 국가

# 1장 세계사에서의 도시와 국가

## 역사 속 국가

3800년 전 즈음, 메소포타미아의 소규모 도시국가의 한 지배자가 그 지역의 다른 도시국가들을 모두 정복한 후, 자신의 도시에서 숭배하는 신 마르두크Marduk의 신민으로 만들었다. 그는 바빌론의 지배자인 함무라비로 메소포타미아의 황제가 되었다. 그는 잇따른 정복을 통해 만민의 법을 확립하는 권리와 의무를 획득했다. 이 유명한 법전[함무라비 법전 ── 옮긴이]의 서문에서 함무라비는 위대한 신들인 아누Anu와 엔릴Enlil의 가르침을 말하는데,

그 후 아누와 엔릴이 나에게 민중의 안녕을 제공할 것을 명하였다.
나 함무라비, 복종하는 자, 신을 두려워하는 왕자인 나는 이 땅에 정의로움이 나타나게 하여
악한 자와 타락한 자를 멸망케 하며, 강한 자가 약한 이들을 해롭게 할 수 없게 하며

검은 머리의 민중들 위에 태양처럼 떠올라 이 땅을 밝게 비추리라.

(Frankfort et al. 1946: 193)


신성한 소명에 몰두한 함무라비는 확신에 차서 그의 지배에 대항하는 자들을 "악한" "타락한" 자들이라 불렀다. 그는 피해자들에게 오명을 씌우고, 동맹자들을 전멸시키고 경쟁 도시들을 쓸어 버리며 자신의 뒤에 신성한 정의가 자리하고 있다고 주장했다. 함무라비는 도시에 권력을 구축하고, 국가의 토대를 다지며 자신이 믿는 신들과 정의에 대한 특별한 비전을 전파하였다.

국가는 5000년 이상 지구에서 가장 광대하고 강력한 조직으로 존재해 왔다. 따라서 국가를 가정이나 친족 집단과 확연히 다른, 그리고 상당한 영토 내에서 다른 모든 조직들에 대해 확연한 우선권을 행사하는 강제적 구성력을 가진 조직으로 규정코자 한다. 그러므로 이 용어는 도시국가, 제국, 제정일치 체제, 기타 다양한 형태의 통치 체제를 포함하나 부족, 씨족, 상회, 교회 등은 배제한다. 그럼에도 이러한 규정은 논란이 될 터인데, 대부분의 정치학 연구자들이 이 용어를 앞에 정리한 방식으로 사용하지만, 어떤 연구자들은 대규모의 인접한 대중 내에 존재하는 어떠한 권력 구조에건 확대 적용 하기도 하고, 다른 연구자들은 그것을 상대적으로 권력이 집중되고 차별화된 주권 조직체들로 제한하기도 한다. 이러한 주권 조직체를 나는 국민국가national state라 부를 것이다. 더 나아가 모나코와 산마리노 같은 체제도 포함시켜 이러한 규정을 절충해 갈 것인데, 이들은 '상당 규모의' 영토가 부족함에도 다른 국가들에 의해 동료 국가로 취급되고 있기 때문이다.

잠시 국가 조직의 정의에 대해 더 언급해 보자. 그 기준에 따르면 고대의 유적들은 기원전 6000년 전의 국가의 최초 존재에 대해 알려주며, 문자나 그림으로 된 기록들은 그로부터 2000년이 지난 후에야 그 존재를 증명한다. 지난 8000년의 대부분 기간 동안 국가는 지구 거주 공간 내 소수 지역에 머물렀었다. 그러나 최근 수천 년 사이에 지배적인 위치로 성장한다.

도시도 같은 시대에 기원을 두었다. 기원전 8000년과 7600년 사이 어느 때인가 나중에 예리코라 불리게 될 정착지에 사원과 돌집들이 있었다. 그 후 1000년 안에 두꺼운 벽과 특별한 건물들이 세워졌다. 그때는 예리코를 도시라 부르기에 합당했으며, 다른 중동 지역의 정착지들도 그와 같은 도시화의 표지들을 확보하기 시작했다. 아나톨리아의 차탈휘위크 유적지는 기원전 6000년도 더 되는 시기의 저택, 사원, 예술품 들을 포함한다. 세계사에서 동일 시점이라 간주할 수 있는 때에 제대로 된 도시들과 확연한 국가들이 등장했다. 그 시대는 창조와 파괴에 대한 인간의 능력이 크게 확장하던 때였다. 이후 수천 년 동안 언급할 만한 국가들은 기본적으로 도시 국가였고, 주로 공물을 제공했던 배후지로 둘러싸인 제사장 휘하의 수도로 구성되었다. 그러나 기원전 2500년에 이르면 우르와 라가시를 포함한 메소포타미아의 몇몇 도시들은 전사들이 지배했고, 무력과 공물에 의해 유지되는 제국이 건설되었다. 함무라비의 남부 메소포타미아 통일은 첫 제국이 형성되고 700년 이후에 이루어졌다. 그때부터 메소포타미아, 이집트, 그리고 중국과 유럽에 이르는 실질적인 국가와 수많은 도시 들이 위대한 문명의 자취를 남겨 왔다.

도시와 국가의 결합이 처음 나타난 이래 8000년 또는 1만 년이 넘도록 도시와 국가는 애증이 교차하는 관계였다. 무장한 정복자들은 자주 도시를 파괴하고 주민들을 학살했는데, 그 자리에 새로운 수도를 세우기 위해서였다. 도시 주민들은 독립을 고무하고 도시의 관건에 대한 왕정의 간섭을 막았는데, 도적, 해적 그리고 경쟁 상업 단체들로부터 왕의 보호를 받고자 했다. 장기적으로, 그리고 단기적으로 보아도, 도시와 국가는 서로 필수 불가결한 관계였음이 확인된다.

역사 속에서 대부분의 **국민국가**national states ——중앙집권화되고 차별화된 자치 가능한 구조를 방편으로 다양한 인접 지역과 도시를 통치하는 국가——는 매우 드물게 나타났다. 대부분의 국가는 국민국가가 **아니라** 제국이나 도시국가 또는 다른 어떤 형태였다. 유감스럽지만 국민국가라 해도 반드시 국민들이 강한 언어적·종교적·상징적 정체성을 공유하는 **민족국가**nation-state를 의미하지는 않는다. 비록 스웨덴과 아일랜드 같은 국가가 현재 이러한 이상형에 근접하지만 극소수의 유럽 국민국가만 민족국가로 보기에 적합하다. 영국, 독일, 프랑스는——기본적으로 국민국가이긴 하지만——분명 그 기준에 부합하지 않는다. 호전적인 민족성을 보이는 에스토니아, 아르메니아, 그 밖의 다른 지역과 한 묶음인 소비에트연방은 매일 고통스러운 차이를 경험했다. 거의 3000년 동안 연속적인 국민국가가 이어져 온 중국(그렇지만 다양한 언어와 민족성이 부여된 상황에서 민족국가였던 적은 단 1년도 없다)은 특별한 예외에 속한다. 불과 지난 수 세기 동안에 국민국가가 식민지를 포함하여 거의 모든 세계를 상호 배타적인 영토로 구획하였다. 지배자들 간에 서로의 존재에 대해 어느 정도 인지하고 상호 권리를 인정했던 명목상의 독립국가들이 거의 전 세계를 점유했던 시기는 제2차 세계대전이 끝나고 나서였다.

세계를 실질적인 국가로 분할하는 최종 단계에 즈음하여, 두 개의 중요한 역류가 흐르기 시작했다. 하나는 제대로 국가를 구성하지 못한 대중을 대표하는 사람들에 의한 독립국가 지위에 대한 요구이다. 과거 식민지의 주민들뿐만 아니라 오랫동안 안정적이었던 서구 국가의 소수민족들 또한 아주 빈번하게 그들만의 국가를 요구해 왔다. 내가 이 글을 쓰는 동안에도 아르메니아, 바스크, 에리트레아, 카낙, 쿠르드, 팔레스타인, 시크, 타밀, 티베트, 서사하라, 그리고 국가를 구성하지 못한 지역의 더 많은 사람들이 분리된 국가를 세울 권리를 요구하고 있다. 수천 명이 그러한 권리를 주장하며 죽었다. 부서지지 않을 것 같은 거대한 기둥인 소비에트연방 내에서도 리투아니아, 에스토니아, 아제르바이잔, 우크라이나, 아르메니아, 유대인 및 다수의 다른 '민족들'이 다양한 차이점에 대해 주장하고, 심지어 독립을 주장하기도 한다.

최근에도 브르타뉴, 플랑드르, 프랑스계 캐나다, 몬테네그로, 스코틀랜드, 웨일스에서는 분리된 권력을 만들기 위해 현재 그들을 통제하고 있는 국가 안팎에서 노력을 기울이고 있다. 독립국가를 원하는 소수민족들은 그들이 영토로 하고자 하는 지역을 현재 지배하고 있는 국가를 제외하고 다른 제3자로부터 동조적 의견을 수합하기 위해 꾸준히 노력했다. 근래에 그들을 대표하여 분리 국가의 지위를 주장하는 모든 사람들이 실제 영토를 획득하게 된다면, 세계는 현재 160여 개의 인정된 국가들에서 수천 개의 국가적 조직체로 쪼개질 것이고, 그 대부분은 작고 경제적으로 성장 불가능한 상태가 될 것이다.

두 번째의 역류 또한 강하게 흐르고 있다. 국가의 강력한 경쟁자들—NATO와 같은 국가 블록, 유럽경제공동체, 바르샤바조약기구, 마약이나 무기 같은 비싼 불법 상품을 거래하는 무역상의 전 세계 네트워크, 국제적인 거대 석유 회사 같은 재정적 조직체들—이 국가 주권에 대해 문제를 제기하며 부상한다. 1992년 유럽경제공동체의 구성원들은 화폐, 가격, 고용과 관련한 독립적 정책을 추구하는 능력을 심각하게 제한하는 경제적 장벽을 허물려고 하였다. 이러한 신호들은 우리가 알던 국가가 영원히 지속되지 않을 것이며 곧 엄청난 헤게모니를 잃게 될지 모른다는 점을 보여 준다.

C. 노스컷 파킨슨은 조직 행동에 대한 그의 냉소적 '규칙들' 중 하나로 "계획된 설계의 완벽한 실행은 오직 붕괴의 찰나에 임박한 기관들에 의해서만 성취된다"라고 말했다(Parkinson 1957: 60). 이러한 지적에 대한 예로는 성베드로 대성당, 바티칸 궁전(16~17세기에 완성했는데, 그때는 교황이 세속적 권력을 거의 잃고 난 후였다), 국제연맹 화해의 전당(1937년 완성되었는데, 당시 제2차 세계대전의 서막이 열렸다), "[영국의] 철수 국면과 도시계획의 성공적 완성이 나란히 진행되었던"(Parkinson 1957: 68) 식민지 수도 뉴델리 건설 계획 등을 들 수 있다. 당시 동일한 원칙을 여기서도 적용할 수 있겠다. 국가도 다른 제도들이 그 완성 단계에 이를 즈음 몰락했던 오랜 반복을 따랐을 것이다. 그럼에도 그 와중에 국가는 국가 없는 세계에 대한 꿈을 꾸는 누구건 부주의한 선지자로 보일 정도로 지배적인 상태에 있다.

국가는 상호작용할 수 있는 범위까지, 그리고 그 상호작용이 서로의 정파적 운명에 중요한 영향을 주는 정도까지 체제를 구성한다. 국가는 영토와 대중 통제를 위한 경쟁에서 성장하기에, 언제나 클러스터에서 나타나고 대체로 그 체제를 구성한다. 현재 지구 모든 곳에 편재한 국가 체제는 990년 이후 유럽에서 형태를 갖추었고 그 후 5세기가 지나 그 지배력을 유럽 대륙 외부로 확장하기 시작했다. 그것은 점차 모든 경쟁자를 흡수하거나 퇴색시키거나 멸종시켰는데, 여기에 중국·인도·페르시아·터키가 중심이 된 국가 체제들이 포함된다. 그러나 서기 1000년에는 유럽 역시 일관된 상태가 아니었다. 한때 로마제국이 정복했던 지중해 북쪽 지역의 영역, 거기에 동북쪽 경계 지역 대부분은 로마에 의해 정복당한 적이 없었으나 분해된 제국의 기념품으로 남겨 둔 기독교 교회의 선교사들이 거의 침투하였다. 동시대에 남유럽의 중요한 지역들은 무슬림 제국들에 의해 통치되었다.

우리가 오늘날 알고 있는 유럽 대륙은 통합의 잠재적 근거들을 갖고 있었다. 무역 도시들 간의 불균등한 네트워크가 유럽 지역 대부분에 걸쳐 연결되었고, 지중해 지역에서 동아시아로 외연이 넓어진 더욱 번성한 생산 체계와 상업 체계를 제공했다. 그 인구의 대다수는 사냥꾼, 목축인, 또는 상업적인 도시 주민이라기보다는 농민들이었다. 북부 이탈리아와 같은 도회적 밀집 지역에서도 영주들이 지역 인구 대부분을 지배했고 농업이 중심적인 경제 활동이었다. 종교, 언어, 그리고 로마 점령의 잔재 유산들이 유럽 주민을 중국 외의 비교 가능한 다른 세계 지역보다 문화적으로 보다 더 동질적으로 만들었다. 그리고 로마에 의해 정복되었던 지역들에는 로마법과 정치조직의 영향들이 통치권의 여러 부분에 산재해 있다.

이러한 특징들은 점차 유럽 역사에 중요한 영향을 미친다. 이러한 점을 참조하기 위해 서기 990년을 임의적 시점으로 잡겠다. 세계사 무대에서 1000년 전 유럽을 잘 정의되고 단일한 독립적 행위자로 볼 수는 없었다. 그런 이유에서 그 이후 이어지는 유럽의 변화 과정을 그 독특한 기풍과 사회 구조의 측면에서 설명하는 것이 후행적 합리화를 초래할 위험이 있다. 거기에다 독일, 러시아, 스페인 같은 개별 국가들은 일관된 체제가 아니었고, 이 책이 추적하는 과정의 결과로 수 세기 동안 그 모습을 구체화했다. '독일' 또는 '러시아'에 관한 독특하고 지속적인 특징들로 시작하는 논점은 유럽 국가의 문제적이고 불확정한 역사를 왜곡시킨다.

유럽에서 국민국가가 태동하고 국가적 군비 확장과 유럽의 긴 헤게모니 장악이 나타나는 것은 자연스러운 일이라, 이들에 대한 적절한 대안들—990년의 한참 이후에 아시아, 아프리카, 아메리카 지역에서 번창했던 느슨하게 결합된 지역적 제국들——이 유럽에서 득세하지 못한 이유에 대해 학자들이 의문을 갖는 경우는 별로 없다. 물론 그 대답의 일부는 990년 이후 수백 년간 발전한 도시들과 국가들의 변증법 속에 들어 있다. 명확히 한정된 어느 정도 독립한 국가들로 분할되는 과정과 밀집하고 불균등한 네트워크의 동시 발생은 결과적으로 유럽을 다른 세계들과 구별시켰다. 도시와 국가의 변화하는 지형학 이면에는 (도시를 선호하는) 자본과 (특히 국가 안에서 확고해지는) 강제의 역학이 작동했다. 도시와 국가 사이의 상호작용에 대한 연구는 급속하게 자본과 강제에 대한 조사로 변하였다.

강제와 자본 사이의 조합의 놀랄 만한 범위는 유럽 역사에서 종종 나타났다. 제국, 도시국가, 도시 연합, 지주 네트워크, 교회, 수도회, 해적 연맹, 전사 집단, 그리고 다른 많은 통치 형식들이 수천 년에 걸친 다양한 시기에 유럽의 일부 지역에서 득세했다. 그들 대부분 이런저런 종류의 국가로 인정되었다. 그들은 일정 영토 내에서 강제의 주요한 수단들을 통제했던 조직체였고, 영토 내에서는 모든 다른 조직들의 행위에 대해서 우선권을 행사했다. 그렇지만 아주 늦게 그리고 느리게, 국민국가는 지배적인 형식이 되었다. 그리하여 핵심적인 이중의 문제를 정리하면 다음과 같다. 990년 이후 유럽에서 득세했던 국가의 종류와 관련하여 시간과 공간을 넘는 거대한 변형이 존재하는 이유는 무엇이고, 왜 유럽의 국가들이 결국 국민국가의 다양한 변형들로 통합했는가? 왜 변화의 방향이 그렇듯 유사한데 그 경로는 다양한가? 이 책은 이 문제를 완벽히 해결할 수는 없다 해도, 규명하려는 데 목표를 둔다.

## 가능한 대답들

진지하게 유럽 역사를 연구하는 이들에게 중요한 문제에 관한 기존의 대답들은 만족스러워 보이지 않는다. 현재 가능한 대안은 두 가지 쟁점에 대한 입장에서 특별한 차이를 보인다. 첫째, 국가의 구성은 어떤 범주에서, 얼마나 밀접하게 경제적 변화의 특정한 양식에 의존하는가? 그 범주는 직선적 경제 결정주의에서부터 완벽한 정치적 자율성에 대한 단정까지 포함한다. 둘째, 특정 국가 외부의 요인들이 그 변환 구성의 과정에 얼마나 큰 영향을 주는지에 관한 것이다. 이에 대한 대답은 내정 우선론에서 국제 체제에 과도한 비중을 두는 의견에 이르기까지 다양하다. 우연이라 할 것도 없이 전쟁과 국제관계에 대한 이론들 또한 비슷한 맥락의 다양성이 나타난다. 즉, 경제 결정주의에서 정치 결정주의까지, 그리고 국내주의에서 국제주의에 이르는 경우를 말한다.

극소수의 연구자들이 극단적인 의견 — 예를 들어 국가와 그 변화가 경제로부터 완벽하게 파생되었다는 식의 — 을 언급하는 경우도 있지만, 선택 가능한 접근법에 따라 차이가 매우 크다고 할 수 있다. <그림 1-1>은 이러한 두 문제에 대한 대답을 도식화한 것이다.

### 국가주의적 분석

전쟁, 국제관계, 국가 구성에 관한 국가주의 모델은 정치적 변화를 경제적 변화의 부분적 독립 과정으로 보며 특정 국가의 내부적 사건들의 결과로 제시한다. 국제관계에 대한 대부분의 분석은 국가주의의 시각을 적용하는 경우가 자주 있다. 즉, 개별 국가는 그들의 한정된 이익에 따라 움직이고, 국제 체제는 무정부주의적이며, 국가들 사이의 상호작용은 궁극적으로 당파적인 것과 이기적인 요소 중심의 취지로 환원된다. 요즈음에는 고

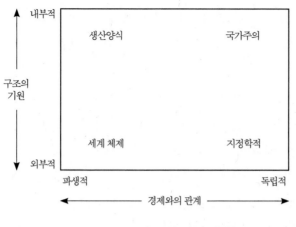

<그림 1-1> 국가 구성의 선택적 개념들

전적 양식에 대한 가장 대중적인 이론은 '구조적 사실주의자' 또는 '이성적 선택'의 표지를 달고 있다. 그것은 헤게모니, 그리고 양극 또는 다극의 국제 체제와 관련한 효과들을 고려하지만 국가 행위에 대한 그들의 분석을 개별 국가의 이해와 지향의 문제에 기초하고 있다(예를 들어 Bueno de Mesquita 1988; Gilpin 1988; Waltz 1988. 해설과 비평에 대해서는 Holsti 1985; Jervis 1988a 참조).

역사학자들, 사회학자들, 비교정치학 연구자들 사이에서는 국가의 변형에 대한 국가주의의 설명이 아직까지 가장 인기가 있다. 그들은 이제 신뢰도가 떨어진 정치적 발전에 대한 전통을 계승하고 있는데, 이는 강하고 효과적이고 안정적인 국가의 생성 조건에 대한 단서를 찾으려 하며 그러한 일련의 조건들만이 존재한다고 추정하고 있기 때문이다. 그들은 전형적으로 그 참조 요점에 맞는 개별 국가를 선택한다. 즉, 단일 국가의 특정 역사로 환원시키지 못하는 경우, 그들은 자주 유럽의 국가 구성 과정을 단일한 중심적 경로로 설정하고 그 경로에서 벗어나는 일련의 일탈은 비효율성, 미약함, 불운, 지정학적 위치로, 또는 경제적 성장과 그 부수적 현상의 시간적 일치로 설명한다. 따라서 우리는 소수의 성공한 예로 프랑스나 영국을, 그리고 부분적으로든 전체적으로든 실패한 대다수의 예들로 루마니아나 포르투갈을 택하게 된다. 예를 들어 베르트랑 배디와 피에르 번바움은 프랑스를 가장 잘 실체화한 유럽 국가로 여긴다. "프로이센, 스페인, 이탈리아는 다양한 관련 경로를 거쳤지만 차별화와 제도화의 과정에서는 결코 [프랑스처럼] 멀리까지 나아가지는 못했다." 그들은 영국을 "국가화 진행 중인 단계의 모델"로 다룬다(Badie and Birbaum 1979: 191, 217).

새뮤얼 헌팅턴은 조금 더 유연한 편인데, 유럽과 미국을 함께 검토하며 통치 제도의 근대화 형태를 세 가지로 구분한다. 권위에 대한 합리화와 왕권하에 통합된 주권 체제 내부의 구조적 차별화를 이룬 대륙식, 대의제 의회 내에 권력을 중심화한 영국식, 주권 분산의 미국식으로 분류한다(Huntington 1968: 94~98). 그렇지만 헌팅턴은 유럽식-미국식에 대한 비교를 선호하며 영국과 대륙을 구분하던 것을 곧 폐기한다. 그는 국가 구조의 변화에 대한 전쟁의 효과를 강조하지만, 전쟁이 유럽 전체에 걸쳐 어느 정도 유사한 효과를 가져왔다고 생각한다. 그의 분석은 국내적 원인들을 강조하고 경제적 결정 요소에는 큰 무게를 두지 않는다.

국가주의적 분석의 두 번째 변형은 <그림 1-1>의 중심부에 더 가깝게 위치한다. 이 분석은 국가를 국제적 환경에 위치시키지만 여전히 일정 정도 개별적 수준에서 작동하고 있다고 본다. 이들은 국가 구성의 다양한 길에 관한 질문에 유럽의 여러 지역에 걸쳐 있는 사회문화적 다양성 — 프로테스탄트냐 가톨릭이냐, 슬라브족이냐 게르만족이냐, 봉건제냐 자유제냐, 농업이냐 목축업이냐 — 에 대한 이야기로 대답을 시작하며, 이어 넓고 다양한 환경 속에서 동일한 목적을 이루기 위해 노력한 지배자들 사이의 차이를 도출한다. 나아가 남동부 유럽의 이론가들은 러시아부터 동쪽 지역에 이르는 지역 국가들의 운명이나 서쪽의 자본주의 국가들의 운명과 구별되는 토착 슬라브, 마자르, 루마니아 마을의 전통을 발견했다는 점에 대해 계속 강조했다.

폴 케네디Paul Kennedy는 널리 읽히는 명쾌한 그의 책에서 의미심장한 경제학적 어조로 국가주의 논쟁의 정교한 변형을 제안한다. 그의 『강대국의 흥망』*The Rise and Fall of the Great Power*은 맨커 올슨Mancur Olson의 『국가의 흥망』*The Rise and Decline of Nations*과 제목 이상으로 닮은 점이 있다(케네디가 올슨의 책을 직접 인용하진 않지만 말이다). 둘 모두 경제적·정치적 확장 과정 자체가 그 책무를 만들어 내며 점차 그 속도는 늦어진다고 주장한다. 그러나 올슨은 당대에 집중하여, 일반적 모델을 세우는 바에 목표를 두며, 성장의 이익을 획득하기 위해 국가 내에 구성해야 할 요소로 연합——카르텔, 노동조합, 기타 조직——을 강조한다. 케네디는 이와 대조적으로 국가의 국제적 입장을 주로 주시하며 폭넓은 역사적 길을 표시한다.

케네디에 의하면, 세계의 선도적 국가들은 불균등한 경제적 성장 때문에 다른 국가들과 관련한 이점을 얻기도 하고 잃기도 하는데, 그들이 군사력의 지원에 의해 확보하려는 일상적 이점도 마찬가지다. 그러나 그러한 경쟁에서 승리한 국가들은 그들의 자원을 육군과 해군에 더 많이 할당해야만 한다. "그러나 만일 국가 자원의 너무 큰 몫을 부의 창출이 아닌 군사적 목적에 할당한다면, 장기적으로 국력이 약해지는 길로 들어서게 될 것이다"(Kennedy 1987: xvi). 한편 다른 국가들은 부를 축적하고, 새로운 부를 창출하려 재투자하고, 군사력에 지출할 의무를 덜어 이익을 늘린다. 케네디의 애초 진술은 몰락과 붕괴의 가능성을 단순하게 표현하고 있지만, 그가 분석하는 모든 사례들——초기의 중국 제국, 무굴제국, 오스만

제국, 합스부르크, 영국, 미국—은 이를 불가피한 것처럼 만든다. 케네디는 이 논점의 진행 과정에서 1519년 이후 유럽의 국가 체제에 관한 유용한 연대표를 제공한다. 이를 정리하면, 지배력 장악을 위한 합스부르크가의 노력(1519~1659), 최강자 없는 권력 쟁탈전(1660~1815), 영국의 불확실한 헤게모니 장악 시대(1815~1885), 또 한 번의 불안정한 균형의 시대(1885~1918), 미국의 일시적 최강대국 부상(1918~1943), 소련과 미국의 양극 체제(1943~1980), 그리고 또 다른 변화를 위한 갈등의 시대(1980~?)이다. 케네디의 분석은 다양한 종류의 국가 조직의 기원에 대해 모호한 암시만을 주지만, 전쟁의 상호작용, 경제적 권력, 국제적 입장 결정점을 부각시킨 점은 이 주제에 대한 어떠한 논의도 무시할 수 없는 요인들이다.

윌리엄 맥닐William McNeil은 『권력 추구』The Pursuit of Power에서 유럽의 국가 체제 변화 과정 중 전투 형식과 그 범위의 변화를 논의의 중심에 두는 극적인 시도를 한다. 맥닐은 이 역작에서 서기 1000년 이래 지구 전체 세계의 전투에 대한—특히 그 과학기술의 첨단에 대한—개관을 제시한다. 그는 화약의 영향, 공성포, 성의 요새화, 그리고 전투 자체뿐만 아니라 국가 재정, 시민 생활에 시간 규율의 도입, 그리고 다른 많은 것과 관련한 중요한 기술적 혁신에 대해 아주 명쾌하게 그 자취를 추적한다. 내가 보기에, 맥닐은 해군의 전투 변화의 영향뿐만 아니라 군사적 복무의 상업화 같은 조직적 혁신들을 과소평가하고 있지만, 사회생활과 국가 구조에 관한 특정한 종류의 전투에 대해서는 거듭 뛰어난 통찰력을 보인다. 그러나 그는 군사 조직과 국가 구성의 다양한 양식의 관계에 대한 체계적 분석을 시도하지는 않는다.

맥닐과 더불어 우리는 국가 구성에 대한 국가주의적 분석과 지정학적 분석의 경계 지점에 왔다. 맥닐은 순전히 전쟁을 중심에 두고 설명함으로써 국제 체제 내의 위치가 국가 조직 역사상의 중요한 결정 요인이 되도록 만든다. 대부분의 국가주의 분석에서는 이 주제를 그 용어의 전통적 사용 방식에 맞추어 다룬다. 예를 들어 프랑스와 오스만, 또는 스웨덴 국가의 구성 변화 과정을 그 경계선 내부의 사건과 과정의 결과로 설명한다.

국가 구성에 대한 국가주의적 분석 —단일한 방식과 합성적 방식 모두— 은 내가 이 책에서 제작한 주장들에 대한 원료 대부분을 제공한다. 그럼에도 그 자체로는 이 책의 핵심적 테마에 대한 효율적 대답을 주지는 않는다. 그 핵심 테마란 왜 유럽 국가들은 그렇게 다양한 경로를 따라오고도 결국은 국민국가의 길로 합쳐졌는가 하는 물음이다. 국가주의 분석은 왜 각 국가의 '근대적' 형식이 국민 대중과 경제의 특정한 성질을 토대로 부상했는지를 설명하면서, 특수성과 목적론에 용해되었다. 더구나 한때는 융성했지만 이후 사라졌던 수백 개의 국가들 —모라비아, 보헤미아, 부르고뉴, 아라곤, 밀란, 사보이 등— 은 무시한다. 보다 체계적인 분석을 위해서는 우리는 국가주의 분석의 문헌을 넘어선 시야를 확보해야 한다.

## 지정학적 분석

대다수의 국가 구성 연구자들이 특정 국가의 변형을 그 영토 내의 비경제적 사건들에 의한 결과로 생각하며 국가주의의 시각을 채택해 왔다면, 이후 살필 다른 세 개의 시각은 영향력 있는 지지자들을 각각 확보하고 있다. 국가 구성에 대한 지정학적 분석은 국제 체제 내에 국가 제조 기술자가 있다고 보아 국제 체제에 커다란 중요성을 부여한다. 지정학적 논점은 국가 간 관계는 그 자체의 논리와 영향력을 담지하고 있고, 그리하여 국가 구성은 국가 관계에 대한 현재 체제에 강하게 조응한다고 주장한다. 제임스 로즈노는 국제정치학에서 네 개의 '국가적 적응 패턴'을 구별하는데, 이는 묵인, 비타협, 촉진, 보존이다. 예를 들어 비타협적 국가는 "그 환경을 현재의 구조와 일치하도록 만들고자" 애쓴다. 반면에 촉진 국가는 "현재의 구조와 환경에 각각 적합한 요구를 만들어 내려 할" 수 있다(Rosenau 1970: 4). 로즈노에 의하면 이러한 패턴들은 지도자들의 특성, 정당 체제의 특성, 입법 기관의 역할, 군대의 역할 등에 의해 각기 독특한 결과들을 만들어 낸다. 이와 유사하게, 윌리엄 톰슨이 전쟁과 국제관계에 대한 '전 지구적 사회'global society 시각이라 부른 것도 정치학에 상당한 자율성을 부여한 결과이고, 개별 국가들이 국가 관계의 구조에 강하게 조응한다고 간주한 것이기도 하다. 이는 지정학적 사분면과 명료하게 맞아떨어진다. 그러면 놀랄 것도 없이 국가 구성의 지정학적 모델, 전쟁, 국제관계가 서로 밀접하게 접합해 있다는 점을 알게 된다(Thompson 1988: 22~27. 또한 Waltz 1979 참조). 내가 읽어 본바, 이런 작업은 국가주의 분석의 내재주의를 교정할 만하다. 그러나 국가의 특별한 구성 형식과 국제 체제 내의 특정한 위치를 연계시킬 메커니즘을 규명하기에는 불확실한 안내만을 제공한다.

## 생산양식 분석

생산양식 분석은 봉건주의, 자본주의, 또는 다른 생산 조직의 논리에 대해 상세히 설명한 후, 그것이 국가 영토 내에서 작동할 경우 국가와 그 변화를 이 논리에서 전반적으로 이끌어 낸다(Brenner 1976; Corrigan 1980). 고든 클라크와 마이클 디어는 특유의 진술에서 "우리는 국가가 자본주의 상품 생산의 정치적·경제적 질서로부터 동등하게 나왔다고 생각한다. 국가는 그 권력과 부를 유지하기 위해 잉여가치를 만들고 분배하는 일에 궁극적으로 연루되어 있다"라고 선언한다(Clark and Dear 1984: 4). 곧 국가 구조에 대한 설명은 국가의 관할권 내에서 작동하는 자본가들의 이해관계에서 나온다는 것이다. 전쟁과 국제관계에 대한 맑스주의적 분석가와 맑스주의자는 똑같이 제국주의 이론의 일부 판본, 국민경제적 이익의 국제적 영역으로의 확산을 일반적으로 활용하며, 이는 그들을 앞의 도표에서 생산양식 방향 쪽에 가깝게 위치시킨다.

가장 종합적이고 설득력 있는 맑스주의적 처방 중 하나인 페리 앤더슨이 제안한 공식을 보면,

근대 초기에 서쪽의 전형적인 별자리는 굽실거리지 않아도 되는 농민과 떠오르는 소도시를 사회적 기반으로 세운 귀족 절대주의 체제였다. 같은 시대 동쪽의 전형적인 별자리는 농노와 예속된 소도시 위에 우뚝 선 귀족 절대주의 체제였다. 이와 대조적으로 스웨덴의 절대주의 체제는 특이한 토대 위에 건설되었다. 그 이유는 [……] 자유농과 쓸모없는 소읍을 결합했기 때문이다. 다른 말로 하면 대륙의 중심-분할을 횡단하는 두 개의 '모순적인' 가변성의 한 세트가 존재했다는 것이다. (Anderson 1974: 179~180)

앤더슨은 중심 지역의 귀족이 주변 속지와의 관계에서 지배자이자 약탈적 지주이기도 했던 이탈리아에서 발달한 절대주의 체제가 **부재**한 것을 유사한 근거로 삼는다. "그것은 더 강력한 봉건귀족제의 정치적 장치이며, 더 발전된 사회를 지배하던 서쪽 절대주의 체제의 국제적 압력이었는데, 동쪽의 귀족 사회는 생존을 위해 비슷하게 중앙집권화된 국가 기계를 채택해야만 했다"(Anderson 1974: 198)라고 앤더슨은 주장하며 그 설명을 정교화한다. 나아가 엘베 강 양안 지역 모두의 잘 구비된 절대주의 국가는 국가권력을 사용하여 거대 봉건 영주의 위치를 강화했다는 점을 투영하지만

그러한 위치에 대한 군사적 위협은 동쪽과 서쪽에 다른 방식으로 영향을 주었다. 앤더슨은 더 강한 국가, 가장 중앙집권화한 국가에 주목했고, 그 관심의 목표는 16~18세기에 있었으나 그의 전체적 접근 방식은 유럽 지역에 대한 수준과 1000년에 대한 수준에서 꼼꼼한 관심을 받아 마땅하다. 한편 유럽의 국가 구성에 대한 종합적 설명에는 한참 부족하다. 생산양식 연구 방식 전체로 보면 국가 통치를 위한 투쟁들에 대해 중요한 통찰력을 제공하지만, 반면 유사한 생산양식을 소유한 국가들 사이의 구성과 활동에서 보이는 다양한 차이에 관한 이유를 설명하기에는 아주 미약하다.

## 세계 체제 분석

국가 구성에 관한 세계 체제 분석은 세계 경제 성향에 따른 국가 구성의 다양한 경로를 설명한다. 이매뉴얼 월러스틴과 안드레 군더 프랑크André Guder Frank 같은 네오맑스주의 이론가들은 자본과 노동의 고전적인 맑스주의적 분할을 세계 범주로 확장하는데, 그 분석을 세계 체제의 사분면으로 몰아간다. 국가 간의 관계를 경제 구조에서 도출하지만, 개별 국가의 구조를 세계 경제 내 위상의 결과로 여긴다(Taylor 1981 참조). 1500년 이래의 유럽 역사에 대한 월러스틴의 방대한 조사(Wallerstein 1974~1988)는 국가 구성과 관련한 소용돌이를 쫓아간다. 그 예를 보면, 특정 지역 내 생산양식이 특정 계급 구조를 발생시키는데, 이는 특정 종류의 국가에서 나타난다. 그 국가의 특성과 그 지역 생산자와 상인의 세계 경제와의 관계는 세계 경제에서 그 지역의 위상——중심이냐, 주변이냐, 준주변이냐——을 결정하고 이는 순차적으로 그 국가 조직에 중요한 영향을 준다. 이러한 분석에서 국가는 지배계급의 도구이며 세계 경제에서 지배계급의 이익을 위해 복무하는 장치로 볼 수 있다. 그러나 세계 체제 분석 방법은 세계 체제 내 국가들의 조직 구조와 그 위치를 연계시킬 수 있는 조합된 이론을 생산하는 데는 실패하고 있다. 17세기 네덜란드의 헤게모니에 대한 월러스틴의 설명(Wallerstein 1974~1988: Ⅱ ch.2)은 네덜란드의 국가 구조를 설명하지 못하고 있다. 그 예로 이웃 국가들은 대량의 민간 공무원과 상비군을 창설할 때 성긴 조직의 국민국가로 민족의 융성을 이룬 점을 들 수 있겠다.

네 개의 분석 중 그 어느 것도, 하물며 이를 조합하더라도, 유럽 국가 구성에 대한 만족스러운 일련의 대답들을 제시하지 못한다. 가능한 설명 대부분이 실패한 이유는 다양한 종류의 국가들이 유럽 역사의 여러 단계에서 성립하였다는 사실을 무시하고, 국가 대 국가의 다양한 변주에 관한 설명을 국가 간 관계에서보다는 개별 국가의 특성에 초점을 두려는 점, 19~20세기 유럽인의 삶을 지배했던 강력하고 중앙집권화된 국가들을 성립시키려 암묵적으로 세심한 노력을 기울였다는 점 때문이다. 지정학적 분석과 세계 체제 분석은 보다 강력한 지침을 제공하지만, 그래도 특정 국가의 세계 내 위치를 그 조직과 실천과 연관하여 설명할 수 있는 실질적 메커니즘을 확실히 제시하지는 못한다. 특히 이들은 국가 구성의 전체 과정에서 전쟁과 전쟁 준비로 인한 영향을 포착하지 못했다. 그 점에서는 국가주의의 분석이 더 유용하다.

1975년에 출판된 『서유럽의 국민국가 구성』에서 나와 동료들은 기존의 설명이 가진 이러한 결함을 해소하려는 희망을 가졌었다. 우리는 억압과 차출의 측면에 주시하여 국가 구성의 역사를 연구하면서 의식적으로 전쟁, 경찰, 세금, 식량 공급 통제, 그리고 관련 과정들에 주목했고 이후 우세해진 정치적 발전 모델들과는 거리를 두었다. 돌이켜 보면 우리의 비평은 유럽 국가 구성에 대한 대안적 설명이기보다는 단선적인 문제 해결식 정치 발전 모델의 결함을 증명하는 바에 더 효과적이었다. 사실 우리는 암암리에 새로운 단선적 이야기—전쟁에서 출발하여 차출과 억압을 거쳐 국가 구성으로 향하는—로 옛것을 대체했다. 우리는 유럽의 국가들이 한 가지 경로를 따라왔고, 이는 영국, 프랑스, 브란덴부르크프로이센에 의해 부각된 방식이며, 다른 국가들의 경험은 같은 경로를 약화하거나 실패한 방식으로 답습했다는 생각을 다소 경솔하게도 계속했다. 그것은 틀린 생각이었고 이 책에서 이전에 했던 그런 실수들을 바로잡아 볼 것이다.

우리는 운 좋게도 이런 구상을 위한 중요한 모델을 갖고 있었다. 세 명의 중요한 학자들—배링턴 무어Barrington Moore Jr., 스테인 로칸, 루이스 멈퍼드Lewis Mumford—은 비록 유럽 국가 구성의 다양성에 대해 종합적으로 설명하는 일에는 실패했지만 표준적 설명 이론의 일정한 핸디캡에서는 벗어났다. 배링턴 무어는 『독재와 민주주의의 사회적 기원』*The Social Origin of Dictatorship and Democracy*에서 (제목이 암시하는 것처럼) 20세기 다른 국가들은 이런저런 형태의 독재 지배의 특징을 띠었지만 어떤 국가들은 실행 가능한 대의제 민주 체제를 지속했던 이유를 설명하려 했다. 개별 국가에 대한 그의 설명들은 광범위하고 미묘한 점이 있지만 국가적 운명들 간의 차이에 이르면, 무어는 그 언급의 요점으로 1940년대에 존재했던 통치의 형식을 사용했고, 그 기원으로 국가의 농업이 상업적 확장을 시작했던 때 지배적이었던 계급 연합을 강조했다. 무어에 따르면 큰 규모의 착취형 지주들이 환금작물 농업으로 집중적으로 전환하던 시기에 살아남은 결과 독재적 정부가 현 시대까지 지속할 수 있었다. 부르주아지가 지배적이었던 결과 민주주의의 형식들이 존재했다.

무어의 통찰력 있는 분석은 풀리지 않는 중요한 문제를 남겨 놓았다. 그는 단일한 역사적 시간의 통치 조건들을 설명하는 데 집중하여, 그 중대한 시간 전후에 같은 민중들이 경험한 다른 통치 형식을 설명하는 데에는 실패했다. 그는 더 작은 국가, 종속 국가, 존속하지 못한 국가 들은 의도적으로 무시했다. 그의 분석은 계급 권력의 일정한 형식이 구체적인 통치 방식으로 이행했던 실제 메커니즘에 대해서는 거의 말하지 않는다. 그러나 그의 논의는 이 책의 문제에 대해 강력한 의문을 제기한다. 그것은 유럽의 다양한 지역에 있었던 국가들을 지배하던 계급 연합의 변화와 변형에 대해 심각하게 고려해 그 해답을 제시해야 할 방향을 가리킨다.

스테인 로칸은 초기 연구에서 유럽 정치체제의 가변성과 인접 국가들이 동일한 정치적 방식을 발전시키는 경향에 집착했다. 그는 점차 도식적인 지도 안에서 유럽 국가들의 다변화 과정을 재현했다. 이 지도에는 로마 가톨릭과 동방정교회의 가변적인 영향을 반영한 남북 차원의 범주, 해안 방향 주변부를 향한 동서 분할, 해양 제국, 일단의 도시국가들, 내륙 제국, 내륙 완충지, 그리고 여기에 앞의 두 범주의 더 정교한 변형들이 포함된다.

로칸은 그가 구상한 지도를 만족스럽게 제작하지 못한 채 세상을 떠났다. 그가 일을 남기자 그의 구상은 유럽의 국가 구성 과정에 특징적으로 나타난 지정학적 다양성에 대한 관심을 불러왔고, 유럽의 주요 도시 지역 내 국가 구성의 특수성을 추출시켰다. 그리고 지배자들 사이의 관계, 이웃 강대국, 지배계급과 종교 제도에서 장기적 변화의 중요성에 대해 암시하였다. 그렇지만 그 지도는 다른 선택을 한 국가의 경로에 이러한 변화를 연결시킬 경우 실제 사회적 과정에 대한 혼란스러운 판단만 남길 뿐이다. 로칸이 그의 지도를 치워 놓고 국가 구성 메커니즘에 대한 분석에 골몰하는 일 없이 얼마나 더 많이 갈 수 있을지는 모를 일이다.

루이스 멈퍼드의 공헌은 이보다는 불확실하다. 그는 암묵적으로 도시주의urbanism의 문턱-균형 이론을 만들었다. 멈퍼드는 두 개의 큰 힘이 도

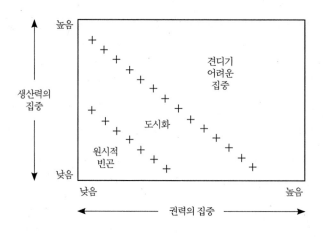

〈그림 1-2〉 루이스 멈퍼드의 내재적 도시화 모델

시의 성장을 추동했다고 보는데, 이는 정치권력의 집중과 생산수단의 확대이다. 문턱 아래에는 최소 수준의 권력과 생산력이 결합한 마을과 집단이 존재한다. 문턱 위 도시들의 특성은, 상대적으로 그리고 절대적으로, 권력과 생산력의 수준에 의거한다. 보통의, 그리고 균형 잡힌 수준의 권력과 생산력은 고대 폴리스와 중세 도시에 일관성을 부여했다. 정치권력의 과도한 성장은 바로크 도시에 영향을 주었다. 생산력의 비대함은 19세기의 산업화된 코크타운[찰스 디킨스Charles Dickens의 소설 『어려운 시절』*Hard Times*의 배경이 되는 도시 — 옮긴이]을 창조했다. 그리고 두 방향 모두로 거대한 집중이 이루어질 경우 오늘날의 압도적인 도시를 만들어 냈다. <그림 1-2>는 이러한 주장을 도식화하여 보여 준다.

멈퍼드는 국가적 범위에서도 유사한 효과가 나타난다는 점을 지적했다. 그는 1970년에 쓴 글에서 "적어도 산업이 발전한 대부분의 국가들에서 거대 과학기술 복합단지는 이제 권력과 권위의 정상에 위치하거나 빠르게 거기에 접근하고 있다는 것을 의심할 수 없다. 객관적으로 측정 가능한 물리적 용어들——에너지의 단위, 상품의 산출량, '공공재'의 투입, 대량 강제와 대량 파괴——로도 그 체제는 이론적 차원과 가능성을 거의 달성했고, 더 인간적인 척도에서 판단하지 않는다면, 그것은 압도적인 성공이다"(Mumford 1970: 346). 멈퍼드의 처방은 이런 분석에서 직접 나온다. 생산력과 정치권력의 규모를 줄이면 더욱 인간적인 도시가 만들어질 것이라고 그는 주장했다.

멈퍼드는 분석의 논점을 명백히 표명하지 않았기 때문에, 국가 구성에 이를 적용할 것인지 설명하지 않았다. 대부분의 경우 그는 지배의 형식을 우세한 과학기술의 결과물, 특히 전쟁 과학기술의 결과물로 취급했다. 그렇지만 그의 분석 논리는 생산력과 권력의 지배적 조합에 의거한 국가 구성의 선택적 경로들을 명료하게 적시하고 있다.

이 책은 무어, 로칸, 멈퍼드가 남겨 둔 문제를 계속 다룰 것이다. 즉, 시대를 이어 유럽의 다양한 지역의 국가들이 따랐던 변화의 경로 내의 결정적 변형을 인식하며, 특정 시점에 한 지역에서 우세했던 계급 연합이 지배자나 그 인척에게 가능한 행위 범주를 강력하게 제한했던 점을 인지하고, 활동적인 자본가들과 함께했던 초기의 도시 지배 지역에서는 대영주와 그들의 사유지가 풍경을 압도하던 지역과는 매우 다른 국가가 생성되었던 점에 대한 구체적 가설을 세우고 그 문제를 다룰 것이다. 이 책은 두 가지 방식으로 무어, 로칸, 멈퍼드를 단호하게 넘어서려 한다. 첫째, 강제의 조직화와 전쟁 준비 과정을 분석의 한가운데 곧바로 위치시켜 국가 구조는 매우 응급한 시기에 주로 전쟁 수단을 확보하려는 지배자의 노력에 의한 부산물임을 주장하려 한다. 둘째, 특별히 전쟁과 전쟁 준비를 통한 국가들 간의 관계가 국가 구성의 전체 과정에 강한 영향을 미쳤다는 점을 강조하려

한다. 따라서 나는 이 책을 통해 집중화된 자본, 집중화된 강제, 전쟁 준비, 그리고 국제 체제 내 위치가 만드는 계속적 다양성의 조합에서 국가 구성의 대안적 역사를 추출하려 한다.

이 책의 중심적 논점은 무어, 로칸, 멈퍼드의 분석들의 합성보다는 반향이라고 하겠다. 가장 단순한 형식이라도 그 논거는 필연적으로 복잡하다. 이 책은 유럽의 경험에 대해 다음과 같이 언급한다.

집중화된 강제 수단(육군, 해군, 경찰력, 무기 및 그에 준하는 것들)을 통제했던 사람들은 그들이 권력을 행사할 수 있는 인구와 자원의 범위를 확장하기 위해 그것을 사용하려는 것이 일반적이다. 그들에 필적할 만한 강제적 수단의 통제력을 갖춘 사람이 없을 때 그들은 정복한다. 그들이 경쟁자를 만났을 때, 전쟁이 일어난다.

정복자들은 중요한 영토 내의 대중에 대한 확고한 통제력을 행사하기 위해 노력하고, 그 영토 내에서 생산된 재화와 서비스의 일부에 일상적으로 접근하려고 애쓴다. 그래서 그들은 지배자가 된다.

모든 형태의 지배는 특정한 종류의 환경 안에서 그 효율성의 범위에 있어 중요한 제약에 직면했다. 이 범위를 초과하려는 노력들은 패배 아니면 통제력의 분열을 만들어 냈다. 그 결과 대부분의 지배자들은 정복, 강력한 경쟁자로부터의 보호, 협조적 이웃과의 공존을 조합하며 이를 해결했다.

특정 지역에서 가장 강력한 지배자들은 모든 전쟁에 대한 조건을 정했다. 보다 약한 지배자들은 강력한 이웃의 요구에 협조하거나 전쟁 준비를 위해 특별히 노력하거나 하나를 선택해야 하는 상황에 직면했다.

전쟁과 전쟁 준비를 위해 지배자는 필수 자원——남자, 무기, 보급품, 또는 이런 것을 살 수 있는 돈——을 보유하고 있는 인물들과 강력한 압박이나 보상 없이는 굴복하기 꺼려 하는 인물들로부터 전쟁 수단을 뽑아내야 한다.

다른 국가들의 요구와 보상에 의해 설정된 한계 내의 전쟁 수단에 대한 차출과 투쟁은 국가의 핵심적 조직 구조를 창안할 수 있게 했다.

국가 영토 내의 주류 사회 계급 조직, 그리고 국가와 그들의 관계는 지배자들이 자원을 차출하기 위해 채택한 전략, 그들이 마주쳤던 저항, 그 결과에 의한 투쟁, 그러한 차출과 투쟁이 축적한 내구성 있는 종류의 조직들, 그리고 자원 차출의 효율성에 중요한 영향을 미쳤다.

주류 사회 계급 조직, 그리고 국가와 그들과의 관계는 유럽의 강제 집중 지역(극소수 도시 및 농업 우세 지역. 여기선 직접적 강제가 생산력에 있어 주요한 역할을 했다)에서 자본 집중 지역(다수 도시 및 상업 우세 지역. 여기선 시장과 교환, 그리고 시장 지향적 생산이 우세했다)까지 상당히 다양했다. 주류 계급이 국가에 했던 요구와 국가에 대한 그들의 영향력은 상대적으로 다양했다.

다양한 차출 전략의 상대적 성공과 지배자들이 실제 적용했던 전략은 강제 집중 지역에서 자본 집중 지역까지 상당히 다양했다.

그 결과 유럽의 다양한 지역에서 국가의 조직 구성은 뚜렷이 다른 궤적을 따랐다.

어떤 종류의 국가가 유럽 일부 지역, 일정 시대에 우세했었는지에 대한 판단은 매우 다양했다. 지난 1000년의 말미에 이르러서야 국민국가가 도시국가, 제국, 그리고 유럽의 다른 일반적인 국가 형식에 대해 명백히 우월한 영향력을 행사할 수 있었다.

그럼에도 증대하는 전쟁의 크기, 그리고 상업적·군사적·외교적 상호작용을 통한 유럽의 국가 체제 결합은 결국 전쟁 관련 이점을 상비군 관리 국가들에 돌아가게 했다. 대규모의 농촌 인구, 자본가들, 그리고 상대적으로 상업화된 경제가 조합된 단계의 국가들이 승리했다. 그들이 전쟁 조건을 결정했고, 그들의 국가 형식이 유럽의 지배적 형식이 되었다. 유럽 국가들은 점차 그 형식으로 통합되었는데, 바로 국민국가였다.

이런 방식의 일반화(예컨대 전쟁의 추세가 국가 구조를 세운다) 중 일부는 세계사의 많은 부분을 관통해 왔다. 다른 경우(예컨대 강제 집중 지역과 자본 집중 지역 사이의 강한 대조)는 유럽을 세계의 다른 지역 대부분과 뚜렷이 구별되게 만들었다. 우리는 어느 정도 특수성과 극단적 일반성 사이를 진동하는 역사를 추적한다. 나는 두 경우 모두에 대해 충분히 구체적인 역사적 증거를 제시할 것이다. 이는 그 원칙을 이해하기 쉽고 신뢰할 수 있게 만들기 위해서이지만, 그것을 세부 설명에 묻혀 버리게 할 만큼은 아니다.

우리가 유럽 국가들이 택한 다양한 경로를 설명할 수 있다면, 오늘날 비유럽 국가들에 대해 더 잘 이해하게 될 것이다. 아프리카나 라틴아메리카의 국가들이 현재 유럽의 경험을 개괄적으로 설명하고 있는 것은 아니다. 반대로 유럽 국가들이 일정한 방식으로 구성되었고, 그 권력을 나머지 세계에 행사하였다는 사실은 비유럽권의 경험은 다를 것이라는 점을 보증한다. 그러나 우리가 유럽인들이 처음 세운 체계의 항구적 특성들을 정확히 찾아낸다면, 그리고 유럽의 경험에 내재한 다양성의 원칙을 확인해 낸다면 우리는 현대 국가들의 특징이 무엇인지, 역사적으로 부여된 한계 안에서 어떻게 작동했는지, 국가가 보인 특성들 중 어떤 관련성이 우리 시대에도 유지되고 있는 것인지에 대해 더 구체적으로 설명할 수 있을 것이다. 그러한 목표를 염두에 두어 이 책의 마지막 장은 유럽의 경험에 대한 분석에서 오늘날 제3세계의 군부 권력에 대한 검증으로 관심을 돌릴 것이다.

역사적으로 무슨 일이 있었나? 유럽 국가들은 태동 후 처음 몇 세기 동안 지중해를 에워쌌던 무슬림 강대국들과 유라시아의 스텝 지대로부터 서쪽으로 급속히 휩쓸었던 유목민 정복자들이 남겨 놓은 공간으로 급격히 확대했다. 무슬림과 몽골인, 그리고 다른 외지인들은 영토를 획득하면 통상 군사적 지배자와 중요한 수입을 제공한 조공 체제를 세웠지만, 그 지역의 사회질서에 결정적으로 개입하는 일은 없었다. 유럽인들은 그들만의 공간 안에서 농사를 지었고, 상품을 제조했고, 교역을 했고, 그리고 특히 서로 싸웠다. 그들은 거의 의도하지 않은 채 국민국가를 창안했다. 이 책은 그 방법과 이유에 대해 말할 것이다.

## 자본과 강제의 논리학

이 이야기는 자본과 강제에 관한 것이다. 국민국가 창안의 중심적 역할을 수행했던 강제의 실행자가 그들만의 목적을 위해 자본의 조정자들을 이용

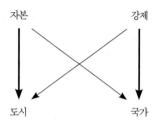

〈그림 1-3〉 자본과 강제가 도시와 국가를 생성시킨 방식

했는데, 그들의 활동에 의해 도시들이 만들어졌다. 물론 두 부류는 상호작용이 활발했고, <그림 1-3>은 이에 대한 전반적 상황을 보여 준다. 국가들은 강제 조직을 강하게 반영하지만, 실제로는 그에 못지않게 자본의 효과를 보여 준다. 이 책의 나머지 부분에서 자본과 강제의 다양한 조합에 의해 매우 다른 종류의 국가들이 만들어졌다는 점을 증명할 것이다. 다시 정리하면, 도시들은 자본의 변화에 특별히 반응하지만, 강제의 조직도 그 못지않게 도시의 성격에 영향을 준다. 루이스 멈퍼드가 얘기한 바로크 도시는 사촌과도 같은 자본에 의존했지만 군왕 권력의 명료한 흔적 — 궁전, 연병장, 병영 — 을 분명히 보여 준다. 시간이 흐르면서 국가 구성 과정에서 자본의 위치는 점점 더 커진다. 동시에 (치안 활동과 국가 개입의 모습을 한) 강제의 영향도 그만큼 확장되었다.

## 자본-도시-착취

복잡한 설명으로 들어가기 전에 자본-도시 관계와 강제-국가 관계를 따로 확인하는 것이 도움이 될 것이다. 유형의 유동 자원을 포함한 **자본**, 그리고 그 자원에 대해 집행 가능한 소유권 주장에 관하여 충분하게 생각해 보자. 자본가들은 자본의 축적, 구매, 판매에 전문화된 사람들이다. 그들은 **착**

취의 영역을 장악하고 있는데, 생산관계와 교환관계에서 잉여이익이 산출되고, 자본가들이 그 이익을 차지한다. 자본가들은 자본주의가 부재해도 존재하는 경우가 자주 있는데, 임금노동자들이 자본가들이 소유한 자재를 써서 상품을 생산하는 체계가 자본주의이다. 역사상 대부분의 자본가들은 생산의 직접적인 조직자보다는 주로 상인, 기업가, 금융가로 활동했다. 순수한 의미의 자본주의 체제는 자본의 역사에서 뒤늦게 도착했다. 그것은 1500년 이후 자본가들이 생산 통제 능력을 장악하면서 성장했다. 그리고 1750년 이후 그 정점에——또는 시각에 따라서는 그 최저점에——도달했다. 그때는 대다수 국가에서 자본 집중 산업이 번영의 토대가 되었던 시기였다. 이전 1000년 동안, 자본가들은 생산에 크게 개입하지 않고 번성했다.

자본을 축적하고 집중시키는 과정에서 도시들이 만들어졌다. 이 책의 분석에서 도시는 확실히 중요한데, 이는 자본가들이 선호하는 장소이자 그들의 이권을 위한 조직적 동력이라는 점에서 그렇다. 각 가정의 생존 문제는 고용, 투자, 재분배, 또는 다른 강한 연계를 통한 자본의 존재에 의존하는바, 인구 분배는 자본 분배를 따라갔다(그러나 때때로 자본은 싼 노동력을 쫓아가며, 둘은 상호적 관계이다). 교역, 창고 저장, 은행, 생산은 모두 서로 밀접하게 의존하는데, 서로 인접함으로써 모두 이득을 얻는다. 농업 생산력에 의한 한계 내에서도 그러한 인접함은 조밀하고 차별화된 인구 구성을 촉진시키는데, 그들은 외부, 즉 도시에 이어지는 연줄이 있기 때문이다. 자본이 한 지역 내에서 축적되고 집중될 때, 도시의 성장은 같은 지역 전반에 걸쳐 일어나는 경향이 있다. 가장 집중된 곳에서 더 강렬하게, 그리고 이차적으로 다른 곳으로 이어진다(그림 1-4 참조). 그러나 도시 성장의 형식은 집중과 축적 사이의 균형에 의해 결정된다. 자본 축적이 전반적으로 진행되었으나 집중화가 상대적으로 저조한 곳은 훨씬 작은 규모의 중심지로

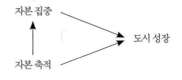

〈그림 1-4〉 자본이 도시 성장을 만든 방식

발전한다. 한편 자본 집중만이 단일하게 부각된 곳은 도시 인구가 중심지 주변에 응집한다.

정당하게 말하면, 도시는 지역 경제를 대표한다. 즉, 도시나 도시 클러스터의 주변에는 농업 구역과 상업 구역이 자리하며(때로는 공업 구역도 자리한다), 서로 밀접하게 상호작용한다. 축적과 집중이 나란히 발전한 곳에서는 소규모 중심지부터 대규모 중심지까지 위계가 형성된다(그림 1-5 참조). 이러한 경향은 항상 중요한 한정 범주 내에서 작동했다. 도시 사람들은 일반적으로 거의 모든 음식과 연료를 다른 지역에서 준비한 것에 의존한다. 대규모 도시를 위한 필수품들을 운송하고 보관하는 데에 거대한 에너지가 소비되기 때문이다. 아주 최근까지 유럽을 포함한 세계의 농업 지역 대부분은 그 땅에 의지하여 살아야 하는 근처 인구의 10분의 1 이상을 감당하기 어려울 만큼 생산성이 낮았다. 거기에다 저가의 수상 운송 수단을 사용하여 간편하게 농업 지역에 도달할 수 없었던 도시들은 엄청나게 비싼 식료품 비용을 감당해야 했다. 베를린과 마드리드는 그 좋은 예를 보여 주는데, 지배자들이 강제적으로 부양하지 않는 한, 농업 지역이 증가하지 않았다.

보건 또한 중요한 문제였다. 지난 1000년의 기간 대부분, 노동 적령기 인구의 급격한 이주에 따른 불균등한 취업을 감안한다 해도 도시 인구의

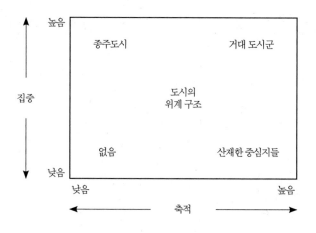

〈그림 1-5〉 자본 축적과 집중에 의한 도시 성장의 선택적 형식들

사망률은 배후 지역에 비해 훨씬 높았다. 1850년 이후에야 도시 위생과 영양 개선에 힘입어 도시 거주자들의 사망률이 균형을 맞출 수 있었다. 그 결과 도시는 농업과 교통수단이 상대적으로 효율적이었을 때, 또는 강력한 압력에 의해 거주민들을 토지에서 몰아낼 경우에 급격하게 성장하였다.

그럼에도 도시의 가파른 성장은 이러한 모든 점에 있어서 변화의 소용돌이를 만들었다. 역동적인 도시 근처에서는 사람들이 보다 집약적으로 농사를 지었고 환금작물에 대한 농사에 보다 많은 부분을 할당하였다. 예를 들어 16세기 유럽에서 생산성 높은 농업은 가장 도시화가 잘된 지역인 북부 이탈리아와 플랑드르에 집중해 있었다. 유사하게, 도시의 성장은 해상과 육상 운송 수단의 창안과 발전을 가져왔다. 운하와 항해 가능한 지류를 갖춘 네덜란드의 시스템은 수많은 도시들 간의 소통에 있어 비용을 낮추고 속도를 높였으며, 따라서 도시화의 원인이자 결과로 기능하였다(de Vries 1978). 주민들을 토지에서 몰아낸 압력의 일부는 도시화에 의한 경우가 자주 있었는데, 도시의 대영주들이 자작농들을 배후지에서 밀어내거나 도시의 수요가 배후지 농업의 자본화를 조장했던 경우가 그렇다. 자본의 축적과 집중은 도시의 성장을 촉진했고, 한편 새로운 도시 클러스터 주위의 지역을 변모시켰다.

## 강제-국가-지배

강제는 어찌 되는가? 강제는 그 행위가 위협적이건 실제적이건, 인간에 대한, 또는 그 행위와 잠재적 손해를 인지하고 있는 개인이나 집단의 소유물에 대한 손실이나 손상의 일반적인 원인이 되는 행위의 모든 합치된 적용을 포함한다. (이러한 번잡한 정의는 의도치 않고 간접적이고 비밀스러운 손해는 배제한다.) 자본은 착취의 범주를 규정하고, 강제는 지배의 범주를 규정한다. 강제의 수단은 군대를 중심으로 하지만 감금, 몰수, 굴욕을 주는 시설들과 공개적인 위협으로 확장된다. 유럽은 강제를 수행하는 두 개의 중첩적인 중요 전문가 집단을 창안했는데, 군인들과 대영주들이 그들이다. 그들이 뭉쳐서 국가로부터 지위와 특권의 형태로 인준을 받아, 이러한 지위와 특권을 고귀하게 구체화하며, 수 세기에 걸쳐 유럽의 주요 지배자들을 순차적으로 공급했다. 강제의 수단은 자본처럼 축적되고 집중된다. 어떤 집단(예컨대 수도회)은 강제의 수단을 거의 갖고 있지 않지만 그것이 소수의 사람들에게 집중되어 있다. 다른 집단(예컨대 무장 개척민)은 널리 분산된 많은 강제의 수단을 소유한다. 강제의 수단과 자본은 동일한 대상(예컨대 구빈원)이 착취와 지배에 몰두할 경우 힘을 합치기도 한다. 그러나 대부분의 경우 분리해서 분석하기에 충분할 정도로 둘은 다른 특징을 보인다.

강제 수단의 축적과 집중이 함께 성장한 경우, 이를 통해 국가가 만들어진다. 즉, 잘 정비된 영토 내에서 최고로 집중된 강제의 수단을 통제하고,

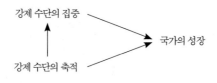

〈그림 1-6〉 강제에 의한 국가 성장 방식

그 영토 내에서 작동하는 다른 모든 조직들에 대해 부분적 우선권을 행사하는 특별한 조직들을 만들어 낸다(그림 1-6 참조). 이웃 지역을 복속하고 원거리의 경쟁자를 격퇴하려는 노력에 의해 국가 구조를 창안하게 되는데, 그 형식은 군대뿐만 아니라 그 군대를 유지할 수단을 수합하고 다른 시민 대중에 대한 지배자의 일상적 통제를 조직하는 공무원으로 구성된다.

## 전쟁에 의한 국가 구성·변형 과정

전쟁과 국내 통제에 강제 수단을 배치하면 전사들에게는 두 가지 어려움이 생겨난다. 첫째, 그들의 영토라고 주장하는 영역 내외의 경쟁자들을 진압하는 데 성공했다면, 강제의 실행자들은 그들이 획득한 토지, 상품, 사람들을 관리할 의무가 있다는 것을 발견한다. 그들은 자원의 차출, 상품·서비스·수입의 배분, 분쟁에 대한 심판에 관여하게 되었다. 그러나 행정은 그들을 전쟁으로부터 벗어나게 하고 때로는 전쟁에 반대하는 발언을 하게 하는 이해관계를 만들어 내기도 한다. 우리는 기독교 전사들에 의한 5세기 동안의 무슬림 스페인 정벌에서 이러한 딜레마를 확인할 수 있다. 이들은 1064년 코임브라 탈취를 시작으로 다음과 같은 표준적인 포위 작전을 벌였다.

즉각 항복한 포위당한 마을의 거주자들은 정복 이후 온전한 자유를 누린다. 포위된 후 그리 오래지 않아 항복한 무슬림들은 그들이 가지고 갈 수 있는 물건들만 지닌 채 떠날 수 있다. 무력에 의해 마을이 함락될 때까지 버텼던 이들은 죽음이나 노예 신세를 면할 수 없다. (Powers 1988: 18)

이에 대한 세 개의 대응 모두 정복자들에게 문제를 만든다. 첫째, 이와 병행하는 규칙으로 시스템을 만들어야 할 책임을—최소한 일시적이라 해도—부과하였다. 둘째, 인구 감소 지역에 정착하고 관리하는 부분 못지 않은 자산 재분배에 대한 요구가 생겨났다. 셋째, 승리자의 손에 노예를 남겼고, 이는 생산과 인구를 재구축해야 하는 더 심각한 어려움을 부여하였다. 이것이든 저것이든 정복은 관리의 문제를 수반했다. 보다 큰 규모에서 이러한 문제들은 이베리아를 재정복하는 모든 과정에 내내 따라다녔다. 이는 유럽을 관통하는 정복의 역사에 다양한 방식으로 그 흔적들이 남아 있다.

두 번째 딜레마는 첫 번째와 병행한다. 특히 대규모의 전쟁 준비를 하는 경우, 지배자들은 불가피하게 차출의 문제에 관여한다. 이는 조세·공급·관리에 필요한 기반시설을 세우는데, 이 시설들은 그들이 기여해야 하는 육군과 해군보다 더 빠르게 성장하기도 한다. 그리고 이러한 기반시설을 운영하는 사람들이 자신들을 위한 권력과 이익을 획득한다. 그들의 이익과 권력에 의해 특정 국가가 수행할 수 있는 전쟁의 성격과 강도가 상당히 제한되기도 한다. 유럽의 몽골-타타르 국가들은 지속적인 관리 체계를 더 구축하지 않고 침략과 약탈을 통해 이러한 딜레마를 해결했지만, 그들의 전략은 권력에 내재적 한계를 가져왔고, 재정적으로 잘 정비된 대규모 군대에 취약해졌다. 대조적으로 제노바처럼 상당히 상업화된 국가는 전쟁 수단을 차출하기 위해 필요한 구조를 빌리거나 외주를 주어 이러한 딜레마를 해결했다. 이러한 두 가지 극단의 사이에서 유럽의 국가들은 전쟁, 차출, 그리고 다른 주요 활동에 대한 요구들을 조정할 수 있는 다양한 방법들을 찾아냈다.

유럽의 국가들은 실제로 핵심적 활동과 조직의 분야에서 상당히 달랐다. 세 가지 상이한 국가 양식은 990년 이후 중요한 분절의 시기에 유럽의 다양한 분야에 걸쳐 확산하였다. 그 세 가지는 조공을 받는 제국들, 도시국가와 도시연합 같은 주권 분할 체제, 국민국가이다. 첫째는 대규모 군대와 차출 기구를 건설했으나 지역 행정의 대부분은 지방 실세들에게 남겨 주었고 그들은 상당한 자치권을 보유했다. 주권 분할 체제에서는 연정과 협의 기구들이 전쟁과 차출에서 중요한 역할을 수행했지만, 국가적 규모에서 지속적인 국가 장치가 부상하는 일은 드물었다. 국민국가는 군사 조직, 차출 조직, 행정 조직, 심지어 유통 및 생산 조직조차도 상대적으로 조직적이고 중앙집권화한 구조 내에 통합한다. 이 세 가지 형식 모두의 오랜 생존과 공존은 유럽의 국가 구성이 단일하고 단선적인 과정이라는 통념, 또는 국민국가가 본질적으로 우월한 정부 형태라는—실제 점차 우월해지기는 한다—통념에 반하는 내용이다.

조공을 받는 제국들이 수 세기에 걸쳐 국가에 관한 세계사를 지배했다. 제국들은 강제 수단이 상대적으로 낮게 축적된 상황에서 나타났으나 사용 가능한 수단들은 고도로 집중화되었다. 황제가 아닌 다른 누군가가 중요한 강제 수단을 축적하였거나 황제가 거대한 강제를 동원할 수 있는 능력을 잃었을 때, 제국은 와해되었다. 외견상의 엄청난 내구력에도 불구하고 중국 제국은 반란, 외침, 자치 운동에 의해 끊임없이 고통받았고, 몽골과 다른 유목민 약탈자들에게 조공을 바치느라 예산의 상당 부분을 오래도록 소비하였다. 유럽의 제국들 역시 더 큰 안정을 누리지는 못했다. 예를 들어 1808년 나폴레옹의 이베리아반도 침략은 스페인의 해외 제국 대부분을 산산조각 냈다. 몇 달 안에 라틴아메리카의 스페인 지배 지역 대부분에서 독립운동이 형성되었고 실제로 10년 내 모든 지역이 독립국가들로 갈라졌다.

연방, 도시국가, 그리고 다른 주권 분할 방식들은 거의 모든 면에서 제국과 달랐다. 이들은 상대적으로 강한 강제의 축적, 그리고 상대적으로 약한 강제의 집중에 의존하였다. 14세기 유럽에서 산재했던 도시 민병대는 이러한 조합의 전형을 보여 준다. 이러한 국가들에서 명목 주체들의 소연합은 지배자의 힘과 동등할 수 있었던 반면, 개인, 단체, 그리고 전체 주민들은 경쟁 관할 권역으로 전향할 수 있는 많은 기회가 있었다.

14세기 프로이센과 포메라니아는 강한 대조를 보여 준다. 나중에는 튜튼기사단의 지배를 받는 프로이센은 기사단장과 필적할 수 있는 왕자도 없었고, 지역 내 특별한 세력도 없었다. 그러나 기사들이 임명한 지주들은 그들 소유의 넓은 영지 내에서 폭넓은 재량권을 갖고 있었지만, 단지 기사들에게 수입이 흘러들어가는 경우에만 그랬다. 포메라니아 인근의 경우 독일의 소규모 정복과 연합에 의해 공작 영지가 동시에 세워졌고, 공작의 여러 경쟁자들이 군사적 반기를 들고 일어났고, 영주들은 노략질을 일삼았다. 한편 마을은 공작 소유지의 중요한 부분이었고 전쟁 시에 주요 군사력을 제공했다.

1326~28년 동안 포메라니아와 메클렌부르크의 공작들 사이의 전쟁에서 포메라니아의 마을들은 그들의 공작 편에 섰지만 귀족들은 메클렌부르크에 동조하였다. 포메라니아가 승리했을 때, 주요한 역할을 했던 그 영지 내의 주민들은 "광범위한 권위를 부여받았는데, 즉 미성년 공작들에 대

한 후견인 역할, 공작 소유의 새로운 성을 건설할지 말지에 대한 결정권, 공작이 약속을 깨고 그의 신민에게 잘못할 경우 새로운 주인을 선택할 권리"에 관한 것이었다(Carsten 1954: 90).

조공을 받는 제국과 도시국가 사이에 국민국가가 위치한다. 국민국가는 다른 국가들처럼 전쟁과 국가 만들기, 그리고 차출을 통해 건설되었다. 그러나 국민에게 강제 수단 양도를 흥정하도록 압박하였는데, 이를 보호, 심판, 때로는 생산과 분배에 집중적으로 투자한다는 것이었다. 후기 프로이센의 역사는 국가가 구성되는 이러한 과정을 잘 보여 준다. 14세기에 튜튼기사단은 중앙집권화된 제국을 세웠다. 15세기에는 전염병, 농민들의 외부 이주, 군사적 패배로 인해 흔들리며 기사단이 해체되기 시작했고, 이전에 그들이 지배했던 지방의 거물들이 자체의 힘으로 프로이센의 정치적 실세가 되었다. 그들은 영지에 남아 있는 농민들에게 점점 더 강력한 제한을 가하기 위해 권력을 사용했다. 강제적 노동을 이용해 더욱 강력해진 지주들은 영지 농업과 곡물의 서유럽 수출로 방향을 전환하였다.

같은 시기 번성하는 시민계급과 공작의 동맹에 의해 이전에 약화된 브란덴부르크와 포메라니아의 지배자들은 도시들과의 끊임없는 싸움에서 승리하기 시작했는데, 이는 국제무역에서 도시들의 입지가 축소되고 한자동맹 내에서의 탄원 능력 또한 약화되었기 때문이다. 지배자들은 귀족이 지배하는 영지들과 타협했고, 이를 통해 전쟁과 왕조 강화를 위한 왕가의 수입을 승인 ─또는 거부─하는 기초적 권력을 획득하게 되었다. 다음 몇 세기 동안 브란덴부르크의 호엔촐레른 제후들은 브란덴부르크프로이센을 만드는 탁월한 길로 나아가고 있었는데, 이 과정에 과거 포메라니아의 대부분을 흡수한다. 그들은 정략결혼과 외교적 연합을 통해 영역을 인근 지역으로 점차 확장하고 자본이 풍부한 라인강 하류 지역까지 진출했다. 그리고 귀족들이 권위와 권력을 소유 지역의 지주들에게 이양하지만 규칙적인 수입에 대한 군주적 접근권을 주는 협약을 성사시켰다.

전투·협상·조약·유산을 통해 국민국가가 모습을 드러냈고, 여기서 프로이센, 브란덴부르크, 포메라니아의 대영주들은 그 영역 내에서 왕권도 결코 빼앗지 못할 강력한 권력을 소유했다. 18세기에 프리드리히 대왕과 같은 왕들은 농민과 지주를 함께 군대 조직에 포함하여 한쪽이 다른 한쪽의 명령권 아래에 놓이게 하는 마지막 구조를 짜 맞추었다. 프로이센의 군대는 귀족이 장교, 자유농민은 하사관, 농노는 일반병 역할을 수행하여 전원생활의 모습을 그대로 따랐다. 농민과 농노는 그 대가를 치렀는데, 농민은 농노의 신분으로 하락하고, "귀족들과 비교하여 전시건 평시건 수행해야 하는 구舊프로이센의 병역 의무는 사회적 지위, 법적 권리, 노예 소유를 포함한 자산의 약화를 가져왔다"(Busch 1962:68). 이러한 점에서 프로이센은 영국(농민은 농촌 지역의 임금노동자가 되었다)과도 프랑스(농민은 상당한 재산을 보유하고 19세기에도 살아남았다)와도 다른 길을 따랐다. 그러나 프로이센, 영국, 프랑스 모두 전쟁 수단에 대한 왕권과 중심 계급과의 싸움으로 인해 흔들렸고, 그 결과에 따라 내구성 있는 국가 구조를 만들어 낼 필요성을 느꼈다.

프로이센, 영국, 프랑스는 군사적 동맹이자 경쟁자로서 각자의 운명에 영향을 주었다. 세상일이 그렇듯, 국민국가들은 항상 서로의 경쟁 속에서 나타났고, 경쟁 국가들과 대비되는 정체성을 획득했다. 그들은 국가 체제에 속하는 것이다. 국가 구조의 주요 양식들에 대한 폭넓은 차이에 대해서는 <그림 1-7>로 도식화하였다. 네 종류의 국가 모두에 대한 잘 발달된 예들은 서기 990년 이후 유럽의 다양한 지역에 존재했다. 제대로 된 제국들은 17세기에 번성했고, 주권 분할의 핵심 지역들은 19세기 말에 이르러서

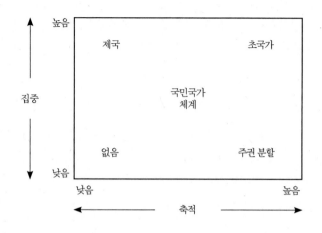

〈그림 1-7〉 강제의 축적과 집중의 기능에 따른 국가 성장의 선택적 조건들

야 국민국가로 통합되었다.

세 가지 양식의 지배자들은 공통의 문제들에 직면했는데, 각기 다른 방식으로 대응했다. 그들은 당연히 통제하고자 하는 영토 전체에 강제의 수단을 불균등하게 배치하였다. 그들은 중심과 변방에 가장 자주 힘을 집중했는데, 이 사이에서 2차적 강제 클러스터, 지역의 왕정 강제 조력자, 이동 순찰, 정보의 광역 수집을 통해 그들의 권위를 유지하기 위함이었다. 예를 들어 오스만제국은 두 개의 중첩적인 체제를 만들었는데, 하나는 카자kaza와 시민 행정기구로 구성되고, 이는 카디kadi가 통치한다. 다른 하나는 산자크sancak와 봉건 기사의 구역으로 구성되는데, 이 구역은 군 사령관이 통치한다. 정복기에 군 체제는 시민 체제를 흡수하는 경향이 있었는데, 이는 수입 손실에 대한 보상이었다(Pitcher 1972: 124).

그러나 국가가 더 크고, 강제 배분과 자본 배분의 격차가 더 심각할수록 중앙 통제에 저항하여 얻는 보상은 더 커서, 국가의 다양한 적들이 영토 내외에서 연합체를 구성했다. 19세기에 오스만 세르비아의 일부가 되는 베오그라드 산자크에서, 제국에 헌신하는 주요 인사들(아얀avan)은

> 그들이 더 쉽게 부유해질 수 있는 바에 대해 논리적 결론을 내렸는데, 이는 단순히 재분배의 관리인 역할을 수행하기보다는 그들 자신의 재분배 체계를 만들어 내는 것이었다. 그들은 소작농의 생산물에서 자신들의 몫을 취했고, 가축 통행로에 불법적인 요금을 부과했고, 사바강과 다뉴브강의 화물 집산지, 특히 베오그라드의 세관 출장소들에서 징수한 요금의 할당량을 계속 받았는데, 이곳을 통해 세레스와 테살로니키의 목화 수출품들이 빈과 독일로 향했다. 특히 그들은 데베토deveto에 관한 권리를 주장했는데, 이는 농사 추수의 9분의 1에 해당하는 표면상 불법적인 조세였다. 이는 데세토deseto, 즉 10분의 1에 해당하는 티마리오트timariot(국가를 위한 기사 복무에 대한 보상) 징수 후에 받았다. 사람이나 재산에 가해지는 이러한 행위와 다른 폭력 행사에 의해 세르비아 농민 대다수에게 강제로 걷어 가는 금액이 갑자기 두 배, 때로는 세 배가 되었다. (Stoianovitch 1989: 262~263)

19세기 오스만제국이 붕괴하면서 이러한 종류의 권력 이전이 광범위하게 일어났다. 그러나 이 판본이건 저 판본이건 유럽 모든 지역의 간접 지배 대리자들은 세르비아의 이웃사촌이 했던 대로 따라하고 싶은 유혹을 느꼈다. 왕의 지역 대리자들은 중앙의 요구를 회피함으로써, 또는 국가에게서 위임받은 수단을 지역이나 개인의 목적을 위해 전용함으로써 의사소통의 비용과 이점을 얻을 수 있었기 때문에, 모든 지배자들은 자신들의 헤게모니에 대한 반복적인 도전에 직면해야 했다.

제국의 지배자들은 자신들의 권력 기반에 대한 변화 없이 지방과 지역의 실력자들을 끌어들이려 했고 왕의 운명을 따르는 확실한 왕당과 군단을——대부분 현재나 과거의 전우들로——창설하려 노력했다. 극단적인 경우로 맘루크 왕조의 술탄들은 전사나 관리가 된 외국인 노예들의 계급 전체를 유지하였다. 그렇지만 이들은 관리들을 직접 지원하는 영지를 제외하고 지방의 거물들을 지배 영역 안에 두었다. 이러한 체제에서 노예들은 1260년부터 1517년 사이 실질적으로 이집트와 중동의 주변 지역을 지배하였다(Garcin 1988). 국민국가의 지배자들은 통상 완벽한 관리 위계를 만들고 권력의 자율적 기반을 없애려고 더욱 열심히 노력했다. 예를 들어 프로이센의 선거후들과 왕들은 토지를 소유한 귀족들에게 많은 권력을 넘겨 주었지만 근무지, 면세, 군역을 수단으로 그들을 왕권과 밀접하게 묶어 놓았다.

도시국가, 연합, 그리고 다른 권력 분할된 국가들을 지배했거나 지배권을 주장했던 세력들은 하나의 도시와 그 직접적 배후지를 밀착 통제 하려 노력했다. 그러나 그 범위를 넘어설 경우 그들은 다른 경쟁 세력과 그 권한을 협상할 수밖에 없었다. 지방에 대한 통제는 통상 도시의 강제적 무력뿐만 아니라 도시 지배계급의 대규모 농지 소유에 의존했다. 14세기에 피렌체가 지방자치 수준을 넘어 공격적인 확장을 시작하자, 그 폭군들은 정복 도시의 지배자들을 가능한 한 수하의 사람들로 교체했다. 그렇지만 그 지방의 귀족들 중에 선택하여 교체했다.

이러한 모든 방식은 지방 유력자들의 수중에 상당한 권력과 재량권을 남겨 주었는데, 그들이 왕권의 적을 억압하고 국가자본으로 흘러가는 수익을 유지할 경우에만 그러했다. 사실 국민적 범위에서 어떠한 유럽 국가도 (아마 스웨덴을 제외하고는) 프랑스혁명 시기 이전에 상층부에서 하층부까지 직접 지배를 제도화하려는 진지한 시도를 하지 않았다. 그 이전에는 가장 소규모의 국가들을 제외하고는 모두 간접 지배의 몇 가지 판본에 의존했다. 따라서 불충, 위장, 부패, 반역의 심각한 위협을 겪었다. 그러나 간접 지배는 부피가 큰 행정 기구를 세우고, 거기에 자금을 대고, 자양분을 제공하지 않아도 통치할 수 있도록 해주었다.

지배자들은 직접 통치로 전환함으로써 시민과 그들이 통제했던 자원들에 접근할 수 있었다. 이는 가사에 대한 세금 부담, 대량 징병, 인구조사, 치안 체계, 그리고 소소한 범위의 사회적 삶에 대한 다양한 침해를 통해 가능했다. 그러나 그것은 광범위한 저항, 폭넓은 협상, 그리고 시민들의 권리와 특전의 창설을 대가로 했다. 침투와 협상 모두 정부의 예산, 인력, 조직도를 팽창시킴으로써 새로운 국가 구조를 규정하였다. 우리 시대의 잡식성 국가가 형태를 갖춘 것이다.

국가 구성을 공학 기술의 한 양식으로, 그리고 왕과 관료들을 기획하는 공학자로 상정하는 것이 적당한 것 같다. 네 개의 사실은 확신에 찬 계획의 이미지를 절충한다.

(1) 유럽의 왕자들이 자신이 만들어 낸 종류의 국가에 대해 정확한 모델을 마음에 품었을 가능성은 거의 없고, 그러한 모델 국가를 생산하기 위해 효과적으로 활동했을 가능성은 더 없다. 예를 들어 노르만인 로저 드 오트빌Roger de Hauteville이 1060년과 1075년 사이 시칠리아를 아랍의 지배에서 떼어내려 했을 때, 그는 기존 무슬림 행정의 조각들을 결합시켜 통치 체제를 임시변통했고, 무슬림 군인들을 그의 군대에 끌어들였고, 이슬람 교회, 유대인 교회, 그리스 기독교 교회를 모두 유지했다. 그러나 대규모 토지를 자신의 영지로 편입했고, 다른 토지들은 추종자들에게 나누어 주었다. 시칠리아에 속하는 칼라브리아는 문화와 정치적 양식에 있어서 그리스풍

이 강하게 남아 있었는데, 비잔틴 건물과 제식 들이 노르만 통치 체제로 대량으로 넘어왔다. 그러나 아랍의 제도들 또한 자리를 차지했는데, 로저의 핵심 관료는 아랍식으로 왕 중의 왕Emir of Emirs, 그리스식으로 집정관 중의 집정관Archonte of Archontes 같은 멋진 직명을 가졌다. 이 결과로 만들어진 국가는 확실히 특징적이고 새로웠지만, 일관된 계획에 의해 생성된 것은 아니었다. 로저 드 오트빌과 그의 추종자들은 각색과 임시변통에 의한 모자이크를 창안했던 것이다(Mack Smith 1968a: 15~25).

(2) 누구도 재무부, 법원, 중앙 행정기관 같은 국민국가의 핵심 요소를 기획하지 않았다. 이러한 요소들은 다소 우연한 부산물이라 하겠는데, 군대를 만들고 지원하는 것과 같은 보다 직접적인 직무를 수행하기 위한 노력에 의해 구성되었다. 1630년대에 프랑스 왕권은 유럽의 전쟁에 급격하게 휘말리면서 거의 파산에 이를 정도로 신용 위기에 달했는데, 왕의 관료들은 그 비용 모집을 위해 통상 지방의 유력자와 공직자 들에게 의지하였으나 이들도 협조를 멈추었다. 다급해진 수상 리슐리외Richelieu는 지방의 유력자들을 압박하거나 우회하기 위해 자신의 대리인들을 보내기 시작했다(Collins 1988). 이 특사들은 왕정 감독관이었는데, 콜베르Jean-Baptiste Colbert와 루이 14세 치하 프랑스의 지방에서 국가적 권한의 중심적 부분이 되었다. 우리가 이러한 감독관들을 세밀하게 기획된 절대주의의 장치로 상상한다면 잘못된 회상일 것이다.

(3) 다른 국가들은──그리고 결국 총체적인 국가 체제는──특정한 몇몇 국가들이 따르는 변화의 경로에 강한 영향을 미쳤다. 1066년에서 1815년 사이 프랑스 왕조와 치른 대규모 전쟁들에 의해 잉글랜드 국가체가 구성되고, 스코틀랜드와 아일랜드를 복속시키려는 잉글랜드의 시도가 프랑스의 간섭에 의해 복잡해지고, 잉글랜드는 프랑스와의 경쟁에 자극받

아 네덜란드식 재정 혁신을 채택하였다. 16세기 이후 제2차 세계대전까지 주요 전쟁들이 마무리되면서 유럽 국가들의 경계와 지배자 들이 규칙적으로 재편성되었다. 독일의 분할, 에스토니아·라트비아·리투아니아의 소련으로의 병합, 제2차 세계대전 종전에 기인한 유럽의 해외 제국 대부분의 해체가 그것이다. 이러한 일들 중 어떤 것도 국가 스스로 길을 잡아 한 일이라고는 생각하기 어렵다.

(4) 유럽에서 부상했던 국가들은 여러 계급의 민중과 투쟁하거나 협상하면서 그 형태를 갖추었다. 예를 들어, 민중의 반란은 통상 실패하지만 그래도 중요한 반란은 국가에 그 흔적을 남겼는데, 그 형식은 억압적인 정책, 국가에 찬성하거나 반대하는 계급들의 재편성, 그 영향을 받은 당파의 권리를 구체화한 명시적 처리 방식 등이었다. 피렌체 노동자들(치옴피Ciompi)의 격렬한 봉기가 있었던 1378년, 저항 기간 중에 구성된 세 개의 새로운 모직 노동자 길드 중 두 개가 정부에 전향했다. 따라서 도시 내에서 효과적 영향력을 가졌던 전선이 파괴되었다. 이를 정리하면서 아직 저항이 심한(즉, 더욱 프롤레타리아적이었던) 한 길드는 존속할 권리를 잃었지만, 협력한 두 길드는 지방정부의 공식적인 일원으로 무난하게 합류했다(Schevill 1963: 279; Cohn 1980: 129~154).

보다 작은 범위에서 기사, 금융가, 지주, 농민, 장인, 그리고 다른 역할을 맡은 사람들의 저항과 협조 모두 장기적 안목에서 국가 구조를 창조 및 재창조하였다. 나아가 대중의 계급 구조는 특정 국가의 관할권으로 편입되었고 이렇게 편입된 계급 구조가 그 국가의 조직에 중요한 영향을 주었다. 그리고 유럽 여러 지역의 계급 구조의 다양화는 국가적 특성에 있어서 체계적인 지형학적 차이들을 만들어 냈다. 지배계급들뿐 아니라 전쟁 준비에 영향을 주는 자원과 활동력을 갖춘 모든 계급들이 유럽 국가들에 각인을 남겼다.

예를 들어 스웨덴의 국가 구성 경로에는 두 가지 사실이 강력한 영향을 미쳤다. 첫째는 18세기에 이르기까지 대규모의 농토를 유지했던 농민들의 압도적 존재감이고, 둘째는 지주들의 상대적인 무능력이 대규모 영지를 구성하거나 아니면 그들의 토지에 농민의 노동을 강제 투입했다는 점이다. 그런 예외적인 농촌 계급 구조는 농민으로부터 수입을 차출하고 군역을 지도록 협조한 것에 대한 보상으로 귀족들에게 재정과 사법적 특권을 주고, 또한 농민들이 귀족들의 뜻에 따르도록 도움을 주는 왕정의 전략을 방해했다. 반면에 이 전략은 인근의 프로이센과 러시아 지역에서는 지배적이었다. 이는 통치 행위에 대해 일부 권력을 실제 가졌던 개별적 소농의 토지가 살아남은 이유를 설명하며, 스웨덴의 제국주의적 확장 시기에 유럽 시장에서 용병을 고용하다 민병대 창설로 급격하게 전환하고 구성원들에게 군역에 대한 보상으로 토지 혹은 거기서 나오는 수입을 주었던 사실을 설명해 준다. 다른 곳과 마찬가지로 스웨덴에서도 나름의 계급 구조가 군대를 창설하려는 지배자의 시도를 제한하였고, 그리하여 국가 구조에 그 영향을 분명하게 남겼다.

기본적인 관계에 대한 더욱 전체적이고 도식적인 설명은 <그림 1-8>에 제시되어 있다. 이러한 형태의 표가 나온 것은 우리가 이전에 조사했던 이유들을 설명하기 위해서이다. 즉, 전쟁과 전쟁 준비를 위해서 기초적인 자원들—인력, 무기, 보급품, 또는 이러한 것들을 살 수 있는 화폐—을 소유했고 강한 압력이나 보상 없이 굴복하는 것에 머뭇거렸던 소극적인 사람들로부터 전쟁 수단을 차출하는 일에 지배자들이 관여했다. 국가 영토 내부의 주요 사회 계급들의 조직, 그리고 국가에 대한 그들의 관계는 지배자들이 자원을 차출하기 위해 채택하는 전략, 마주쳤던 저항, 그 결과에

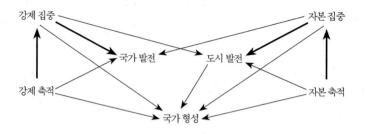

〈그림 1-8〉 강제, 자본, 국가, 도시의 관계

의한 투쟁, 지속적인 조직 차출과 저지된 투쟁의 종류들, 그리고 그에 따른 자원 차출의 효율성에 중요한 영향을 미친다. 타 국가들의 요구와 보상에 의해 설정된 한계 내의 전쟁 수단 차출과 투쟁에 의해 국가의 핵심적 조직 구조가 만들어졌다. 주요 사회 계급들의 조직, 그리고 국가와 그들의 관계는 유럽의 강제 집중 지역(극소수 도시 및 농업 우세 지역, 직접적 강제가 생산의 주요 역할을 담당했다)에서 자본 집중 지역(다수의 도시 및 상업 우세 지역으로 시장, 교환, 시장 지향적 생산이 우세했다)에 걸쳐 상당히 다양했다. 국가에 대한 주요 계급들의 요구와 영향력은 그에 상응하게 다양했다. 다양한 차출 전략의 상대적 성공 여부, 그리고 지배자들이 실제로 적용한 전략들도 강제 집중 지역에서 자본 집중 지역에 이르기까지 매우 다양했다. 그 결과 국가의 조직적 형식들도 유럽의 다양한 지역에서 다양한 경로를 따라 뚜렷하게 나타났다. 이러한 정황들은 유럽의 왕조들이 단순히 국가 구성의 가시적 모델을 채택했고 최선을 다해 이를 따랐다는 사고가 허위임을 보여 준다.

## 장기 추세와 상호작용

또 하나의 환영이 사라져야 한다. 지금까지 나는 자본과 강제는 항상 더 큰 축적과 집중을 향해 움직이는 것으로 그 관계를 제시해 왔다. 우리가 여기서 관심을 두고 있는 1000년 동안에는 그것이 주요 추세였기 때문이다. 그러나 유럽의 경험 안에서도 여러 국가들이 두 가지 측면에서 통화 수축을 겪었다. 폴란드는 자본과 강제에 있어서 여러 번의 좌절을 감내했고 부르고뉴와 합스부르크제국의 연이은 붕괴, 그리고 16세기의 종교전쟁들은 자본 수단과 강제 수단의 유럽 내 비축량을 격감시켰다. 유럽 국가 구성의 역사는 전체적으로 더 큰 축적과 집중을 향한 오르막을 달렸지만 들쭉날쭉한 봉우리와 깊은 계곡을 지나야 했다.

축적은 유럽의 경제사에서 보다 큰 장기적 차이들을 만들어 내기도 했다. 그러나 강제의 집중, 분산, 재집중은 국가 구성의 이야기에서 주요 장들을 구분한다. 집중은 중요한 점에서 집중화된 자본의 유용성에 의존하게 된다. 왜 그리고 어떻게 그랬는지가 정확하게 이 책의 말미 부분에 집중할 내용이고, 우리를 국가 재정 정책의 복잡한 문제들로 이끌어 갈 것이다. 그렇지만 중심 고리는 단순하다. 장기적인 면에서 다른 어떤 활동보다도 전쟁과 전쟁 준비가 유럽 국가들의 주요 구성 요소를 생산해 냈다. 전쟁에 패한 국가들은 보편적으로 수축되고 흔히 그 존재를 마감했다. 국가의 크기와 상관없이, 가장 큰 강제 수단들을 소유한 국가들이 전쟁에서 승리했다. 효율성(투입량 대비 산출량)은 유효성(총산출량)에 이어 두 번째 순서였다.

경쟁, 기술적 변화, 가장 큰 교전 상대국의 규모가 상호작용하며, 전쟁과 강제 수단의 창안은 시간이 갈수록 점점 더 광대한 확장을 이루었다. 그런 일이 일어날수록 점점 더 소수의 지배자들만이 자신들이 소유한 정규 자산으로 군사적 수단들을 만들어 낼 수 있었다. 점점 더 많은 지배자들이 단기적 차용과 장기적 조세로 바꾸었다. 두 활동 모두 기존의 자본 집중이 이루어진 곳으로 더 쉽게 이어졌다. 그렇지만 그들은 모든 곳에서 통치 구조에 있어서의 변화를 만들어 냈다.

전쟁의 변화와 국가 구조의 변화는 어떻게 서로 연관되었을까? 유럽 지역 곳곳의 시간적인 구분은 다양하지만, 최초의 어림짐작으로 우리는 서기 990년 이후를 다음 네 개의 분기로 나눌 수 있다.

(1) **가산제:** 부족, 봉건적 징발 병력, 도시 민병대, 그리고 유사한 관습적 무장 병력들이 전쟁에서 주요 역할을 수행하고 왕조들은 일반적으로 직접적인 통제하에 있는 토지와 주민으로부터 공물을 받거나 임대료를 받아 필요한 자본을 차출해 냈던 시대(15세기까지 유럽 대부분의 지역)

(2) **중개:** 계약자에게 고용된 용병 군대가 군사적 활동에서 우월하였기에 지배자들은 차입과 수입원 사업을 관리하기 위해, 그리고 세금을 부과하고 걷기 위해 독립적 자본가들에게 공식적으로 심대하게 의존했던 시대(대략 1400년에서 1700년대의 유럽의 중요 지역)

(3) **국유화:** 국가가 국민으로부터 점점 더 많이 모집한 대규모 육군과 해군을 창설하고, 한편 군주들은 군사력을 국가 행정 구조에 직접 편입시키고, 독립적 계약자들의 관여를 급격히 축소시키면서 재정 기구에 대한 직접적 관할권을 비슷하게 인수했던 시기(특히 1700년에서 1850년까지의 유럽 대부분 지역)

(4) **전문화:** 군대가 국가 관리의 강력한 전문화 분야로 성장했고, 재정 분야가 군사적 활동으로부터 조직적으로 점차 독립하였고, 경찰과 군대 사이의 인력 분할이 선명해졌고, 대의 기관들이 군사비 지출에 대한 중요한 영향력을 갖게 되었고, 국가들은 분배·규제·보상·판결 행위에 대한 관여 범주를 크게 확대하였던 시기(대략 19세기 중반에서 아주 최근까지).

자본과 강제의 관계는 한 시기에서 다음 시기로 가면서 확실하게 변화했다.

　　전쟁에 의한 국가의 변형은 역으로 전쟁의 관건을 변화시켰다. 가산제의 시대에 정복자들은 그들이 휩쓸었던 영토 내의 인구와 자원을 안정적으로 통제하는 것보다는 조공을 받는 것에 더 많은 공을 들였다. 모든 제국이 다수의 지역적 지배 체제에 깊숙이 침투하는 것보다는 지배자들로부터 임대료와 선물을 차출한다는 원칙에 근거하여 성장하였다. 중개와 그 이후 국유화로 가는 움직임 속에서 밀착 관리한 영토는 싸워야 할 가치가 있는 자산이 되었는데, 이는 그러한 영토가 군대를 유지하기 위한 수입을 제공하기 때문이었다. 그러나 전문화의 시대에 전쟁은 타국의 자원에 접근할 수 있는 권리를 획득함으로써 과거보다 더 지배 연합의 경제적 이익을 충족시키는 수단이 되었고, 따라서 국가는 국가에 서비스를 제공하는 수당 청구인들을 급하게 늘려야 했다. 제2차 세계대전 이후 유럽 국가 체제의 전 세계적 확산과 이에 동반한 국경의 공고화에 따라, 보다 강력한 국가가 타국을 영토적으로 병합하는 일 없이도 점점 더 많은 영향력을 행사하게 되었다고 볼 수 있다.

　　그러한 바가 광폭의 추세였다. 그러나 자본과 강제의 단일한 조합보다 더 많은 경우가 유럽 국가들의 성장 과정의 각 국면에 나타났다. 우리는 국가 구성의 경로를 강제 집중 경로, 자본 집중 경로, 그리고 자본화된 강제의 경로로 구별할 수 있다. 이들은 삶의 대조적 조건이 으레 그렇듯, 대안적 '전략'으로 대신할 수는 없다. 지배자들은 아주 다른 환경들에서 동일한 목적 ─특히 성공적인 전쟁 준비 ─을 추구하며 주요 사회 계급들 내부에 독특한 관계들을 만들어서 이러한 환경에 대응하였다. 지배자와 피지배자 사이의 관계에 대한 개조는 새롭고 대조적인 통치 형식들을 만들어 내는

데, 각각 그 사회적 환경에 어느 정도 적합하도록 맞추었다.

**강제 집중** 모드에서 지배자들은 지역 주민들과 그들이 정복한 타 지역 주민들로부터 전쟁 수단을 짜냈는데, 이러한 과정에서 대규모 차출 구조를 구축했다. 브란덴부르크와 러시아는——특히 그들이 조공 수취 제국의 단계였을 때——강제 집중 모드를 분명히 보여 준다. 그렇지만 그 모드가 극단적인 경우로 나타나면, 무장한 영주들이 너무 강한 권력을 휘둘러 누구도 다른 영주들에 대해 지속적인 통제를 할 수 없게 되었다. 폴란드와 헝가리의 귀족들은 몇 세기 동안 자신들의 왕을 선출했고, 그 왕들이 강력한 왕권을 위해 노력할 경우 이를 무너뜨렸다.

**자본 집중** 모드에서 지배자들은 군사력을 대여하거나 구매하기 위해 자본가들——그들에게 신중하게 이익을 제공했다——과의 협약에 의존하며, 따라서 크고 장구한 국가 구조들을 건설하는 일 없이 전쟁을 했다. 도시 국가, 도시 제국, 도시 연합, 그리고 주권 분할에 의한 다른 형태들도 이러한 변화의 길로 들어왔다. 제노바, 두브로브니크, 네덜란드공화국, 그리고 한때의 카탈루냐가 자본 집중 모드를 예시적으로 보여 준다. 네덜란드공화국이 증명했듯이 이 모드가 극단적인 경우 대단히 자율적인 도시국가들의 연합을 만들었고, 이들 사이에서 국가 정책에 대한 끊임없는 협상이 생겨났다.

그 사이의 **자본화된 강제** 모드에서 지배자들은 무언가 각자 일을 꾸리지만, 주위의 자본 집중 이웃들이 했던 것보다 자본가와 자본의 원천을 국가 구조에 직접 병합시키는 일에 더 많은 노력을 들인다. 자본과 강제의 소유자들은 상대적 평등의 조건하에 상호작용한다. 프랑스와 잉글랜드가 점차 자본화된 강제 모드를 따라갔으며, 이는 강제 집중 모드와 자본 집중 모드가 그랬던 것보다 더 일찍 잘 정비된 국민국가를 생산해 냈다.

(특히 전쟁과 전쟁 준비에 대한) 국제적 경쟁의 압력에 떠밀려, 이 세 가지 경로 모두 서기 990년 이전에 우세했던 모든 비율에서 벗어나 자본과 강제에 집중하는 길로 점차 모였다. 17세기 이후 내내 자본화된 강제 형식이 전쟁에 더 효과적이라는 것이 증명되면서 강제와 자본의 다른 조합들에 기원했던 국가들에 강력한 모델로 제공되었다. 더욱이 19세기부터 최근까지 모든 유럽 국가들은 사회 기반 시설을 건설하고, 공공 서비스를 제공하고, 경제활동을 규제하고, 인구 이동을 통제하고, 시민 복지를 안정시키는 일에 훨씬 더 많이 관여하였다. 이러한 모든 활동은 지배자들이 민중으로부터 수입과 승인을 얻어 내기 위한 노력의 부산물로 시작했던 것이지만, 한편으로는 그들 자신의 생명과 정당성을 위한 일이기도 했다. 현재의 사회주의 국가들은 생산과 분배에 보다 직접적이고 자기 의식적인 통제에 주력하는 점에서 대체로 자본주의 국가들과 다르다. 그럼에도 불구하고 지난 1000년 동안 유럽에 존재했던 국가들의 범위와 비교한다면 사회주의 국가들 또한 자본주의 이웃들과 같은 부류에 속한다. 그들 역시 국민국가들이다.

최근의 융합 이전에 강제 집중 경로, 자본 집중 경로, 자본화된 강제 경로는 아주 다양한 종류의 국가들로 이어졌다. 융합 이후에조차 국가들은 이전의 역사적 경험들을 명백히 투영하는 몇 가지 특징들 ─예를 들어 그들의 대의 기구들의 특성 ─을 유지했다. 세 가지 국가 형태는 모두 현재 이전 다양한 시기에 유럽 전역에서 실제로 우세했던 조건들 속에서 실현 가능했었다. 실제로 1555년 카를 5세의 퇴위 당시 유럽의 주요 지역은 진정한 의미에 있어 국민국가의 통제하에 있었다기보다는 제국의 헤게모니 아래 있었다.

그 당시 쉴레이만 대제의 오스만제국은 (아나톨리아와 중동의 대부분을 지배하는 것에 추가하여) 발칸 지역 대부분을 점령했고, 볼가강에서 아드리아해 지역까지 속국들을 유지하였다. 카를 5세는 신성로마제국 황제이자 스페인 황제이자 합스부르크왕가의 원로로서 이후 스페인, 네덜란드, 밀라노, 나폴리, 시칠리아, 사르데냐, 오스트리아, 보헤미아, 부르고뉴, 프랑슈 콩테와 (더 논쟁의 여지가 있는) 우리가 지금 독일이라고 부르는 지역의 여러 국가들에 대한 지배를 주장했다. 더 동쪽 지역으로 폴란드, 리투아니아, 모스크바대공국, 돈카자크 또한 제국의 형식으로 조직되었다. 1555년에 북부 이탈리아, 스위스, 신성로마제국의 중요한 지역들은 주권이 강하게 분할된 지역으로 남아 있었다. 한편 프랑스와 잉글랜드만이 국민국가의 관례적인 모델들을 닮았다. 그때까지 도시국가들과 작은 규모의 조직체들은 다른 국가 형식에 비해 상대적으로 그 기반을 잃어 가고 있었다. 그러나 네덜란드공화국은 도시 연합과 그에 인접한 영토들이 세계적 강대국으로 그 위치를 고수할 수 있다는 점을 곧 증명했다. 뿐만 아니라 제국들도 계속 발전하였다. 국민국가의 궁극적인 승리는 어디서도 확인할 수 없었다.

그 교훈은 명백하다. (대부분의 분석가들이 그랬던 것처럼) 효과적인 국가 구성의 주요 기준으로 20세기의 기준을 사용하는 것은 목적론의 유혹에 굴복하는 것이자 유럽의 과거 도시, 국가, 자본, 강제 사이의 관계들에 대해 오해한다는 것을 의미한다. 우리는 초기부터 —여기서는 임의로 서기 990년부터로 설정한다— 현재까지 국가 건설자의 선택들, 그리고 그 선택의 결과들을 따라옴으로써 이러한 위험들을 피할 수 있다.

이러한 전향적인 전략으로 우리는 이 책의 결정적 질문에 대한 몇몇 잠정적인 대답들에 도달할 수 있을 것이다. 서기 990년 이후 유럽에서 우세했던 국가 종류들에 나타난 엄청난 시공간적 다양성에 대해서 어떻게 설명할 것인가, 그리고 왜 유럽 국가들이 국민국가의 다양한 변형들로 점차 통합되었는가? 비록 이 질문이 무지막지하게 폭이 넓긴 하지만, 다음과 같이 보다 협소하고 감당이 가능한 문제로 풀어낼 수 있다.

(1) 전체적으로 봐서, 유럽 국가 구성의 대략적인 동심원적 패턴, 즉 초기에 구성된 오스만제국과 모스크바대공국처럼 크지만 엉성하게 통제되는 주변부 국가들, 집단화한 프랑스와 브란덴부르크처럼 더 작지만 더 꼼꼼하게 통치되는 대략 중간 지역의 국가들, 도시국가·공국·연합 같은 중심부의 집단, 그리고 1790년 이후에야 보다 큰 국가들에 병합된 심하게 주권 분할된 다양한 변형체가 만든 패턴을 어떻게 설명할 것인가?

(2) 왜 지배자들은 정반대의 이해관계에도 불구하고 자신들의 관할 구역 안에서 국가 관할의 신민이 되는 주민들 내 주요 계급을 대표하는 기구들을 세우는 것을 그렇게 자주 허용했을까?

(3) 네덜란드공화국은 지방정부들의 클러스터와 실질적으로 구별이 안되었고, 폴란드는 도시의 기구들에 대해 거의 무감각하였고, 그리고 그 양극단 사이의 10여 개의 변형들이 있었던 것처럼, 왜 유럽 국가들이 도시의 과두 체제와 기관 들을 국민국가 구조에 병합하는 일과 관련하여 나타난 양상들은 그렇게 다양했을까?

(4) 왜 정치권력과 상업 세력은 지중해의 도시국가와 도시 제국으로부터 대서양의 강대국과 상대적으로 종속되어 있는 도시로 빠져나갔을까?

(5) 왜 도시국가, 도시 제국, 연합, 종교 조직 들은 유럽에서 우세한 국가 종류로서의 중요성을 상실하였을까?

(6) 왜 전쟁이 조공을 위한 정복과 무장한 조공 수취국들 사이의 투쟁에서 대규모 육군과 해군 사이의 지속적인 전투로 전환하였는가?

이 질문들은 넓은 범주로 남아 있지만, 유럽 국가들이 택한 선택 가능한 궤도들을 종합적으로 설명하라는 요구만큼 폭넓지는 않다. 그렇다면 과제는 990년 이후 유럽의 다양한 지역들에서 국가들이 실질적으로 선택한 여러 가지 경로들을 꼼꼼히 조사함으로써 이러한 엄청난 문제와 보다 다루기 적합한 부차적 문제들을 설명하는 것이다. 그것은 국가들이 변형하는 주요 과정을 식별하고, 이를 강제 집중, 자본 집중, 자본화된 강제의 변형들로 구분하는 일과 관련될 것이다.

이러한 질문에 관련한 책은 반드시 무작위성과 목적론 사이의 비좁은 통로를 통해 진행한다. 한쪽 면은 무작위성의 빈 벽인데, 그 안의 모든 역사는 독특한 것처럼 보이며, 왕 또는 전쟁이 잇달아 나온다. 다른 한 면은 목적론의 크레바스인데, 여기에서는 국가 구성의 결과가 그 전체 과정을 설명하는 것처럼 보인다. 나는 다음과 같은 것들에 주의를 기울임으로써 빈 벽과 크레바스를 피하려고 노력하겠다. 즉, 국가 구성의 길들이 다층적이지 한정적이 아니라는 점, 어떤 특정한 역사적 교차점에서든 여러 특징의 다양한 미래들이 가능했다는 점, 국가와 지배자와 시민은 서로 분명한 영향을 주고받았다는 점, 체계상의 문제와 과정 들이 모든 유럽 국가의 역사를 연결시켰고 따라서 그들 사이의 관계들 또한 연계시켰다는 점에 주목할 것이다. 만일 성공한다면 다음에 나올 장들은 통일성 내의 다양성, 다양성 내의 통일성, 선택과 결과들에 대한 이야기를 하게 될 것이다.

## 전망들

바로 고백하건대, 유럽의 과거에 대한 나의 독법은 관습적이지 않고, 증명되지 않았으며, 구멍이 뚫린 허술한 방식이다. 전체적으로 보아 유럽 국가에 대한 연구자들은 1000년 세월의 범위를 통합하는 것을 신중하게 피했다. 이를 뛰어넘었던 이들은 서구 전체에서 특징적인 것이 무엇이었는지 설명하려 노력했거나 국가 구성의 단일한 표준적 길을 제안했거나, 또는 두 가지 모두를 하려 했다. 그들은 우리가 지금 독일 또는 스페인으로 알고 있는 국가들의 기원을 찾아내려 하고 국가 구성의 전체 범주를 설명하려 기보다는 그 도중에 사라졌던 국가들은 무시하며 소급적인 방식으로 진행해 왔다.

국가 구성의 다양한 경로의 존재를 자본과 강제가 집중되어 상대적으로 용이하게 기능한 것으로 주장하고, 국가 형식과 자본에 대한 접근 방식 사이의 강력한 상호 의존성에 대해 논쟁하고, 국가 구조의 변형에 대한 소급적인 분석을 전향적인 분석으로 대체함으로써 나는 과거를 재검토하는 탐험에 대한 학문적 완고함의 방식을 버리겠다. 더욱이 많지 않은 분량에 1000년의 세월을 논하면서 나는 단지 중요한 관계들을 확인하고 그들이 어떻게 작동하였는지를 설명해 내는 정도를 희망한다.

이 책의 논점을 온전히 확대한다면 다음 장에 나올 내용보다는 유럽의 경제에 대한 역학들을 다루는 바에 더 무게를 둘 수 있을 것이다. 무엇보다 나는 가격, 생산성, 무역 증대와 인구 증가의 변동에 대해서는 과소하게 언급할 것이다. 특히 13세기, 16세기, 18세기의 물가 상승과 그 사이의 침체에 대한 개연성 있는 중요성을 무시할 것인데, 이는 다른 종류의 국가들의 생존 가능성과 상인, 농민, 지주, 관리, 그리고 다른 사회 계급의 상대적 권력이 중요한 부분이었기 때문이다(Abel 1966; Frank 1978; Kriedte 1983; Wallerstein 1974~1988).

둘째, 나는 변화하는 생산조직과 그 결과에 의한 계급 구조에 대해 단지 피상적으로만 다룰 것이다. 그걸 무시해도 될 것이라 생각해서 그런 것은 아니다. 그 반대로, 지주와 경작자들의 관계는 국가 만들기, 보호, 차출에 있어 엄청난 차이를 만들어 냈는데, 이는 마치 헝가리, 피렌체, 잉글랜드 사이의 대비가 즉각 드러나는 것과 같다. 예를 들어 17세기의 프로이센 국가는 프로이센 초기 역사의 흔적들을 담고 있었다. 13세기와 14세기에 십자군 운동 참여를 위해 튜튼기사단은 드문드문 정착한 지역에 대한 군사적 통제를 확장했고, 이전에 그곳을 점령했던 슬라브족을 복속시켰으며, 독일 기사들이 이주하여 큰 영지들을 조직하도록 설득했고, 그 기사들이 농민을 고용하여 농토를 만들고 농사를 지어 봉사 기간에 따라 해당 농지를 소유하도록 장려하였다. 가정, 마을, 또는 지역 수준의 그러한 배치는 다른 종류의 조세, 징병제, 감시의 실현 가능성에 영향을 주었다. 그러나 나의 과제는 이미 충분히 복잡해졌다. 국가 구성의 메커니즘에 집중하기 위해 나는 반복적으로 정형화하거나 지주, 농민, 농업 프롤레타리아, 그리고 다른 주요 농촌 인물들의 관계를 당연시할 것이다.

나아가 핵심적인 관계들에 접근하기 위해 나는 과거 또는 현재의 국가 구성에 대한 대안적 이론들을 재검토하려 노력하지는 않을 것이다. 또한 이 책을 체계화한 사상들의 계보를 명시하지는 않겠다. 칼 맑스, 막스 베버, 조지프 슘페터, 스테인 로칸, 배링턴 무어, 가브리엘 아르당Gabriel Ardant, 그리고 이 책의 중심적 문제에 대한 내용을 담고 있는 다른 연구자들의 노력이 존재하는 것은 당연한 것이다. 전문가는 당연히 이 책의 거의 모든 쪽에서 그들의 영향을 분명 인지할 것이다. 그리고 평론가들은 의심할 바 없이 이 책을 한 학파나 다른 학파로 분류하기 위해 그들의 말 대부분을 낭비할 것이다. 그러한 분석들, 그 뒤의 이론들, 그리고 동시적인 국가 구성의 역사적 현상을 다루는 것은 그 분석을 둔하게 하고, 크게 진전하는 일 없이 그 길이를 배로 만들 수 있다. 그 대신에 이 책은 국가 구성의 실제적 과정들에 집중할 것이다.

간결한 제시를 위해서 나는 이 책의 각 쪽마다 같은 정도로 환유와 구체화에 의지할 것이다. 환유에 관해서라면 나는 '지배자들', '왕들', '주권들'이 국가 전체의 의사 결정 기구를 표상하는 것처럼 반복적으로 언급할 것인데, 그 결과는 한 점으로, 즉 복잡하고 우발적인 일련의 사회관계들로 축소된다. 또한 도시들은 실제 생산과 교육의 지역적 네트워크를 상징하는데, 말하자면 규모가 큰 정착지가 초점이 된다. 구체화에 관해서라면 나는 통일된 이해관계·근거·능력·행위를 국가에, 지배계급에, 또는 그들의 합동적인 통제에 복속된 민중에게 귀속시킨다. 환유와 구체화를 채택하여 단순화한 모델이 없다면, 우리는 유럽의 국가 구성의 복잡한 과정에 대한 주요 관련성을 식별하는 것조차 바라기 어렵다.

함축성 있는 모델은 대부분의 경우 다음과 같은 요소들을 포함할 것이다. 지배자는 국가의 가장 강력한 참모들이 공동으로 의사 결정 한 것을 개괄한다. 지배계급은 지배자와 연합하고 국가의 관할권 아래 있는 영토 내의 주요 생산수단을 통제한다. 다른 의뢰인들은 국가와 협력에 의해 특별한 이익을 향유한다. 국가, 지배자, 지배계급, 의뢰인에 대한 반대자, 적, 경쟁자가 그 국가 소유의 영역 안팎에 모두 존재한다. 주민의 나머지는 그 국가의 관할권 아래로 떨어진다. 강제 기구는 육군, 해군, 그리고 국가의 통제 아래 있는 다른 조직되고 집중화된 무력을 포함한다. 국가의 민간 기구는 국가의 통제 아래 작동하는 특별히 독특한 재정적·행정적·사법적 조직들로 구성된다.

앞으로 하게 될 논의의 대부분은 990년 이후 지배자, 지배계급, 의뢰자, 적대자, 일반 민중, 강제 조직, 민간 행정기구 들이 유럽 역사에 연계된 다양한 방식에 대한 묘사와 설명을 수반할 것이다. 가끔 다음과 같은 구체화된 유형들이 하나하나 연속적으로 풀어 헤쳐질 것이다. 특히 (확실히 민중의 구체화된 한 계급인) 자본가들이 언제, 왜, 어떤 효과와 함께 이런저런 범주로 나뉘는가를 구체적으로 명시함으로써 말이다. 그러나 통상적으로 그러한 논쟁들은 마치 각각의 범주는 사실이고, 단일하고, 문제가 없는 것처럼 진행될 것이다. 우리는 유럽이라는 대륙과 1000년이라는 시간의 범위 위에서 작업한다는 점에서 그 대가를 치르고 있다.

마지막 사과를 하겠다. 그러한 범위에서라면 나는 역사적 사실들을 마치 바위를 스쳐 지나가는 물처럼 다룰 것이다. 마치 고점에서 고점으로 아주 찰나라도 멈추는 일 없이 빠르게 휘도는 것처럼 말이다. 나는 누군가 이 책을 온전히 쓰기 위해 필요할 것이라 보이는 역사의 모든 것을 알지 못한다. 그리고 내가 알고 있다고 생각하는 역사에 대한 모든 입증 문건들을 제공하기 위해서는 헤아릴 수 없는 많은 무게가 텍스트를 억누를 것이다. 예를 들어 최근의 국가 행위의 확장에 대해 다루는 책임감 있는 저자라면 라인하르트 벤딕스Reinhard Bendix, 발테르 코르피Walter Korpi, 테다 스카치폴Theda Skocpol, 괴란 테르보른Göran Therborn, 그리고 더 많은 이들을 인용하고 싶어 할 것이다. 나는 그렇게 하지 않을 것인데, 직접 인용과 난해하거나 논쟁적인 정보에 대해서는 참조 표기를 전반적으로 보류할 것이다. 분명히 전문가들은 유럽 역사에 대한 나의 제시를 면밀히 조사하고 그 실수들이 논점들을 흐릿하게 하는지 꼼꼼하게 생각해야만 할 것이다.

이 책의 논점들의 넓고 종합적이고 사변적인 특성을 고려해 볼 때, 그것이 즉각적인 논증이나 논박의 대상이 되지는 않을 것이다. 그럼에도 아래에 언급된 면에서라면, 우리는 그 논점들이 틀렸다고 판단할 수 있다.

(1) 지배자들은 군대와 국가권력을 건설하려 했을 때 자본과 강제에 대해 매우 다양한 관계를 맺었지만 그럼에도 비슷한 효과를 내는 유사한 전략을 추구했다.

(2) 특정한 국가의, 그리고 유럽의 국가 체제 전체의 성장과 변화의 주

요한 순간들이 전쟁과 전쟁 준비와 부합하지 않았다.

(3) 군사적 수단을 집약시키려는 노력들은 국가 구조의 지속적 특징들을 생산하지 않았다.

(4) 지배자들은 사전에 형성된 기획에 따라 국가를 건설하는 일을 의도적으로 착수했으며, 그 기획에 따라 성공했다.

(5) 내가 주장했던 경험적 규칙들——특히 ⓐ 국가 구성의 지정학, ⓑ 도시의 과두집권층과 기구들의 국민국가 구조로의 차별적 편입, ⓒ 지배자의 정반대 이해관계에도 불구하고 대의적 기구들의 발전, ⓓ 지중해에서 대서양으로 이동하는 정치적·상업적 권력, ⓔ 도시국가, 도시 제국, 연합, 종교 조직 들의 쇠퇴, ⓕ 대규모 육군과 해군 사이의 지속적 전투로 전환되는 전쟁——의 일부 또는 전부는 사실 역사적 정밀 조사로 내세울 수 없다.

(6) 대안적 설명들이 정밀 조사라고 내세울 수 있는 경험적 규칙들에 대해 더 경제적이고/이거나 설득력 있는 이유를 제공한다.

만일 위의 언급들 중 하나라도 진실이라면, 나의 주장은 심각한 도전에 마주하게 된다. 그리고 만일 모든 것이 진실이라면, 그 주장은 명백히 잘못된 것이다.

중요한 이론적 쟁점들이 관건이다. 예를 들면 누군가는 조지프 스트레이어Joseph Strayer의 추종자가 군주들이 내치의 안정과 평화를 도모하는 활동을 아주 이른 시기에 시작했고, 이것은 민중이 국가를 인정하는 데 내 설명이 암시하는 것보다 훨씬 더 큰 역할을 했고, 따라서 이 책의 분석에 반대하는 체크리스트의 내용 대부분을 옹호할 것을 기대할 수 있다. 누군가는 내가 전쟁 준비로 인한 결과라고 했던 국가 건설과 재산권 보호가 많은 변화의 기저에 깔려 있었다고 더글러스 노스Douglass North의 추종자가 주장해 주기를 기대할 것이다. 또 누군가는 내가 허용했던 정도보다 훨씬 큰 범위에서 국가의 활동이 자본가들의 이득을 늘려 주었다고 월러스틴의 추종자가 주장하는 것을 기대할지도 모르고, 나의 논점이 (최소한 나의 분석의 중간 시대에 있어서) 덩치 큰 '절대주의' 국가의 생성에서 유럽 귀족들이 차지하는 비중을 지나치게 과소평가하고 있다고 페리 앤더슨의 추종자가 반론하기를 기대할지도 모른다. 따라서 나의 논점들이 맞건 틀리건 유럽 국가 구성에 대해서는 널리 논의되었던 의견 차이들을 안고 있다.

그 체크리스트는 이 책에 대해 가능한 비판들을 타당한 것, 어느 정도 타당한 것, 부당한 것으로 분류할 방법을 제공한다. 직전에 목록을 만들었던 조건들 중 하나이거나 이 책의 논점이 암시했던 바와 유사한 조건인 유럽의 경험에 몇 개의 확연한 블록이 있다는 점은 온전히 타당하고, 아주 분명한 것이다. 이 책의 논점이 특정 국가들의 주요하고도 지속적인 특징들을 설명하지 않고 있다고 증명하는 것은 어느 정도 타당하다. (이러한 기준은 단지 부분적으로 타당할 수 있는데, 이유는 그 논점이 틀린 것이 아니라 불완전한 것이라는—이는 내가 사전에 이미 인정했던 것이다—점을 증명하기 때문이다.)

이 책의 논지가 물리적 조건, 이데올로기, 군사 기술, 또는 그 외의 다른 것들과 같이 비평가들이 중요하다고 평가할 수 있는 변수들을 무시하고 있다고 불평하는 것은 부당하다. 변수를 놓쳤다는 비평은, 그 평자가 이 논지에 **분명** 나타난 변수들 사이의 관계에 대한 오독의 원인이 변수를 무시했기 때문임을 증명하여야만 타당하게 된다. 핵심은 (그것이 무엇이 되었건) '완전한' 설명을 하는가에 있는 것이 아니라, 주요 관계를 바르게 찾아냈는가에 있다.

그러한 목표를 추구하기 위해, 다음 장에서는 조사 기간 1000년을 넘어 유럽의 도시와 국가 들의 지정학적 변화에 대해 집중할 것이다. 3장에서는 국가의 지배자들이 주요 활동──특히 군대 창설──을 수행하기 위해 필요한 수단을 획득했던 메커니즘과 국가 구조에 그러한 메커니즘을 적용하는 과정에 대해 알아보겠다. 4장에서는 국가와 시민의 관계에 대해 집중적으로 살펴보는데, 다중 능력을 갖춘 대규모 국가들과의 협상을 통한 구성 과정을 추적한다. 5장에서는 자본과 강제의 다양한 관계들에 의한 효과들을 가늠하며 국가 구성의 대안적 경로들을 다루겠다. 6장에서는 상호작용하는 일군의 당파로서의 유럽 국가들을 검토하는데, 그것은 하나의 체제로 그 작동에 의해 다른 구성원들의 활동을 제한한다. 7장에서는 왜 제2차 세계대전 이후 군부가 권력을 획득했는지 이해하기 위해, 그리고 우리 당대에 문제를 일으키는 국가들을 이해하기 위해, 유럽의 경험이 어떤 방식으로 도움이 되는지 알 수 있을 것이라는 희망에서, 자본과 강제의 현대적 관계들에 대해 돌아보며 이야기를 현재로 가져오려 한다.

2장

∞

유럽의 도시와 국가

# 2장 유럽의 도시와 국가

## 유럽의 부재

1000년 전에 유럽은 존재하지 않았다. 밀레니엄 10년 전, 유라시아 대륙의 서쪽 가장자리에 살았던 대략 3000만 명의 사람들은 역사와 공동의 운명으로 연결된 단일한 집합적 인간들로 자신들을 생각하리라는 어떤 설득력 있는 이유도 갖지 않았다. 그들도 그렇게 생각하지 않았다. 로마제국의 해체는 우리가 현재 유럽이라 부르는 중요한 지역을 도로, 교역, 종교, 그리고 집합적 기억으로 연결시켜 놓았다. 그러나 과거 지중해 주변 모두와 아시아와 아프리카까지 확장하였던 로마 세계는 라인강 동부 지역과 흑해 북부 지역 대부분을 잃어버렸다.

교역과 문화적 접촉의 시각에서 보자면 1000년의 '유럽'은 느슨하게 연결된 서너 개의 클러스터로 쪼개져 있었다. 오늘날 유럽 쪽 러시아 지역과 대략 일치하는 동부 지역은 비잔틴제국과 강한 연대 관계를 유지했고 아시아 지역으로 횡단하는 주요 교역로였다. 무슬림과 기독교도, 유대계가 공존했던 지중해 지역은 중동과 아시아의 주요 도시들과 연계되었다. 이탈리아 중부에서 플랑드르에 이르는 반원형 지역에서 도시, 촌락, 도로, 강으로 연결된 옛 로마의 시스템이 가장 밀집하였으나 이는 독일과 프랑스에도 뻗어 나갔다. 확연한 북부 클러스터에는 스칸디나비아와 영국제도가 포함될 것이다. (이러한 꼬리표들 대부분은 확실히 시대착오적인 범죄 행위에 가깝다. 그럼에도 일련의 장황한 지리학적 관례들을 채택하는 것 외에 그러한 명칭들을 사용하는 것 말고는 대안이 없다. '독일'과 '영국제도'는 정치적이거나 문화적인 관련성이 내포되어 있지 않다는 요란한 경고를 보내면서 말이다.)

990년에 무슬림 통치권은 과거 로마제국이 차지했던 공간의 주요 지역 대부분을 통치하였다. 지중해의 남부 해안 모두와 이베리아반도 전체, 무수히 많은 지중해의 섬들과 북부 해안의 몇몇 지점들은 말할 것도 없다. 느슨하게 연계된 비잔틴제국은 동부 이탈리아에서 흑해의 동쪽 끝까지 확장하였다. 한편 그 북쪽은 훨씬 더 경계가 뚜렷하지 않은 러시아 국가가 발트해까지 뻗어 나갔다. 덴마크왕국은 발트해 서쪽부터 영국제도에 이르기까지 힘을 휘둘렀다. 변화가 심한 폴란드, 보헤미아, 헝가리의 공국들은 발트해 남쪽 영토를 지배했다. 그들의 서쪽에는 색슨족 제국이 자리하고 있었는데, 이들은 카롤루스 대제의 계승자라 주장했다. 같은 방향으로 더 멀리 가면 위그카페Hugh Capet가 프랑스왕국을 지배하고 있었다.

그러나 이렇게 절반 정도 익숙한 지명들은 나중에 유럽이 되었던 영역 전반에 걸쳐 발호했던 엄청난 양의 주권 분할을 가릴 수 있다. 990년의 황제, 왕, 왕자, 공작, 칼리프, 술탄, 그리고 다른 강력한 통치자 들은 정복자, 조공 수취인, 임대인이 지배적이었다. 그러나 이들은 자기 영역 내 사람들을 지속적이고 치밀하게 통제하는 국가의 수장은 아니었다. 나아가 그들의 관할권 내에는 경쟁자들과 표면상의 신하들이 그들 자신의 이익을 위해 군사력을 사용하는 것이 일반적이었고, 명목상 주권자들의 이익에 관

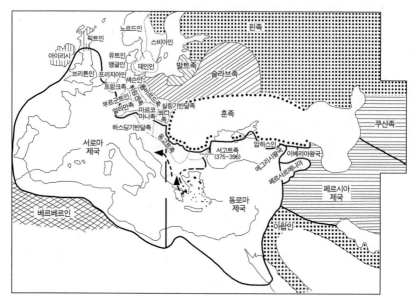

〈그림 2-1〉 406년의 유럽 (McEvedy 1961)

심을 기울이는 경우는 거의 없었다. 사병私兵들이 대륙 전반에 걸쳐 확산되었다. 유럽 어느 곳에도 중앙집권화된 국민국가 비슷한 것은 존재하지 않았다.

이렇게 뻗어서 형성된 원 안에서 수명이 짧은 국가의 주권은 더욱 심하게 분열되어 수백 개의 공국, 주교 관할 지역, 도시국가, 그리고 수도의 작은 배후지에서 중첩된 통제를 가하는 권력체로 분열되었다. 1000년에 교황, 비잔틴 황제와 신성로마제국 황제는 이탈리아반도 전체에 대한 소유를 주장하였지만, 사실 거의 모든 중요 도시와 그 배후지는 정치적 자유지역처럼 움직였다. (1200년 이탈리아반도 내에만 200~300여 개의 확실한 도시국가들이 존재했었다. Waley 1969: 11) 무슬림 지역의 상대적인 도시화를

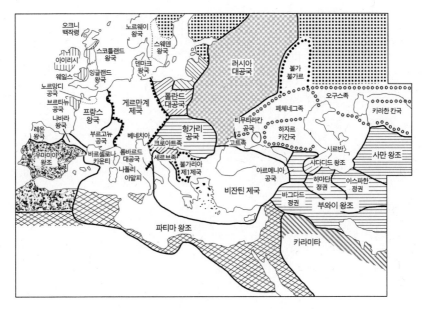

<그림 2-2> 998년의 유럽 (McEvedy 1961)

제외하면, 국가 크기와 도시 밀도는 음의 상관관계에 있었다. 즉, 도시들이 운집한 곳에서 통치권은 붕괴되었다.

곧 지난 1000년 동안 도시와 국가에 일어난 변화의 개략적 연대기가 분명히 이해되기 시작할 것이다. 그렇지만 그동안 우리는 500년 간격의 인위적 비교에 만족해야 하는데, 이는 얼마나 많은 변화가 있었는지를 짐작하기 위해서이다. 1490년까지 지도상으로도 실제로도 커다란 변화가 있었다. 무장한 기독교인들이 무슬림 지배자들을 대륙 서쪽의 반쪽 지역의 마지막 핵심 영토인 그라나다에서 몰아냈다. 이슬람인 오스만제국은 아드리아해와 페르시아 사이의 기독교 비잔틴 사람들을 추방했다. 오스만은 지중해 동부 지역의 베네치아 권력에 대해 열심히 배우며 발칸 지역까지 전

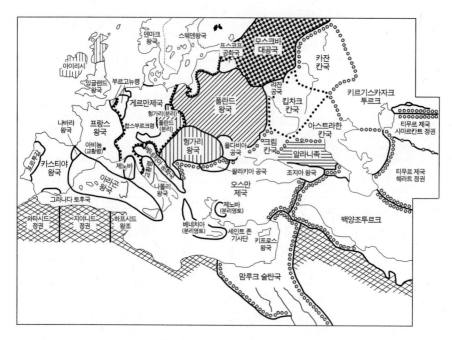

〈그림 2-3〉 1478년의 유럽 (McEvedy 1961)

진하였다. (위기에 처한 그라나다와 연합하여, 그들은 지중해 서부 지역에 대한 첫 번째 모험을 추진하였다.) 유럽의 전쟁들이 국지적인 수준에 머물렀던 수세기 이후, 알프스 너머의 국가들이 지중해 지역 내에서 군사적으로 관련되는 상황은 간헐적인 십자군 운동뿐이었는데, 점차 프랑스와 스페인의 왕이 이탈리아에서의 헤게모니 장악을 위한 싸움을 시작하였다.

1490년 유럽의 주변 지역에는 실질적인 영토를 지배하는 지배자들이 자리했다. 오스만제국뿐 아니라 헝가리, 폴란드, 리투아니아, 모스크바대공국, 튜튼기사단의 땅, 스칸디나비아 동맹, 잉글랜드, 프랑스, 스페인, 포르투갈, 나폴리가 그런 곳들이다. 그러한 권력은 대체로 임대료와 공물에 근거해 유지되었고, 자신의 지역에서 상당한 자율성을 가지고 있는 지역의 거물들을 통해 지배하였다. 거물들은 자주 왕권에 저항하거나 그것을 거부하기도 하였다. 그렇지만 전체적으로 보아 1490년의 주요 왕들과 공작들은 그들의 영역을 굳건히 하고 확장하였다.

보다 큰 국가들의 부서진 원형 내부에서 유럽은 극도로 주권이 분할된 땅으로 남아 있었다. 분열된 합스부르크제국은 대륙을 가로질러 이르기 시작했으며, 베네치아는 아드리아해의 주요 곡면 지역을 지배하고 있었다. 그러나 이탈리아 북부에서 플랑드르에 이르는 지역, 그리고 헝가리와 폴란드 사이의 불확실한 경계 동쪽은 형식적으로 독립한 수백 개의 공국, 공작의 영지, 주교 관할 지역, 도시국가, 그리고 그 외의 정치적 독립체로 쪼개져 있었다. 그들은 보통 수도의 직접적 배후지의 경우에만 무력을 사용할 수 있었다. 남독일만 해도 다양한 주교 관할 지역, 공작 영지, 공국 들에 더해 69개의 자유도시들을 포함하고 있었다(Brady 1985: 10). 존 릭비 헤일이 말하길, "지도 제작자는 15세기 중엽 신성로마제국 내부라고 받아들여지던 곳, 즉 프랑스와 헝가리 사이, 덴마크와 북부 이탈리아 사이의 게르만 지대에 경계선을 그릴 수는 있었을 것이다. 하지만 독자들에게 그가 망막의 병으로 고생하고 있다는 인상을 주지 않고서, 잠재적으로든 실질적으로든 스스로를 독립된 지역이라고 보았던 무수한 도시, 제후 영지, 전투적인 기독교 지역 들에 색을 칠할 수는 없었다"(Hale 1985: 14). 유럽의 8000만 인구는 500개의 국가, 국가 지망 세력, 작은 주, 유사 국가 조직 들로 분할되어 있었다.

다시 5세기가 지난 1990년, 유럽인들은 통합 작업을 훨씬 더 강화하였다. 현재 6억 명이 유럽 대륙 주위에 살고 있다. 어떤 무슬림 국가도 이 대륙에 남아 있지 않다. 물론 강력한 이슬람 세력이 유럽의 남쪽과 남동쪽에

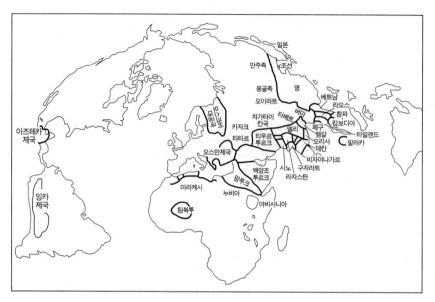

〈그림 2-4〉 1490년의 세계 (McEvedy 1972)

서 호전적으로 침입하여 스페인, 발칸 지역, 터키에 인상적인 무슬림 문화
유산이 살아 있기는 하다. 거대한 러시아 국가가 동부에서 형태를 잡아 북
극과 태평양에 이르기까지 뻗어 있고, 널찍한 터키가 아시아의 경계를 넘
어 남동부에 닿아 있다. 대륙 대부분의 지역은 국가들이 점유하고 있는데,
식민지와 속령지를 제외하고 면적이 최소 약 10만 제곱킬로미터에 달한
다. 이 국가들은 불가리아, 체코슬로바키아, 핀란드, 프랑스, 두 개의 독일,
그리스, 이탈리아, 노르웨이, 폴란드, 루마니아, 스페인, 스웨덴, 터키, 영국,
소련이다. 비록 1490년에 존재했던 정치적 독립체들 대부분보다는 크지
만, 룩셈부르크와 안도라와 같은 소국들은 진기한 것이 되었다. 계산법에
따라 달라지긴 하지만 유럽 전체는 단지 25~28개의 국가로 나뉘어 있다.

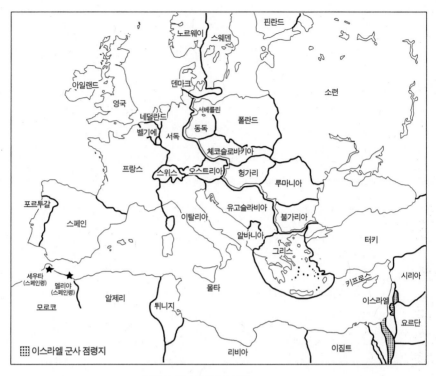

다음은 지도에 표기된 국가 및 지명입니다:

노르웨이, 스웨덴, 핀란드, 덴마크, 아일랜드, 영국, 소련, 네덜란드, 서베를린, 폴란드, 벨기에, 동독, 서독, 체코슬로바키아, 프랑스, 스위스, 오스트리아, 헝가리, 루마니아, 포르투갈, 스페인, 이탈리아, 유고슬라비아, 불가리아, 알바니아, 터키, 그리스, 세우타(스페인령), 멜리야(스페인령), 몰타, 키프로스, 시리아, 모로코, 알제리, 튀니지, 이스라엘, 요르단, 리비아, 이집트

▦ 이스라엘 군사 점령지

〈그림 2-5〉 1990년의 유럽

국민국가——상대적으로 중앙집권화되고 차별화되며 자율적인 조직으로서, 크고 인접하고 확실한 경계가 있는 영토 내에서 무력 사용에 대한 우선권을 성공적으로 주장하는——가 유럽의 지도를 지배하기 위해서는 오랜 시간이 걸렸다. 990년의 장원, 지역 영주, 군사적 침입자, 요새화한 마을, 교역 중심지, 도시국가, 수도원의 어떤 권역에서도 국민국가로 통합될 것을 예측할 수 없었다. 1490년에 미래는 여전히 열려 있었다. '왕국'이란 단어를 빈번히 사용하면서도, 이런저런 종류의 제국들이 유럽의 풍경 대부분을 장악했고, 연합체들이 대륙의 일부 지역에서 성공 가능한 상태로

남아 있었다. 1490년 이후 언제인가 유럽인들은 그런 대안 가능한 기회들을 배제하였고, 거의 전부가 비교적 자율적인 국민국가들로 구성되는 체제 창안의 길로 단호하게 나아갔다.

다른 한편 국가의 수는 감소하였고 그 영역은 확장되었다. 변화 중인 지도를 그려 내려면 우리는 '국가'라는 용어를 널리 적용해야 하는데, 즉 상당한 강제의 수단을 지휘했고 최소한 확실한 경계가 있는 하나의 영토 내에서, 다른 모든 강제 수단들에 대한 지속적 우선성을 성공적으로 주장했던 어떤 조직이라도 포함한다. 990년에 상대적으로 큰 무슬림 국가들이 스페인 남부와 아프리카 북부 해안을 포함하여 지중해 서쪽 대부분을 지배하였다. 상당한 크기의 다른 국가로는 프랑스왕국, 색슨족 제국, 덴마크왕국, 키예프러시아, 폴란드, 헝가리, 보헤미아, 비잔틴제국이 있었다. 전체적으로 보면 이러한 정치적 독립체의 지배자들은 명목상 그들의 통제하에 있는 지역들로부터 조공을 거둬들였다. 그렇지만 안방 지역을 벗어나서는 소위 그들의 영토라는 것은 거의 관리되지 않았고 그들의 권위는 경쟁 유력자들에게 계속 도전을 받았는데, 여기에는 그들의 대리인들이나 신하들도 포함되었다.

헝가리는 마자르족의 정복에 의해 성장한 국가인데, 이들은 유라시아 스텝 지역에서 유럽을 침략한 여러 무장 유목민들 중의 하나였다. 10세기에 대량의 마자르인들이 볼가강 유역으로부터 이주하였고, 경작과 숲속 거주 생활을 하는 슬라브족의 수가 적었기에 이들을 압도했다. 슬라브족은 지금 우리가 헝가리라고 부르는 카르파티아 분지에 거주했다(Pamlenyi 1975: 21~25). 그들이 한번 카르파티아 서쪽으로 이동하면 자연 초지가 부족하여 어떤 약탈적인 유목민들이건 위축되어 그 수를 줄이거나 말에서 내려올 수밖에 없었다(Lindner 1981). 1세기의 약탈 후에 이제는 기독교화한 헝가리 사람들은 거의 도시가 없는 영토 내에서 농사를 지으며 점차 정착하였다.

농업에 기반을 두었다고 해서 헝가리 귀족이 이웃과 전쟁을 하거나, 왕권 계승을 위해 투쟁하거나, 결혼과 동맹을 통한 유럽식 게임에 참여하지 못하는 것은 아니었다. 그들은 자신들이 가진 군사력 통제권으로 노예와 자유인 들을 똑같이 농노로 만들어 버릴 수 있었다. 봉건적 농업이 번성하면서 소도시들이 성장했고, 광산에서는 다른 유럽 지역에 철을 수출했고, 그 지역의 교역로들은 중부와 서부 유럽의 통로와 촘촘히 연결되었다. 독일의 자본이 헝가리의 상업과 산업을 지배하려 했다. 그러나 헝가리의 소도시들은 15세기에 왕이 그들을 통제하려 할 때까지는 귀족 영주들에게 복종하였다.

15세기 후반 후녀디 야노시Hunyadi János 왕과 그의 아들 마티아스 코르비누스Matthias Corvinus는 비교적 중앙집권화되고 효율적인 전쟁 기제를 구축하여 남동쪽의 호전적인 투르크와 영토 확장에 배고파하던 서쪽의 합스부르크와 싸워 격퇴했다. 그러나 마티아스의 사후에 귀족이 역습하여 그의 계승자인 라디슬라시Ladislas로부터 그가 군대를 유지할 수 있는 수단들을 빼앗는다. 1514년 투르크에 대한 또 한 번의 십자군 전쟁을 준비하려 하자 거대한 농민반란이 촉발되었다. 이로 인한 억압은 순차적으로 농민들을 노예 상태로 하락시키고 주인을 바꿀 수 있는 그들의 권리를 없애 버렸다. 농민전쟁을 종식시키려는 일에 수반된 실권자들 사이의 투쟁에서 법률가 이슈트반 베르뵈츠지István Werböczy는 헝가리의 전통에 대한 귀족들의 시각을 다음과 같이 정리하는데, 거기에는 농민에 반하는 재분배 법과 준비 방법도 포함되어 있었다.

귀족들은 사전의 법률적 판단 없이 체포당하는 것으로부터 면책되는 권리를 누렸고, 합법적으로 왕관을 쓴 왕에게만 복종했으며, 세금을 전혀 내지 않았고, 왕국의 방어를 위해서만 군사적 봉사를 제공하면 되었다. 최종적으로 왕이 귀족들의 권리를 어떤 방식으로든 침해하면 그 왕에 대해 반란을 일으킬 권리를 보장받았다. (McNeill 1975[1964]: 17)

베르뵈츠지의 논문은 헝가리 법의 표준적 권위이자 "귀족들의 성경"이 되었다(Pamlenyi 1975: 117). 1526년에 헝가리의 왕은 한 명이 아닌 두 명이 뽑혔는데, 그 둘은 서로 전쟁을 벌였다. 다음 반세기 안에 투르크가 헝가리 영토의 반을 쟁취하는 것은 조금도 놀랄 일이 아니다. 확실히, 그 시대에 큰 국가가 필연적으로 강한 국가는 아니었다.

## 국가와 강제

1490년 무렵 무슬림들은 그들의 이베리아반도 내 마지막 전초기지인 그라나다에서 퇴각했다. 그러나 지중해 동부에 튼튼한 제국을 건설하고 발칸반도로의 진출로를 만들었다. 대규모 군대를 보내고 꽤 큰 영토에 대한 사법적·재정적 통제를 확장하는 국가들이 유럽의 주변부에서 나타나기 시작했고, 도시국가들은 이전에는 없었던 영토 전쟁을 위해 무장하였다. 1490년의 유럽 지도는 잉글랜드, 스웨덴, 폴란드, 러시아, 오스만제국을 위해 큰 영역이 할당되었지만, 한편 수십 개의 공작 영지, 공국, 대주교 관구, 도시국가, 그리고 다른 소국 또한 표시하였다.

그 시대 국가의 특성에 대한 논쟁적인 결정들에 의거하여 몇 개의 유럽 국가들로 구분할 수 있는지 확인하려면, 스위스의 (1513년의) 13개 주

canton와 오스만제국의 (1521년의) 84개 자유시는 독립적인 정치체제로 계산할 수 있는가, 아라곤과 카스티야는 카탈루냐와 그라나다처럼 인정받을 수 있는가, 저지대Low Countries의 전체 조각이 합스부르크의 헤게모니 아래에서 단일한 국가(또는 단지 국가의 일부)로 구성되었는가, 오스만제국의 지배 아래에서 조공을 바치던 국가들이 개별적으로 그 시대의 유럽 국가 체제에 포함되었는가 등을 살펴보아야 한다. 어떤 개연성 있는 규정의 조합이라 할지라도 최소 80개 내지 최대 500개의 단위를 산출할 것이다. 우리는 임의로 중간값인 200개를 택할 수 있다. 당시 대략 200개의 공식적으로 자율적인 유럽의 정치적 독립체들이 평균 2만 5000제곱킬로미터의 지역을 지배했는데, 이 면적은 대략 오늘날 엘살바도르, 레소토, 카타르의 크기와 비슷하다.

1490년에 유럽의 인구는 대략 6200만 명인데 각 국가에 평균 31만 명의 사람이 살았다고 나눌 수 있다. 물론 평균값은 엄청난 다양성을 가릴 수 있다. 20여 개 정도의 유럽 소국들과 그 인구는 러시아의 거대한 영토에 충분히 수용할 수 있는 규모였다. 그럼에도 유럽은 항구적인 군사적 기반을 중심으로 조직된, 영토상 뚜렷한 국가 체제를 강화하기 시작했고, 군사적 우월성에 따라 더 큰 국가들이 더 좋은 생존 기회를 획득하기 시작했다.

확실히 그것은 시작에 불과했다. 1490년에 군대들은 대체로 군사작전, 대영주 고객들, 시민 민병대에 의해 고용된 용병들로 구성되었다. 상비군은 프랑스와 부르고뉴에서 도시 민병대를 대체하였으나 아주 소수의 왕국들만 그렇게 했다. 조공과 사적인 임대료가 여전히 왕가 수입의 큰 부분을 차지하고 있었다. 보다 규모가 큰 국가에서는 공동체, 길드, 교회, 지역 실력자 들이 면제와 자치의 큰 부분을 차지하고 있었다. 행정은 주로 군사, 법률, 재정과 연관되었다. 유럽의 중앙 지역은 미미한 관할권으로 나뉘어 바

글거렸다. 더 큰 군주나 제국에 명목상으로만 묶여 있던 도시국가, 도시 연맹, 왕조 제국, 공국, 그리고 튜튼기사단 같은 기독교 단체 들이 모두 같은 대륙에 (호전적이긴 했지만) 공존했기 때문에, 우리가 알고 있는 국민국가들이 유럽의 지배적인 조직이 될 것인지는 확실하지 않았다. 나폴레옹의 정복과 그 후속으로 독일과 이탈리아의 통일이 있었던 19세기가 되어서야 거의 모든 유럽이 항구적이고 전문적인 군사력을 갖고, 10만 제곱킬로미터 혹은 그보다 더 넓은 지역에서 민중에 대한 확고한 통제를 행사하던, 상호 배타적인 국가들로 정리되었다.

다음 4세기 넘게 여러 번의 전쟁 종식과 몇 번의 의도적인 연방들이 유럽의 국가 수를 급격하게 감소시켰다. 19세기에는 그 수가 안정화되었다. 예를 들어 1848년 초에 유럽에는 20~100개의 국가들이 자리하고 있었는데, 이는 독일연방의 35개 회원들, 17개의 교황 국가들, 기술적으로 자율적인 스위스의 22개 조각들, 룩셈부르크나 노르웨이처럼 종속적이지만 형식적으로 구별되는 몇몇 단위들을 어떻게 계산하느냐에 따라 달라진다. 귀족과 정치가 들의 목록인 『고타 연감』*Almanach de Gotha*의 알파벳순 전체 목록은 아주 작은 안할트베른부르크, 안할트데사우, 안할트괴텐이 나오고, 보다 규모가 큰 오스트리아, 바덴, 바바리아로 이어진다.

주요 통합은 독일제국과 이탈리아왕국의 구성과 함께 발생했다. 1890년 초에 국가 명부에 실린 국가 수는 30여 개 정도로 감소했는데, 그중 9개는 독일제국의 구성원이었다. 1918년 말에 독립국가의 수는 25개 정도에 불과했다. 제1, 2차 세계대전의 종전에 의해 국경이 상당히 변했지만, 20세기에 유럽 국가들의 수와 크기에서 극적인 변화는 일어나지 않았다. 멜빈 스몰과 데이비드 싱어의 주장을 따라 독립적인 군사적 차이를 만들 만큼 큰 국가들만 계산에 넣는다면, 장기적 추세에 약간의 반전을 감지할 수 있다. 즉, 나폴레옹 전쟁 말기에는 21개의 도전자가 있었고, 1848년에는 26개, 1980년에는 (몰타, 키프로스, 아이슬란드가 추가되어) 29개가 있다(Small and Singer 1982: 47~50).

1490년의 2만 5000제곱킬로미터에 비해, 1890년에는 30개의 국가가 평균 16만 3000제곱킬로미터를 지배했는데 이는 오늘날의 니카라과, 시리아, 튀니지의 크기와 비슷하다. 1490년의 31만 명에 비해, 1890년에 각국은 평균 770만 명의 인구를 갖는다. 원이라고 상정한다면 국가들은 평균 반경이 88킬로미터에서 227킬로미터로 커졌다. 88킬로미터 반경에서는 단일 도시의 지배자가 배후지를 직접 통제하는 것은 흔히 실현 가능했다. 그런데 227킬로미터 반경에서는 감시와 조정의 전문화된 기구 없이 통치하는 것은 불가능했다. 안도라(453제곱킬로미터), 리히텐슈타인(158제곱킬로미터), 산마리노(62제곱킬로미터)와 같은 미소국가들, 그리고 모나코(1.8제곱킬로미터)조차 거대한 통합에서 살아남긴 했지만, 면적의 차이는 시간이 지나면서 급격히 감소하였다.

종합적으로 보아 유럽에서 실질적 국민국가로 통합된 마지막 부분은 이탈리아 북부로부터 알프스를 돌아 라인강 하류의 저지대에 이르는 도시국가 일대였다. 독일과 이탈리아의 연속적인 창설은 번성하였으나 까탈스러운 작은 공국들과 그 배후지에 국가의 통제를 가져왔다. 이는 마치 유럽인들이 1790년 이래 지배적이었던 조건에서 자립 가능한 국가는 최소 반경 160킬로미터가 필수적이라는 점, 그리고 반경 400킬로미터를 넘으면 쉽게 지배할 수 없다는 점을 발견했던 것처럼 보이기도 한다.

# 도시와 자본

지형도를 보다 명료하게 확인하려면 우리는 도시 체제와 국가 체제를 구별해야만 한다. 유럽의 도시 체제는 자본 집중화 가운데에서 변화하는 관계들을 재현했고, 국가 체제는 강제 집중화 가운데에서 변화하는 관계들을 재현했다. 유럽의 도시들은 상업과 산업의 우선성에 의해 느슨한 위계를 형성했는데, 거의 모든 시기에 소수의 도시 클러스터들(거의가 단일한 헤게모니의 중심 주변에 무리지어 있다)이 나머지 도시들을 확실히 지배했다. (유럽의 위계는 시작 무렵에는 아시아로 널리 확장되는 더 광대한 도시 네트워크의 일부만을 구성했던 것이 확실하고, 시간이 흐르면서 아프리카와 아메리카로 확장했다.) 페르낭 브로델Fernand Braudel의 적절한 단순화로 설명하면, 베네치아, 안트베르펜, 제노바, 암스테르담, 런던, 뉴욕이 14세기부터 20세기에 이르기까지 유럽 도시 체제의 정점을 연이어 차지했다.

주도권을 잡기 위한 핵심적인 문제는 크기라기보다는 유럽 내 무역, 생산, 자본 축적 네트워크의 중심을 차지하는 것이었다. 그럼에도 자본과 도시 인구의 집중은 지배적인 도시 클러스터들이 항상 가장 규모가 큰 것들일 정도로 긴밀하게 일치하였다. 조사이어 콕스 러셀은 크기-순위를 기준으로 사용하고 어떤 면에서는 임의로 경계를 그려서, 피렌체, 팔레르모, 베네치아, 밀라노, 아우크스부르크, 디종, 쾰른, 프라하, 마그데부르크, 뤼베크, 겐트, 런던, 더블린, 파리, 툴루즈, 몽펠리에, 바르셀로나, 코르도바, 톨레도, 리스본을 중심으로 중세의 지역들을 설명했다. 도시들은 조밀했고, 피렌체에서 겐트에 이르는, 특히 이탈리아가 끝나는 곳의 지역들은 더 작았다. 그중 가장 큰 10개 도시의 총인구로 측정하면 베네치아 지역(35만 7000명), 밀라노 지역(33만 7000명), 피렌체 지역(29만 6000명)이 그 집단을 선도

했다(Russell 1972: 235). 1490년의 '도시 잠재력'에 대한 얀 드 브리스의 보다 정확한 계산에 의하면, 대략 안트베르펜, 밀라노, 나폴리를 중심으로 한 지역들이 유럽 도시 체제의 정점에 있는 것으로 나타난다. 반면 1790년에는 런던 주변(영국해협 건너편 지역 포함)의 단일 지역이 확실하게 우세했다(de Vries 1984: 160~164).

도시 체제와 국가 체제는 유럽 지도를 매우 불균등하게 그리고 대조적인 방식으로 횡단한다. 990년에 도시들은 작았고 알프스 북쪽의 거의 모든 지역에 산포했다. 그럼에도 볼로냐와 피사에서부터 알프스를 건너 겐트, 브뤼헤, 런던에 이르기까지 확장하는 일군의 도시들 안에서 도시들은 더 밀집되어 있었고, 상호 관계는 더 강했다. 도시 집중화의 이차적 지역은 남부 스페인과 남부 이탈리아에서 나타났다. 지중해 지역은 대서양과 발트해를 경계로 한 지역들보다 더 많은 도시들을 품었다. 이후에 유럽의 가장 큰 도시는 콘스탄티노플과 코르도바였는데, 이는 교역의 주요 중심지였을 뿐만 아니라 비잔틴제국과 우마이야 왕조가 각각 자리하고 있었기 때문이다. 그 인구는 각각 50만 명에 근접했다(Chandler and Fox 1974: 11). 그다음 1000년을 넘는 시간에도 중앙의 도시 집단군이 유럽에서 가장 강력한 도시 지역으로 남아 있었다. 그러나 이 지역이 확장되고 그 무게중심은 대서양의 큰 항구들이 있는 북쪽 방향으로 옮겨 갔다. 알프스 북쪽의 연계된 도시 집단군은 1300년부터 계속 불균형적으로 성장했다.

도시 클러스터의 존재 유무는 지역의 사회적 삶에 현격한 차이를 만들었고, 국가 구성 가능성을 의미 있는 형태로 만들었다. 19세기 이전 유럽에서 지배적이었던 생산 및 운송 조건하에서라면 크고 튼튼한 도시들은 시골 멀리까지 이르는 조공 지역에서 현금 추수 농업을 활발하게 만들었다. 상업적 농업은 전반적으로 상인, 대규모 자영농, 작은 영지의 영주 들을 번성하게 했지만, 반면 대영주가 농촌 환경에서 민중을 지배할 수 있는 능력은 약화시켰다. (그러나 도시의 지배계급이 배후지에 광활한 토지를 소유하는 경우 중요한 예외가 발생했는데, 이는 이탈리아의 도시국가들에서 자주 일어났던 경우다. 이 경우 농민들은 지주 지배의 강한 압박을 견뎌야 했다.)

그 외에도, 도시들은 주변 지역의 인구 통계에 큰 영향을 미쳤다. 아주 최근까지 대부분의 유럽 도시들은 자연적인 인구 감소를 경험했는데, 이는 사망률이 출생률을 초과했기 때문이다. 그 결과 침체된 도시들조차 근처의 소읍과 마을에서 상당수의 이주자를 끌어들여야 했고, 반면 성장하는 도시들은 커다란 이주민 흐름을 생성시켰다. 이러한 흐름은 도시의 출산 부족분과 도시의 성장률을 합친 것보다 더 컸는데, 그 이유는 모든 이주 체제에 유입과 유출 대부분을 포함시켰기 때문이다. 즉, 행상·상인·하인·장인 들이 해마다 계절마다 도시와 시골 사이를 자주 오갔던 것이다. 시골에서 도시로의 순유입자 수는 남성보다 여성이 더 많았는데, 성비(여성 100명당 남성 수)를 보면 시골에서는 특징적으로 높았고 도시에서는 낮았다. 따라서 도시는 그 환경 내 거주자들에게 결혼할 수 있는 기회를 더 많이 제공한다는 인상을 깊이 남겼다.

도시의 상업적·인구통계적 영향은 국가 구성에 중요한 차이를 만들었다. 도시의 지배계급과 도시에 기반을 둔 자본가들이 국가권력을 확장하려는 노력에 대해 동조하거나 반대하는 바의 중요성에 대해서는 잠시 논의를 접어 두겠다. 이는 이후에 집중해서 다룰 것이기 때문이다. 도시와 농촌 간의 강한 교역의 존재는 지배자들에게 관세와 소비세를 통해 수익을 얻을 기회를 제공했다. 반면 상대적으로 상업화된 경제는 왕조가 소읍과 시골로 권력을 확대하는 데 있어 대영주들을 우회하기 쉽게 만들었다.

나아가 도시와 시골의 관계는 군인의 잠재적 공급에도 영향을 끼쳤다.

즉, 지역 실력자의 하인들과 고용인들, 높은 이동성과 낮은 혼인율을 보이는 지역 상인들, 도시 민병대들, 또는 땅을 소유하지 못한 노동자들이 긴급 소집에 휩쓸려 군인이 되었다고 할 수 있을까? 과세의 기회, 영주의 권력, 군대의 공급은 국가가 형성되는 바에 큰 영향을 미쳤다. 식량 공급, 이주, 교역, 통신, 취업 기회를 통해 큰 도시 클러스터들은 주변 지역의 사회적 삶에 그 표시를 각인시켰고, 따라서 국가권력을 그 지역까지 확장하려는 지배자들의 전략에 영향을 주었다. 도시 성장의 시기에 이러한 효과들은 더 강화되었다.

몇 가지 위험을 감수하더라도, 그리고 지역적 다양성을 많이 무시하더라도 우리는 1000년 이후 유럽 도시의 성장을 다섯 개의 국면으로 나눌 수 있다. 대략 1350년까지 상당한 확장이 이루어지는 시기, 1350년에서 1500년 사이 침체의 시기와 그 이후 추세가 없는 유동적 시기, 16세기의 가속화 시기, 17세기의 둔화 시기, 그리고 마침내 1750년 이후의 엄청난 가속의 시기로 말이다(Hohenberg and Lees 1985: 7~9). 14세기 전염병의 무서운 확산은 첫째 국면에서 둘째 국면으로의 전환을 구분하고, 아메리카에 대한 이베리아반도 국가의 탐험은 셋째 국면의 시작을, 1600년 이후 가내공업의 성장은 넷째 국면의 시작을, 도시로 쏟아져 들어오는 자본, 제조업, 서비스, 교역은 넷째에서 다섯째 국면으로의 이동을 구분한다.

16세기에서 18세기까지 밀라노, 리옹, 맨체스터의 배후지를 포함한 유럽 지역 대부분은 초기 산업화를 경험했다. 즉, 가정을 포함한 소규모 제조업자 및 원거리 시장과 연결된 소상인의 증가 말이다. 거대한 산업 성장기에는 오히려 반대로 자본이 노동력을 찾아갔다. 농촌의 노동력은 프롤레타리아화하였는데, 이는 자본가들이 소유한 생산 시설들을 돌려 임금을 받기 위한 노동으로 현저하게 전환하는 점에서 그러했던 것이지만, 그러나 그들은 여전히 가정과 소규모 상점에 남아 있었다. 그 이후 자본은 웅대하게 축적되었다. 그러나 대단히 집중된 것은 아니었다. 19~20세기에는 역방향의 움직임이 생겨났다. 자본이 붕괴되었고, 제조업과 노동자들은 도시로 이동하였고, 광대한 농촌 지역이 탈산업화하였다. 제조업자들은 점점 더 원자재와 상품을 내놓을 시장이 가까워 비용을 최소화할 수 있는 곳에 자리 잡았다. 즉, 노동자들이 누군가의 경비를 사용하여 그들에게 올 것이라고 정확히 생각한 것이다. 집중화의 마지막 분출은 유럽의 도시화를 매우 가속화시켰고, 오늘날 우리가 알고 있는 도시화된 대륙을 만들어 냈다.

전체적으로 도시들은 유럽의 인구와 함께 성장하였고, 그렇기에 비록 도시 인구의 비율이 일정하였어도 도시 지역의 수가 배로 증가하였다. 현재의 증거로 보면, 단순히 말해 유럽의 인구가 실질적으로 1350년 이전보다 더 도시화한 것인지 알 수는 없다. 어쨌든 도시에 사는 인구 비율은 19세기 이전까지는 급격하게 상승하지 않았다. 가장 유용한 추산에 따르면 인구가 1만 명 이상이 되는 지역의 비율은 990년에 대략 5% 정도였는데, 1490년에 6%, 1790년에 10%, 1890년에 30%에 이르며, 이에 비해 오늘날은 거의 60%에 달한다(Bairoch 1985: 182, 282; de Vries 1984: 29~48).

도시화의 시간적 지표는 유럽 자본의 역사를 반영했다. 수 세기에 걸쳐 막대한 양의 유럽 유동자본이 소규모 상인들의 손에 놓여 있었는데, 이들은 대륙 곳곳에 흩어져 일했으며, 다른 곳에서 생산된 상품들을 거래하거나 시골·소읍·소도시의 형식적으로 독립한 생산자들의 제조업화를 이끌었다. 제노바, 아우크스부르크, 안트베르펜 같은 도시의 대자본가들은 유럽과 나머지 세계를 함께 연결시키는 데에 있어 핵심적인 역할을 수행했지만, 당시 움직였던 모든 자본 중에 작은 일부만을 소유했을 뿐이다.

1490년 이전에 대해서는 산발적인 증거로 인해 더 세밀한 수량적 언

| | 990 | 1490 | 1590 | 1690 | 1790 | 1890 | 1980 |
|---|---|---|---|---|---|---|---|
| 인구 1만 이상 도시 수 | 111 | 154 | 220 | 224 | 364 | 1709 | 5000 |
| 인구 1만 이상 도시 인구(100만) | 2.6 | 3.4 | 5.9 | 7.5 | 12.2 | 66.9 | 250 |
| 전 시기 대비 연간 인구성장률 | - | 0.1 | 0.6 | 0.2 | 0.5 | 1.7 | 1.5 |
| 인구 1만 이상 도시의 인구 비율 | 4.9 | 5.6 | 7.6 | 9.2 | 10.0 | 29.0 | 55 |
| 도시당 면적(1000제곱킬로미터) | 44.3 | 31.9 | 22.3 | 22.0 | 5.2 | 13.5 | 1.0 |

* 1980년의 수치는 추정치다.
 (de Vris 1984: 29~48; Bairoch 1985: 182)

급을 하기에는 어려운 점이 있다. 그럼에도 1500년 이후 유럽의 도시화에 관련한 바이로흐의 추정과 드 브리스의 최근 연구는 조금은 단순하지만 효과적인 계산을 가능하게 했다. <표 2-1>은 1490년 이전 도시의 장기적 성장률의 미미함, 16세기의 가속화, 그리고 1790년 이후의 이례적인 도시화를 보여 준다. 1980년에는 1만 명의 장벽은 그 의미가 없어지는데(따라서 표에는 추정치가 있다), 390개의 도시에 10만 명 또는 그 이상의 주민이 거주했다. 사실, 1980년 통계를 보면 최소 10만 명의 도시에 사는 인구의 비율이 34.6%에 달했다. 1790년 이후 도시 성장의 거대한 가속화가 일어났는데, 이는 19세기의 자본 집중, 작업장 규모의 증대, 대중교통 수단의 창안과 관련이 있다. 그렇지만 1490년 이후 시기 내내 거의 모든 도시들이 배타적으로 이용했던 배후지들은 그 규모가 축소되었다.

## 도시국가의 상호작용

도시와 국가가 각기 나누어진 추세는 몇 가지 중요한 비율에 변화를 준다. 990년 유럽에 1000개 이상의 국가 유사 조직이 있었는데, 인구 1만 명의 도시는 20~30개 '국가'마다 한 개씩 있는 정도였다. 1490년에는 한두 개 국가마다 그러한 인구수의 도시 하나가 존재했다. 1890년에는 가공의 평균 국가 하나에 대략 60여 개의 1만 명 또는 그 인구 이상의 도시들이 있었다. 이러한 변화 하나로도 지배자와 피지배자 사이의 관계에 기본적 변화가 생겼음을 알 수 있다. 즉, 변화된 통제 기술, 변화된 국가 재정 전략, 공공 서비스에 대한 변화된 요구, 변화된 정치학이 그것이다.

도시는 자본의 그릇이자 배분의 지점으로 작용하며 국가의 운명을 형성했다. 도시 지배계급은 자본을 수단으로 도시의 배후지와 원거리 무역 네트워크를 넘어 그들의 영향력을 확장했다. 그러나 과두권자들이 어느 정도의 자본을 지배했는지는 도시마다 다양했다. 17세기 암스테르담은 한때 번성했던 브뤼헤를 보잘것없어 보이게 만들었다. 나아가 도시들이 자본 축적의 중심지였다는 사실은 그 정치적 당국자들에게 자본과 신용에 대한, 그리고 그것이 점령당했든 협력했든 왕조의 목표에 봉사하는 배후지 통제에 대한 접근 권한을 부여하였다. 애덤 스미스는 그 핵심 사실에 대해 다음과 같이 강조하고 있다.

상인과 제조업자들이 풍부한 나라는 [······] 만일 그들이 그렇게 하고자 선택한다면, 아주 큰돈을 정권에 제공할 힘을 항상 품고 있는 일단의 사람들로 넘쳐난다. (Smith 1910[1778]: II 392)

**만일 그들이 그렇게 하고자 선택한다면**이라는 수식 어구 뒤에는 자본가와 왕의 수 세기에 걸친 갈등이 숨어 있다. 그러나 애덤 스미스가 풍부한 자본이 있는 지역 내에서 작용하는 국가들의 재정적 이점에 대해 강조하였다는 점에서는 정확히 맞았다.

국가 그 자체는 특히 군대와 같은 강제 수단들을 소유하고 투입할 수 있는 역할을 주로 수행한다. 오늘날 복지국가, 규제국가, 그리고 경제적인 문제에 개입하는 데 대부분의 노력을 투입하는 국가의 발전에 의해 강제의 중요성이 순화되고 모호해졌다. 그러나 유럽 역사 1000년에 걸쳐 살펴본 바에 따르면, 군사 지출이 국가 예산의 중심적 부분을 소비하고, 군대는 통상 정부 기구 중 가장 큰 규모의 단일 분야를 구성하고 있다는 점을 알 수 있다.

유럽 국가 구성과 도시 형성의 지리학 사이의 차이들은 지배자가 될 가능성이 있었던 사람들에게 극심한 문제들을 제시했다. 호엔베르크와 리스의 견해를 빌려와 **중심지로서의 도시**와 **도시 네트워크** 내의 지점으로서의 도시 사이의 차이를 구분해 보겠다. 모든 도시는 두 체제에 다 속해 있지만, 두 일련의 관계들의 상대적 중요성은 한 도시와 다른 도시 사이에서 극적인 다양함을 보인다(Hohenberg and Lees 1985: ch.2). 위계상 중심지의 체제는 인접 지역 거주지들 사이에서 음식과 의류 같은 일반적 상품들의 흐름을 중개한다. 그리고 원자재와 조제품은 대규모 시장에 주력하는 더 규모가 큰 거주지 쪽으로 중심지의 위계를 옮기는 경향이 있다. 반면에 세련되고 특화된 상품들——특히 지역 체제 외부에서 생산된 상품들——은 더 큰 지역에서 더 작은 곳으로 하향하는 경향이 있다. 우리가 조사한 역사의 대부분에서 1차 생산자, 지역 상인, 행상, 그리고 반복적으로 열리는 공공 시장 들이 소비자들에게 팔리는 상품의 대다수를 공급했다.

한편 도시 네트워크들은 때때로 수천 킬로미터나 떨어져 서로 별개인 지역 체제 내 주요 중심지들을 연결시킨다. 1500년 이전에 목재, 밀, 소금, 포도주는 유럽에서 아주 먼 거리를 이동했지만, 도시 네트워크는 향신료와 실크 같은 가볍고 비싼 상품들을 거래하는 것에 오랫동안 특화되었다. 마음대로 처분할 수 있는 상당한 규모의 자본을 소유한 상인과 금융가들이 유럽의 도시 네트워크에서 중요한 인물들로 나타났다. 필리프 커틴이 상업 디아스포라라 칭한 사람들이 여러 세기에 걸쳐 중요한 역할을 수행했다. 이들은 유대인이나 아르메니아인, 또는 제노바인처럼 지리적으로 분산된 상업적인 집단들로서 언어, 종교, 동족의식, 그리고 (때로는) 지리적 기원을 공유했다. 이들은 서로에게 신용, 시장 정보, 우선권 부여를 확대하여 국제적 거래에서 오는 불확실성을 감소시켰다(Curtin 1984). 설사 상업 디아스포라들이 원거리 중심부 사이에 핵심적인 연계를 만들어 놓지 않았더라도, 이들 분산된 상인들은 동료들과의 관계를 통상적으로 유지하였고, 이는 여행, 사적 통신, 지역 대표자 유지, 상호 지인들의 접촉에 의해 가능했다.

강제를 행사하는 지배자는 일정한 노력을 들여, 하나 또는 그 이상의 중심지 위계의 전체 영역을 강탈하는데, 심지어 자기 국가의 제한 범위에 대략 상응한 위계를 재형성하기도 한다. 16세기에 이르면 잉글랜드와 런던의 중심지 체제 사이에, 프랑스와 파리의 중심지 체제 사이에 투박한 상관성이 나타났다. 그렇지만 한 국가가 장거리 도시 네트워크의 윤곽선과 일치하는 경우는 드물고 어려웠다. 한자동맹 같은 연합, 그리고 베네치아와 포르투갈 같은 해양 제국들이 잠시 이에 근접하였지만, 그들의 교역 거점 여기저기에 대한 소유권을 주장했던 토착 지배자들과 항상 경쟁하거나 협상해야만 했다. 베네치아의 가장 수익성 좋은 교역로를 가로질렀던 오스만제국의 통합은 12~13세기에 베네치아인이 연결한 장대한 상업 제국을 몰락시켰다. 다른 한편 상인들이 스스로 장거리 교역에 공헌했던 영토 국가들은 항상 강력한 경제적 역할을 맡은 이들을 상대해야 했는데, 그들은 전체적인 통제가 결코 불가능한 외부 관계를 유지하고, 만일 지배자의 요구가 참을 수 없는 정도에 이르면 또 다른 사업 장소로 자본과 함께 상대적으로 쉽게 탈출할 수 있었다. 강제의 지형도와 자본의 지형도 사이에 오랜 기간 지속되는 불일치는 이들을 둘러싸고 조직된 사회적 관계들이 독특한 방식으로 진화하는 상황을 만들었다.

990년부터 현재까지 유럽 전체적으로 자본과 강제에 대한 국가 통제의 변천은 두 개의 평행선 원호를 따라왔다. 먼저 **가산제**의 시대에 유럽의 왕조들은 보통 필요한 자본을 직접 통제 아래 있는 토지와 주민들로부터 공물과 임대료로 차출하였다. 그들이 요구할 수 있는 금액은 통상 엄격한 계약상의 제한 금액 내에 있었다. **중개**의 시대(특히 1400년에서 1700년 즈음까지)에 왕조들은 대출, 수익 사업 관리, 세금 취합을 공식적으로 독립적인 자본가들에게 크게 의존하였다. 그러나 18세기에 이르면 **국유화**의 시대가 왔는데, 대부분의 주권자들이 재정적 장치들을 국가 구조에 직접 병합시켰고, 독립적인 계약자들이 관여하는 것을 급격하게 축소시켰다. 근세기 **전문화**의 시대에는 군사 조직에서 재정을 더 확실하게 분리하였고, 고정자본 감독에 대한 국가 관여를 증가시켰다.

강제의 측면에서도 비슷한 진화가 이루어졌다. 가산제의 시대에 왕조들은 하인, 신하, 왕에게 인력 봉사를 해야 했던 민병대로부터 군대를 모집했다. 그러나 이 또한 계약상의 제한 내에 국한되었다. 중개의 시대(다시 한번, 특히 1400년에서 1700년까지)에 왕들은 상당한 행동의 자유를 유지했던 하청업자들로부터 공급받은 용병들에게 점점 더 의존했다. 다음으로 국유화의 시대에 주권자들은 육군과 해군을 국가의 행정 구조에 직접 흡수했는데, 점차 외국 용병들을 돌려보내고 대부분의 병력을 국가 자체의 시민들로부터 고용하거나 징병했다. 19세기 중반 전문화의 단계에서 유럽 국가들은 대규모 민간 행정가들의 후원으로 시민 군대 체제를 통일하였고,

전쟁 이외의 강제적 사용에 특화하기 위해 경찰력을 분리시켰다.

19세기에 이르면, 대부분의 유럽 국가들이 군대와 재정 메커니즘을 내재화하였다. 따라서 그들은 세금 징수 청부인이자 군사적 도급업자이자 중개자로서의 정부의 역할을 축소시켰다. 지배자들은 이후 자본가 및 다른 계급 들과 신용, 수입, 인력, 기타 전쟁 필수품에 대해 계속해서 협상했다. 이러한 협상은 결과적으로 국가에 대한 새로운 요청을 매우 많이 만들어 내게 되었는데, 이는 연금, 빈민들에 대한 지급금, 대중 교육, 도시계획, 기타 여러 가지에 관한 것들이었다. 이러한 과정에서 국가는 확대된 전쟁 기계에서 다목적 조직으로 변신했다. 강제와 자본에 대한 국가의 통제 노력은 계속되었지만, 이는 다양하고 폭넓은 규율·보상·분배·보호 활동과 함께 병행되었다.

19세기 이전에는 국가들이 두 가지의 주요 변화 과정에 있어서 상대적 시기와 강도 면에서 두드러진 차이를 보였다. 네덜란드는 대규모 육군과 해군을 1세기 이상 임차하였고, 재정에 대한 국가 관리를 때 이르게 채택하였으나, 암스테르담과 다른 상업 도시의 자본가들에게 오랫동안 신세를 지는 처지였다. 실제 네덜란드는 주요 지방자치 정부들에 의해 잠시 분해되기도 했다. 반대로 카스티아에서는 지상군——거의 스페인 외부에서 고용되었다——이 우세하였다. 군주는 상인들을 임차인으로 전환하고, 그 상환은 식민지에서 나온 수익에 의존하게 하여 상인들의 신용도를 장악했다. 포르투갈, 폴란드, 이탈리아 도시국가들, 신성로마제국의 국가들은 두 가지 원호가 다른 방식으로 조합된 방식을 따랐고, 따라서 상당히 다른 국가 구조들이 만들어졌다.

# 국가 철학

유럽의 국가들 거의 모두가 자본과 강제의 측면에서 더 강력하게 집중시키는 방향으로 향했으면서도 그렇게 서로 다른 경로를 따른 이유는 무엇인가? 그 복잡함 대부분에 대한 대답은 두 가지 비밀로 설명할 수 있다. 첫째는 불균등한 크기의 국가들이 변화 속에서 교역과 영토를 놓고 벌이는 지속적이고 과격한 경쟁인데, 유럽 역사에서 이는 전쟁을 추동력으로 만들었다. 둘째는 가브리엘 아르당이 국가의 '생리학'이라 지칭했던 것, 즉 국가가 그 주요 활동을 수행하는 수단들을 획득하고 할당하는 과정에 있다. 우리가 여기서 관심을 갖고 보는 역사의 대부분에서 핵심적인 수단들은 강제적인데, 바로 전쟁 수단들이다. 강제 수단들은 전쟁(외부 경쟁자 공격하기), 국가 만들기(내부 경쟁자 공격하기), 보호(국가의 고객들의 적 공격하기)에서 일정한 역할을 명백히 수행했다. 강제 수단들은 또한 국가적 차출의 실행(국가의 활동 수단을 인민 대중으로부터 뽑아내기)과 판결(인구 구성원들 간의 쟁의를 마무리하기)에서도 그 역할을 수행한다. 강제의 정도는 국가마다 다양했지만, 그러한 강제 수단은 오직 생산과 분배와 관련될 때에만, 국가 활동을 지원하는 주요한 수단이 아니었다. 예를 들어 국가가 소금, 무기, 또는 담배 생산에 대한 고유 독점권을 확립하였다면, 그것은 전형적으로 군사력에 의한 것이었다. 밀수품은 통상 지배자가 관건이 되는 상품의 분배를 독점하겠다고 결정할 때 밀수품이 된다.

강제 수단은 무기와 이를 사용하는 법을 아는 남성들men을 결합한다. (나는 분명히 ['인간'이 아니라 — 옮긴이] 남성을 의미한 것이다. 서구의 경험에서 여성은 강제의 조직을 구축하거나 사용하는 데 굉장히 작은 역할을 했는데, 그 사실은 국가 내에서 여성의 종속적 위치를 설명하는 데 확실한 도움을 준다.) 국가의 대리인들은 강제를 집중하고, 타자들이 그렇게 하는 것을 막기 더 쉬

워진 시대를 맞이하였는데, 이는 ⓐ 무기 생산은 소수만 아는 지식, 희귀한 재료, 또는 상당한 자본이 연관되어야 한다는 점, ⓑ 극소수의 집단들이 다수의 남자들을 움직일 수 있는 독립적 능력을 갖고 있다는 점, ⓒ 극소수의 사람들이 무기와 남성 들을 결합하는 비법을 알고 있다는 점 때문이다. 결국 유럽의 지배자들은 그들의 영토 내에서 강제 수단을 더 크게 집중하여 독점하는 방향으로 이러한 모든 조건들을 유리하게 사용했다. 군대, 경찰, 무기, 감옥, 법정이 이에 해당한다.

국가들은 집중화된 강제를 몇 가지 다른 방식으로 사용했다. 990년 이후 초기 몇 세기, 왕들이 직접 통제할 수 있는 군사력을 핵심 추종자들보다 많이 소유한 경우는 드물었다. 무장한 남성들을 먹이고 유지하는 병참 업무가 상비군을 설립하는 일을 엄청나게 비싸게 만들었다. 왕조의 군대는 통상적으로 소규모의 왕실 군대에 그의 추종자들의 요구에 의해 일시적으로 소집된 시민 무리를 더하여 구성되었다. 왕의 존재는 전사들 간의 인적 관계를 강화했다. "왕이 모든 중요한 군사작전에서 직접 지휘하는 것이 일반 법칙이었다. 나이는 문제가 되지 않았다. 오토 3세가 색슨족에 대항하여 군대를 이끌었던 때(991년) 그는 열한 살이었고, 하인리히 4세는 1063년 헝가리에 대항하여 전쟁을 했을 당시 열세 살이었다(Contamine 1984[1980]: 39). 활동 중인 왕조의 군대는 주로 징발(이론적으로 왕실 재정에 의해 보상된다) 또는 강탈(이는 보상되지 않는다)에 의해 전반적으로 유지되었다. 물론 그 차이는 몇 세기 동안이나 불확실했지만 말이다.

일반적으로 도시는 시민 민병대를 조직하였다. 이들은 성벽을 지켰고, 거리를 순찰했으며, 대중의 분쟁에 개입했고, 이따금 도시의 적이나 왕국의 적에 대한 전투에 참여하였다. 스페인 지방자치 민병대는 예외였다. 그들은 기독교도 왕에 의한 무슬림 이베리아 정복에 중심적인 역할을 수행했다. 이 사실은 스페인 재정복Reconquista 이후 귀족 지배하의 지방자치 지역에 큰 권력을 부여하였고, 카발레로caballero(기마 장교)와 페온peón(보병)의 구별을 구체화하여 지속적이고 일반적인 사회적 구분으로 이어졌다는 점을 반영했다(Powers 1988). 그 밖에 왕들은 일반적으로 독립적인 군대에 주민들을 배치하는 문제와 관련하여 제한을 두려 했는데, 이는 그 주민들이 왕의 요구에 대해 저항하는 것을 포함하여 자신들의 이익을 위해 무력을 사용할 가능성이 있기 때문이었다.

이렇듯 다양한 군대는 왕의 직접 통제 아래에서 활동하지 않는 여러 무장한 남성 집단들과 맞서야 했다. 그런 집단들에는 당시 왕명에 의해 동원되지 않은 특정한 영주들의 가신들, 강도들(대부분 동원이 해제된 군인들로 왕조의 승인 없이 강탈을 계속했다), 해적들(왕조나 시민 보호를 위해 자주 활동했다)이 있었다. 강제 수단의 축적은 중간 정도였지만 아주 널리 펼쳐 있었는데, 집중은 미약했었다. 그렇다 해도 지배자들은 누구보다 더 강제를 집중시키려 노력했다.

국가는 점차 다양한 군사력을 작동시켰는데, 모두 다 관료 체제화 되었고 어느 정도는 국가 행정에 통합되었다. 국가권력을 그 대행자들과 고위 귀족들에게 반복적으로 이양하여 악명이 높았던 스페인조차 민간인 환경에서 군사력을 분리시키려고 계속해서 노력했다. 예를 들어 펠리페 2세는 그의 아버지 카를 5세의 통치 기간에는 고위 귀족이 거의 사적으로 통제했던 군사력을 의도적으로 직접적 관리 통제하에 두었다. 1580년에 이르면,

전체 군사 기관이 왕조 휘하로 복구되었고 왕의 신료들에 의해 운영되었다. 스페인, 나폴리와 시칠리아의 갤리선들은 1574~76년의 계약에 의해

잠깐의 불완전한 복귀 후에 다시 관리 체제 안으로 복귀하였다. 지중해 함대와 북아프리카 주둔군에 대한 공급은 세비야의 왕실 병참부에 의해 통제되었다. 군수 산업과 질산칼륨 제조자들은 왕실의 엄격한 감독 아래 있었고 화약 제조업은 왕실 독점 사업이었다. (Thompson 1976: 6~7)

그다음 반세기 내 재정과 행정의 긴급사태에 의해 스페인은 광범위한 계약과 현지 통제로 돌아가야 했다. 그럼에도 불구하고 군대는 국민국가의 특별하고 차별화된 분야로 작동했다. 19세기에 이르면 스페인 군대는 개별적인 권력으로서 국내 정치에 반복적으로 개입하는 특수성과 자율성을 획득했다(Ballbé 1983).

스페인과 여타 지역에서 육군과 해군 사이의 확연한 구분은 일찍이 부상했고 지속하였다. 국가적 범위에서, 군대(일반적으로 다른 군대와 전투를 벌이는 데 특화)와 경찰(일반적으로 비무장 또는 경무장한 개인 및 소규모 집단을 통제하는 데 전문화)의 분화가 일반화한 것은 아주 최근의 일, 그러니까 대부분의 국가에서 19세기에 이루어진 일이다. 그때는 강제 권력의 축적이 아주 크고, 집중화되었고, 따라서 불균등하였다. 19세기에 국가들은 스스로 강력하게 무장하는 일, 그리고 민간인들을 거의 비무장화시키는 일에 성공하였다.

<그림 2-6>은 자본과 강제의 상호작용과 관련한 도시와 국가의 관계를 도식화하고 있다. 대각선의 위쪽에서 강제는 자본을 넘어섰다. 그리고 그 아래에서는 자본이 강제를 능가하고 있다. 그 특징을 개별적인 도시들에 적용하면, 암스테르담과 바르셀로나와 같은 유럽의 항구들은 전형적으로 자본이 넘쳐난 반면, 강제 장치들은 상대적으로 희박했다. 한편 베를린과 마드리드처럼 왕조가 자리한 곳은 자본보다는 강제와 관련한 부분들이

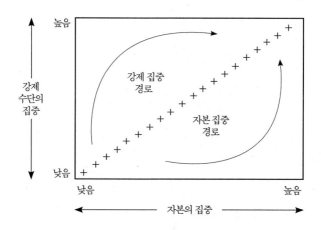

높음

강제
수단의
집중

강제 집중
경로

자본 집중
경로

낮음

낮음                                                        높음

⬅ 자본의 집중 ➡

〈그림 2-6〉 집중된 자본과 집중된 강제의 변동에 있어 유럽의 다양한 경로(1000~1800년)

더 중요했다.

그러한 특징은 국가의 환경에도 적용할 수 있다. 1000년 동안 유럽의
변화의 전체적 방향은 의심할 바 없이 대각선 위쪽으로 올라갔는데, 자본
과 강제 모두를 더 강력하게 집중하는 방향으로 향한다. 그렇지만 다른 국
가들은 전체적으로는 같은 방향이지만 다른 경로를 따랐다. 브란덴부르크
프로이센은 강제가 풍부하고 자본이 빈곤한 환경에서 성장하였고, 라인
지방의 자본주의 도시들에 대한 지배권까지 확보하였을 때에도 초기 환경
의 흔적이 남아 있었다. 덴마크는 다른 스칸디나비아 국가들보다 처분할
수 있는 자본의 집중이 더 컸고, 군사력을 구축하는 데에는 국가적 노력을
덜 투자했다.

튜튼기사단(예루살렘의 성메리간호수도회)은 불규칙한 경로를 택했다.
이들은 12세기 말 성지聖地에서 해적질하던(따라서 해양 상업의 해적 세계에
깊게 연루되었던) 십자군에서 출발, 13세기 트란실바니아의 커다란 지역을

지배한 총독을 거쳐, 1300년 무렵부터 16세기까지 대영주가 되어 지배했던 프로이센 이교도 지역의 정복자이자 식민 통치자로 나아갔다. 기사단은 대략 30년의 세월에 자본 집중으로부터 강제 집중 국가 구성에 이르는 선을 넘었다. 몰타기사단(이어서 예루살렘 성요한간호기사단과 로도스기사단으로도 알려졌다)도 지그재그의 경로를 거쳤으나 아주 다른 장소에서 결말을 맺었다.

> 1100년 무렵 성지에서 수도회가 태동했지만, 그것은 거의 즉시 동쪽의 라틴 국가들을 방어하는 군사적 수도회로 전환되었고, 이후 키프로스(1291년)와 로도스(1309년)로 퇴각하면서 해상 시대를 맞았으며, 마침내 1530년에는 시칠리아의 왕 종주권 치하의 주권국가 몰타에 자리 잡으라는 요청에 전력으로 헌신해야만 했다. (Fontenay 1988a: 362)

몰타에 기지를 두고 합법화된 해적질에 몰두함으로써 기사들은 성지에서 한때 그들의 이웃들보다도 더 자본 집중 과정을 따랐다. 따라서 우리는 이 도표를 여러 유럽 국가들이 그들의 영토 내 도시들과 다양한 상호작용을 하며 선택한 다수의 경로에 대한 지도라고 생각할 수 있다.

자본-강제의 도표는 내가 1장에서 스케치한 논점을 구체화한 것이다. 즉, 특정 지역 내의 가장 강력한 지도자는 모든 전쟁에 대한 조건을 결정했다. 이보다 약한 지배자들은 강력한 이웃들의 요구에 스스로 적응할 것인지 전쟁 준비를 위해 특별한 노력을 기울일 것인지 선택에 직면했다. 전쟁과 전쟁 준비는 지배자들로 하여금 기본적 자원 —남성, 무기, 보급품, 또는 그런 것들을 살 돈—을 소유한 사람들, 그리고 강한 압력과 보상 없이는 이에 굴복하려 하지 않는 사람들로부터 전쟁 수단을 차출하는 일에 관런케 하였다. 다른 국가들의 요구와 보상에 의해 설정된 제한 내에서, 전쟁 수단에 대한 차출과 투쟁을 벌이면서 국가의 중심적 조직 구조가 만들어졌다. 국가 영토 내의 주요 사회 계급들의 조직, 그리고 국가에 대한 그들의 관계는 지배자들이 자원을 차출하기 위해 채택했던 전략, 그들이 직면한 저항, 그 결과에 의한 싸움, 그러한 차출과 투쟁을 해결했던 내구성 있는 기관의 종류, 자원 차출의 효율성에 영향을 미쳤다.

주요 사회 계급의 조직, 그리고 국가에 대한 그들의 관계는 유럽의 강제 집중 지역(극소수 도시 및 농업 우세 지역, 직접적 강제가 생산의 주요 역할을 담당했다)에서부터 자본 집중 지역(다수의 도시 및 상업 우세 지역으로 시장, 교환, 시장 지향적 생산이 우세했다)에 이르기까지 매우 다양했다. 주요 계급들이 국가에 대해 했던 요구들, 그리고 국가에 대한 그들의 영향력은 그에 상응하게 다양했다. 이에 따라 여러 가지 차출 전략에 따른 성공 여부, 그리고 지배자들이 실제적으로 적용한 전략들도 강제 집중 지역에서부터 자본 집중 지역까지 굉장히 다양했다.

그 결과, 국가 조직 형태는 유럽의 여러 지역에 따라 뚜렷이 다른 경로들을 따랐다. 유럽의 일정한 시대와 지역에 따라 어떤 종류의 국가가 우세했는지는 대단히 다양했다. 오직 이번 밀레니엄의 후기에 와서야 국민국가가 도시국가, 제국, 그리고 유럽의 다른 일반적 국가 형식에 대해 확실한 우월성을 보여 주었다. 그럼에도 확대된 전쟁의 범위와 상업적·군사적·외교적 상호작용을 통한 유럽 국가 체제의 접합은 점차 대규모의 상비군을 보낼 수 있는 국가에게 전쟁의 이점을 돌아가게 했다. 즉, 대규모의 농촌 인구, 자본가, 그리고 상대적으로 상업화된 경제의 조합이 가능했던 국가들이 승리했다. 그들이 전쟁의 조건을 세웠고, 그들의 국가 형식이 유럽에서 지배적인 형식이 되었다. 결과적으로 유럽 국가들은 그 형식으로 통합하는데, 국민국가가 그것이다.

자본-강제 도표에 표시된 경로들로 보면, 초기의 보폭은 이후의 걸음 걸이에 제한을 주었다. 만일 도시의 지배계급이 어떤 국가의 최초 통합에 중요한 역할을 했다면(네덜란드에서처럼), 오랜 시간이 지난 후에도 그 국가는 부르주아 제도의 형식으로 그 자취를 갖고 있었다. 만일 한 국가가 전반적으로 농촌 주민을 정복한 것에 기원이 있다면(연이은 러시아의 제국들이 그러했듯) 그 한복판에서 성장했던 도시들에 대해 계속해서 아주 적은 기회들만 제공하게 되었다. 그러한 지역에서는 거대 귀족들이 왕조로 성장하여 간헐적으로 군사적 봉사를 제공한 영주들에게 그 대가로 재정적 특권과 상당한 지역적 관할권을 부여하였다.

## 위험한 관계

지난 1000년의 대부분에 걸쳐, 유럽의 도시와 국가 들은 일련의 위험한 관계를 이어 왔다. 이는 애증이 뒤얽힌 관계로서, 서로 상대에게 단숨에 없어서는 안 되면서도 견디기도 힘들어지는 그런 관계다. 도시와 자본가에게는 상업 활동과 산업 활동을 보호하는 것이 필수인데, 이들은 국가를 경영했던 강제의 전문가들로부터 이를 이끌어 냈다. 그러나 그들의 사업에 대한, 그리고 전쟁, 전쟁 준비, 또는 과거의 전쟁에 대한 비용에 그들의 자원을 전환하는 데 간섭하는 것에는 당연히 두려워했다. 국가와 군인 들은 군사력을 모집하고 유지하기 위한 재정적 수단을 도시에 근거지를 둔 자본가들에게 의존하였다. 그러나 도시, 도시의 상업적 이해관계, 노동계급에서 생기는 국가권력에 대한 저항에 대해 나름대로 두려워했다. 도시와 국가는 자본을 얻기 위해 그에 대한 보호를 교환하자는 불안한 협상 기반을 찾아냈지만, 19세기에 이르기까지는 그러한 협상은 깨지기 쉬운 상태로 있었다.

시칠리아의 가장 상업적인 도시였던 메시나의 17세기식 권모술수를 오늘날 상상하기는 어렵다. 찬란한 왕국들이 자리했던 곳, 지중해의 곡창지대, 강대국 간 경합의 대상으로서의 시칠리아가 여러 세기에 걸쳐 누렸던 영광은 쉽게 잊히고 퇴보에 대한 상징이 되었다. 시칠리아— 한때 무슬림이었고, 이후 노르만족 지역이기도 했던— 는 1282년에는 아라곤의 지배하에 있었고, 16세기에 통합 왕국을 형성한 스페인의 소유가 되었다. 메시나의 상업-과두 체제는 스페인 통치하에서 애를 태웠는데, 스페인은 왕조의 이익을 위해 외국 시장에 대한 진출, 특히 시칠리아 실크의 수출을 방해했다. 1674년 스페인(네덜란드와 느슨한 연합을 이루었다)은 프랑스(잉글랜드와 잠깐 동안 느슨한 연합을 만들었다)와 전쟁을 했다. 메시나의 지도자들은 스페인 군대에게는 문을 닫고, 프랑스·잉글랜드·오스만제국에 도움을 청했는데, 외국 왕에 의해 메시나에서 통치되는 독립적인 시칠리아를 요청하였고, 무관세 항구를 요구했고, 군대와 함께 프랑스 총독이 오는 것을 환영했다.

그러나 3년 후에 메시나는 프랑스가 신뢰할 수 없는 주민들 가운데에서 군사적 시설을 유지할 열정을 잃게 되자 프랑스의 점령에 대해 싫증을 냈다. 프랑스가 물러나고 이를 이끌던 사람들이 도망가자 남은 상인들은 시민 보안군을 결성했고 스페인의 통치 아래로 복귀하는 것을 환영했다(Mack Smith 1968a: 225~230). 시칠리아나 그 외의 지역이나 마찬가지로 국가-도시 협약은 외부적 사건들이 그 국가의 군사적 위상 또는 그 도시의 상업적 위상을 변화시켰을 때, 그리고 한쪽이 다른 쪽의 이익을 너무 심하게 도외시하였을 때 쉽게 깨졌다.

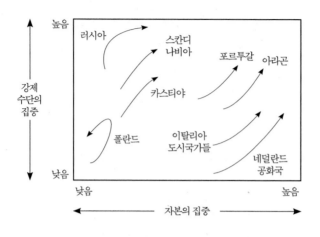

〈그림 2-7〉 다양한 국가들의 가설적 경로

　　그러나 모든 국가-도시의 쌍이 비슷한 관계를 유지했던 것은 아니었다. 실제는 그와 거리가 멀었는데, 그 형태는 유럽의 여러 지역에 따라 굉장히 다양했고, 여러 세기에 걸쳐 극적으로 변모했다. 베네치아는 그 자체의 상업 제국을 만들고 나중에야 본토에 대한 정복에 착수했고, 폴란드의 영주들은 도시들이 성장하는 것을 방해하였다. 반면 파리는 그 모든 반란에도 불구하고 프랑스 왕국에 기꺼이 봉사했다.

　　자본-강제의 도표로 다시 돌아가면 〈그림 2-7〉에서처럼 몇 개의 다른 유럽 지역의 이야기들을 그려 낼 수 있다. 이 그림에 의하면 폴란드의 국가는 강제가 넘치고 자본이 빈곤한 환경에서 살아남았고, 대귀족들이 강제와 자본에 대한 그들의 몫을 확보하며 두 가지 모두가 집중하면서 실질적으로 몰락의 길을 마주하였다. 스칸디나비아의 국가들은 보통 강제가 상당히 집중한 환경에서 시작했고, 점차 집중화된 자본에 대한 통제를 더 높은 수준으로 발전시켰다. 이와는 대조적으로 독일의 소국들, 이탈리아의 도시국가들, 네덜란드공화국은 상당한 자본 집중이 있었지만 약하고 간헐적인 군사력을 가지고 경로를 시작했다. 이는 단지 점진적으로 영속화되어 가는 집중화된 군사 시설 구축으로 이어졌다.

시장의 위계(국제시장, 지역 시장, 배타적인 지역 시장 등등) 내 도시의 위상은 대략 크기, 배후지에 대한 인구 통계적 영향, 자본 축적의 규모, 확장된 영향력의 장을 구축하고 통제하는 능력과 관련이 있다. 이는 다른 도시들의 상대적 이목을 강하게 끌어당기는데, 이유는 군대 설립과 국가 구성, 실질적인 국가 창설자일 수 있는 지배계급의 자율성, 그리고 대의 기관들의 권력을 위해 필요한 자본의 원천이기 때문이다. 도시의 과두 체제는 평균적으로 시장 내 위상이 높을수록, 국가 지배자들과의 관계에서 대의제에 대한 광의의 권리를 가진 필수적이고 대등한 단체로 활동했을 가능성이 더 크다.

그 결과, 주요 상업 도시와 도시국가 들은 농업 지역 안에 있는 도시들보다는 국민국가의 침입에 대해 더 효과적인 저항을 시작할 수 있었다. 대부분의 경우 국민국가는 도시가 국제시장에서 지배적 위상을 잃기 시작했을 때에야 주요 상업 도시에 대한 진정한 통제권을 획득하였다. 그 이후에도 중요 상업 도시는 지방과 지역의 시장 중심지에 했던 것보다 국가 기구 내에 그들의 자치 권력 구조를 설치하려 더욱 노력했다. 그리고 그들의 수가 많을수록 국민국가 구성의 속도는 전체적으로 느려졌다. 다른 한편 준비된 자본이 부재할 경우 지배자들은 망설이는 시민들로부터 자금을 짜내는 대규모 기구들을 설립했다.

중요한 예외들이 있었지만, 종교개혁이 유럽의 도시국가 일단에 집중되어 일어났고, 초기에는 중앙집권화된 국가들의 정당성에 저항할 근거를 제시했다. 그 예외에 이탈리아 북부의 가톨릭이 포함되는데, 로마 교회는 결코 그 거대한 영향력을 잃은 적이 없다. 마찬가지로 개신교 보헤미아와 헝가리는 완전히 농촌 지역인데 종교개혁 이전에 이미 기독교의 대중 영합적인 변형들을 만들었다. 여러 지역, 특히 잉글랜드와 북유럽 국가들에서 지배자들은 종교개혁의 고유한 판본들을 고취시키고 또한 이끌었는데, 이를 통해 종교 기구들에 대한 광범위한 국가 통제와 성직자들 사이의 긴밀한 협력을 성립시켰고 지역 행정 관리들을 두었다. 다른 곳(이를테면 네덜란드)에서 개신교는 제국주의적 권위에 저항할 매력적인 교리의 토대를 제공했는데, 그것은 특히 신성하게 승인된 왕의 특권에 대한 주장을 지지하는 정당성에 대한 것이었다. 대중적인 개신교의 확산에 마주쳤던 지배자에게는 세 가지 선택권이 있었다. 포용하라, 끌어들여라, 아니면 싸워라.

신성로마제국에서는 공식적으로 개신교와 가톨릭 공국들 사이의 분할과 지배자 — 왕가의 목표, 종교적 위안, 또는 황제에 저항하는 근거 중 하나를 찾았던 — 가 신앙을 바꾸겠다고 위협하는 것이 16세기 내내 지속된 논쟁의 원인이었다. 1648년, 30년전쟁을 끝낸 베스트팔렌 조약은 신앙을 바꾼 어떤 지도자건 왕권에 대한 소유권을 박탈할 것을 조문화하였다. 그 시점부터 종교적인 차이들이 유럽의 국내 정치학에 중요했지만, 전쟁의 관건이 되는 일은 급격하게 줄었다.

전체적으로 보면, 덩치가 큰 국가 교회들(개신교건 가톨릭이건 정교회건)이 국가 자체가 군대를 키우는 과정에서, 대규모 민간 및 군사 관료 체제를 설립한 지역에 존재를 드러냈다. 자본이 집중된 지역의 사람들은 국가가 미리 정해 준 신앙의 형식들을 도입하는 것에 국민국가의 초기 발전을 막았던 것만큼이나 성공적으로 저항하였다.

런던과 잉글랜드는 자본주의적 활동과 국가권력의 이론상의 대립에 대한 명백한 반론이라고 여겨진다. 잉글랜드에서는 강력한 상업 도시의 존재에도 불구하고 튼실한 국가가 상대적으로 초기에 구성되었고 19세기까지 국가 교회의 헤게모니를 유지했다. 그러나 잉글랜드의 경험에서 몇 가지 핵심적인 특징을 주목해야 한다. 왕조는 런던이 주요 국제적 중심지가 되기 전에 광범위한 권력을 획득했다. 그러한 점에서 잉글랜드는 네덜란드가 경험했던 것보다는 스칸디나비아를 더 닮았다. 그러나 동족애, 상업, 재정이 런던 상인들에게 국가의 귀족과 신흥 계급에 대해 밀접한 유대를 갖게 했다. 런던시市는 의회에서 직접 대표권을 획득했고, 동업 조합Livery을 통해 왕가의 문제에 대한 일정 정도 자율적인 목소리를 냈다. 이러한 점에서 잉글랜드는 스칸디나비아보다는 네덜란드와 더 닮았다. 결국 17세기부터 계속 왕권이 지주와 부르주아지의 연합 대표, 즉 의회에 의해 점점 제약당하는 것을 국가 부상 이후 보게 된다. 이와 같이 잉글랜드는 국가 구성의 두 주요 경로들 모두로부터 일정한 거리를 두고 나아갔다.

## 대안적인 국가 형식들

다른 지역에서의 경험을 보면, 전쟁 비용을 흥정하는 핵심적 부분이 당시 부상했던 대의제의 형식들에 큰 영향을 주었다는 점을 확인할 수 있다. 포르투갈에서는 왕실 수입을 해외 무역에 크게 의존했는데, 대화 상대로 리스본 지방자치 정부의 강력한 존재 외에는 마땅한 대의 기구가 없었다. 16세기 아라곤에서 바르셀로나가 왕과 비슷한 관계를 가졌던 것을 볼 수 있는데, 세력이 강한 의회Consell de Cent는 총독을 우회하여 마드리드의 왕에게 직접 말할 수 있었다. 그러나 아라곤 전체를 지배할 권력은 절대 가질 수 없었고, 스페인 전체에서는 훨씬 더 적은 권력만을 가졌다. 카스티야에서는 의회Cortes에 권력을 부여했는데, 이는 대영주들과 18개 도시 과두 체제 지도자들의 기구였다. 전체적으로 보면 도시 기구들은 자본가들이 우세한 지역에서 더 순조롭게 국가 구조의 일부가 되었던 것처럼 보인다.

자본가와 부르주아 기구들이 지휘자 역할을 했던 국가들은 비싼 전쟁 비용을 위한 급격한 자본 동원의 시기가 왔을 때 커다란 이점을 갖고 있었다. 그러나 그 국가들은 자본 회수와 상업 활동에 대한 보호 요구에 취약하였다. 네덜란드공화국은 자본가 지배에 대한 대가와 이득에 대한 명백한 예를 보여 준다. 한편 네덜란드는 전쟁을 위한 수입을 쉽게 증대시킬 수 있었는데, 단기적으로는 부유한 시민들로부터의 차입을 통해, 장기적으로는 상아에서 증류주에 이르는 모든 물건에 대한 관세와 판매세를 통해 가능했다('t Hart 1986, 1989a, 1989b; Schama 1975). 이는 대단히 영속적인 국가 구조를 창설하지 않고도 가능했다. 동인도회사와 서인도회사의 사설 해군을 포함한 대규모 네덜란드 선단이 강력한 해군으로 빠르게 전환했다. 그러나 공화국은 주요 지방들(특히 홀란트)이 지불에 동의했을 때에만 전쟁을 치르거나 다른 큰일을 벌일 수 있었는데, 이들의 동의를 얻는 것은 드문 일이었다. 이런 국가들이 갖는 군사적 이점은 당시 우세한 전투의 유형에 따라 다양했다. 그것은 역사적으로 해군으로 치르는 전쟁에 대단히 좋았고, 포병과 기마병에는 그리 좋지 않았고, 대규모 군대 전술에는 장기적 결점이 되었다.

항구적인 군사력은 군사적 수단에 대한 요구가 급증하는 것을 줄였고 (그러나 결코 없애지는 않았다), 그렇게 함으로써 장기적 신용과 대량의 세금 근거를 확보하면서 국가의 이점을 확대하였다. 프로이센, 프랑스, 잉글랜드 같은 국가들 — 효율적인 국가 구성의 모델이라고 자주 여겨졌다 — 은 영주와 상인을 선출하여 결합시켰고, 30년전쟁에서 나폴레옹 전쟁까지 이어진 대규모 군대 전술의 시대에 상비군(해군 포함)을 창설했고, 그 결과로 튼튼한 중앙 관료 체제를 창출했다. 그러나 이 책의 대조적인 예들은 유럽 국가 구성의 전체 스펙트럼에서 극히 좁은 영역만을 차지할 뿐이다.

프랑스혁명과 나폴레옹 전쟁에 동원되면서, 대부분의 유럽 국가가 확장되고 중앙집권화하였다. 전쟁이 끝났을 때 그들 모두는 어느 정도 축소되었으나—1815년까지 전쟁 태세에 있었던 수백만의 부대들이 동원 해제 되면서 그랬겠지만—그들의 예산, 인력, 활동은 1790년에 그랬던 것보다 훨씬 더 높은 수준에 있었다. 유럽과 해외에서의 전쟁은 국가의 지출을 계속 증대시키는 가장 큰 자극제가 되었다. 그러나 19세기에 국가 구성에 관련한 몇 개의 핵심적인 변화가 일어났다. 도시와 소읍으로 미치는 자본과 노동의 내파는 지배자들이 이전에는 마주치지 못했던 위협과 기회를 가져왔다. 위협은 밀집된 노동계급의 집단행동에서, 기회는 이전에는 결코 없었던 차출과 통제에서 왔다. 국가 활동의 범위는 유럽 전반에 걸쳐 엄청나게 확장하였다. 항해술을 발전시키고, 도로와 철로를 가설하고, 치안을 유지하고, 학교를 만들고, 우체국을 설립하고, 자본과 노동의 관계를 통제하는 모든 것이 국가의 일상적인 활동이 되었고, 때때로 국가 서비스에 전문가들이 추가되었다. 전문적인 시민 서비스가 구성되고 증가되었다.

동시에 지배자들이 대량의 세금과 군 복무, 그리고 국가적 프로그램들에 대한 협조를 민중과 직접 협상하면서 대부분의 국가들이 정말 중요한 두 가지 걸음을 더 내딛게 되었다. 이는 지방과 지역의 후원자들의 역할을 축소시키고 모든 공동체에 국민국가의 대표들을 배치하였던 직접 지배를 향해 움직이는 것, 그리고 선거·국민투표·입법의 형식으로 대중적인 협의를 확장하는 것이었다. 그들은 (다수자들을 위해서는) 국가의 목표에 대한 대중적 동일시의 의미에서, 그리고 (소수자들을 위해서는) 단일성과 통합의 요구에 대한 저항, 독특한 언어적·문화적 집단의 이름으로 내세우는 저항의 의미에서 민족주의를 고취시켰다. 편재하는 국가, 국가의 지배자와 정책들에 대한 투쟁, 군사에 필적하는 예산상의 경쟁자들 구성, 그리고 우리가 현재 당연하게 여기는 국가의 여러 가지 특징들이 19세기 일반 대중을 국가에 편입하는 과정에서 일어났다. 국가와 경제 사이의 그 모든 잡다한 관계상의 차이에도 불구하고 유럽 국가들은 관료제, 조정, 통제의 모델로 통합되기 시작했다.

자본-강제 도표에 담겨진 내용에 대한 분석을 통해 국가 구성의 다양한 경로, 그리고 국가들이 궁극적으로 자본과 강제 모두가 고도로 집중된 방향으로 통합하는 과정을 보았다. 그 분석은 처음의 질문을 바꿔 말하고, 대답하는 데 도움을 준다. 즉, 서기 990년 이후 유럽에서 우세했던 국가 종류들에 나타난 엄청난 시공간적 다양성에 대해서 어떻게 설명할 것인가, 그리고 왜 유럽 국가들이 국민국가의 다양한 변형들로 점차 통합되었는가? 여기 세 개의 대답이 있다. 여러 지역과 시기에 따라 집중화된 자본과 집중화된 강제 수단들의 상대적 유용성은 전쟁을 하는 조직 구조의 결과에 중요한 영향을 미친다. 최근까지 다른 국가들과의 전쟁에서 자신들 고유의 것을 유지한 국가들만이 살아남았다. 마지막으로 장기적으로 보아 전쟁의 변화하는 특성들은 대규모의 지속적인 군사력을 그 국가의 주민들로부터 이끌어 낼 수 있었던 국가들에게 군사적 이점을 주었고, 이들이 점차 국민국가가 되었다.

자본-강제의 추론은 또한 다음과 같은 일반적 질문에서 나오는 역사적 문제들에 대해 가능한 대답을 제시하기도 한다. 유럽 국가 구성의 대략적인 **동심원적 패턴**을 어떻게 설명할 것인가? 그것은 자본의 불균등한 공간적 배분을 반영하는데, 중심 근처로 확산된 더 작고, 자본이 풍부한 유사 국가 독립체 무리로부터 대륙을 둘러싼 상대적으로 크지만 자본이 빈곤한 국가들이 생겨나도록 촉발시켰다. 이러한 대조를 통해 구분하면, 스웨덴과 러시아 같은 외부 국가들은 상대적으로 강한 강제 집중과 상대적으로 약한 자본 집중의 상태에서 구성 시기를 보냈고, 제노바와 홀란트 같은 내부 국가들은 그 반대였고, 잉글랜드와 프랑스 같은 중간 국가는 자본과 강제의 집중이 나란한 상태에서 성장하였다.

왜 지배자들은 정반대의 이해관계에도 불구하고 자신들의 관할 구역 안에서 주요 계급을 대표하는 기구들을 세우는 것을 그렇게 자주 허용했을까? 사실 지배자들은 그들 자신의 계급 외의 집단을 대표하는 기구를 설립하는 것을 피하고자 했고, 때로는 상당 기간 이에 성공했다. 그러나 장기적으로 보면 이러한 기구들은 국가 활동, 특히 전쟁 수단에 필요한 돈을 위해 민중의 여러 구성원과 협상한 대가이자 결과였다. 잉글랜드의 왕들은 의회가 어느 때보다 더 큰 권력을 구성하거나 떠맡는 것을 원하지 않았다. 왕은 귀족, 그다음에 성직자들, 신흥 중산층, 부르주아지를 받아들였는데, 그들에게 전쟁에 필요한 돈을 증액할 것을 설득하는 과정에서 그런 것이었다.

왜 유럽 국가들이 도시의 과두 체제와 기관 들을 병합하는 일과 관련하여 나타난 양상들은 그렇게 다양했을까? 국가는 그 시작부터 도시의 과두 체제와 기관과 싸워야만 했는데, 일반적으로 이들 과두 체제와 기관 들은 국가 권력 구조에 병합되었다. 대의 기관들이 유럽에 처음 나타났던 때는 정부의 활동을 금지시킬 수 있을 만큼 힘이 있지만 그 활동을 탈취할 만한 권력까지는 갖지 못한 신민 집단과 지방·지역·국가적 통치 기구들이 협상했을 때였다(Blockmans 1978). 관건이 되는 정부들이 다소 자율적인 국가였고 신민 집단들이 도시의 과두 체제, 지방자치 위원회, 또는 유사한 기구들이었던 곳에서 통상 국가 구조의 필수적 구조가 되었다. 단일 도시가 지배했던 곳에서 가장 효율적인 국가 형식 — 도시국가 또는 도시 제국 — 이 나타났다. 그러나 도시국가와 도시 제국은 국가 자체의 주민들로부터 모집한 대규모 군대가 성공적인 전쟁의 핵심 부분이 되자 사라져 버렸다.

왜 정치권력과 상업 세력은 지중해의 도시국가와 도시 제국으로부터 대서양의 강대국과 상대적으로 종속되어 있는 도시로 빠져나갔을까? 대서양과 발트해의 교역이 지중해 교역의 빛을 잃게 만들어 버렸을 뿐만 아니라, 대규모의 영속적 군대 통제가 점차 국가의 정치적·경제적 성공의 핵심적인 부분이 되었기 때문에 그들은 손해를 보았다. 16세기 말에 스페인, 잉글랜드, 네덜란드가 모두 대규모 전함들을 지중해에 보내기 시작했는데 이유는 무역과 해적질(그 둘은 그리 잘 구분되지 않는다)을 위해서였다. 그리고 라구사, 제노바, 베네치아 같은 도시국가들은 그들이 이전에 의존했던 속도, 관계망, 기술력이 더 이상 유효하지 않아 대량의 상업적 손실을 피할 수 없게 되었다. 큰 함선을 소유한 국가들이 장기간의 대양 항해에 적합했고 상업적·군사적 관계에서 승리할 수 있었다(Guillerm 1985; Modelski and Thompson 1988).

왜 도시국가, 도시 제국, 연합, 종교 조직 들은 유럽에서 우세한 국가 종류로서의 중요성을 상실하였을까? 두 가지 일이 일어났다. 첫째, 더 큰 국가들의 상업화와 자본 집중에 의해 작은 상업 국가들이 이전에 누렸던 이점, 즉 광범위하게 차입하고, 효율적으로 세금을 걷고, 큰 육지 국가를 저지하는 데 해군력에 의존할 수 있었다는 이점이 축소되었다. 둘째, 규모가 작고 주권이 분할된 경우에 전쟁에서 명백히 불리하게 되는 방향으로 점차 변했고, 따라서 그들은 큰 국가에 패하였다. 피렌체와 밀라노의 공화국들은 15세기와 16세기의 군사적 필수 조건의 중압 때문에 무너졌다. 전문적인 용병 조직자이던 프란체스코 스포르차Francesco Sforza가 1450년 밀라노의 공작이 되었고 그 지위는 그의 후손들이 프랑스(1499년)와 그 후 스페인(1535

년)에 의해 그들의 영지를 잃기 전까지 유지했다.

피렌체에서는 부활한 공화제가 1530년까지 지속했으나 그 이후 교황과 황제 카를 5세가 힘을 합쳐 그 도시 주변부contado를 정복하여 그 도시의 항복을 강요했고(마키아벨리가 주도한 위원회가 추천하고 미켈란젤로가 감독하여 건설된 요새의 존재에도 불구하고 말이다), 메디치가를 공작으로 임명했다. 뚜렷한 해양 세력으로 두각을 나타냈던 베네치아와 제노바처럼 부분적 예외도 있었지만, 대규모 군대, 중포병 부대, 대규모 요새화의 시대는 이탈리아의 모든 도시국가들을 소멸시키거나 종속시키거나, 또는 강대국 사이의 간극에서 위태롭게 생존하는 수준으로 격하시켰다.

왜 전쟁이 조공을 위한 정복과 무장한 조공 수취국들 사이의 투쟁에서 대규모 육군과 해군 사이의 지속적인 전투로 전환하였는가? 기본적으로 같은 이유에 기인하는데, 15세기와 16세기 전쟁에서 조직적이고 기술적인 혁신을 이루었다. 국가는 대량의 남성과 자본이 사용 가능해지면서 명백한 이점을 얻었는데, 이는 조공 수취국들을 물러나게 했거나 몇 가지 차출 패턴을 강요했다. 그리고 이를 통해 보다 지속 가능한 국가 구조를 설립했다. 15세기와 16세기에 러시아에서는 이반 3세와 이반 4세가 관료와 군인 들을 국가에 대한 장기 복무에 묶어 두기 위해 토지 보상을 사용했을 때 이러한 변화가 일어났다. 18세기에 영국과 프랑스 같은 인구 많은 국가들은 시민들 사이에서 대규모 군대를 모집할 수 있는 능력이 있어 이를 가지고 소규모 국가들을 제압했다.

이러한 분석이 정확하다면, 이는 그 자체의 수수께끼를 낳기도 한다. 예를 들어 분할된 신성로마제국이 통합되고 호전적인 왕국들 한가운데에서 그렇게 오래 존속했던 이유는 무엇 때문인가. 왜 크고 강력한 국가들의 입속으로 사라지지 않았는가? 다시, 귀족들이 그들 소유의 대규모 배후지를 통치했던 교역 도시인 상업적인 노브고로드가 웅대한 모스크바에 굴복했던 것을 어떤 논리로 예측할 수 있겠는가? 지정학적 위치와 주요 강대국들로부터 원거리에 있다는 점이 나의 단순한 공식보다는 확실히 더 큰 부분을 차지하였다. 이러한 점은 이후의 장에서 중요하게 확인할 것이다. 그럼에도 자본-강제 도표가 요약한 추론의 선은 우리에게 도시와 국가의 상호작용과 관련하여 유럽 국가 구성을 재고하고 따라서 국가 구성에서의 광범위한 규칙적 패턴을 잡아내도록 이끈다. 그것은 잉글랜드, 프랑스, 또는 프로이센의(또는 그 셋을 어떤 점에서 종합한) 국가 구성을 핵심적인 과정으로, 그리고 다른 모든 경우는 같은 경로를 따르려다 약화되었거나 실패한 것으로 묘사하는 식으로 확실히 기울게 만든다.

그러나 19세기 이전 몇 세기에 걸쳐 국가들은 자본과 강제 사이의 아주 다양한 관계들에 연관된 상황에서 군사력을 형성하며 오랫동안 나뉘었다. 국가 구성의 대안적 경로는 그 순서에 따라 다양한 형식의 저항과 반란, 여러 국가 구조, 그리고 서로 다른 재정 체계로 이어졌다. 만일 그렇다면, 봉건주의에서 자본주의와 국민국가의 발흥에 이르는 이행에 관한 표준적인 논쟁들은 프랑스, 잉글랜드, 그리고 몇몇 다른 대형 국가들의 경험에 과도하게 치중했고 반면에 국가의 실제적 성격을 주요하게 결정하는 요소에 대해서는 무시하고 있었다고 할 수 있다. 폴란드에서 대영주들은 자본가와 왕을 모두 압도했지만 네덜란드에서는 사실상 존재하지 않았다. 피렌체와 그 주변부의 '봉건제'는 헝가리의 '봉건제'와 대단히 달랐고 같은 용어로 둘을 모두 다룬다는 것은 의미가 거의 없어 보인다.

국가 구성의 영역에서 도시, 은행가, 자본의 상대적 중요성은 그곳에 형성되는 국가의 종류에 다른 어떤 것보다 더 중요하게 영향을 미쳤다. 전쟁을 위한 동원에서도 상당한 자본과 자본가의 존재 유무에 따라 매우 다른 효과를 냈다. 유럽 국가들의 실제 활동──다음 장의 과제다──을 자세히 살펴보고 자본의 유용성과 형식이 전쟁 준비에 그처럼 차이를 만들었던 방식, 그리고 전쟁이 그다음 순서로 지속적인 국가의 조직 구조를 형성시켰던 방식을 규명할 것이다.

3장과 4장은 전쟁, 정치적 구조, 그리고 국내 투쟁에 이르는 주요 변화들을 배치하기 위해 유럽 내의 지정학적 변이에 대해서는 무시할 것이다. 5장과 6장은 (국가 구성의 대안적 경로와 국제적인 국가 체제의 진화에 대해 다루는데) 대조적으로 여러 종류의 국가 사이의 변이에 지대한 관심을 둘 것이다. 그리고 7장에 앞서 현대 세계에서 국가 구성의 성격과 관련한 유럽의 역사적 경험을 다룰 것이다.

# 3장

∞

## 전쟁이 국가를 만든 방식,
## 그리고 그 반대의 방식

# 3장 전쟁이 국가를 만든 방식, 그리고 그 반대의 방식

## 폭력의 분기점

세계 최강대국들 사이의 공공연한 전쟁은 근래 40년간 소강상태에 있지만, 20세기는 이미 인간의 역사에서 가장 호전적인 시대로 확고히 자리 잡았다. 한 신중한 계산에 의하면, 1900년 이래 세계는 237번의 전쟁 ——내전과 국제전을 합해—— 을 겪었는데, 그 전투에서 연평균 최소 1000명이 죽음을 당했다. 2000년까지 그 암울한 숫자는 대략 275번의 전쟁과 1억 1500만 명의 전사자에 이를 것이라 추정된다. 민간인의 죽음은 그 총합과 쉽게 일치할 것이다. 피비린내 나는 19세기에는 단지 205번의 전쟁으로 800만 명이 죽었고, 호전적인 18세기에는 68번의 전쟁에서 400만 명이 죽었다(Sivard 1986: 26. Urlanis 1960 또한 참조). 그 숫자들을 1000명당 평균 사망률로 변환하면, 18세기에는 대략 5명, 19세기에는 6명, 20세기에는 46명 ——8~9배나 높아졌다—— 이 된다. 1480년에서 1800년까지 의미 있는 국제적 분쟁은 2~3년 간격으로 어디에선가 시작되었는데, 그 빈도는 1800년에서 1944년 사이에는 1~2년으로, 제2차 세계대전 이후에는 14개월 정도로 줄었다(Beer, F. 1974: 12~15; Small and Singer 1982: 59~60; Cusack and Eberwein 1982). 전쟁이 더 잦아지고 더 치명적이게 되는 추세는 핵무기의 시대에도 늦추어지지 않았다.

서구인들은 흔히 다른 식으로 생각했을 수도 있는데, 강대국 간의 전쟁은 보다 드물었다는 사실에 의해 그럴 수 있다. 여기서 강대국이란 1500년에는 프랑스·잉글랜드·오스트리아·스페인·오스만제국, 최근에는 프랑스·영국·소련·서독·미국·중국이며, 그 사이의 시기에 다른 조합들이 있다. 강대국들이 직접 관련된 전쟁은 16세기 이래 빈도, 지속성, 참전국 수에 있어서 평균적으로 감소해 왔다. 특히 월평균 또는 연평균 사망자 수를 계산한다면(Levy 1983: 116~149), 전쟁은 가혹한 보상에도 불구하고 점점 더 심하게 참혹해졌다. 약소국 간 전쟁은 점점 더 많아졌지만 아주 소규모였고, 강대국 간 전쟁은 점점 줄어들었지만 더 치명적인 것이었다.

우리는 전쟁에 있어서 강대국과 다른 국가들 간의 대조를 통해 낙관적이거나 비관적인 부분을 읽을 수 있다. 낙관적으로 보면, 우리는 강대국들이 끊임없는 전쟁보다는 그들의 차이를 해결하는 데 그 대가를 덜 치르는 방법을 점차 찾아냈고, 같은 일이 다른 국가들에게도 차차 일어날 것이라고 가정할 수 있다. 비관적으로 보면, 강대국들이 세계의 나머지 지역으로 전쟁을 수출해 왔고, 집중된 폭발을 일으켜 서로 파괴하기 위해 에너지를 아껴 왔다고 결론을 내릴 수 있다. 어떠한 분위기이건 우리는 점점 더 적대적인 세계를 보는데, 그 세계에서 최강대국들은 자체 영토 내에서는 전쟁에 대해 부분적 면제를 즐기고, 그렇기 때문에 아마도 전쟁의 공포에 대해서 덜 지각하게 되는 것이다.

그러나 문제는 사람들이 전반적으로 더 공격적이 되고 있다는 점에 있는 것은 아니다. 세계가 점점 더 호전적으로 되고 있지만, 국가의 장 외부에서 인간 상호 간 폭력은 전반적으로 줄고 있다(Chesnais 1981; Gurr 1981; Hair 1971; Stone 1983). 이는 최소한 서구 국가들에서는 사실인 것처럼 보이는데, 우리가 그 오랜 일련의 증거를 갖고 있는 유일한 것이기도 하다. 비록 우리가 매일 신문에서 읽는 살인, 강간, 집단적 폭력에 대한 기사들 때문에 달리 생각할 수도 있지만, 다른 민간인의 손에 의해 폭력적인 죽음을 맞는 경우는 크게 줄어들고 있다.

예를 들어 13세기 잉글랜드의 살인율은 오늘날의 대략 10배였고, 16세기와 17세기에는 아마 2배쯤 되었을 것이다. 이 비율은 17세기부터 19세기까지 특히 급격하게 감소하였다. (서구 세계에서는 아직까지 미국의 살인율이 가장 높기 때문에, 미국인들에게 다른 지역에서 대인 관계상 폭력이 얼마나 드문 현상인지 이해하는 것은 다른 곳의 사람들보다 더 어려울 수 있다. 대부분의 서구 국가에서 자살은 일반적으로 살인의 10~20배나 되는 반면, 미국의 살인율은 자살율과 비슷하다.) 전쟁, 국가의 억압, 자동차, 그리고 자살이 없다면, 어떤 종류의 폭력에 의한 죽음의 비율은 오늘날 대부분의 서구 세계에서 200~300년 전에 비해 비교가 안 될 정도로 낮아질 것이다.

미셸 푸코Michel Foucault와 마빈 베커Marvin Becker 같은 사상가들이 변화의 일부는 사고방식의 집단적 전환에 기인한다고 본 것은 옳다. 그렇지만 확실히 중요한 원인을 제공한 것은 효과적인 폭력 수단을 감시하고 통제하고 독점화한 국가의 점증적 추세다. 세계 대부분에서 국가의 활동은 국가 영역에서의 폭력과 국가와 별개인 시민 생활의 상대적 비폭력 간의 놀랄 만한 대조를 만들어 냈다.

## 국가가 강제를 통제하는 방법

그러한 대조의 탄생을 이끈 것은 유럽 국가들이었다. 그들은 시민 대중이 강제의 수단에 접근하는 것을 박탈하면서 국가 소유의 무시무시한 강제 수단들을 구축하였다. 대부분의 경우에 국가들은 강제를 재조직하는 데 자본과 자본가에게 심각하게 의존했다. 그러나 어떤 국가들은 눈에 띄게 다른 방법을 사용하였다.

그러한 변화의 어려움 또는 중요성을 과소평가하지 말자. 대부분의 유럽 역사에서 보통의 남성들men(다시 말하건대, 이 단어의 남성형 말이다)은 마음대로 사용할 수 있는 치명적 무기들을 소유했다. 더욱이 특정 국가에서는 지방과 지역의 유력자들이 보통 집중된 무력 수단에 대한 통제권을 가지고 있는데, 만일 이를 합친다면 국가의 무력 수단에 필적하거나 이를 압도할 수도 있었다. 오랫동안 유럽 대부분의 지역에서 귀족들은 사적인 전쟁을 벌일 수 있는 권리를 가졌다. 12세기 카탈루냐의 우사트헤스Usatges, 즉 법령에 그 권리가 명백히 기록되어 있다(Torres i Sans 1988: 13). 노상강도(보통 사적·공적 군대가 해산된 후 그 일부가 구성했다)가 17세기 내내 유럽 대부분 지역에 번성했다. 시칠리아에서 폭력 사업을 보호하고 통제했던, 마피아라고 불리던 이들은 지금까지도 시골 주민들을 공포에 떨게 하고 있다(Blok 1974; Romano 1963). 국가 외부의 사람들은 폭력적 수단의 사적인 배치에 의해 당당히 이익을 얻는 경우가 흔했다.

그럼에도 17세기 이래 지배자들은 그들 소유의 국가 내부에서 시민 개인들과 경쟁 관계인 권력자들 모두에 반대하는 방향으로 균형을 전환시키고자 과감히 노력하였다. 그들은 대부분의 시민에게 무기 소유를 범죄로, 그리 끌리지 않는 일로, 그리고 비현실적인 일로 만들었고, 사병私兵은 불법화했고, 국가의 무장한 대리인들이 비무장 시민과 대치하는 것을 정상적인 것처럼 보이도록 만들었다. 미국은 시민의 소형 화기 소유를 고수하여 유럽의 모든 국가들과 다른 길을 택했고, 그 대가로 유럽의 상대국들보다 몇백 배 많은 총기 발포에 의한 사망률이 나타났다. 개인 무기의 급증면에서 보면, 미국은 영국이나 네덜란드보다는 레바논이나 아프가니스탄과 비슷하다.

시민 대중에 대한 무장 해제는 여러 번에 걸친 작은 단계로 진행되었다. 즉, 반란이 끝난 뒤에 무기에 대한 전반적 압수, 결투 금지, 무기 생산에 대한 통제, 사적 무기에 대한 허가제 도입, 무력의 공적인 과시에 대한 제한으로 이어졌다. 잉글랜드에서는 튜더 왕조가 사병 양성을 억제했고, 스코틀랜드 국경을 따라 대영주들의 엄청난 권력을 축소시켰고, 귀족의 폭력을 제한했고, 한때는 대단한 잉글랜드 거물의 권력과 자율성을 표시했던 요새화된 성들을 없앴다(Stone 1965: 199~272). 17세기의 군주 루이 13세는 리슐리외와 마자랭Jules Mazarin의 도움으로 프랑스 국가의 군사력을 재건했는데, 아마 그가 건설했던 것보다 더 많은 요새를 무너뜨렸을 것이다. 그러나 그는 접경 지역에는 건설했고, 내부에서는 파괴했다. 그의 통치에 저항했던 거물과 도시 들을 진압하기 위해서 그는 그들의 요새를 무너뜨렸고, 무장할 수 있는 그들의 권리를 축소시켰고, 따라서 미래에 생길 심각한 반란의 확률을 줄였다.

동시에 국가 소유의 군대에 대한 확장은 국내의 경쟁자가 사용하는 어떠한 무기류도 무색하게 만들기 시작했다. '내부'와 '외부'에 대한 정치적 구별은 한때는 매우 불명확했는데, 예리하고 치명적으로 되었다. 전쟁 만들기와 국가 구조 사이의 연계도 강화되었다. 역사적으로 논란거리인 국가에 대한 막스 베버의 정의—"국가는 주어진 영토 내에서 **합법화한 물리**

적 힘을 독점적으로 사용하겠다고 (성공적으로) 주장하는 인간 공동체"(Gerth and Miills 1946: 78) ── 는 마침내 유럽 국가들에 대해 이해하는 데 도움이 되었다.

시민의 무장 해제가 진행된 방식은 그 사회적 배경에 따라 달랐다. 도시 지역에서는 일상적 치안 활동의 확립과 지방자치와 국가 사이의 권한에 관한 합의가 중요한 부분이었던 반면, 대영주가 지배하던 지역에서는 사병의 해체, 성벽과 해자를 갖춘 성들의 제거, 새로운 세력의 합류와 내전 사이에 반복해서 나타나는 피의 복수에 대한 금지가 중요했다. 국가의 계속된 군대 건설과 더불어, 민간인에 대한 무장해제에 국가가 강제 수단을 사용하는 비율이 엄청나게 증가했는데, 당시 국가권력을 소유했던 국내의 경쟁자나 적대자가 활용할 수 있는 부분들에 대해 집중했다. 그 결과 반체제 당파가 국가 소속 군대의 어떤 분파의 적극적 협력 없이 서구 국가의 권력을 쟁취하는 것은 거의 불가능해졌다(Chorley 1943; Russell 1974).

지배자의 군대 창설은 지속 가능한 국가 구조를 생성시켰다. 그 이유는 군대가 국가 내 중요 조직이 되었고 군대의 구축과 유지에 필요한 보완 조직들 ── 재무, 보급 업무, 징병 메커니즘, 조세 기관을 비롯한 많은 업무들 ── 이 활성화되었기 때문이다. 프로이센 왕조의 최고 조세 기구가 전쟁 총사령부가 되기도 했다. 17세기 말 잉글랜드의 연이은 공화 정부와 왕조 정부는 프랑스와 네덜란드의 해군에 대응하기 위한 의도로 왕립 조선소를 건설하였는데, 가장 크게 집중화된 산업으로 만들었다. 네덜란드 동인도회사처럼 제국이 건설한 조직들은 국가적 통치에 엄청나게 영향력 있는 요소가 되었다(Duffy 1980). 서기 990년 이후 계속, 중요한 전쟁 동원령은 국가가 확장되고, 강화되고, 새로운 정치조직의 형식들을 창안하는 주된 계기를 제공했다.

# 전쟁

그럼 도대체 왜 전쟁이 일어나는가? 그 중심적이면서도 비극적인 사실은 단순하다. 즉, 강제가 **작동한다**. 동시대인들에게 상당한 무력을 적용하고자 하는 이들은 명령에 대한 준수를 얻고자 하며, 그 준수에 의하여 돈, 상품, 경의, 그리고 더 미약한 사람들은 접근할 수 없는 희열에 접할 수 있는 경로와 같은 여러 가지 이점을 이끌어 낸다. 유럽인들은 표준적인 전쟁 유발 논리를 따랐다. 즉, 확실한 강제 수단을 통제했던 모든 사람들은 강제로 인한 보상을 즐길 수 있는 안전한 영역을 유지하려 했을 것이고, 거기에 더해 손실이 생겼을 경우 그 안전한 영역을 보호하기 위한 강화된 완충지대도 유지하려 했다. 경찰이나 그 비슷한 기관이 그 안전 지역에서 무력을 사용했고, 한편 군대는 완충지대를 순찰하고 그 외곽으로 진출했다. 루이 14세와 같은 가장 공격적인 왕들은 완충지대를 얇지만 강력하게 무장한 접경 지역으로 줄였으나, 더 약하거나 평화를 즐기는 이웃들은 보다 큰 완충지와 수로에 의존했다. 그러한 작전이 얼마 동안 성공했을 때 그 완충지대는 안전 지역으로 바뀌었고, 이는 강제의 실행자가 예전의 완충지대를 둘러싼 새로운 완충지대를 획득하도록 고무시켰다. 근방의 세력들이 같은 논리를 추구하기만 하면 그 결과 전쟁이 일어났다.

그렇지만 전쟁의 일부 조건들은 다양했다. 모든 국가의 특정한 전쟁 만들기 유형은 밀접하게 연관된 세 개의 요소에 따라 결정되었다. 즉, 주요 경쟁자들의 특성, 외부를 향한 지배계급의 이해관계, 지배자 자신과 지배계급의 이해를 대신하여 지배자가 수행했던 보호 활동의 논리가 그것이다. 경쟁자들이 상업적 항해에 치중할 때, 전쟁과 평화의 형식적 상황과 무관하게 해적질과 상선 나포는 계속되었고, 반면 영주가 지배하는 농업 세력들이 어깨를 나란히 하고 살았다면, 땅과 노동력에 대한 지배권에 대한 갈등이 ──특히 분쟁거리가 있는 승계의 순간에── 훨씬 더 자주 무력행사에 기대는 방식으로 촉발되었다. 작은 해양 세력이 커다란 대양 제국을 소유했을 때, 그 이익을 보호하려면 항로를 순찰해야 하는데, 이로 인해 같은 무역 경로를 탐내는 다른 세력들과 불가피한 전투를 벌여야 했다. 경쟁자들의 배치 형태, 지배계급의 특성, 보호 장치에 대한 요구는 우리가 살펴본 1000년의 시간 동안 근본적으로 변하였기 때문에, 전쟁 원인의 특징도 그에 따라 변했다.

강제는 항상 상대적이다. 집중된 강제 수단을 통제하는 누구라도 이웃이 그런 수단들을 구축하게 되면 이익을 잃게 될 위험에 처한다. 1400년 이전의 유럽에서 친족 집단에 의한 대부분 국가의 통치는 그 경쟁을 가중시켰다. 지배자들이 친족 집단을 구성했을 경우, 번성하는 친족 집단의 성향은 확장과 점증하는 상속자 수에 비례한 영역 확보를 추구하는바, 이것이 정복을 조장했고, 따라서 경쟁 관계를 심각하게 만들었다. 더욱이 공석이 된 왕위에 대한 권세 있는 왕조의 요구 덕분에 지배자 가족들 간의 결혼은 증가하였다. 주권이 분할된 유럽 지역에서 경쟁자들은 ──친척이건 아니건── 항상 쉽게 닿을 만큼 가까운 관계였지만, 어떤 특정한 중심권이 무한히 확장하는 것을 방지하기 위한 동맹으로도 항상 유효하였다.

더욱이 부르고뉴와 잉글랜드 같은 보다 큰 국가들은 현재의 주권에 대한 **내부적** 경쟁자들을 오랫동안 항상 품어 주었는데, 그 경쟁자들은 지배에 대한 일부 권리를 주장하는 무장 집단이며 외부의 적에 대해 묵시적이거나 명시적인 연합군으로 공헌하기도 했다. 중국에서는 과거에 거대한 제국주의적 장치가 구성되었는데, 확대된 제국은 적이 많았으나 그 영토 내부나 외부에 어떤 경쟁자도 없었다. 몽골인들은 중국 북쪽 국경을 끊

| | 전쟁 횟수 | 평균 지속 기간(년) | 전쟁 중인 햇수 비율(%) |
|---|---|---|---|
| 16세기 | 34 | 1.6 | 95 |
| 17세기 | 29 | 1.7 | 94 |
| 18세기 | 17 | 1.0 | 78 |
| 19세기 | 20 | 0.4 | 40 |
| 20세기 | 15 | 0.4 | 53 |

* 20세기는 1975년까지의 기록이다.
(Levy 1983; Luard 1987)

임없이 위협했고, 제국 내부로 파괴적인 침략을 간헐적으로 감행하였지만, 실질적으로 그곳을 점령한 것은 단 한 번뿐이었다. 전체적으로 보아 몽골은 국가 기구를 직접 운영하는 것보다는 조공을 받아 내는 데 더 유능했다. 중국 왕조는 제국의 관리 영역이 그 통제 권역을 초과하였을 때, 그리고 군벌들이 제국의 간극에서 조직되었을 때, 유목민 침입자(특히 만주족)가 제국의 영토를 휩쓸고 그 권력의 지렛대를 쟁취하였을 때 멸망하였다. 중국은 반란과 내전의 거대한 대지가 되었지만, 다수 국가 간의 전쟁은 아니었다. 그런 점에서 유럽은 그 기록을 보유하고 있다.

장기적으로 보면 유럽의 전쟁들은 더 치명적이고 덜 빈번해졌다. 피티림 소로킨Pitirim Sorokin의 선구적인 작업에 기대어 잭 레비는 1495년부터 1975년까지 강대국——유럽 또는 다른 지역의——이 관련된 더 큰 전쟁들의 목록을 편찬하였다(표 3-1 참조). 전사자가 연평균 최소 1000명은 되어야 이 목록에 오를 수 있었는데, 비슷한 시기를 두고 일정 규모 이상의 모든 전쟁에 대한 종합적 목록을 만들려고 시도했던 에반 루아드의 그것에 비하면 훨씬 작은 목록이었다. 그러나 레비는 목록에 포함하는 명확한 기준을 세웠고, 그가 포함시킨 전쟁에 대한 더 자세한 내용을 제공했다

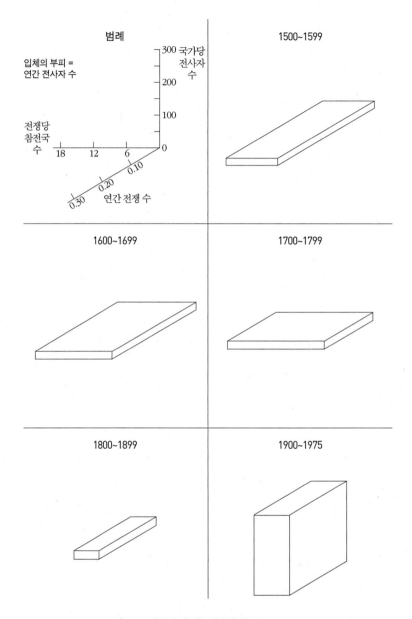

<그림 3-1> 세기별 강대국 전쟁의 규모(1500~1975년)

(Levy 1983; Luard 1987). 대규모 전쟁의 숫자, 평균 지속 기간, 그런 전쟁들이 진행되었던 햇수의 비율 모두 여러 세기에 걸쳐 급격하게 줄었다(Levy 1983: 88~91, 139). 윌리엄 에크하트의 모든 전쟁에 대한 목록은 ─ 강대국과 그 외의 국가, 국제전과 내전을 합쳐서 ─ 18세기에 50번, 19세기에 208번, 20세기의 1987년까지 213번을 포함한다(Eckhardt 1989: 7; Sivard 1988: 28~31).

그 외에 전쟁의 강도에도 의미 있는 변화가 있었다. <그림 3-1>은 공격 강도에 대한 분석에서 빌린 도구를 사용하여 그 변화의 일부를 포착한 것이다. 입체의 부피는 한 해에 강대국이 일으킨 전쟁에 의한 전사자의 총수를 표현한 것이고, 3차원을 통해 총전사자의 구성 요소를 보여 주기 위한 것이다. 세 개의 구성 요소는 평균 전쟁 햇수 동안 강대국 간 전쟁에 참여한 국가의 전사자 수, 평균 전쟁 햇수 동안 그 전쟁에 참여한 국가의 수, 그리고 참전국 한 나라가 1년에 겪은 평균 전쟁 횟수이다. 따라서 이는

연간 전사자 수 =

국가당 전사자 수 × 전쟁당 참전국 수 × 연간 전쟁 수

이며, 그 입체적 모양을 통해 이를 보여 주려는 것이다.

세기에서 세기로 넘어가면서 한 국가당 강대국 전사자의 수는 16세기에 연간 3000명 이하에서 20세기에는 22만 3000명 이상으로 증가하는 것을 확인할 수 있다. 강대국 전쟁에 관여한 평균 국가 수는 16세기 9.4개에서 18세기에 17.6개로 증가하고, 20세기에는 6.5개로 뚝 떨어졌다. (이러한 상승과 하락은 대부분의 또는 모든 강대국 사이의 전면전으로의 발전을 보여 주는데, 19세기와 20세기에 서구 국가들이 서구 바깥에서 지역적 갈등을 시작하거나 이에 개입하려는 경향에 의해 상쇄되기도 했다.) 최종적으로는 호전적인 국가의 연평균 전쟁 횟수는 16세기부터 18세기까지 줄어들었고, 그 후 고정

적으로 유지되었다. 그 수치는 차례대로 0.34, 0.29, 0.17, 0.20, 0.20이다. 이는 다시 말해, 16세기에 강대국 관련 전쟁에 참여한 국가들은 3년 중 1년은 전쟁 상태(0.34)였고, 20세기에는 5년 중 1년이 전쟁 상태(0.20)였다는 말이다.

이러한 변화의 결과로 연평균 강대국 전사자 수는 16세기 9400명에서 20세기에는 29만 명에 달했다. 만일 여기에 민간인 사망자와 약소국 군대까지 포함하면, 확실히 그 수는 훨씬 급격히 상승할 것이다. 비행기, 탱크, 미사일, 그리고 핵폭탄에 의해 20세기의 전쟁에 울린 조종의 수는 이전 세기들의 숫자를 모두 깜깜하게 만들고도 남을 것이다.

그 숫자들은 근사치일 뿐이지만 이는 매 세기 전쟁에 대한 유럽 국가들(이들이 16세기부터 19세기에 이르기까지 거의 모든 세계적 강대국을 구성했다)의 강한 연관성을 확고하게 보여 준다. 이 숫자들은 또한 지금 검토한 5세기 내내 지배자들이 전쟁 준비, 전쟁 비용 지불, 전후 피해 복구에 몰두하였음을 알려준다. 심지어 1500년 이전의 5세기 동안 유럽 국가들은 더욱 배타적으로 전쟁을 하는 일에 집중했었다. 그 1000년 내내 전쟁이 유럽 국가들의 지배적 활동이었다.

국가 예산, 세금, 부채는 그러한 현실을 반영한다. 1400년 이전, 가산제의 시대에, 글자 그대로 이해할 수 있는 의미의 국가 예산을 보였던 국가는 없었다. 유럽의 보다 상업화된 국가들에 세금은 있었지만, 모든 곳의 지배자들은 그들의 수입 대부분을 조공, 임대료, 사용료, 수수료에서 충당했다. 개별적인 주권 지역들은 돈을 빌렸지만, 통상 그들의 이름과 실제 담보에 준하였다. 16세기에 대륙 대부분에서 전쟁으로 인한 국가의 지출이 급증하자, 유럽 국가들은 예산, 세금, 부채를 모두 법제화하고 확대하였다. 국가의 미래 수입이 장기 부채에 대한 담보로 제공되기 시작했다.

프랑스의 공채는 1520년대에 프랑수아 1세가 파리의 미래 수입을 담보로 제공하고 사업가들로부터 돈을 빌리기 시작했을 때 심각한 지경에 이르고 있었다(Hamilton 1950: 246). 그는 그 돈을 합스부르크 황제 카를 5세에 대한 대공세에 사용하였다. 프랑스의 국가 부채는 전쟁 노력과 재정 정책의 기능 덕분에 유동적이긴 했지만, 전체적으로는 상향으로 질주했다. 그리하여 18세기의 전쟁을 위한 부채가 국가를 뒤덮었고, 국가 신용을 훼손하였고, 1789년 삼부회의에 대한 운명적인 소집으로 직접 이어졌다. 예산과 세금은 그에 맞춰 부풀어 올랐다. 프랑스의 세금은 1600년 평범한 노동자의 1인당 연평균 급여의 대략 50시간에 해당하는 금액에서 1963년에는 700시간에 해당하는 금액으로 상승하였다(Tilly 1986: 62).

영국은 윌리엄과 메리의 통치 이전까지는 큰 부채 없이 유지했었다. 아우크스부르크 동맹 전쟁(1688~1697년)은 영국의 장기 부채를 2200만 파운드에 이르게 했다. 7년 전쟁과 미국 독립전쟁 이후인 1783년에는 그 빚이 10배 증가하여 2억 3800만 파운드로 늘었다. 1939년에 영국은 재무장하였고 공공 부채는 83억 파운드에 달했다(Hamilton 1950: 254~257). 17세기부터 계속 예산, 부채, 세금은 전쟁의 리듬에 맞추어 상승했다. 유럽의 모든 호전적 국가들이 같은 경험을 했다.

만일 전쟁이 국가 구성을 추동했다면, 또한 국가의 활동을 지치지 않게 하기도 했다. 반대로, 전쟁 준비의 부산물로 지배자는 싫든 좋든 점차 자신의 삶을 차지하는 활동과 조직 들을 시작하였다. 즉, 법원, 재무, 조세 시스템, 지역 행정, 대중 집회, 그리고 여러 가지 말이다. 존 엘리엇은 16세기에 관한 글에서 다음과 같이 기록한다.

카를 5세와 펠리페 2세 치하의 스페인 역사에서 전쟁이 하나의 지배적인 주제라면, 다른 하나는 관료제인데 [……] 호전적인 왕 카를 5세가 서류 더미에 둘러싸인 책상에서 업무 시간을 보내는 정적인 펠리페 2세로 대체된 것은, 스페인 제국이 정복자conquistador의 시대를 통과해 시민 공복의 시대로 접어들고 있는 변화를 적절하게 상징화했다. (Elliott 1963: 160)

육군과 해군을 제대로 갖추는 작업은 통치 기구 확장의 유일한 결과는 아니었다. 거의 모든 국민 대중의 묵인을 확보하고, 최소한 핵심적인 소수의 적극적인 협력이 있지 않고는 어떤 왕권도 전쟁을 수행할 수 없었다. 지배자들은 조공과 세금을 취합하고 남성과 물자를 징발하기 위해 반복해서 군대를 보냈다. 그러나 지배자들은 지방 단체가 의무에 대한 비용을 적기에 납부함으로써 값비싼 군대 부담을 매수하는 것도 허용했다. 이러한 점에서 지배자들은 협잡꾼을 닮았는데, 즉 그에 대한 대가는 그렇게 하지 않으면 그들 자신이 해를 끼칠 수도 있거나 최소한 해를 입도록 허가할 수도 있는 악으로부터 보호해 주는 것이었다.

국가 수준에서 외부의 적에 대한 공격을 지향했던 군사력(군대)과 국내 거주민에 대한 통제를 지향했던 무장 권력(경찰) 사이의 조직적 구분은 아주 더디게 발전하였고, 결코 완성된 적이 없었다. 치안 유지의 문제는 시골 지역(무엇보다 대부분의 토지가 사적 공간이어서 공권력은 금지되었다)과 도시 지역(대부분의 토지가 공적 공간이고 누구든 접근 가능했다)에서 체계적으로 달랐다. 호출 대기식 군사적 형태의 치안 활동은 시골 지역에 적합한 반면, 체계적인 순찰과 감시는 도시 지역에서 가능했다(Stinchcombe 1963). 이런저런 차이들의 결과로 도시는 시골보다 훨씬 이전에 확실한 경찰력을 전반적으로 발달시켰고, 다른 군사 조직들로부터 경찰력을 분리하는 것은 상대적으로 도시화된 국가들에서 더 일찍 발생하였다.

17세기까지 줄곧, 대규모 유럽 국가들 대부분이 국내 지배를 위해 무장했고 부분적으로 자율적이던 지역 거물들에 의존한 탓에 그들이 지배자에 반대해 무기를 들 때마다 반복적으로 내전을 치러야 하는 위협에 마주쳤다. 1400년부터 1700년까지의 중대한 시기에 지배자들은 국가권력에 대한 경쟁적 청구인들을 무장해제하거나, 고립시키거나, 동참하도록 하는 데 대부분의 공력을 소모했다. 지방자치 지역과 시골 관할 권역에서는 자체의 소규모 경찰 병력을 이미 오래전에 창설하였지만, 유럽 국가들은 19세기에 이르러서야 제복을 갖추고, 급여를 받으며 관료제를 갖춘, 그리고 시민들을 통제하는 데 특화된 경찰력을 확립하였다. 덕분에 군대는 외부 정복과 국제전에 집중할 수 있었다.

## 이행

전쟁은 유럽 국민국가들의 네트워크를 만들었고, 전쟁 준비는 국가의 내적 구조를 창조했다. 1500년 즈음이 가장 결정적이었다. 유럽인들은 14세기 중반에 전쟁에서 화약을 중요하게 사용하기 시작했다. 이어지는 150년 동안 화포의 발명과 보급에 의해 대포를 도입하고, 대포에 의해 쉽게 파괴되지 않는 새로운 종류의 요새를 건설할 수 있는 왕권에 군사적 이점이 있었다. 전쟁은 개방된 평원에서 싸웠던 전투에서 중요 도시들을 포위하는 양상으로 변하였다. 1500년경 이동성 있는 포위 공격용 화포와 이에 수반되는 보병이 널리 유용해지면서 그 비용이 다시 상승했다. 16세기 초에 휴대 가능한 머스킷총이 개발되면서 훈련된 보병들의 중요성이 더욱 증가하였다. 동시에 큰 화포를 싣고 항해할 수 있는 함선들이 해전을 지배하기 시작했다. 알프스 북쪽의 규모가 큰 국가들, 특히 프랑스와 합스부르크제국이 증가한 비용을 감당할 만한 규모를 갖고 있어 그 이점을 누렸다.

몇몇 국가들은 두 세기 이상 더 계속해서 해군에 집중적인 노력을 기울였다. 몇 가지 기준은 네덜란드공화국을 따랐는데, 아주 작은 규모의 육상 전력을 가졌지만 17세기에 유럽의 선도 국가가 되었기 때문이다. 비슷하게 포르투갈과 베네치아도 17세기까지 자체의 해군을 소유했다. 배타적인 잉글랜드도 18세기에 육군을 구축하기 전에 해군력으로 번성했다(Modelski and Thompson 1988: 151~244). 그러한 국가들은 식민지에서 부를 축적했고, 국제무역에 집중하여 이익을 얻었고, 해군력으로 쉽게 방어할 수 있는 안방의 토대를 이점으로 활용했다. 그러나 점차 그러한 국가들은 국내의 자체적 국내 자원에서 엄청난 군대를 모집하고 유지하였고—프랑스, 영국, 프로이센이 우세한 모델이었다—나머지 모든 국가들에게 확산되었다.

유럽의 범위에서 15세기 후엽 중요한 이행이 두드러지게 나타났다. 대규모 군사 국가들은 자본주의 확대를 도모해야 한다고 느끼기 시작했고, 소규모 상업 국가들의 이점은 사라지기 시작했다. 지정학이 그 역할을 수행하였다. 상대적으로 통일된 프랑스는 백년전쟁을 끝내고 정복할 공간을 찾을 여유가 있었다. 이베리아 지역의 여러 국가들은 반도에서 무슬림 세력을 축출하는 것을 마무리했는데 프랑스로부터 압력을 느꼈다. 1463년 루이 16세는 루슬리용과 세르다뉴가 있는 카탈루냐 지역을 실제로 합병하였다. 페르난도와 이사벨의 결혼(1474년)은 아라곤 왕가와 카스티야 왕가의 결합인데, 이는 프랑스의 위협에 대한 대응이었고, 그 결과 프랑스를 위협했다. 프랑스와 스페인의 경쟁은 이후 유럽 정치에 내내 파동을 일으키기 시작했다.

이탈리아는 그 변화의 충격을 가장 먼저 감지했다. 이탈리아의 교황령, 공화국, 소왕국 들은 당연히 반도 외부의 정치학에 오랫동안 관련되어 있었다. 미묘하게 균형 잡힌 동맹, 외부 중재자, 시기적절한 결혼이 그들의 정치학에서 상당한 역할을 수행했다. 11세기부터 14세기까지 교황은 에너지의 많은 부분을 독일에 근거를 둔 신성로마제국의 황제를 선출하는 일을 확인하고 통제하고 획책하는 일에 기울였다. 황제들은 반대로 이탈리아 대부분에 대한 종주권을 으레 요구하였다. 간단히 말해 이탈리아의 정치학은 오랫동안 타 지역의 정치학에 연결되어 있었다.

이탈리아반도에서는 어떤 전쟁도, 어떤 새로운 국제적 경쟁도 없었다. 13세기에 아라곤, 신성로마제국, 프랑스, 그리고 교황이 이탈리아에서의 우선권을 갖기 위해 다퉜다. 세기의 주요 전투의 대부분은 그곳에서 발발했다. 더욱이 1490년대에는 이탈리아의 주요 세력들 — 베네치아, 밀라노, 피렌체, 나폴리, 교황령 — 이 10년 넘게 간헐적으로 서로 전쟁을 벌였다. 그러나 그들의 전쟁은 점잖고 한정된 방식으로 진행되었다. 그 후 밀라노의 강탈자-공작 루도비코 스포르차Ludovico Sforza가 나폴리 왕국에 대한 가족의 소유권을 압박하기 위해 프랑스의 샤를 8세를 끌어들였다.

샤를 8세의 나폴리 포위와 더불어 두 가지 재앙이 이탈리아로 들어왔다. 1494년 이전에는 아마 유럽에 매독이 존재하지는 않았을 것이다. 콜럼버스의 첫 번째 아메리카 항해에서 돌아온 사람들이 아메리카에서 그 병에 감염되어 스페인으로 병을 들여왔을 가능성이 컸다. 나폴리 포위(1494~1495년) 중에 스페인 용병들은 유행병에 고통받았는데, 거의 매독이 확실했고 그로부터 대륙 전역으로 확산하였다. 그 전염병이 확산되자 프랑스 사람들은 이를 일반적으로 '나폴리병'이라 불렀고, 반면 나폴리 사람들은 '프랑스병'이라 부르는 것을 선호했다(Baker and Armelagos 1988). 그 첫 전염병의 기원이 정확히 무엇이건, 이탈리아인들은 프랑스인과 그들에게 고용된 용병이 복수심을 가지고 그 반도로 돌아왔다는 점을 바로 알았다. 만일 프랑스인들이 도착하면 스페인도 따라올 것이었다.

그렇기에 1490년대는 과거와 달랐다. 대사, 왕자, 제국주의 세력뿐만 아니라 대규모 군대가 알프스 건너편의 팽창한 국민국가들로부터 도시국가 이탈리아로 들어왔던 것이다. 북쪽 사람들은 거기다 이동 가능한 포위 공격용 대포와 그에 필요한 전술과 함께 도착하였으며, 이는 전쟁의 파괴력과 범위를 증대시켰다. 1494년 프랑스의 침입은 이탈리아반도를 유럽의 전장으로 만들었고, 자치 도시국가들 사이의 소규모 전쟁의 라운드를 끝냈으며, 이탈리아의 사상가들을 충격에 휩싸이게 했다.

그들의 충격은 야만 세력들이 다시 또 문명의 본국을 유린했다는 사실에서 나왔다. 존 릭비 헤일은 다음과 같이 말했다.

1494년 이후 전쟁의 성격에 나타났던 변화는 마키아벨리에 의해 지나치게 강조되었는데, 이는 용병대장들condottieri에 대한 민병대원의 상대적 장점에 관한 이론을 증명하기 위해서였다. 귀차르디니Francesco Guicciardini도 그러했는데 이는 이탈리아의 자부심에 더 비참한 상처를 주기 위해서였다. 그러나 변화는 확실했고, 널리 확산된 공포와 함께 받아들여졌다. 그러나 그 공포는 이전의 작은 범위의 전쟁을 거부했듯이 대규모 전쟁에 반대하는 방향도 아니었고, 또한 장기간의 전쟁에 반대하는 방향도 아니었다. 또 그것이 전쟁의 변화된 성격—더 피비린내 나고, 더 총체적이고, 더 비싼—에 반대하는 중요한 어떤 부분을 향한 것도 아니었다. 그것은 이 전쟁들이 제공했던 증거에 의해 생겨난 사기 저하, 도전에 맞서는 이탈리아의 특성이 실패한 것이었다. (Hale 1983: 360)

군사 분야에 대한 마키아벨리의 저작의 중요한 부분은 이탈리아 국가 체제에 어떤 일이 생겼는가, 그리고 그것에 관해 무엇을 해야 하는가에 골몰했던 노력에서 유래했다.

이탈리아 국가 체제에 무슨 일이 있었던가? 알프스 북쪽에서 형성 중이던 국민국가들은 이탈리아 내 헤게모니를 위한 경쟁에 따라, 유럽 대부분에 걸쳐 진행 중이던 보다 큰 체제에 강고히 통합되어야 했다. 곧이어 오스만제국이 유럽의 영토 내부로 깊숙이 확장하였고 남동부에서부터 이탈리아를 압박하였다. 쉴레이만 대제의 통치(1520~1566년)는 투르크를 유럽 권력의 정상에 이르게 했다. 오스만의 전진은 결국 러시아와 4세기에 걸친 투쟁을 시작하게 했고, 크림타타르족을 오스만족과 함께 전략적으로 배치하여 러시아에 처음으로 대항하게 하였다.

이탈리아에서는 전투의 변화가 파괴적인 결과를 가져왔다. 1520년경 합스부르크 왕조와 발루아 왕조가 이탈리아 영토에 대한 전쟁을 치르고 있었다. 1527년에 합스부르크 황제의 용병들이 로마를 약탈했다. 1540년에는 밀라노와 롬바르디아가 스페인의 지배 아래 들어갔고, 프랑스는 사보이와 피에몬테 대부분을 점령했고, 피렌체는 명목상 제국에 종속된 메디치가가 지배하는 공작 영지가 되었고, 나폴리는 스페인 왕가의 속지였다. 보다 강대한 이탈리아 세력 중에는 해양 세력이었던 베네치아와 제노바가 과두 체제 기구들을 유지하였다. 그들조차도 지중해에서 우위를 잃어 버렸다.

북부의 국가들이 전쟁을 보편화했고 이탈리아를 싸움에 끌어들이면서 육상 전쟁이 더욱 중요해졌고, 대규모 군대를 보내는 능력이 국가의 성공에 더욱 중대해졌다. 프랑스는 1494년에 1만 8000명의 군대가 전투 태세를 갖추었고, 이 수치는 1525년 3만 2000명, 1552년에 4만 명으로 늘어

<표 3-2> 유럽에서 전투 태세를 갖춘 남성의 수(1500~1980년)

| | 무장 인구 수(1000명) | | | | | 국가 인구 중 병력의 비율 | | | | |
|---|---|---|---|---|---|---|---|---|---|---|
| | 1500 | 1600 | 1700 | 1850 | 1980 | 1500 | 1600 | 1700 | 1850 | 1980 |
| 스페인 | 20 | 200 | 50 | 154 | 342 | 0.3 | 2.5 | 0.7 | 1.0 | 0.9 |
| 프랑스 | 18 | 80 | 400 | 439 | 495 | 0.1 | 0.4 | 2.1 | 1.2 | 0.9 |
| 잉글랜드/웨일스 | 25 | 30 | 292 | 201 | 329 | 1.0 | 0.7 | 5.4 | 1.1 | 0.6 |
| 네덜란드 | | 20 | 100 | 30 | 115 | | 1.3 | 5.3 | 1.0 | 0.8 |
| 스웨덴 | | 15 | 100 | 63 | 66 | | 1.5 | 7.1 | 1.8 | 0.8 |
| 러시아 | | 35 | 170 | 850 | 3663 | | 0.3 | 1.2 | 1.5 | 1.4 |

(Ballbé 1983; Brewer 1989; Corvisier 1976; Flora et al. eds. 1983; Jones 1988; Lynn 1989; Mitchell 1975; Parker 1976, 1988; Reinhard, Armengaud and Dupâquier 1968; Sivard 1983; de Vries 1984; Wrigley and Schofield 1981을 이용하여 편집)

낮다. 스페인의 무력은 더욱 빠르게 확장하였는데 1492년에 2만 명이었던 군대가 1532년에는 10만 명이 되었다. 1555년에 황제 카를 5세는 전투 태세를 갖춘 14만 8000명 정도의 남성을 두었는데, 그 총수가 로마 시대 이후 전례가 없었다(Parker 1988: 45). 스페인의 최전성기인 1630년 무렵에는 30만 명의 남성들이 그 깃발 아래 복무했다. 전체 주민 중 군인의 비율이 급격히 상승했다. <표 3-2>에 나타난 수치들은 많은 조건들을 요구한다. 그 연대는 개략적인데, '잉글랜드와 웨일스'는 1600년대에는 잉글랜드와 웨일스를, 1700년에는 영국을, 그 이후는 대영제국을 의미한다. 또 모든 국경선은 조사 기간 내내 변화했고, 외국 용병의 잦은 고용은 1500년과 1700년 사이의 수치가 대부분의 경우 전투 태세에 있는 국내 인구의 비율보다 훨씬 더 높게 나왔다는 것을 의미한다. 거기에 더해 특히 1800년 이전에 군대들의 공식적 무력과 실제 무력에는 상당한 차이가 있었다. 마지막으로 이 장에서 탐색하는 이유들 때문에 병력의 수가 해마다 심하게 출렁거렸는데, 공공 재정과 전쟁 상황에 따라 달랐다. 예를 들어 1700년 무렵 프랑스에서 평화 시에 군대는 14만 명 정도였는데, 루이 14세는 대공세가 정점이었을 때 이 숫자를 40만 명까지 늘렸다(Lynn 1989). 그럼에도 그 수치들은 핵심을 명료하게 보여 준다. 특히 16세기와 17세기에 군대가 확장했다. 그들은 가장 큰 사업이 되었다.

이에 따라 국가 예산, 세금, 부채가 상승했다. 카스티야의 세금 수입은 1474년 90만 레알이 안되었는데 1504년에는 2600만 레알로 상승했다(Elliott 1963: 80). 동시에 페르난도와 이사벨은 그라나다와 이탈리아에서의 전쟁에 쓰기 위한 돈을 빌렸다. 이탈리아에 대한 스페인의 지배가 심화되면서 이탈리아의 세금은 왕가 수입의 중요한 원천이 되었다. 네덜란드 역시 카스티야의 수입에 중요한 몫을 제공했다. 카탈루냐 의회, 아라곤 의회, 발렌시아 의회는 반대로 국가의 전쟁 만들기에 더 기여하라는 왕가의 요구에 성공적으로 저항했다. 16세기 중반에 이르면 스페인 치하의 이탈리아와 네덜란드 지방은 상당히 증액된 부분에 대한 양도를 중지했다. 카를 5세와 펠리페 2세는 재정적 원조를 위해 카스티야(그 전임자들이 왕조의 의지에 따르도록 효율적으로 굴복시켰던 귀족, 사제, 도시 들을 포함하고 있었다)와 아메리카로 점차 눈을 돌렸다(Elliott 1963: 192~193). 그들은 또한 카스티야와 아메리카에서 나올 예상 수입을 가지고도 돈을 빌렸고, 1543년이 되면 그 결과에 따라 왕가 고정 수입의 65%가 연금 지급에 들어갔다(Elliott 1963: 198. 더 자세한 내용은 Fernandez Albaladejo 1989 참조). 1557년에 그에 대한 채무를 거절하면서 왕조가 파산에 이른 것은 놀랄 일도 아니었다.

동시대에 스위스는——당시 여전히 정복을 진행하고 있었는데——고도로 훈련된 새로운 보병 전술을 발전시켰고, 이는 급속하게 그 우월성을 증명했다. 스위스는 1470년대에 부르고뉴의 카롤루스 대머리 왕을 연거

푸 패퇴시킴으로써 그 군사적 기개를 확고히 했다. 곧 거의 모든 세력들이 자체 내의 스위스 군인들을 필요로 했고, 스위스는 스스로의 전쟁을 수행하는 대신 용병을 훈련시켜 수출하기 시작했다(Fueter 1919: 10). 이러한 과정 중에 스위스의 주canton는 돈을 받고 군인을 공급하는 사업을 시작했다(Corvisier 1976: 147). 다른 용병 수출국들과 마찬가지로 스위스에는 이미 가난하고, 유동적이고, 반半프롤레타리아이고, 결혼이 늦은 고지대 사람들이 상당수 있었는데, 이들은 고향을 떠나 군대에 복무할 지원자로 매력적이었다(Braun 1960). 스위스인이건 아니건, 용병이 의뢰인의 군대와 시민 민병대를 대체했다.

작은 범위에서도 용병들은 유럽의 전쟁에 있어서 여러 세기에 걸쳐 그 역할을 해냈다. 십자군의 시대부터 알프스 북쪽에서 내려왔던 약탈자 군인들은 지중해 전역에 걸쳐 실제적이고 야망에 차서 왕들에게 그들의 서비스를 팔았다. 누구도 그들을 고용하지 않았을 때는 스스로의 계산으로 갈취나 약탈을 일삼았다(Contamine 1984[1980]: 158). 14세기에는 이탈리아 도시국가들이 소규모의 고용된 군대와 계약하기 시작했다. 그들이 1320년대에 주변 지역들을 강압적으로 병합하는 것에 속도를 내었을 때, 예를 들면 피렌체는 용병 기사들에게 자주 의존하기 시작했다. 1380년대에 민주 피렌체는 위대한 잉글랜드인 용병 존 호크우드John Hawkwood를 고용—혹은 매수—하였는데, 밀라노와 교황령 사이의 전쟁이 끝나고 자신의 무리에 일거리가 없어지자 토스카나 지역을 약탈하던 이였다. 호크우드는 이전에 잉글랜드, 사보이, 밀라노, 피사, 교황령을 위해 일하기도 했다. 피렌체의 민주주의자들에게는 불행하게도, 호크우드는 1382년의 봉기가 성공했을 때 과두제를 지지했다. 호크우드는 "평생 연금과 세금 면제를 받으며 피렌체 시민권을 받는 희귀한 호의를 부여받았다. 그가 1394년에 죽었을 때, 정부는 그에게 감사하는 표시로 공적 예산을 투입하여 성대한 장례식을 치러 그를 기렸을 뿐만 아니라 또한 전쟁 장면에서 말에 올라타고 있는 그의 모습을 성당의 내부 전면에 그려 넣음으로써 그의 업적을 기렸다"(Schevill 1963[1936]: 337). 오늘날 관광객들은 신기한 세속적 벽화를 여전히 보고 있다.

강력한 해양 세력인 베네치아에서는 거주 귀족이 바다와 육지에서 오랫동안 군사 지휘자가 되었다. 나아가 그들은 주로 베네치아 주민들로부터 군인과 선원을 모집했다. 그러나 14세기 말에 이르자 베네치아는 이탈리아의 다른 이웃들과 마찬가지로 용병대장condottieri을 고용했고, 그들은 자신들의 군대를 모집해 상당한 돈을 받고 도시국가들의 전쟁에서 싸웠다. 이탈리아어 'condotta'가 특정 군주를 위해 전쟁을 하는 계약을 뜻한 반면, 'condottiere'는 기본적으로는 계약자를 뜻했다. 독일어 'Unternehmer' 또한 비슷한 상업적 의미를 가지고 있다. 그러한 용병대장이 그 시대에 석유 사업자처럼, 협상에 따라 그 충성 대상을 바꾸고, 때때로 엄청난 부를 축적했다. 1475년 용병 사업가 바르톨레메오 콜레오니Bartolomeo Colleoni 사망 시 그의 재산은 "당대의 주도적 은행가 코시모 데 메디치의 부에 필적할" 정도였다(Lane 1973a: 233). 1625년에 프리틀란트의 공작 발렌슈타인Albrecht von Wallenstein은 그의 영지로 5200제곱킬로미터를 운영했는데, 그가 신성로마제국을 대신하여 배치한—이익을 남기기 위해— 군대들의 보급 기지로 이를 사용했다. 그는 군대가 무차별적으로 약탈하는 것을 허가하지 않고, 대신에 보호를 빙자한 돈벌이 조직을 만들었는데, 이를 통해 그의 군인들이 약탈하지 않도록 점령 도시가 돈을 내게끔 압박했다(Maland 1980: 103). 발렌슈타인 치하에서 전쟁은 잘 돌아가는 사업이었다.

전쟁은 단순히 군대를 모집하고 이들에게 급여를 지불하는 것만을 수반한 것은 아니었다. 호전적 국가는 그만큼 보급을 해야만 했다. 17세기말 6만 명의 남성으로 된 군대와 4만 마리의 말들은 하루에 거의 100만 파운드의 곡식을 소비했다. 일부는 군사들과 함께 끌고 다녔고, 일부는 창고에 보관했으며, 군대가 위치한 곳이 어디건 대량의 곡식을 구해 주어야 했다. 그러나 그 모든 것은 막대한 비용과 조직이 필요했다(Van Creveld 1977: 24). 당시의 금액과 임금으로 보면 100만 파운드의 곡식 가격은 일반 노동자 9만 명의 하루 임금과 같은 금액이었다(Fourastié 1966: 423). 군대는 음식 외에 무기, 말, 의류, 막사 또한 필요로 하며, 군대가 크면 클수록 개개인에게 보급품을 제공할 가능성은 줄어든다. 발렌슈타인부터 루부아Marquis de Louvois까지, 17세기의 위대한 전쟁 조직자는 전투에 많이 참여한 만큼 물자 보급도 관여하였다. 그리하여 그들의 거대 사업은 더욱 커졌다.

15세기에서 17세기까지 ─ 유럽 국가 형성의 중대한 시기였던 ─ 유럽 대부분 지역에 배치된 군대들은 전반적으로 대영주와 군사 기획가에 의해 모집된 용병들로 구성되었다. 비슷하게, 국가 해군(특히 보호국으로부터 권한을 받아 적국 물자를 탈취했던 쾌속선)도 대륙 전역에서 모집한 선원들로 통상 편성했다(Fontenay 1988b). 얼마나 많이, 얼마나 오랫동안 용병들에 의존했는지는 국가마다 실로 다양했다. 보다 크고 강력한 국가의 지도자들은 그들에 의존하는 것을 제한했다. 프랑스, 스페인, 잉글랜드, 스웨덴, 네덜란드는 그들 소속의 장군들이 연대와 그 일원들을 모집하는 자리를 지켰지만, 소규모 국가에서는 일을 맡긴 장군들로부터 전 병력을 임대하였다. 독일계 합스부르크에서는 30년전쟁까지는 지방의 추가 부담금에 의존했는데, 그 전쟁에는 대단하긴 하지만 요구 많은 용병대장인 발렌슈타인을 고용했고, 이후 17세기 하반기에는 상비군을 창설하는 방향으로 움직였다.

전투는 보이지 않는 개인적 노력보다는 상대적인 군대의 크기에 의해 성과가 나오기 때문에, 상대적으로 번성하는 소규모 국가들이 국제시장에서 군대를 임대하는 경우가 잦은 이유를 확연히 알 수 있다. 해군 역시 사적인 군대와 공적인 군대를 혼합했다. 매튜 스미스 앤더슨이 언급하는바, 1660년대까지는

프랑스 갤리선 함대의 상당 비율이, 갤리선을 소유하고 지휘하고 특정 가격을 대가로 받고 일정 계약 기간 동안 왕을 위해 일했던 사적인 기획가들(보통 몰타기사단)에 의해 공급되었다. 1616년 스페인에서 해군이 쇠퇴기에 있을 때, 제5함대에서 17대의 선박이 사적 소유였고 단지 여름 동안만 고용되었다(육지에서와 마찬가지로 해상에서도 여름이 공세 시기이다). 다음 해에 또 다른 6~7대의 선박을 고용했는데 아메리카에서 항구로 들어오는 은을 호위하기 위해서였다. 잉글랜드에서는 1585년에 서인도제도로 향하는 드레이크 탐험대의 25대의 배 중에서 단 두 척만이 여왕이 제공한 것이었다. 비록 그가 엘리자베스의 제독으로 항해했고 공적인 지휘권을 갖고 있었지만 그 탐험에 필요한 비용의 3분의 1 정도만이 정부에서 제공한 것이었다. (Anderson 1988: 27. 또한 Fontenay 1988a, 1988b 참조)

17세기 해전에서 번창했던 사략선privateer이라는 말은 허가받은 비정부 무력이라는 규정에서 나왔다.

임대한 육군과 해군은 주로 그들이 일했던 왕들의 대리인이 주거나, 권한을 준 보상에 의거해 살았다. 결국 어원학적으로 보아 '군인'soldier이

라는 말은 "돈을 받고 싸우는 남성"이라는 의미가 들어 있다. 독일어 용병Söldner과 기업가Unternehmer는 상호 보완 한다. 그 체제의 특이성은 조기에 명확하게 나타났는데, 1515년에 "두 개의 스위스 군대 중 하나는 프랑스 왕을 위해, 하나는 이탈리아 귀족을 위해 일했는데, 두 군대가 이탈리아 북부의 마리냐노 전투에서 상대편으로 만나 서로 상대를 거의 전멸시켰다"(Fischer 1985: 186). 이 사건은 스위스 사람들끼리 전쟁하는 것을 피하자고 설득하는 데에는 도움이 되었지만, 다른 국가의 전투에 용병을 보내는 것을 막지는 못했다.

몇 세기 동안, 유럽 국가들은 조세 수익을 수단으로 한 고용-구매 체제가 군사력을 키우는 편리한 방법이라는 것을 알았다. 용병 생산에 국가를 특화시킨 극단적인 경우는 의심할 바 없이 헤세카셀인데, 이 18세기 소국은 전체 인구의 7%를 전투 태세 상태로 유지했다. 1만 2000명은 지역 경제에 참여하는 국내 수비대였고, 다른 1만 2000명은 잘 훈련된 군대로서 이윤을 위해 영주가 임대하였다(Ingrao 1987: 132). 영국이 반항적인 미국인들에 대항하는 전쟁을 위해 추가로 군대가 필요했을 때, 헤세로 눈길을 돌렸다. 그 결과 미국의 민속사에서 'Hessian'이라는 단어는 무신경하고 비애국적임을 뜻하는데, 간단히 말하자면 용병을 의미한다. 프리드리히 2세(재위 1760~1786년)는 군사적 사업을 토대로 빈민 구제책과 산부인과 병원을 갖춘 계몽 군주제를 설립하였다. 그러나 그 대부분의 프로그램들은 미국 독립전쟁이 끝나고 유럽 국가들이 자체의 국민 군대를 모집하는 쪽으로 방향을 바꾸면서 사라졌다(Ingrao 1987: 196~201). 이후 용병의 시대가 끝나 갔다.

유럽의 대국들은 국민들이 지휘하고 시민들이 통제하는 군대 내에 용병들을 제한하려고 노력했다. 나아가 18세기에는 대규모 용병 부대에 대한 비용과 정치적 위협 때문에 대국의 지배자들이 더욱더 많이 시민들로부터 모병하고 가능할 경우 외국 용병을 그들로 대체하도록 했다. 빌려온 군대를 수단으로 군사적 확장을 노렸던 초기에는 지배자들은 자체 인구로 군대를 키우는 것이 비용이 많이 들고 정치적으로 위험하다고 생각했다. 국내의 반란과 저항의 위험이 크다고 보았기 때문이다. 프랑스 혁명전쟁과 프랑스 제국은 그러한 추세를 뒤집고 용병 군대의 우세를 끝냈다. 클라우제비츠는 나폴레옹의 패전 후에 다음처럼 회고했다.

> 사물을 보는 통상적인 방식에 따라 보면, 1793년의 모든 희망은 아주 제한된 군사력에 걸려 있었는데, 누구도 생각하지 못했던 그런 군대가 출현했다. 전쟁이 다시 갑작스럽게 민중의 문제가 되었는데, 그 민중의 수가 3000만 명이고, 그 모든 개인이 스스로 국가의 시민이라고 생각했다. [……] 내각과 군대 대신에 민중이 전쟁에 참여함으로써 그 자연적 무게와 함께 온 국가가 그 범주 속으로 들어갔다. 그 후 동원 가능한 수단들——불러일으킬 수 있는 노력들——에 대한 일정한 제약은 더 이상 없었다. 전쟁 수행 자체에 수반하는 에너지에 대한 평형추도 더 이상 없었고, 그 결과 상대편에 대한 위험도 극단적으로 올라갔다. (Clausewitz 1968[1832]: 384~385)

국가적 무장 상태에서, 국가에 대한 시민들의 요구가 늘어나는 것처럼 국가의 차출 능력은 막대하게 확장되었다. 모국을 지키자는 요청이 전쟁 노력에 특별한 지지를 고무시켰음에도 대중 징병, 고율의 과세, 그리고 전쟁 목적을 향한 생산 전환은 어떤 국가도 대중 저항에 취약하게 만들었고, 이전에는 결코 없었던 식으로 대중적 요구에 해명해야 했다. 그 이후 전쟁의 성격은 계속 변했고, 호전적 정치와 시민 정치 사이의 관계가 근본적으로 갈렸다.

화폐화와 상업화로 향하는 전반적인 추세 속에서 용병 군사력의 소멸은 놀랄 만한 일이었다. 도대체 왜 국가들은 군인들과 선원들을 매입하던 것을 멈추고 징병제에 근거한 상비군으로 대체하였던가? 몇 가지 요인들이 그러한 결과로 합쳐졌다. 왕에 대한 의무가 전적으로 계약상 관건이었던 대규모 군사력의 창설은 지체와 반역이 일어날, 그리고 정치권력상의 경쟁자가 생길 위험을 상승시켰다. 국가 자체의 시민이 지배계급 구성원의 지휘를 받았을 때 더 잘 싸우고, 더 믿을 만하고, 더 비용이 적게 들었다. 지배자들이 용병 군대 구축과 이를 지원하기 위해 만든 시설을 통해 획득한 국내 민중에 대한 권력의 균형도 이동했는데, 용병이 그 자체로 비싸고 위험해지면서 국민 측에서의 실효 저항의 기회도 감소하였다. 전쟁 비용이 점점 더 커질수록, 주요 경쟁자들에 대한 순수 전쟁 비용은 가장 상업화된 국가의 재정적 자원을 거의 압도할 정도였다. 18세기에 농촌 산업의 대규모 확산은 유럽의 다른 지역에 군인과 하인들을 수출해 왔던 스위스 고지대 같은 주요 지방의 사람들에게 대안적인 경제적 기회를 제공했고, 이는 용병 공급을 어렵게 했다. 프랑스혁명과 나폴레옹에 의해 확장된 영토에서 프랑스는 막대하고 효율적인 군대를 자체적으로 키움으로써 용병 체제에 최후의 일격을 가했다. 그러나 그때부터 국내에서 모집한 상비군들도 급여를 받고 보급을 받아야만 했다. 15세기부터 계속, 유럽의 국가들은 차입금과 세금에 의해 지지된 유급 군사력의 창설을 향해 단호하게 움직였다.

용병 체제는 커다란 약점을 가지고 있었다. 급여가 늦거나 전혀 지급되지 않으면 용병들은 흔히 폭동을 일으키거나, 자급자족해서 살거나, 도적 떼가 되거나, 아니면 세 가지 모두를 한 번에 하기도 했다. 지역 사람들이 그 고통을 감내해야 했다(Gutmann 1980: 31~71 참조). 16~17세기의 전쟁에서는 전리품이 군사적 수입을 보충하였지만 군대가 스스로 지탱할 수 있기에는 턱없이 부족하였다. 국가별로 대단히 다양하긴 하지만 다소 독립적인 사업가로부터 군대를 임대하는 일은 17세기에 정점에 달했고, 18세기에 쇠퇴하기 시작했다. 그럼에도 3~4세기 넘게 용병들이 군사적 수행 능력의 유럽적 기준을 세웠다. 대부분의 경우에 군대를 제공하는 사업가들이 음식, 무기, 군복, 막사, 이동 수단을 직접 또는 하사관에 대한 수당을 통해 공급했다. 그러한 이유로 그들은 돈이 아주 많이 필요했다. 1502년 이탈리아 공세의 베테랑이던 로베르 드 발자크Robert de Balsac는 전쟁의 기술에 대한 논문에서 왕족에게 조언하며 다음과 같이 결론을 내렸다. "전쟁에서 승리하는 데 가장 중요한 것은 그 사업에 필요한 어떤 것이건 공급하기에 충분한 돈이 있느냐 하는 것입니다"(Hale 1967: 276).

## 강제 장악하기, 만들기, 구입하기

1502년에 이르면 대부분의 왕족들은 드 발자크의 교훈을 이미 다 기억하여 알고 있었다. 거칠게 말해서, 지배자들은 집중화된 강제의 수단을 획득하는 세 가지 주요 방법을 갖고 있었다. 그들은 이를 장악하거나, 만들어 내거나, 또는 구입하였다. 20세기 이전에는 극소수의 유럽 국가만이 그들 소유의 강제 수단의 큰 부분을 제조했다. 대부분은 필요한 자본이나 전문 지식을 가지고 있지 않았다. 화약과 대포 같은 비싸고 위험한 제조품은 아주 특별한 예외 품목이었다. 유럽 국가들은 990년 이후 점점 더 직접 장악에서 멀어져 구입 쪽으로 움직였다.

몇 가지 중요한 변화들이 그들을 같은 방향으로 밀쳤다. 첫째, 전쟁이 더 복잡해지고 자본 집중적이 되자 시민 대중에서 점점 더 소수의 사람들만이 전쟁의 수단을 지니게 되었다. 즉, 13세기 모든 귀족은 집에 검을 소유했으나 20세기의 어떤 가정도 항공모함을 가질 수 없다. 둘째, 지배자들은 자신의 군대를 무장하면서 시민 대중은 의도적으로 무장해제시켰다. 따라서 전쟁 수단을 통제하는 이들과 왕이 통상 전쟁 비용을 지불하기를 원했던 이들과의 차이는 더 극명해졌다. 셋째, 국가가 점점 더 전쟁 수단들을 생산하는 일에 관여하면서, 생산품 자체 대신 생산수단을 장악하고 구매하는 일 사이에 선택해야 하는 문제가 거듭되었다. 넷째, 다수의 국민 대중은 전쟁 비용을 지불하는 문제에 대해 싸웠던 것보다 남성, 음식, 무기, 운송 수단, 그리고 다른 전쟁 수단을 직접 장악하는 부분에 대해 훨씬 더 활발하고 효과적으로 저항했다. 비록 다양한 형태의 징병제가 우리 시대에까지 계속되었지만, 유럽의 국가들은 전반적으로 화폐로 세금을 받고, 그렇게 축적한 화폐로 전쟁 수단에 대한 비용을 지불하고, 나아가 세금을 받기 위해 일부 강제 수단을 사용하는 체제를 구축하는 방향으로 움직였다.

그런 체제는 두 개의 아주 까다로운 조건들 아래서 잘 작동하는데, 즉 경제가 비교적 화폐화되어 있어야 하고, 신용은 즉각 활용할 수 있어야 한다. 소규모의 상품과 서비스만이 매매되는 경제 규모에서라면 몇 가지 상황이 지배적인데, 즉 수입 징수원들은 재원을 정확하게 관찰하거나 평가할 능력이 없고, 여러 사람들이 특정한 재원에 대한 권리를 주장하고, 그 재원의 상실을 패자가 복구하는 것은 어려운 일이다. 그 결과 부과된 과세는 비효율적이고, 눈에 띄게 부당하고, 저항을 불러일으킬 가능성이 아주 높다. 화폐경제 내에서라도 신용을 거의 활용할 수 없다면, 당장의 지출은 손에 든 현금에 의존하고, 폭풍 지출은 세심한 비축 이후에나 발생할 수 있을 것이다. 이러한 상황에서 국민 대중으로부터 직접 전쟁 수단을 장악하지 못하거나, 비용 지불 없이 이를 획득할 수 없는 지배자는 국가 군사력을 구축할 강한 압박을 받는다. 1500년 이후 전투에서 이기기 위한 비용 지불이 더 비싸지면서, 대다수 유럽 국가의 지배자들은 돈을 벌기 위해 많은 시간을 썼다.

돈은 어디에서 오는가? 단기적으로는, 운이 없게도 지근거리에 군대를 두어야 한다면, 자본가에게서 차입금을, 지역 주민들에게 추가 부담금을 걷는 것이 전형적이다. 장기적으로는 이런저런 세금으로 거둔다. 노르베르트 엘리아스는 세금과 군사력 사이의 밀접한 상호관계에 대해 다음과 같이 말했다.

무엇보다도 서구에 있어서 우리가 근대라고 부르는 사회의 특성은 독점화의 수준에 의해 규정된다. 개인에게 군사적 무기의 자유로운 사용은 거부되며 어떤 종류건 중앙 권력에 유보된다. 마찬가지로 개인의 재산과 수입에 대한 세금 또한 중앙의 사회적 권력의 손에 집중되어 있다. 그리하여 중앙 권력으로 흘러들어 가는 재정적 수단들에 의해 군사력에 대한 독점권이 유지되고, 이를 통해 과세의 독점권이 유지된다. 둘 중에 어떤 것도 다른 하나에 대해 우선권을 갖고 있지 않으며, 같은 독점권의 양면에 해당한다. 비록 독점권 규칙이 때때로 한 면을 다른 면에 비해 더 강력하게 흔들리게 할 수 있다고 해도 하나가 사라지면 다른 하나도 자동적으로 그 뒤를 따른다. (Elias 1982: 104)

그렇지만 엘리아스의 듀오는 실제로는 트리오의 두 목소리를 형식으로 한 것이다. 여기서 놓친 구성원은 신용인데, 이것이 군사적 독점권과 과세의 독점권을 연결시킨다.

역사적으로 대국들이 군사적 비용을 당기 수입에서 지불할 수 있었던 적은 거의 없었다. 대신에 그들은 그 부족분을 차용이나 또 다른 방식에 의해 해결했다. 즉, 채권자를 기다리게 만들고, 공직을 팔고, 고객들로부터 대출을 강요하고, 정부의 미래 수입에 대한 청구권을 획득한 은행가들로부터 빌리는 것으로 해결했다. 만일 정부와 그 대리인들이 돈을 빌릴 수 있다면, 지출의 리듬을 수입의 리듬과 분리시킬 수 있고, 수입에 앞서 지출할 수 있게 된다. 수입에 앞서 지출하는 것은 비용이 많이 들어가는 전쟁 도발을 더욱 쉽게 만드는데, 이유는 남성, 무기, 그리고 다른 전쟁 필수품들이 통상 한꺼번에 급격히 필요하기 때문이다. 반면에 잠재적·실질적 국가의 수입은 통상 한 해에서 그다음 해로 넘어갈 때 유동성이 아주 적은 편이다. 더욱이 빠르게 차용할 수 있는 국가는 적국보다 더 빠르게 전시 동원 체제를 갖출 수 있고, 따라서 전쟁에 승리할 기회가 커진다.

신용의 활용성은 한 국가가 과거에 채무를 얼마나 상환했느냐에 달려 있는 것이 확실하지만, 자본가들의 존재에 더욱 의존하기도 한다. 자본가들은 자신들이 기꺼이 하고자 할 때는 대출 기관으로서, 대출 동원자로서, 그리고 관리자 또는 그 대출을 상환하는 수입의 모집인으로서도 국가에 봉사하였다. 유럽의 자본가들은 때때로 세금 모금인의 밉상을 하고서도 이 모든 행위를 복합적으로 수행하였다. 이들은 국가의 권한과 군사력을 이용하여 스스로 모금할 수 있다고 예상할 수 있는 세액을 국가에 선불로 보냈고, 신용, 위험, 그리고 투여한 노력에 지불한 금액에 상당한 세금의 감액을 청구했다. 그러나 자본가들이 공공 부채의 주요 조직자와 보유자의 역할을 수행했던 경우가 더 잦았다. 그들의 활동은 국가 경제의 화폐화를 촉진시키기도 했다. <그림 3-2>는 이에 대한 핵심적인 관계의 일부를 요

〈그림 3-2〉 자본의 존재가 전쟁 도발을 용이하게 하는 방식

약하고 있다. 이들이 도식 안의 변수에 영향을 주는 관계들만 있는 것은 아니다. 예를 들면 쉽게 판매할 자원에 대한 왕의 직접적 접근 권한은 채권자를 끌리도록 만들었는데, 때때로 이는 차용에 대한 대안을 제공했다. 아메리카에서 금과 은이 계속 유입되는 한, 스페인 왕들은 아우크스부르크, 안트베르펜, 암스테르담, 그리고 다른 지역에서 기꺼이 돈을 빌려줄 사람들을 찾을 수 있었다. 프랑스혁명과 함께 시작된 대중 동원 체제와 대규모 시민 군대의 시대에 국가의 순수 인구 규모는 대체적으로 전쟁 도발을 수월하게 만들었다. 자본가의 활약, 화폐화, 활용 가능한 신용, 전쟁 도발의 용이함이 유럽 국가들 사이에 중요한 차이를 만들어 냈다. 이런 점들은 자본가들과 쉽게 접촉할 수 있는 국가들에게 전시 체제로 재빨리 변동하는 중요한 장점을 제공해 주었다.

그리하여 한 국가의 영토 내 상업 도시들의 존재 유무가 전쟁 동원 체제의 용이함에 강한 영향을 미쳤다. 도시가 많은 곳 ─ 영토 안팎에서 시민들의 이해관계에 관해 국가의 관심을 충분히 받게 된다 ─ 에서는 국고에 차입금과 세금이 더욱 수월하게 흘러들어 왔을 뿐만 아니라, 도시 민병대와 상업 선단을 방어와 군사적 침략에 적용하기 쉽게 대여할 수 있었다. 도시들이 약하고 그 수가 드문 경우 지배자들은 큰 부채 없이 운영하거나, 처리해 준 일에 높은 대가를 받으려는 외국 은행가들에게 의존해야 했으며,

더불어 군대를 지휘하고 그에 대한 대가로 권한을 요구했던 유력자들의 협력을 요청해야 했고, 반항적이고 돈 없는 서민들에게 세금을 받는 과정에서 번거로운 재정적 기구들을 세워야 했다.

16세기에 전쟁의 범위가 확장되고 용병 사용이 일반화하면서, 돈을 빌릴 수 있는 능력이 군사적 성공에 있어 더욱 핵심적인 일이 되었다. 아우크스부르크의 푸거가※와 같은 남부 독일계 상인들은 왕에게 돈을 빌려주는 이탈리아 동료들과 합세하였다. 예를 들어 푸거가는 안트베르펜에서 돈을 꾸었는데, 스페인 전쟁의 재정을 위해서였고, 그 담보는 미래에 건너올 아메리카의 은이었다. 장거리 차용은 왕들이 쉽게 통제할 수 없는 외국인들에 대한 의무를 지게 했지만, 한편 그 지역 경제에 재앙적인 효과를 덜 주고 그 채무 이행을 거부할 수 있게 했다. 점차 단점이 장점을 억눌렀고, 왕들 또한 국내에서 차용하는 방향으로 움직였다. 국내에서 차용 가능했던 왕들은 아주 당연하게도 그 국가들이 중요 자본주의 기업 지역을 포함한 곳이었다. 앙리 4세 시대(1598~1610년)에 프랑스는 다른 자본의 중심지(특히 리옹, 이는 이탈리아 자본의 전달 통로였다)에 의존하다가 급격하게 파리에 대한 재정적 지배로 방향을 돌렸는데, 이는 곧 외국으로부터 프랑스 금융가로, 그리고 협상에서 세금 강화로 바꾼 것이었다(Cornette 1988: 622~624). 이후 2세기 동안 지불 불능 상황이 반복적으로 왕가를 위험에 빠트렸지만 재정적 권력의 통합은 다가올 전쟁에서의 엄청난 이점을 프랑스에 주었다.

### 부채 상환

모든 지배자들은 빚이 많든 적든 미래에 지불해야 할 그 원천적인 능력을 파괴하지 않고 전쟁 비용을 지출해야 하는 문제에 마주쳤다. 그리하여 그들은 아주 다른 재정 전략을 채택했다. 통상적인 정부의 수입(막연한 의미의 단어로 '세금')은 넓게 보아 다섯 가지 범주로 나누어진다. 공물, 임대료, 유동 지급금, 비축 지급금, 소득세가 그것이다. **공물**은 개인, 집단, 또는 지역에 부과되는 인위적 납부금을 포함한다. 인구 전반에 걸쳐, 또는 인구의 주요 범주에 전반적으로 동등하게 부과되는 인두세는 특별한 종류의 공물이다. **임대료**는 국가가 특정한 사용자에게 제공한 토지, 상품, 서비스에 대한 직접적 지불금이다. (몇몇 국가들 —— 예컨대 러시아, 스웨덴, 오스만제국 —— 은 임대료에 특별한 변형을 주었는데, 일부 군 장교와 민간 관리 들에게 왕의 토지에서 나오는 임대료를 양도했다. 이 왕의 토지는 그들이 왕을 위해 복무하는 한 계속 그들 소유였다.)

임대료와 공물은 모두 현물로 쉽게 받을 수 있었다. 유동 지급금과 비축 지급금은 그렇지 않았다. **유동 지급금**은 소비세, 관세, 통행료, 매매 요금, 이동 또는 이사에 부과되는 요금을 포함한다. 전문가들은 이들을 간접세라고 주로 부르는데, 이유는 납세자의 지불 능력을 단지 아주 간접적으로 반영하기 때문이다. **비축 지급금**은 주로 토지와 재산세로 나누는데, 전문가들은 자주 이를 직접세라고 부른다. **소득세**는 (실질적으로는 유동 지급금의 특별한 경우인데) 현재의 수입에 손을 대는데, 특히 급여와 다른 금전적 수입이 포함된다.

다섯 가지의 세금은 주위 경제의 화폐화에 의존한다는 점에서 일종의 연속체를 형성한다. 이들은 또한 수금원이 적용해야만 할 지속적인 감시의 총량과 관련해서도 달랐다(그림 3-3 참조). 전체적으로 보아 감시가 거의 필요 없는 세금은 지속적인 감시를 수반하는 세금보다 더욱 자주 무력의 공개적인 사용에 의존하는데, 이는 감정과 수금에 특화된 직원을 발굴

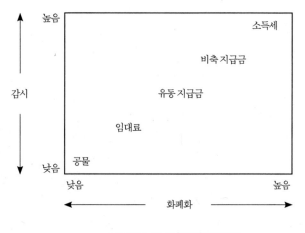

〈그림 3-3〉 과세의 다양한 형식

해야 할 필요를 확대시킨다. 민중의 현금 지불 능력이 현금을 받고 상품과 서비스를 파는 그들의 능력에 달렸다 해도, 활용할 무력이 풍부한 정부는 상대적으로 화폐화가 안된 경제에서도 공물과 임대료를 수금하였다. 세관 수입도 잘 정리되고 방비된 국경의 존재 여부에 따라 달라졌다. 그리하여 밀수——내부적·외부적 관세 의무를 회피하는——는 유럽의 국가들이 국경을 정비하고 방어하려는 범위 내에서 확실한 범죄가 되었다. 가산제와 중개의 시대에는 국가가 감시했던 국경 전반에 걸쳐 모두 수금했던 관세 대신에 전략적 도로, 항구, 수로에서 통행료를 징수하는 수준에 그쳤다 (Maravall 1972: I 129~133).

유동 지급금은 화폐화에 심하게 의존하였는데, 이유는 화폐화가 그 유동성을 증가시키고, 이에 대한 감정사의 평가를 용이하게 하고, 현금으로 지불할 사람들의 능력을 증가시키기 때문이다. 비축 지급금은 반직관적으로 화폐화에 심하게 의존하는데, 문제가 되는 토지나 재산과 관련한 활발한 시장이 부재하면 감정사들이 그 가치에 부합하는 세금을 정할 방법 또한 없어지기 때문이다. 그러한 대조가 부족하면, 세금은 비효율적이 될 것이다(Ardant 1965). 화폐화는 효율성에 강한 영향을 끼치는데, 국가는 시민들로부터 직접 전쟁 수단을 빼앗는 대신에 이를 통한 과세를 수단으로 하여 전쟁 준비에 대한 재정을 충당한다. 소득세는 극단적인 경우인데, 실제 모든 사람들이 화폐경제에 관련되어 있고, 대부분의 노동자들이 임금을 위해 노고를 기울이는 경제에서, 정부 수입의 지속적이고 효과적인 원천으로 손색이 없다는 점에서 그렇다.

그러나 고도로 상업화된 국가들은 이러한 관계들로부터 몇 가지 중요한 장점을 이끌어 냈다. 화폐화가 적절한 수준에 있다면, 그 연속체의 상단을 향한 세금은 상대적으로 효율적이다. 그들은 상업적 경제에서 재산, 상품, 서비스에 적용하는 측정 방법과 가시성을 확립시켰다. 시장 참여자들은 가격과 이체 금액을 기록함으로써 감시에 필요한 상당한 부분에 이미 참여하고 있다. 나아가 적합한 정도로 사회화된 시민들은 세금 납부에 도덕적 가치를 부여하였다. 따라서 그들은 자신은 물론 서로를 감시하여 세금 회피자를 무임 승차자라고 비난한다. 그렇기 때문에 유동 지급금, 비축 지급금, 그리고 특히 소득세는 수금에 들인 노력의 양에 대한 만큼 고수익을 주고, 공물이나 임대료보다 국가 정책의 변화에 더 쉽게 적응한다. 상업화가 덜 된 경제 안에서 비슷한 세금으로 꼭 같은 금액을 징수하려는 국가는 더 심한 저항에 직면하며, 징수가 효율적이지 않아 그 과정에서 통제에 필요한 더 큰 기구를 설립해야 한다. 만일 크기가 같으나 상업화의 정도에 차이가 나는 두 국가가 전쟁을 하며 같은 종류의 세금을 통해 시민들로부터 비슷한 액수의 돈을 차출하려 한다면, 상업화가 덜 된 국가는 전쟁과 그 전쟁 비용을 지출하기 위해 더 육중한 국가 구조를 만들어야 한다. 평균적으로 상업화가 더 잘된 국가가 더 날씬한 행정 조직을 만들어 낸다.

군대에 직접 보급하고, 세금을 부과하고, 왕의 신용을 관리하는 일 모두 상업화되고 자본이 풍부한 경제에서 더 수월하게 이루어졌다. 그러나 그러한 일이 진행되는 곳 어디에든 민간인 관리들이 증가하였다. 전쟁에 대한 주요 작업을 위해 전반적으로 국가의 중심 기구가 영속적으로 확장하게 되었다. 여기에는 상근 직원의 수, 기관들의 범위, 예산의 규모, 부채의 범위가 포함된다. 홀란트와 스페인이 1609년 네덜란드 독립 주장에 대한 전쟁의 마무리 과정에서 휴전에 이르렀을 때, 양측의 목격자 대부분이 10년 동안 그들을 괴롭혔던 특별세로부터 벗어나리라 기대했다. 그 결과가 나타나 채무 서비스, 요새 건설, 그리고 국가의 다른 활동들이 군사적 동원 해제에 의해 풀린 수입들을 쉽게 흡수하였다. 그러나 세금이 양국 모두에서 크게 감소하지는 않았다(Israel 1982: 43~44).

어떤 역사가들은 전시에 상승했던 예산이 전쟁 이전의 수준으로 복귀하는 데 실패하는 것을 '톱니 효과'라고 불렀다(Peacock and Wiseman 1961; Rasler and Thompson 1983, 1985a). 그 톱니 현상은 보편적으로 발생하진 않지만, 아주 자주 나타나고, 특히 근래의 전쟁에서 큰 손실을 입지 않은 국가에서 발생한다. 이것은 세 가지 이유에서 발생한다. 전시에 증대된 국가권력은 관리들에게 자원을 차출하고, 새로운 활동을 벌이고, 비용 절감에 대해 방어할 수 있는 새로운 능력을 주었기 때문이다. 전쟁은 국가가 관심을 기울여야 하는 새로운 문제들을 야기하거나 그것을 드러내기 때문이다. 그리고 전시의 채무 축적은 국가에 새로운 의무를 주기 때문이다.

국가 채무가 전반적으로 늘어나는 것은 전쟁에 대한 채무와 전쟁 중의 채무 때문이다. 군사비 지출에 들어가는 돈을 빌리는 능력은 효율적인 군사적 공세를 시작하는 국가의 능력에 강한 영향을 끼친다. 17세기의 네

딜란드공화국이 암스테르담과 다른 주요 상업 도시의 은행가들에 대한 관할권을 주장했기에 그 작은 국가는 엄청난 액수의 돈을 끌어 육군과 해군을 모집할 수 있었고, 한때 유럽의 지배적 세력이 될 수 있었다. 1515년과 1565년 사이에 중요한 혁신이 일어났는데, 그때는 합스부르크 네덜란드(그 북부 지방은 1568년의 반란 후 결국 네덜란드공화국이 되었다) 의회가 국가 보장 연금의 발행을 시작했던 시기였다. 이 연금은 새로운 특정 세금에 의해 보증되고 매력적인 이자를 포함했다(Tracy 1985). 그 결과 "네덜란드공화국은 급한 상황에서도 이틀 안에 고작 3%의 이자로 100만 플로린까지 차용할 수 있었다"(Parker 1976: 211~213). 국가 증권이 네덜란드의 금리 생활자들이 선호하는 투자 대상이었는데, 그들의 이익을 위해 대의체가 경제 전체에 대해 과세를 집행했던 것이다. '자본주의자'라는 용어의 현대적 사용은 이들 네덜란드의 시민들을 일컫는 말에서 온 것처럼 보이는데, 이들은 1인당 가장 높은 세율의 세금을 냈고, 그래서 그들의 부와 신용도를 널리 알렸기 때문이다.

네덜란드 은행가들은 아주 부유하고 능숙하고 독립적이었는데, 이전의 스페인 지배에 대한 북부 네덜란드의 전쟁이 1580년 이후 지속되면서 이들은 스페인 선단에서 유용된 은을 안트베르펜으로 보내 돈을 벌 수 있었다. 그러면 그곳에서 스페인의 전쟁 비용을 충당했다(Parker 1972: 154~155). 네덜란드가 동인도와 서인도에서 철수하면 독립을 인정하겠다고 1608년에 스페인이 제안했을 때 네덜란드의 협상가 올던바르네펠트Johan van Oldenbarnevelt는 "그것을 해체하기에는 네덜란드공화국의 너무 많은 뛰어난 인재들이 동인도회사에 관련되어 있다고 반박했다"(Israel 1982: 9). 그러나 전체적으로 보면 그러한 상인들의 부는 그들의 모국 네덜란드 국가를 위해 장점이 되었다. 17세기 네덜란드는 대단히 상업화된 경제체제였고, 이를 통해 이웃한 프로이센에게는 길이 닫혀 있고, 네덜란드 왕처럼 새로이 축복받아 잉글랜드가 1690년대에 차용했던 그런 경로를 따를 수 있었다. 잉글랜드는 네덜란드의 재정 기술들을 채택함으로써 네덜란드 은행가에 대한 과거의 의존을 줄였고, 전쟁에서 점차 네덜란드에 승리를 거두었다.

17세기 네덜란드는 상업화의 축에서 극단적 위치를 차지하였다. 이탈리아 제노바와 베네치아의 상업 세력들과 같은 다른 자본 집중 국가들에서도 군사력의 중요성이 상승하는데, 이에 대해 공공 신용과 상품 유동에 대한 세금을 거두는 것과 비슷한 접근 방식을 채택했다. 강제 집중 지역에서는 전쟁에 사용할 수 있는 재원들이 농업에 묻혀 있었고, 상당한 자율적 힘을 행사했던 유력자들의 손안에 있었다. 이러한 곳에서는 군사적 자원을 차출하는 데 아주 다른 형식의 방법을 채택했다. 즉, 징발, 선출, 피보호자 지위 보장, 징병, 가혹한 과세와 같은 방법을 다양하게 조합하였다. 두 극단 사이에 있는 자본화된 강제의 지역에서는 자본과 강제의 균형이 더 잘 잡혀 있을수록 지배자들은 각기 대응할 수 있었다. 즉, 사병을 소유한 사람들에게 구매력을 사용하고 사적 자본을 소유한 사람들을 설득하기 위해 국가 군대를 사용하였다. 장기적으로 대규모의 군사적 필요 요건들이 부상하자 자본화된 강제 국가의 지배자들에게는 조합의 방식이 전쟁에 있어서 결정적 이점으로 작용했다. 그 결과 그러한 종류의 국가──국민국가──가 도시국가, 제국, 도시 연합, 그리고 때때로 유럽에서 번성했던 다른 형식의 국가들을 모두 제압했다.

## 장구하고 강력한 제국 세력

17세기 말에 이르면 유럽의 전쟁의 중요한 일부가—홀란트와 잉글랜드 사이의 전쟁을 포함하여—대륙에서 멀리 떨어진 바다에서 벌어진다. 해양 제국을 위한 싸움은 뚜렷한 종류의 유럽 국가들을 만들어 내면서 유럽의 육상 전쟁을 보완했다. 유럽은 국민국가를 창조하기 전에 제국과 함께 풍부한 경험을 했다. 고대 바이킹들은 서기 1000년 이전에 아주 잠깐 동안 제국을 건설했었다. 몽골, 러시아, 오스만, 스웨덴, 부르고뉴, 합스부르크의 제국들이 오랫동안 유럽의 상당한 지역을 지배했었다. 제노바와 베네치아 같은 큰 교역 중심 도시들은 그들 소유의 흩어진 제국들을 정복했거나 매입했다. 나폴레옹은 거대하나 단명한 유럽 제국을 건설했다. 오스만, 오스트리아헝가리, 러시아, 독일 제국이 제1차 세계대전까지 존재했다. 세기가 거듭되면서 확실히 유럽 제국들은 점차 국민국가를 닮아 갔다. 그럼에도 그들의 이질성, 그리고 총독이나 그 유사한 인물에 의한 간접 지배의 잔재 안에서 제국들은 국민 대중을 통제하는 데 심각한 문제를 마주하게 된다.

15세기 초에 유럽의 주요 세력들은 유럽 외부 멀리에 제국을 창건하려 했다. 포르투갈 기독교도들은 1249년에 최후의 무어인 왕국을 반도의 끝에서 제거하였다. 다음 1세기 반에도 포르투갈은 해양에 대한 관심을 유럽과 아프리카의 교역에 한정하였으나, 1415년에 모로코 해안의 세우타를 점령하면서 그 후 200년 동안 멈추지 않았던 확장을 시작했다. 1460년 헨리 왕자(일명 '항해자')의 사망 시까지 그의 영향력은 정치적으로나 상업적으로나 통치 범위를 확장하여, 그 범위는 대서양의 마데이라와 아소르스 제도 장악은 물론 아프리카 서해안을 따라 한참 아래로 내려갔다. 제노바 용병대장과 사업가 들의 도움을 받아, 그들은 거의 즉각적으로 새로운 식민지를 상업적으로 활발한 곳으로 만들었다. 15세기 말 바스쿠 다 가마가 아프리카를 돌아 코지코드까지 항해했고, 그리하여 포르투갈의 영향력을 인도양과 태평양까지 확장하였다.

포르투갈은 아시아의 향료와 사치품에 대한 유럽의 접근로에서 무슬림-베네치아의 지배를 의도적으로 무너뜨리려 했고, 아시아로 가는 항로에 그들의 헤게모니를 확립하려 했다. 대단한 에너지, 불굴의 위험 감수, 엄청난 무자비함으로 그들은 거의 성공을 거두었다. 16세기에 포르투갈의 무장 상선과 갤리선이 인도양 전반을 지배했으며, 유럽과 오스만제국으로 항해했던 모든 향료의 반 가까이를 실어 날랐다(Boxer 1969: 59). 16세기의 이 과정에서 포르투갈 정착민들이 브라질로 이주를 시작했다. 그들은 강제로 징발된 아메리카 인디언들의 노동력에 의해 생산된 설탕을 수출하기 시작했는데, 점차 앙골라, 콩고, 세네감비아에서 수입한 노예들이 노동력으로 투입되었다. 포르투갈의 왕은 식민지에서 나오는 상품에 대한 관세로부터 수입의 주요한 몫을 받았다.

그러나 포르투갈은 심각한 문제를 안고 있었다. 제국주의적 탐험에 필요한 남성, 목재, 그리고 다른 자원들의 국내 공급이 위태로울 정도로 미미한 수준에 그쳤는데, 이는 더욱 심각해져 16세기 '포르투갈' 배들에는 포르투갈 태생의 선원은 없었고 지휘관만 포르투갈 사람인 경우가 많았다. 1580년에서 1640년 사이에 포르투갈은 스페인 왕가와 병합하면서 스페인이 무시무시한 네덜란드와 치르던 전쟁을 물려받았다. 그러다가 1640년에 스페인에 반기를 들면서 이 작은 왕국은 네덜란드와 스페인 둘 모두와 1689년까지 전쟁을 치렀다. 해양 경쟁자들과의 전쟁은 포르투갈 상인들을 높은 파고의 위험에 처하게 했다. 그러한 포르투갈은 특별한 강건함과 독창성에 대한 능력을 증명할 수 있을 만큼 오랫동안 강력했다.

포르투갈이 거대한 제국을 허약한 모국의 기반에 부속시키면서, 포르투갈 정복자는 해외에서 특징적인 지배 형식들을 만들었고, 그들의 국가를 변형시켰다. 포르투갈은 해외에서는 식민지 대부분을 군사적 전초기지로 만들었고, 그 주요 활동 중 하나가 왕을 위한 수입을 만들어 내는 것이었다. 네덜란드, 잉글랜드, 베네치아와 달리 포르투갈의 지배자들은 식민지 지배 구조를 조직하는 바에서 상인들에게 허가를 해주지 않았다. 스페인과 달리 그들은 해외 영토에 큰 자율적 영역을 만드는 것을 인내하지 않았다. 그러나 그들은 식민지 관리, 사제, 군인 들이 자신들의 이익을 위해 교역하거나, 공식적 권력을 불법적으로 사용하여 대가를 받는 것을 금지할 수는 없었다. 식민지에서 나오는 수입은 리스본과 왕을 포르투갈 각지의 유력자들로부터 상대적으로 독립적일 수 있게 해주었지만, 부패한 관료들에게 자주 의존하게 하였다. 그러한 왕조는 금과 상품들이 식민지에서 자유롭게 유입될 때에만 번성할 수 있었다.

이웃한 포르투갈과 비교하면, 스페인은 해외 정복에 뒤늦게 참여했다. 1492년, 이베리아반도의 마지막 무슬림 근거지인 그라나다가 카스티야에게 함락당한다. 그때부터 남하하던 스페인은 이미 카나리아제도에 정착하기 시작했다. 같은 해 이사벨 여왕은 제노바 용병대장 크리스토퍼 콜럼버스에게 카나리아제도를 경유하여 인도와 중국을 찾아 서쪽으로 항해하도록 권한을 주었다. 이로부터 15년 내로 스페인은 카리브 지역을 식민지로 만들었다. 그라나다가 함락된 후 1세기 안에 스페인의 지배는—드문드문하긴 하지만—브라질을 제외한 중앙아메리카와 남아메리카 거의 전역에 달했고, 필리핀까지 정복하기에 이르렀다.

그즈음에 네덜란드와 잉글랜드의 항해자들이 등장하기 시작했다. 두 국가의 민간 운영 회사인 동인도회사와 서인도회사는, 그 약탈에 대해 언급하지 않더라도, 남대서양·인도양·태평양의 포르투갈과 스페인 장악 해역에 공격적으로 밀고 들어왔다. 아이러니하게도 스페인에 대한 독립전쟁을 80년 동안 해오면서, 네덜란드 상인들이 그 적과 거래하며 가장 큰 이익을 얻었다. 그들은 북유럽에서 이베리아로 상품을 가져왔고 스페인과 포르투갈 제국의 교역 네트워크를 관통하기 위해 오래된 상업적 연줄을 사용했다. 이것이 전 세계에 걸친 네덜란드 제국 건설의 시작이었다. 대서양에서 잉글랜드 상인들은 포르투갈의 거래에 끼어들었고, 왕실 세관원을 능가하는 전문가가 되었다. 그들은 기생충처럼 시작하였으나, 곧 그 영역에서 주요한 유기적 생명체가 되었다.

유럽의 제국주의 역사 전체를 보면, 하나의 세계적 지역이나 교역 루트를 확고히 지배하고 있는 이와 그 헤게모니에 도전하거나 측면에서 공격하거나 또는 둘 모두를 감행했던 새로운 참여자 사이의 경쟁이 있을 때 새로운 국면이 으레 시작되곤 했다. 유럽인들의 초기 공격 목표는 대부분 무슬림이었다. 그러나 15세기에 이르면 유럽인들은 동쪽으로 나아가기 위해 서로 싸웠다. 16세기 포르투갈 탐험가들은 유럽의 서쪽 끝이 동남아시아와 연계되는 길을 장악하고 있던 베네치아의 주변에 도달하는 데 거의 성공하였으나, 1세기 후에 스페인, 홀란트, 잉글랜드에 의해 바다에서 도전을 받는 처지가 되었다. 잉글랜드와 네덜란드는 그들의 전체 영역으로부터 포르투갈 상인들을 결코 몰아내지 못했으나, 포르투갈이 1600년까지 누렸던 특권은 끝장냈다. (예를 들어 1647~1648년의 네덜란드 전쟁에서 적대 행위로 포르투갈의 브라질 선단으로부터 220여 대의 배를 압류했다. Boxer 1969: 221) 네덜란드 동인도회사와 서인도회사는 그들 소유의 거대한 제국을 통치했으며, 경쟁자들에 대해 "시장에 대한 더 강력한 지배와 보호 비용의 내재화를 통해" 이득을 얻었다(Steensgaard 1974: 11). 17세기 내내 네덜란드는 세계에서 가장 강력한 해양 세력이자 상업 세력이 되었다.

이후에 영국이 네덜란드를 대체했다. 네덜란드의 해군력이 흔들리자 영국의 배들이 전 세계 바다의 거의 대부분 지역에서 우세하게 되었다. 18세기에 프랑스의 쾌속선, 군함, 상선 또한 마찬가지로 아메리카, 아시아, 태평양을 탐험하였고—그들은 19세기 이전까지는 아프리카에 거의 영향을 주지 않았다—해상 통로를 더욱더 붐비게 만들었다. 18세기에 브라질에서 금과 다이아몬드가 발견되며 포르투갈의 식민주의 경제를 다시 살려냈지만, 16세기 포르투갈의 헤게모니를 회복시키는 데에는 실패했다. 프랑스와 영국은 그들의 가까운 주변 밖의 영토 정복에는 뒤늦게 뛰어들었지만, 1700년 이후 그 지체된 시간을 빠르게 따라잡았다. 18세기 말까지 스페인, 포르투갈, 네덜란드, 프랑스, 영국이 모두 대규모 해양 제국과 국제적인 교역망을 소유했다. 영국이 나머지 모두에 비해 우뚝 떠올랐다. 제국주의적 정복은 19세기에 가속화되었다. 에릭 홉스봄은 "1876년과 1915년 사이에 지구 지표면의 대략 4분의 1이 여섯 개 국가의 식민지로 분할되거나 재분할되었다"라고 지적했다(Hobsbawm 1987: 59). 제1차 세계대전까지 스페인과 포르투갈, 그리고 당시의 네덜란드왕국은 과거 식민지의 천 쪼가리들 정도만 유지한 반면 프랑스는 옷감 정도는 되었고, 특히 영국의 영토는 전 세계에 걸쳐 뻗어 있었다.

이들 제국들은 모두 정복된 영토를 '공장'과 결합했고, 토착 지배자들에 의해 통치되는 영토의 가장자리에 교역 정착지를 세우는 것을 인정했다. 포르투갈의 마카오 같은 예외가 있지만, 어떤 유럽 세력도 중국이나 일본을 정복하지 못했다. 그러나 포르투갈, 스페인, 네덜란드는 일본에 상업적 거주지를 유지했다. 도쿠가와 막부 시대(1640~1854년)가 막을 내리던 몇 해 동안, 데지마에 있던 네덜란드 전초기지가 일본이 실질적으로 유럽과 접촉하던 유일한 지점이었다(Boxer 1965: 237). 그러나 시간이 가면서 유럽의 패턴이 정복과 부분 정착으로 변모하였다. 이는 1652년에 시작되었는데, 예를 들어 네덜란드까지도——이들은 상업적 헤게모니를 획득한 지역이라도 실제 식민지화하는 경우는 거의 없었다——희망봉 주위 지역을 정복하고, 관리하고, 정착하기 시작했다. 아프리카너Afrikaner란 말은 18세기 초에 이주한 유럽인들을 지칭하기 시작했다(Boxer 1965: 266). 특히 19세기에, 유럽 국가들은 비유럽 세계 대부분을 상호 배타적인 식민지 영토로 분할하려 했다.

해외의 제국은 모국에서 지상전을 치렀던 범주의 국가 구조와는 다르게 건설되었다. 그럼에도 국가와 제국의 관계는 두 개의 방향으로 진행되었는데, 유럽 국가의 특성이 유럽 외부로 확장하는 형태가 지배적이었고, 제국의 특성이 본국 중심지의 작동에 상당한 영향을 미쳤다. 베네치아와 네덜란드공화국 같은 자본 집중 국가는 주로 교역의 독점권을 향한 무자비한 추구에 몰두했으나, 군사적 정복과 식민화에는 거의 노력을 들이지 않았다. 노르웨이와 스페인 같은 강제 집중 국가는 그 에너지의 대부분을 정착, 토착(또는 수입) 노동력의 노예화, 공물의 강제 징수에 쏟았다. 영국과 프랑스 같은 절충형 국가들은 상대적으로 늦게 제국주의 게임에 입장했고, 자본주의와 강제 전략을 결합하여 뛰어난 결과를 만들었다.

자본주의 전략은 중앙의 국가에는 상대적으로 적은 하중을 주었는데, 특히 네덜란드 동인도회사와 같은 기본적으로 사적인 조직을 통해 지휘했을 때가 그랬다. 그러나 이러한 거대 상업 조직은 자체의 능력으로 싸우는 정치적 세력이 되었다. 나아가 국가는 이런 사유화에 의해 국민 대중과 협상하거나, 아니면 최소한 주요 상업 계급과 협상해야 했다. 정복과 정착 전략은 불가피하게 지속적으로 유지되는 육군과 해군을 필요로 했는데, 전 세계에 걸친 관료들의 그물망이 태동한 것까지는 아니지만, 중앙정부에 관리를 추가해야 하는 일을 만들었다. 정복이 부를—특히 스페인처럼 금괴의 형태로—가져오자 국내의 과세에 대한 대안이 만들어졌고, 이에 왕은 시민들의 권리를 확립하고 국가의 특권에 제한을 두기 위한 몇 가지 협상으로부터 벗어날 수 있었다.

국내와 해외의 전방 지역에서 군사 조직의 창안과 시장 개발 사이의 상호작용에 의해 얼마나 많은 국가 기구들이 부상하였는지는 몇 개의 요인에 따라 달랐다. 그 요인은 그것을 유지할 수 있는 인원과 관련된 군사 조직의 규모, 경제의 우선적인 상업화 여부, 국가가 전시에 동원할 수 있는 유력자에 대한 의존의 범위인데, 유력자들은 그들이 소유한 군사력을 제공해 주고 전쟁이 끝나면 평화 시에 사용할 수 있도록 돌려받을 수 있었다. 이에 제국주의적인 러시아부터 네덜란드공화국으로 이어지는 연속체를 상정할 수 있는데, 러시아는 거대하지만 상업화되지 않은 경제로부터 군사력과 자원을 쥐어짜 내기 위한 육중한 국가 기구가 나온 반면, 네덜란드공화국은 해군에 크게 의존하였고, 도시가 우위인 주들로부터 나오는 일시적인 보조금으로 군사력을 운영했으며, 관세와 소비세로 쉽게 세금을 받아냈고, 상당 규모의 중앙 행정기구를 만든 적이 전혀 없었다. 둘 사이에 프랑스와 프로이센을 놓을 수 있는데, 이 경우는 왕이 농업과 상업 자본주의의 중요 지역에 접근 권한이 있었지만, 군사적 활동에 대한 지원을 받기 위해 강력한 영주들과 협상을 해야만 했다. 장기적으로는 남성, 돈, 보급품에 대한 군사적 요구는 점점 완강해져서 지배자들은 다수의 주민과 협상했다. 다음 장에서는 그러한 타협 과정과 이런저런 종류의 국가들에서 나왔던 변형에 초점을 맞추겠다.

# 4장

∞

# 국가와 시민

# 4장 국가와 시민

## 말벌에서 기관차로

지난 1000년 동안 유럽 국가들은 특이한 진화를 겪어 왔는데, 즉 말벌에서 기관차로의 진화다. 그들은 오랫동안 전쟁에 집중해 왔고, 다른 조직들이 적절한 간격을 두고 공물을 바치는 한 그 조직들에 대부분의 활동을 맡겨 두었다. 조공 수취 국가들은 가혹했지만 그들의 덩치 큰 계승자들에 비해서는 무게가 가벼웠다. 그들은 침으로 찔렀지만 바싹 마르게 뽑아내진 않았다. 시간이 가면서 국가는──자본 집중의 다양성에도 불구하고──국가를 제한하는 것을 지원했던 활동·권력·책무를 인수했다. 이 기관차들은 민간 대중으로부터 얻은 자양분과 민간 공무원에 의해 유지된 궤도 위를 달렸다. 궤도를 벗어나면 호전적인 엔진은 전혀 달릴 수 없었다.

국가의 최소한의 기초적 활동은 아래의 삼중주로 구성된다.

**국가 만들기**: 국가가 소유권을 주장하는 영토 내 경쟁자와 도전자를 공격하고 저지하기

**전쟁 만들기**: 국가가 이미 소유권을 주장한 영토 외부의 경쟁자들 공격

하기

**보호**: 국가가 영토라고 주장했던 곳의 내부건 외부건, 지배자의 주요 동맹자에 대한 경쟁자를 공격하고 저지하기

그러나 중요한 네 번째의 활동을 무시하는 국가는 오래 지속할 수 없었다. 그 활동은 바로 이것이다.

**차출**: 국가 만들기, 전쟁 만들기, 보호를 위한 수단을 국민 대중으로부터 끌어내기

최소한 조공 수취 국가들은 지배계급의 압력을 행사하고 수입을 차출하기 위해 주로 명목상 주체들의 삶에 개입하여, 이러한 불가분의 네 가지 활동에 근접해 있었다. 그러나 어떤 범주를 넘어서면, 모든 국가는 다른 위험천만한 세 개의 영역으로 모험을 하기도 한다.

**판결**: 국민 대중 구성원 간의 분쟁을 권위 있게 해결

**분배**: 국민 대중 구성원 간에 상품을 할당할 수 있도록 조정

**생산**: 국민 대중 구성원에 의한 상품과 서비스의 창출과 변형을 통제

이러한 활동들의 주요 관계는 <그림 4-1>에서 보는 것처럼 연결된다. 전쟁 만들기와 국가 만들기는 서로를 강화시켜 주며, 국가가 상당한 규모의 인접 영토 주변으로 확실하게 인정받는 경계를 구성하기 시작할 때까지 실질적으로 구분이 안 되는 상태로 남아 있다. 둘 모두 지역 주민들로부터 자원을 차출하게 된다. 연맹의 역할과 상대적으로 강력하거나 이동이 잦은 사람들로부터 자원을 차출하기 위한 시도 때문에 국가가 보호에 관여하는 일이 늘어나는데, 이는 선택된 고객에 대한 경쟁자와 적을 저지하는 일이다. 차출과 보호가 확장하면서 국민 대중 내의 분쟁에 대한 판결 요구가 생성되었고, 여기에는 차출과 보호 자체에 대한 법적 규제가 포함되었다.

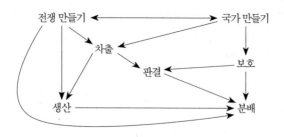

<그림 4-1> 국가의 주요 활동 간 관계

시간이 흐르면서 이 그림의 아래쪽에 위치한 국가 활동——판결, 생산, 분배——의 무게와 영향은 위쪽에 있는 것들, 즉 전쟁 만들기, 국가 만들기, 차출, 보호보다 더욱 빠르게 커진다. 대부분의 유럽 국가들이 전쟁 만들기(국가가 소유권을 주장한 영토 외부의 경쟁자들 공격하기) 또는 국가 만들기(영토 내 경쟁자와 도전자를 공격하고 저지하기)에 투자했던 역량은 20세기에 불규칙적으로 증가하였지만, 판결·생산·분배에 대한 투자는 사소한 것에서 거대한 것으로 바뀌었다. 예를 들어 광범위한 사적 소유를 유지했던 비사회주의 국가들조차도 점차 에너지·운송·통신·식품·무기에 대한 생산 그리고/또는 규제에 큰돈을 투자했다. 지배자들이 전쟁과 다른 강제 수단을 위해 지역 경제로부터 더욱더 많은 자원을 인출할수록, 그 경제 내의 주요 계급들은 강제와 전쟁의 영역 바깥에 대한 국가의 개입을 더욱 많이, 성공적으로 요구할 수 있었다. 그럼에도 불구하고 우리가 조사한 1000년의 범위에서 강제 활동이 명백히 우위를 점하고 있었다.

전쟁 만들기 때문에 유럽 국가들은 빈번히 무기 생산, 그리고 독점권을 통해 국가의 금고를 채웠던 상품(예컨대 소금, 성냥, 담배) 생산의 차출에 관여하였다. 이후에 모든 국가들은 더 일반적으로 생산에 관여했는데, 이유는 자본주의의 과잉을 저지하려는 노동자와 지식인의 요구가 효과를 발휘하였기 때문이다. 사회주의 국가들은 그러한 전체적 경향의 극단이 대표적으로 나타난 것이다. 차출, 보호, 판결이 뒤엉켜 최종적으로는 분배에 대한 통제에 국가를 끌어들이는데, 처음에는 상품의 흐름으로부터 국가의 수입을 보장하는 방법으로서, 나중에는 불균등과 지역적 부족을 교정하자는 대중적 요구에 대한 대응으로서 그랬다. 다시 말하지만 사회주의 국가는 군사적인 영역 외의 국가 활동에서 전반적으로 확산된 극단적 판형이 두드러지게 나타난 것이다.

자원을 차출하고 주민을 진정시키는 과정에서, 모든 유럽 국가들은 국가적 범주와 마찬가지로 지방과 지역의 수준에서도 점차 새로운 행정 구조를 창안하였다. 예를 들어 카토캉브레지 조약(1559년)에 의해 사보이-피에몬테 왕국이 세워졌고, 에마누엘레 필리베르토Emanuele Filiberto가 왕위에 올랐다. 곧 새로운 기금을 찾아야 하였기에 새 왕은 혁신을 시작하였다. 먼저 이익을 위해 소금을 강매했고, 둘째로 세금을 낼 수 있는 사람을 가려내기 위해 인구조사를 실시했고, 그 이후 각각의 공동체의 생산 지역에 근거를 두고 세금을 거두었다. 이 세금 때문에 인근 공동체들은 그 경계를 정확하게 기술해야 했고, 이어 토지 대장을 준비하고 이를 관장하는 관리들이 필요해졌다(Rambaud and Vincienne 1964: 11). 모든 곳에서 차출을 위한 노력은 관습적인 사용 방식으로부터 가치 있는 자원을 인출했을 뿐아니라 새로운 형식의 정치조직을 창설하게 되었다.

그리하여 국가의 활동은 전체 주민의 이해관계, 집단행동, 시민권에 중대한 영향을 끼쳤다. 지배자와 대리인 들이 전쟁 만들기, 국가 만들기, 보호, 차출, 판결, 분배, 생산과 관련한 일에 매진하면서, 통제 범위 안에서 살아가는 민중의 명확한 이익을 침해했다. 대개의 경우 그 영향은 부정적이었는데, 국가는 이전에는 다른 곳에 투입되었던 토지·자본·상품·서비스를 그들의 편리에 맞게 사용하기 위해 반복적으로 압수했다. 왕과 관료 들이 군비를 강화하기 위해 사용했던 자원들은 궁극적으로 일반 민중의 노동력과 축적 자산에서 나왔으며, 일반 민중이 우선시했던 가치 추구의 수단을 전환했던 것을 묘사한다. 자본가들은 때때로 국가 재정과 국가권력이 그들의 사업을 위해 제공했던 보호에 기꺼이 투자했지만, 그리고 지역의 거물들이 적을 물리치기 위해 왕과 가끔 연합했지만, 왕조에서 압수하려는 자원에 투자했던 부분에 대해서는 왕의 요구에 끈질기게 저항했다.

국가가 요구한 노동력, 상품, 화폐, 기타 다른 자원들은 결국 의무의 복잡한 연결망에 내장된 것이었고, 가정과 공동체에서 소중하게 여기는 목적을 위해 치중해야 하는 것들이었다. 보통 사람들의 단견에 따라 본다면, 우리가 태평스럽게 회상하며 '국가 구성'이라 부르는 것에는 다음과 같은 것들이 포함된다. 가난한 농민과 장인에게 무자비한 세금 징수원을 붙이는 것, 지참금으로 써야 할지도 모를 동물을 세금 때문에 억지로 팔아야 하는 것, 기한을 넘긴 세금에 대한 지역 공동체의 지불금 때문에 지역 지도자를 인질로 감금하는 것, 과감히 저항하는 다른 이들을 교수형에 처하는 것, 불운한 시민 대중에 대해 잔혹한 군인들을 풀어 놓는 것, 노후의 안락함을 위한 부모의 중요한 희망인 젊은 남성들을 징집하는 것, 썩은 소금을 강매하는 것, 이미 충분히 오만한 지역 자산가들을 국가의 지휘관으로 지위 상승시키는 것, 공공질서와 도덕의 이름으로 종교적 순응을 강요하는 것 등 말이다. 나쁜 자문단에 의해 잘못 인도되거나 억류된 상태에 있었던 무기력한 유럽인들이 그토록 자주 '훌륭한 황제'의 전설로 인정받았다는 것이 그리 놀랄 일은 아니다.

한 국가의 경계선 내에서 지배적이었던 경제의 기능과 마찬가지로 국가 활동의 성격과 무게는 체계적으로 다양했다. **강제 집중** 지역에서 지배자는 일반적으로 전쟁 만들기나 그 비슷한 활동을 위해 자원을 인출하였는데, 직접적 징발과 징병을 통해 집행했다. 관세와 소비세는 상대적으로 상업화가 덜 되었던 경제에서는 작은 수익을 주었지만, 인두세와 토지세 징수 기관은 대단히 무거운 재정적 기제를 창안하여 영주, 촌장, 그리고 기본 자원에 중간 통제권을 행사했던 이들의 손에 폭넓은 권력을 부여했다. **자본 집중** 지역에서는 자본가들의 존재, 상업적 교환, 상당한 규모의 자치단체에 의해 개인과 가정을 통제하려는 국가의 직접적인 권력 행사에 상당한 제한을 가할 수 있었다. 그렇지만 국가 수입의 원천인 상업에 대한 효율적이고 고통스럽지 않은 과세를 하는 것이 용이해졌다. 나아가 준비된 신용을 활용하여 빠르게 재앙이 분출하듯 차출하는 것보다는 지배자가 군사 활동에 대한 비용 지출을 상당 기간 확장할 수 있었다. 그 결과 이 지역의 국가는 전반적으로 소규모의 분화된 중앙 기구들을 창설했다. **자본화된 강제** 지역에서는 중간 수준의 상황이 지배적이었다. 그러나 불안정한 부분도 있어 지배자들은 영주와 상인 들의 묵인에 의존하였고, 토지와 상거래에서 수입을 얻어 냈고, 따라서 귀족들이 자본가들과 맞서는—하지만 또한 최종적으로는 협력하는—이중적 국가 구조를 창설했다.

## 협상, 권리, 집단행동

일상생활에 대한 국가의 개입은 대중의 집단행동을 일으켰는데, 흔히 국가에 대한 저항의 형태를 띠었지만 때로는 국가에 대한 새로운 요청을 가장하여 일어나기도 했다. 정부 당국이 국민 대중에게서 자원과 묵인을 이끌어 내고자 할 경우, 국가 당국, 다른 실권자들, 일반 민중 집단은 새로운 합의를 위한(하지만 일방적인) 협상을 했는데, 이 합의는 국가가 차출하거나 통제할 수 있는 조건, 그리고 실권자나 일반 민중이 국가에 할 수 있는 요구의 종류에 관한 것들이다. 협상과 요구는 가산제에서 중개로, 이어 국유화로, 그리고 전문화로 이동하면서 근본적으로 변했다. 예를 들어 가산제에서 협상은 독립적인 국가화에 대한 요구를 내세운 거물들이 주도했던 지역적 반란 중에 자주 있었고, 반면 중개의 시대에는 과거의 후원자들은 국가의 편에 섰고, 거물이 이끌었던 반란은 그 자리를 과세 또는 징병에 대한 대중적 민란에 내주었다.

이해관계, 집단행동, 협상, 권리 성립에 대한 국가 영향력의 실제적 형식과 절차는 국가 구성의 토대인 강제와 자본의 상대적 중요성이 기능하는 것처럼 대단히 다양했다. 폴란드와 러시아 같은 강제 집중 지역에서는 토지와 그 토지에 부속된 노동력에 대한 통제가 오랫동안 싸움의 중심적인 목적이었다. 반면 저지대 국가들 같은 자본 집중 지역은 국가 구조와 국가에 대한 시민의 요구를 창출했던 협상과 관련해 자본과 거래 가능한 상품들이 더 두드러진 위치를 점유했다. 나아가 자본 집중 지역에서 국가들은 부르주아의 재산권을 확립하기 위해 더 일찍, 더 효과적으로 움직였다. 즉, 동일 자산에 대한 복수의 소유권을 정리하고, 계약을 강화하고, 재산 사용에 대한 주요 소유자의 결정 능력을 강화했다. 그렇지만 어떤 지역이든 국가가 군사력을 창설하려면 그 대리인들이 실권자 및 일반 민중 집단과 협상에 임해야 했다. 그렇기 때문에 국민 대중의 계급 구조는 국가 조직을 결정하는 데 도움이 되었다. 억압적 기구, 재정적 관리 기구, 서비스, 대의제 형식이 그러한 국가 조직이다.

계급 구조에서 국가 조직으로의 번역은 투쟁을 통해 발생했다. 17세기에 서유럽 대부분을 요동치게 했던 세금에 대한 반란은 왕, 지역 실권자, 지방 공동체, 개별 가정이 토지, 노동력, 상품, 소[牛], 도구, 신용처럼 모든 것을 즉각 제공할 수 없는 가정의 부에 대해 소유권을 경쟁적으로 주장하면서 발생했다. 17세기 초 프랑스에서 자주 일어났던 것처럼 조세 저항은 중요 영주와 지방 공동체의 요구가 공조했을 경우, 왕의 생존 가능성 자체를 위협했다. 그럼에도 점증하는 국가의 차출 노력에 대한 더 작은 범주의 일상적 개인행동과 집단행동 모두 지배자들에게 심각한 도전이 되었다.

국가의 인구가 분할되고 외래 인구가 유입되면서 대규모 반란이 일어날 가능성은 줄었지만 단일한 행정적 배치를 시행하는 데 있어 어려움은 증가하였다. 동질적으로 연결된 인구 구조에서는 하나의 행정적 혁신을 한 지역에 설비하고 시험하면 다른 지역에서도 작동할 것이라고 합리적으로 판단할 수 있는 장점이 있고, 관리들은 그들의 지식을 한 지역에서 다른 지역으로 쉽게 이전시킬 수 있다. 공물에서 세금으로, 간접 지배에서 직접 지배로, 복종에서 동화로 이동하는 시기에 국가들은 일반적으로 그 인구 구조를 동질화하고, 공통의 언어·종교·화폐·법체계를 부과하며, 아울러 교역·교통·통신의 연결망 건설을 촉진함으로써 분리된 벽을 무너뜨리려고 애썼다. 그러나 그러한 표준화에 대한 노력이 종속된 주민들의 일상적 사회관계의 토대가 되는 정체성을 위협할 경우에 그들은 대규모 저항을 일으켰다.

국가의 요구에 대한 저항은 제임스 스콧의 묘사대로 "약자의 무기들"—사보타주, 지체, 은폐, 회피—을 채택하여 은밀히, 그리고 지역적 범위에서 발생했다(Scott 1985). 그것이 대규모 저항으로 악화되는 것은 주로 다음과 같은 이유에 의한다. ① 국가의 요구와 활동이 시민의 정의에 대한 기준을 훼손하고 그들의 주요한 집단적 정체성을 공격했을 때, ② 공격적인 국가 활동에 의해 흥분한 민중이 이미 지속적인 사회적 연대로 연결되어 있을 때, ③ 일반 민중이 국가 내부나 외부의 강력한 연합 세력을 확보했을 때, ④ 국가의 최근 활동 또는 상호작용이 공격에 취약함을 드러냈을 때였다. 이러한 조건에서 대중적 저항의 발생 가능성뿐만 아니라 성공의 기회 또한 생겨났다.

1640년대에는 몇몇 유럽 국가에서 이 모든 조건들이 결합되었고 그 결과 유럽 역사에서 가장 저항적이었던 10년 중의 하나가 생겼다. 우리가 지금 기억하는 30년전쟁 같은 지저분한 투쟁의 엉킴은 모든 유럽 국가의 능력치만큼 세금을 매겼는데, 이때 그 신민들에게 전에 없던 희생을 강요하는 바로 그 시기에 국가의 취약성을 노출하였다. 잉글랜드는 내전을 겪었고, 프랑스에서는 프롱드의 난이 시작되었고, 스코틀랜드는 잉글랜드에서 거의 자유로이 떨어져 나왔고, 카탈루냐와 포르투갈은 스페인의 연합 왕국의 지배에서 느슨하게 떨어져 나왔으며(전자는 일시적으로, 후자는 결정적으로), 나폴리에서는 어부 마사니엘로Masaniello가 대규모의 대중 반란을 이끌었다.

카탈루냐에서는 증가된 전쟁 세금에 대한 왕가의 요구 때문에 왕(또는 그의 신하 올리바레스Olivares)이 의회와 치열한 싸움을 벌여야 했다. 1640년에 왕은 9000명의 군대를 그 지방에 파견했는데, 세금 지불에 대한 요구를 강화하고, 조직화된 저항 가능성을 줄이고, 일종의 협박을 가하기 위함이었다(카탈루냐 사람들은 납세의 의무를 이행하지 않는 한 군대를 지원하고 그 약탈을 감내할 수밖에 없었다). 지역의 동의가 없는 군대의 주둔은 기존의 카탈루냐 권리를 침해했다. 대중적 저항의 확산이 뒤따랐다. 처음 반란이 확산하기 시작했을 때, 협의체Diputació ── 간단히 말해 의회Cortes 실행 위원회 ──는 저항 지도자에게 장악되었고, 카탈루냐의 주권 상정을 위해 프랑스의 루이 13세를 끌어들였다. 프롱드의 난에 의해 프랑스의 주의가 산만

해지는 이점을 타고 스페인 군대는 마침내 바르셀로나를 재정복했고, 1652년에는 카탈루냐도 재정복했다. 당시 "펠리페 4세는 사면을 내렸고 카탈루냐의 전통적인 자유를 존중하겠다고 맹세했다"(Zagorin 1982: Ⅱ 37).

산발적이건 대규모건 저항에 직면했을 때 지배자들은 어떻게 했을까? 협상을 했다. 납세 저항자를 뭉개고 망설이는 납세자를 체포하기 위해 군대를 보내는 데 '협상'이란 말을 사용하는 것에 반대할 수도 있을 것이다. 그럼에도 본보기의 처벌을 빈번히 사용하는 것 —저항하는 이들 모두가 아니라 소수의 주모자를 교수형에 처하는 것, 모든 연체자들 대신에 가장 부유한 지역 납세자를 감옥에 보내는 것 —은 권력자들이 민중 다수와 타협했다는 점을 보여 준다. 어떤 경우건, 협상은 더 많은 것을 받아들일 수 있는 형식을 취했다. 즉, 의회에 탄원하기, 세금을 공제하여 도시 관료를 매수하기, 대출이나 수수료를 반환해 주어 길드의 특권 확인하기, 더 자발적인 납부 보장에 대한 평가와 세금 수납을 규칙화하기 등등이 그것이다. 이런 모든 타협은 국가에 대한 개인적·집단적 청원, 국가 대 개인과 집단의 권리, 국가의 시민에 대한 의무를 창출했거나 아니면 확인했다. 그것은 또한 시민에 관한 국가의 권리 —인정된 집행 가능한 청구들—도 창출했다. 우리가 지금 '시민권'이라고 부르는 것의 핵심은 지배자들이 머리를 짜내 만들어 내고, 특별히 호전적 행위와 같은 국가 활동의 수단들을 장악하기 위한 투쟁 과정에서 구획된 다수의 협상들로 구성된 것이 맞다.

협상은 확실히 비대칭적이었는데, 마지막 결전에선 대포 대 장대의 대결과 다를 바 없었고, 국가는 인구 전체에 대한 지속적인 무장해제로 그 불균형을 더 악화시켰다. 그렇지만 세금과 징집에 반대하는 반란에 대한 강압적인 억압조차도 화해에 협력하겠다는 사람들과의 일련의 합의와 일반 시민들이 국가의 실책과 불평등에 대한 보상책을 제대로 찾을 수 있는 평화적 방법에 대한 공식적 확인이 있었다. 그 수단에는 진정, 소송, 그리고 지역 협의체를 통한 대표가 일반적으로 포함되었다. 노동자들과 부르주아들은(또는 그렇게 자주는 아니지만 농민들도) 확장된 권리와 직접 대표제에 의하여 압박할 수 있는 허가된 수단을 사용할 수 있었다. 전문화의 시대에 국가는 사회보장, 퇴역 군인 연금, 대중 교육, 주택 공급과 같은 프로그램을 대리인들에게 위탁함으로써 노동자와 부르주아의 점증하는 요구에 선제적으로 대응했다. 그리고 이 모든 프로그램은 시민 국가에 담당 부서, 공무원, 관련 예산을 점차 추가시켰다.

국가는 기초 자원 소유자와의 투쟁, 협상, 지속적 상호작용을 통해 국민 대중의 계급 구조를 반영하였다. 지배적인 계급이 가장 큰 영향을 미쳤고, 그래서 대영주가 지배하는 국가와 자본가에 의해 통제되는 국가는 서로 아주 다른 구조를 발전시켰다(Moore 1966). 그러나 농민, 장인, 그리고 토지를 소유하지 못한 노동자들을 다루어야 할 필요성 때문에 국가의 재정 조직, 상업 거래에 대한 통제, 경찰력, 다른 더 많은 것들이 두각을 나타냈다. 특정하게 보면 지속되는 저항을 끝냈던 협상된 합의나 시행 가능한 대중 동의가 그러한 국가 기관의 중요한 부분을 차지했다.

다시 경험의 연속성에 대해 생각해야 한다. 한 극단에는 국가권력의 거대한 확장 이전에 존재했고, 확장 시에 생존했던 강력한 조직들에 부딪혀 만들어진 협상이 위치하는데, 특히 암스테르담 같은 자본주의적 지방 자치의 이사회가 그렇다. 그러한 협상들은 일반적으로 이사회를 정부에 합병했고, 그것을 대의 기구로 전환시켰다. 보다 확대된 범주에서 보면 번성하는 도시를 가진 지배자들은 위원회가 도시의 실권자들을 대표하고 있다고 보았다. 따라서 카탈루냐의 초기 왕족들은 바르셀로나와 다른 카탈루냐 도시의 대표자들을 위원회의 귀족들과 성직자들 옆자리에 받아들였다. 그리고 이어 삼원제인 카탈루냐 의회Cortes의 전신이 되는 의회를 설립했다(Vilar 1962:I 439).

다른 극단에는 모든 지주들처럼 대규모 인구 집단에 부딪혀 나온 협상이 자리하는데, 특히 세금, 징집, 다른 차출 활동에 대한 규칙을 세우는 입법의 형식이 그것이다. 영국 수상 윌리엄 피트William Pitt가 프랑스에 대한 전쟁 비용의 일부를 지불하기 위한 방법으로 최초의 종합소득세를 부과하려 했을 때(1799년), 지주·자본가·임금노동자와 똑같이 무조건적인 협상에 임해야 했다. 그는 불평등한 과거의 토지세를 복구할 수 있는 청구서를 계획했다(Watson 1960: 375~376). 프랑스와의 화해가 1802년(무산)과 1815년(확정)에 거듭되었을 때, 의회는 곧 그 세금을 철회하는 일에 착수하였다. 1816년에 수상 리버풀은 영국의 거대한 전쟁 부채의 누적분을 갚기 위해 소득세를 복구하려 했지만, 의회는 그 협상에서 세금은 위급한 전쟁 시에 한정한 것으로 명료하게 정리했다(Levi 1988: 140~143).

그 양극단 사이에는 교회 당국자들과 같은 한정된 실세 집단과의 협상이 있는데, 이들은 패했거나 몰수당했을 때 급료나 보호에 대한 국가 보장 청구권을 일반적으로 획득하였고, 차출에 대한 저항이 효과적이었을 때는 교회 협의체와 같은 대표 기관을 창설하거나 인정받으려 했다. 잉글랜드의 헨리 8세가 국교의 토지를 몰수하고 로마와의 연결 고리를 잘라 냈을 때, 그로 인해 왕은 개혁을 받아들였던 모든 사제들에게 영원히 급료를 제공할 의무를 져야 했다.

북부 이탈리아에서 플랑드르와 발트해에 이르는 상업 도시의 확장된 네트워크 안에서 성장했던 국가의 관리들은 전체적으로 보아 앞의 극단에 가까이 있었다. 그들은 지방자치제의 과두제 집권층과 협상하였는데, 과두제 집권층은 그들 방식을 택해 살아남았고, 국가의 핵심적인 구성 요소가 되었기 때문이었다. 베네치아와 같은 도시 제국은 그 극단적인 사례라 할 수 있다. 도시국가군 바깥에서 국가 만들기 과정 중에 있는 대리인들은 대영주와 그들의 의뢰인과 협상하고, 그 과정에서 새로운 대의제 기구들을 창설하는 경우가 더욱 잦았다. 규모가 더 큰 국가에서 귀족들은 국민 군대를 건설하려는 왕의 시도에 협조한 보상으로 그들의 특권과 더 상위의 군사적 사무에 대한 독점권을 확인받았다. 그러나 국가의 차출 요구에 대한 지속적인 협상과 더불어 이전에는 존재하지 않았던 권리, 특권, 보호 기관이 생산되었다.

## 직접 통치 기구

간접 지배에서 직접 지배로의 광범위한 이동은 군사력의 국유화와 더불어 발생했다. 이는 일반 민중에게 솔깃하지만 비싼 기회를 제공했다. 1750년 이후 국유화와 전문화의 시대에 국가들은 거의 보편적이었던 간접 지배 체제에서 직접 지배의 새로운 체제로 이동했다. 이는 지역 공동체, 가정, 생산적 기업의 삶에 대한 중재되지 않은 개입을 의미했다. 지배자들은 용병 고용에서 국가 자체 인구로부터 전사들을 채용하는 것으로 전환하면서, 그리고 18세기의 전쟁에 필요한 거대한 군사력을 유지하기 위해 과세를 증대시키면서, 공동체·가정·기업과 바로 타협하려 했고, 그 과정에서 자율적 중재자를 모두 없앴다.

지난 1000년에 걸쳐 조사한 결과, 도시국가, 자율적 주교 관할권, 소규모 공국과 다른 소국 들은 상대적으로 직접적인 방식으로 통치하였다. 왕가를 직접 관리하고 왕조의 기분에 맞추어 일했던 대리인들은 세금을 수합하고, 궁정을 관리하고, 왕의 재산을 돌보고, 왕의 관할권에 들어 있는 지역 공동체와 매일 연락을 유지했다. 그러나 더 규모가 큰 국가들은 언제나 간접적인 지배 형식을 선택했는데, 지역의 실세들을 국가 기구에 직접 통합하지 않고 지지 세력으로 끌어들이고 그들의 특권을 확인해 주었다.

17세기 이전에 규모가 큰 유럽 국가들은 모두 강력한 중재자들을 통해 신민을 통치했는데, 중재자들은 상당한 자율권을 가졌고, 그들의 이익과 다른 국가의 요구는 방해했고, 국가권력의 대리 행사를 통해 그들 자신의 이권을 챙겼다. 그 중개인들은 흔히 하층민 중에서 특전을 부여받은 구성원이었고, 대중으로부터 지배자에 대한 공물과 묵인을 받아내는 것을 확실하게 수행했다. 특히 유럽의 남동부 지역에서는 여러 세기의 정복과 지중해 무역에 의해 혼합된 다원적 인구 구성이 존재했는데, 이는 무슬림 지배의 특징적 형식과 결합하였다. 반¼자율적인 종속 지역에서 광대한 간접 지배 구역이 산출되었고, 그 자취가 오늘날 그 지역의 문화적 다원성과 소수민족의 권리에 대한 지속적인 투쟁에 남아 있다. 핵심 중개자는 성직자, 영주, 도시의 과두 체제 구성원, 독립적인 직업 전사 들이었는데, 그 비율은 자본 집중 지역에서 강제 집중 지역에 이르는 연속성에 따라 다양했다. 이 다양한 중개자들의 중심적 역할이 간접 지배의 다양한 체제들을 확인할 수 있게 한다.

어떤 간접 지배 체제건 지배자들이 주변 경제에서 차출할 수 있는 자원의 양에 대한 중요한 한계를 설정했다. 그 한계를 넘으면 중개인들은 국가의 요구에 대한 일반 민중의 저항을 지지하면서도 차출을 방해하여 이익을 획득했다. 그러나 같은 상황에서 지배자들은 중개인의 자율적 권력을 약화시키고 국민 대중의 핵심 분파와 연합을 만들어 이해관계를 발전시켰다. 인력을 포함한 더 많은 자원이 전쟁에 필요해지자, 그리고 대국들의 정복 위협이 점점 더 심각해지자 훨씬 더 많은 지배자들이 오랜 중개자들을 우회하거나 억압하거나 끌어들여서 전쟁에 충당할 돈을 확보하기 위해 공동체와 가정에 직접 손을 뻗쳤다. 따라서 국가 상비군, 국민국가, 직접 지배는 서로 인과관계라고 하겠다.

그 이전에는 실세들이 누렸던 자율권이 국가마다 상당히 다양했었다. 오스만제국은 정복과 군사적 행정의 초기 단계 이후, 발칸 지역에 두 개의 연속적인 지배 형식을 설치했는데, 나중 것은 먼저 것보다 더 간접적인 형식이었다. 17세기에 이르면 술탄들은 그들의 속국에게 조공을 내도록 했다. 그러나 그것은 그들의 땅의 상당 부분을 티마르timar로 나누었던 지배권 안에 국한된 것으로, 이 영지들은 전사들이 계속해서 군사적으로 복무할 경우에 소유할 수 있도록 하사한 것이었다. 티말리timarli(봉토 소유자)는 그 땅에서 그들 자신의 수입을 모았고, 술탄을 위한 세금을 거두었고, 시민 행정을 운영했고, 기독교도 농노들을 통제했다. 그러나 그 땅을 양도하거나 자식들에게 상속할 수 있는 권리를 획득하지는 못했다. 그러나 16세기와 17세기의 전쟁 당시 많은 영주들이 죽었고, 점점 비싸지는 전쟁 비용으로 더욱 많아지는 세금에 대한 요구 때문에 전사들에게 봉토가 그렇게 매력적이지는 않았다. 술탄들은 점점 더 징세 청부인으로 변했으며, 세금을 받던 토지를 그들 소유의 자산으로 전환시켜 이를 지렛대로 사용했다. 이런 일이 벌어지자 다른 집단들도 세금을 지불했던 토지를 사고 소유할 수 있는 권리를 요구했고, 이를 받았다. 치플리크chiflik, 즉 사유지가 티마르를 대체했던 것이다(Roider 1987: 133~134).

오스만제국은 고전적 간접 지배 체제를 부주의하게 장착했다. 이 체제는 이후 신민과 지배자 모두에게 어려움을 주게 되는데, 반半독립적인 전사들의 손에 들어간 권력 때문이었다. 예를 들어 오스만제국과 오스트리아제국 사이의 시스토바 평화협정(1791년)에서,

[세르비아 내의] 예니체리yeniçeri 병사들과 비정규 군사 조직은 자신들이 실직했다는 것을 알았다. 그들은 태도가 변해 주민들을 약탈하였다. 이러한 남성들의 무리가 마을과 그들의 토지를 압수했고 그 자산을 그들 소유의 영지로 변환시켰다. 다른 이들은 반란군 지도자(아반avan)나 도적 조직에 합류하였고 평화로운 무슬림과 기독교도를 똑같이 약탈하였다. (Jelavich and Jelavich 1977: 27)

예니체리 병사들의 자치와 약탈은 점차 오스만제국의 지배를 저해하여 1826년에는 술탄의 명령에 따라 군대가 콘스탄티노플의 군중과 합쳐서 그 잔당들을 처단하였다. 간접 지배의 가장 큰 위험은 중개인들에 의한 포식 행위인데, 이는 중개인에 대한 일반 주민들의 저항을 조장하고, 이어 중개인의 저항, 그리고 국가 지배에 대한 전 지역의 저항을 촉발시켰다.

그러나 대부분의 경우에 지역의 통치자들이 상대적으로 안정된 상황에서 지배하였고, 오스만 국가에 기한 맞춰 공물을 납부함으로써 지역 주민에게 온기를 제공했다. 잉글랜드의 젠트리·귀족·성직자는 수도 바깥에서 민간 행정의 일을 나눈 한편, 프로이센의 융커는 그들 소유의 큰 영지의 주인이자 판사, 군 지휘관, 왕의 대변자의 역할을 동시에 수행했다. 순조롭게 권한이 강화된 중개자들은 사회조직과 그들 관할민의 부에 대한 국가의 확장 효과를 약화시켰다. 이들의 중재의 성격은 토착 귀족이 존재했던 곳과 외부인에 의해 지배를 받았던 곳, 두 지역 형태 사이에서 상당히 달랐다. (오스트리아와 보헤미아처럼) 귀족이 종교·언어·전통을 농민과 공유했던 지역에서는 왕의 요구에 반대하는 지역적 연대의 가능성이 존재했다. (역사적으로 대부분의 기간 동안 오스만제국에 속했던 유럽 지역처럼) 귀족이 외국인이었던 지역에서 촌장과 부족의 연장자들은 지역 주민을 자주 국가 당국과 연계시켰다. 그러한 지역에서는 제국의 붕괴 이후 농민, 상인, 전문인 들은 국가와 직접 접촉하게 되었다(Berend and Ránki 1977: 29~36).

중개자들은 그 지역 출생이건 외국인이건 그들 자신의 통치 구역 내에서는 거의 독재자였다. 오스만 지역에서 치플리크 체제가 티마르를 대체하였고, 무슬림 법정과 관리에 대한 호소가 원천적으로 사라졌기에, 부재영주들은 군인이었던 전임자들보다 더 심하게 농민들을 압박했다(Roider 1987: 134). 중심부의 권력이 몰락했을 때 —19세기에 전체적으로 자주 그랬듯이 말이다— 영주들은 지역의 문제에 대해 증대된 통치력을 획득했다. 19세기 보스니아와 세르비아에서 무슬림 영주들은 기독교도 소작인들을 농노로 몰았다(Donia 1981: 4~5). 그런 환경인 발칸 지역에서는 강도질이 만연하였다. 중개자들의 착취의 결과, 먼 곳의 왕이나 그의 대리인들과 연합하는 것이 코앞의 착취보다는 매력적인 선택으로 보였다. 따라서 마을 사람들은 왕의 대리인에게 호소했고, 영주에 반대하는 사건을 왕의 법정으로 가져갔고, 도회지의 특권에 대한 삭감에 환호했다. 짧게 보면, 때때로 그들은 이런 선택을 통해 얻는 것이 있었다. 그러나 장기적으로 보면 중개의 장벽을 파괴한 결과의 다음 순서인 전쟁 생성을 위한 국가의 요구에 더욱 취약하게 되었다.

국내에서 채용된 상비군의 성장은 직접 지배의 강한 동기를 제공했다. 비록 18세기에도 일부 군대에서는 임대한 부대가 여전히 역할을 수행했지만, 자본화된 강제 지역 —특히 프랑스, 프로이센, 잉글랜드— 의 지배자들은 17세기 동안 용병 군대를 도매로 계약하는 것에 거리를 두기 시작했다. 용병들은 형편없는 급여를 받았을 때 신뢰할 수 없다는 점에서 심각한 결함을 갖고 있었는데, 꼼꼼하게 감독하지 않으면 전리품과 약탈 기회를 노렸고, 동원이 해제되었을 때 여러 문제를 야기했고, 엄청난 현금이 비용으로 소진되었다. 17세기 프로이센의 프리드리히 빌헬름 같은 지배자가 선구적으로 시도했던, 평화 시에도 대규모 군대를 유지하려는 노력은 기본적인 수입을 세금으로 거두는 대부분의 국가들의 능력을 초과했다. 특히 지역 강대국과의 경쟁에 직면한 경우는 더 그랬다. 이러한 상황에서 지배자들은 내구력 있는 국내의 군사 행정기관들을 확립하고, 그 이후 징집하고, 선임하고, 관통하였다. 이러한 단계로 중개자들을 우회했고, 간접 지배에서 직접 지배로 길을 내었다.

대규모 상비군을 국내에서 모집하는 일은 심각한 비용을 초래했다. 계약이 해지된 용병들은 어떤 국가에도 시행 가능한 요구를 거의 하지 않았던 반면, 국군의 노병들은 요구를 했는데, 특히 국가를 위한 복무 중에 장애를 입은 경우에는 더 심했다. 전사하거나 부상당한 병사의 가족들도 마찬가지로 국가가 운영하고 판매하는 담배와 성냥 같은 기호품 따위로 이득을 얻었다. 국가 안에 부대를 주둔시키는 일에는 식량 보급, 주택 제공, 공공질서와 관련하여 군 관료들과 민간인 상대자들이 관여했다. 점차 모든 젊은 남성들의 건강과 교육이 통치의 관심사가 되었는데, 그것이 군사적 효율성에 영향을 미쳤기 때문이다. 나아가 군사적 재조직화가 이전에는 지역과 개인의 영역이었던 곳까지 국가 활동 확장의 쐐기를 밀어 넣었다.

지배자들은 국가권력을 조작하기 위한 더욱 자의식 강한 시도 중 하나로, 직접 지배를 장치하는 과정에서 인구 구성을 동질화하고자 자주 노력했다. 지배자의 시점에서 언어·종교·이데올로기가 동질화된 인구 구성은 왕의 요구에 반대하는 공동 전선을 펼 위험을 주었다. 따라서 동질화는 분리하여 지배하는 정책을 더욱 중요한 것으로 만들었다. 그러나 한편 동질성은 많은 것을 보상하는 장점을 갖고 있었다. 동질화된 인구 구성 내에서 일반 민중은 지배자와 동일화할 가능성이 더 커지고, 의사소통이 보다 효율적으로 이어질 수 있고, 한 분야에서 작동했던 행정적 혁신이 다른 곳에서도 그만큼 작동할 가능성이 있기 때문이다. 나아가 공통의 기원을 느꼈던 사람들은 외부의 위협에 대항하여 통합할 가능성이 더욱 컸다. 스페인, 프랑스, 그리고 다른 대국들은 종교적 소수자들—특히 무슬림과 유대인—에게 개종과 이주 중에 선택할 기회를 주어서 주기적으로 동질화를 촉진시켰다. 예를 들어 1492년 그라나다 정복을 완수했던 직후에 페르난도와 이사벨은 스페인계 유대인들에게 그런 선택의 기회를 주었다. 1497년에 포르투갈은 이를 따라했다. 이러한 일이 생기자 이베리아반도 출신의 유대인 망명자들, 즉 세파르딤Sephardim은 유럽의 다른 지역에 상업 디아스포라를 구성했다. 이들은 뒤이은 몇 세기간의 다양한 시대에 보석, 설탕, 향신료, 담배에 대해 거의 독점권을 확립하도록 해주었던 장거리 신용과 의사소통의 강력한 체제를 설치하기 위해 기존의 연줄을 사용했다(von Greyerz 1989).

소국의 지배자들은 종교개혁 덕분에 거대 제국에 비해 자민족의 독특함과 동질성을 규정할 훌륭한 기회를 얻게 된다. 여기에는 성직자와 행정 기구를 왕이 추구하는 목적에 선임시키는 기회도 물론 포함되어 있다. 스웨덴은 루터교 목사의 손에 공공 행정의 상당 부분을 맡겨 놓았고 이것이 초기의 모범이 되었다. (오늘날 스웨덴의 역사가들은 아직도 교구의 기록 명부의 덕을 보는데, 이는 문해력과 거주지 변동에 대한 정보로 가득 차 있으며, 목사들은 17세기 이후 계속 충실하게 준비해 주었다.) 성직자와 국권과 연결된 공동의 신앙은 국가의 합법성에 대한 신뢰를 더해 줄 가능성 있는 영향력에 아울러, 강력한 지배의 도구를 제공했다.

## 프랑스혁명: 간접 통치에서 직접 통치로

18세기 유럽 국가들은 지역에 대한 충성과 국가에 대한 충성 사이에 선택을 강요하기 시작했다. 계몽주의 '개혁'이 직접 지배를 보강하는 효과를 자주 만들어 내기는 했지만, 그런 방향으로 가장 놀라운 움직임을 보여 준 것은 의심할 바 없이 프랑스혁명과 제국의 작업이었다. 1798년에서 1815년까지 프랑스의 활약은 간접 지배에서 직접 지배로 전환하는 유럽 전반의 상황을 두 가지 방식으로 선행했다. 즉, 다른 국가들이 모방했던 중앙집권화된 정부의 모델을 제공했고, 프랑스가 정복한 지역에 그 모델의 변형을 시행시켰다. 프랑스 정부가 취한 대부분의 시대적 혁신들이 반란과 파산의 위협에 대한 대응으로 절박하게 급조한 것이었지만, 그 역전의 형식들은 혁명과 제국을 넘어 지속했다.

혁명의 세월에서 프랑스의 지배 체제에 무슨 일이 있었나? 1798년 이전에 거의 다른 모든 국가들과 마찬가지로 프랑스 국가는 지역적 차원에서 간접적으로 통치하였는데, 특별히 중재에 대해서는 성직자와 귀족에게 의존했다. 미국 독립전쟁 이후, 전쟁 채무를 갚기 위해 돈을 모으려는 정부의 노력은 반정부 연합을 구체화하도록 했는데, 처음에는 고등법원과 다른 실세들을 포함했으나 정권과 그 반대 세력 사이의 대치가 날카로워질수록 더 대중적인 결합으로 변모하였다(Comninel 1987; Doyle, W. 1986; Egret 1962; Frêche 1974; Stone 1981). 1788~1789년 눈에 보이는 국가의 취약성이 드러나며, 국가, 그 대리인, 그 연합에 반대하는 주장이나 고충을 억눌렀던 집단들이 요구를 결합하고, 변화에 대한 요구에 다른 사람들을 참여시키도록 고무되었다. 1798년 봄과 여름에 시골 지역의 저항——대공포Great Fear, 곡류 장악, 조세 저항, 영주에 대한 공격, 기타 등등——이 큰 촌락, 상업화된 농업 지역, 도로가 발달한 지역에서 불균형하게 발생했다

(Markoff 1985). 그 지형도는 복합적이지만 전반적으로 부르주아가 주도한 판세를 반영했다.

동시에 사회적 생존 여부가 구체제 국가에 직접적으로 달려 있는 사람들—귀족, 관료, 고위 성직자가 명백한 사례다—은 대개 왕의 편에 섰다(Dawson 1972: 334~346). 그리하여 혁명의 상황이 형태를 갖기 시작했다. 두 개의 뚜렷한 블록은 모두 권력을 요구했고 대중의 상당 부분의 지지를 받고 있었다. 많은 군인들이 왕에 대해 변절하고 대중의 요구에 충실한 의용대가 형성되면서 반란자들이 자체의 힘을 갖게 되었다. 부르주아지 구성원들과 연계하여 혁명을 이끌었던 민중 진영은 국가 기구의 일부에 대한 통제권을 획득하기 시작했다.

1789~1790년에 국가 기구를 접수한 법률가, 관리, 그리고 다른 부르주아들은 급속하게 과거의 중개인들을 대체했다. 과거의 중개인들에는 영주, 영주의 관리, 부패 관료, 성직자, 그리고 때로는 지방자치제의 과두제 참여자 들도 있었다. 린 헌트는 "국가적 또는 지역적 차원에서 정치적 두각을 나타냈던 이들은 영국 신사 스타일의 시골 계급이 아니라 수천 명의 도시 전문가들이었고 이들은 정치적 이력을 발전시킬 시회를 잡게 되었다"라고 설명한다(Hunt 1984: 155. 또한 Hunt 1978; Vovelle 1987 참조). 지역 차원에서 소위 혁명자치위원회는 과거 지배자들의 적에게 권력을 폭넓게 이양했는데, 이들은 의용대, 단체, 혁명 위원회에 근거한 애국자 연합이며, 과거의 지방자치제를 축출한 파리 출신의 활동가들과 연계되었다. 과거의 실세들이 혁명 초기의 혼란기에 생존하려 노력했던 지역에서도 각 지역과 국가 수도 사이의 관계에 급격한 변화가 왔다. 예를 들어 알프스 지역의 촌락 '공화주의자들'은 케케묵은 자유를—납세에 대해 표면적으로 자유로운 동의를 포함하여—찾았지만 외부인들이 그들을 방해하자 새로운 행

정적 기제 안으로 흩어져 들어갔다(Rosenberg 1988: 72~89). 그 후 파리의 혁명가들은 중재자 없이 통치해야 하는 문제에 마주쳤다. 그들은 1789년 봉기 시에 등장했던 위원회와 의용대를 두고 시험했지만, 중앙에서 그들을 통제하기 어렵다는 것을 알았다. 거의 동시에 그들은 프랑스의 지도를 데파르망, 디스트릭트, 캉통, 코뮌의 계열 분할 체제로 재구성하였고, 혁명적 재구조화를 진전시키기 위해 특임 대표représentants on mission를 파견하였다. 그들은 직접 지배 장치를 설치했다.

도시, 상인, 자본에 대한 불균등한 공간 배분에서 더 나아가 미미한 망드와 니오르를 부강한 리옹과 보르도와 같은 행정적 수준에 배치시킨 것처럼, 단일한 지리적 기준선의 부과에 의해 도시의 경제 권력과 정치권력 사이의 관계에 변화가 왔다(Lepetit 1988: 200~237; Margadant 1988a, 1988b; Ozouf-Marignier 1986; Schultz 1982). 그 결과, 지역 수도들의 힘의 균형에 큰 변화가 생겼다. 즉, 상인, 법률가, 전문가 들이 이미 군집된 대단위 상업 중심지에서 데파르망의 관리들(어떤 경우건 같은 사회적 환경에서 자주 나왔다)은 지역민들과 협상할 수밖에 없었다. 국민 의회가 상대적으로 상업화되지 않은 시골 지역에 데파르망을 개설했던 곳에서는, 혁명 관리자들이 새로운 수도의 다른 거주자들을 무색하게 했고, 그들이 반항할 경우에 무력을 사용하겠다고 협박할 수도 있었다. 그러나 그런 지역에는 조합원들이 혁명의 과업을 수행하는 것을 도와줄 부르주아 연합은 없었고, 아직 상당수의 추종자들에게 명령을 행사했던 과거의 중개인과 대치하기도 했다.

마르세유와 리옹 같은 상업 중심지에서 정치적 상황은 아주 달랐다. 자코뱅의 중앙 집중주의에 반대하여 저항하고 지역의 자율성을 요구하는 연방주의 운동은 전반적으로 도시에 뿌리를 두고 있는데, 그런 도시의 상업적 지위는 행정적 등급을 훨씬 앞질렀다. 직접 지배에 대한 이런 선택적 장애물들을 다루는 바에서 파리의 혁명가들은 평행적이고 때로는 모순되는 세 개의 체제를 즉흥적으로 고안했다. 이는 위원회와 의용대, 선출된 관리와 대의원에 대해 지리적으로 정의된 위계 구조, 중앙정부에서 보낸 순찰 위원들이다. 정보를 수집하고 지원을 받기 위해 이 세 가지 모두는 법률가, 전문인, 상인 들의 기존 인적 네트워크에 광범위하게 의존했다.

이 체제가 작동하기 시작하자, 혁명 지도자들은 지역 열혈주의자들의 독립적인 활동을 통제하고 제한하는 것을 일상화하려 했는데, 그들은 자주 반항하였다. 그들은 포용과 압박을 모두 사용하여, 점차 위원회와 의용대를 몰아냈다. 전쟁 동원은 이 체제에 커다란 압박을 가했고, 새로운 저항을 불러왔으며, 팽팽한 통제 체제에 대한 국가 지도자의 보상이 증가하였다. 1792년에 시작한 (그전까지 계속 구체제 형식을 꼭 닮았던) 중앙집권 행정 체제는 그 자체의 혁명을 수행했다. 직원은 엄청나게 많아졌고, 제대로 위계가 잡힌 관료 체제가 만들어졌다. 혁명정부는 그 과정에서 대규모 국가에서 형성된 최초의 직접 통치 체제 중 하나를 장치했다.

그러한 전환은 과세, 정의, 공공 노역을 비롯한 여러 시스템에 변화를 가져왔다. 치안 활동을 생각해 보자. 프랑스의 구체제 국가는 파리 지역 외부에서는 그 자체의 특화된 경찰을 거의 두지 않았는데, 세금 회피자, 부랑자, 왕령 위반자를 추적하기 위해 기마경찰대를 보냈고, 때때로 저항하는 신민을 진압하기 위해 군대에 권한을 주었다. 그렇지 않다면 시민에 대해 군대를 파견하는 것은 지방이나 지역 당국에 의존했다. 혁명정부에서는 대부분을 변화시켰다. 일반 민중에 대해서는 사후 경찰 활동에서 사전 경찰 활동과 정보 수집으로 바꾸었다. 반란이나 법에 대한 집단 위반이 일어날 때까지 단순히 기다렸다가 그 후에 무섭게 또는 선별적으로 보복하는 것 대신에, 대중의 집단행동을 예측하고 그 위협을 예방하는 일을 하는 요원을 배치하기 시작한 것이다. 혁명정부 초기에 민중 위원회, 국가 방위대, 혁명 재판소가 경찰의 일상적 활동들을 인수하면서 구체제의 경찰 체제는 전체적으로 해체되었다. 그러나 국가는 명부를 가지고 하나의 집중화된 조직 내에서 감시와 체포에 집중하였다. 낭트의 푸셰Joseph Fouché는 혁명력 7년인 1799년에 경찰청장이 되었고, 이어 경찰청의 권력이 프랑스 전체와 그 점령 지역에 이르도록 확장했다. 푸셰의 활동 시기에 프랑스는 세계에서 가장 촘촘한 경찰국가 중 하나가 되었다.

전쟁으로의 진입은 간접 지배에서 직접 지배로의 이동을 촉진하였다. 어떤 국가건 전쟁을 일으키면 축적한 예비금과 당시 수입만으로는 전쟁에 대한 비용을 충당할 수 없다는 점을 알게 된다. 거의 모든 호전적 국가들은 널리 돈을 빌리고, 세금을 올리고 전투 수단—남성들을 포함하여—을 확보하는데, 이는 그 자원을 다른 곳에 사용하기 위해 주저하는 시민들로부터 차출한 것이다. 혁명 이전 프랑스는 이러한 규칙을 충실하게 따랐고, 채무가 쌓여 결국 삼부회를 소집해야 하는 상황에까지 이르렀다. 혁명 역시 이러한 규칙을 폐지하지 않았는데, 프랑스가 1792년 오스트리아에 전쟁을 포고하자 재정과 인력 충원에 대한 국가의 요구가 구체제에서 폭발했던 것 못지않은 격렬한 저항을 불러일으켰다. 그러한 저항을 이겨 내기 위해 혁명정부는 또 다른 중앙집권화된 통제 체제를 건설했다.

프랑스는 자체의 새로운 체제를 다른 국가들을 재구성하기 위한 견본으로 사용하였다. 혁명군과 제국군이 점령하는 대로 유럽의 다른 지역에 그들의 직접 지배 체제의 복제품을 건설하려 했다. 나폴레옹 정부는 그 체제를 통합하여 신뢰할 만한 통치 도구로 전환하였다. 그 체제는 프랑스혁명과 제국에서 존속했고, 어떤 점에서는 다른 지역에서도 존속했다. 즉, 유럽 전체가 피지배자에게 최소한의 대의제를 주고 대규모로 중앙집권화된 직접 지배로 전환하였다.

새 국가가 직접 통치를 확립하는 과정을 따라 저항과 반혁명적 활동이 직접적으로 이어졌다. 정말 짧은 시간 내에 혁명정부가 도입한 많은 변화를 기억해 보자. 그들은 이전의 모든 영토적 관할권을 삭제하였고, 다수의 오랜 교구들을 보다 큰 코뮌에 통합하였고, 십일조 헌금과 봉건적 부과금을 폐지했고, 조합과 그 특권을 해체했고, 상부에서 하부로 흐르는 행정과 선출 체계를 건설했고, 이를 통해 확장되고 표준화된 세금을 부과했고, 교회와 그 땅을 떠난 귀족의 자산을 압수했고, 수도회를 해체했고, 성직자를 국가에 복속시키고 그들에게 새로운 국가 교회를 수호하도록 맹세하라고 강요했고, 전례가 없던 급료로 젊은 남성들을 징집했고, 지방에서 자동적으로 지도력을 행사했던 귀족과 목사 들을 갈아 치웠다. 이 모든 것들이 1789년에서 1793년 사이에 일어났다.

뒤이은 정권들은 혁명력과 초월적 존재 숭배와 같은 더욱 단명한 변화들을 추가했다. 그러나 혁명 초기의 국가에 대한 점검은 19세기에도 지속되었고 다른 많은 유럽 국가들의 패턴을 수립했다. 가장 엄청난 반전은 지역 의용대와 혁명 위원회의 목을 조이고, 일부 몰수한 재산을 회복시키거나 보상해 주고, 나폴레옹이 로마 가톨릭 교회와 화친했던 일이었다. 대체로 이러한 변화들은 지방과 지역의 유력자에 의해 중재되었던 통치 체제를 단일하고 중앙집권화된 직접 지배로 극적이고 빠르게 대체하는 일이었다. 더욱이 새로운 국가의 위계는 전반적으로 법률가, 의사, 공증인, 상인, 그리고 다른 부르주아지 들로 구성되었다.

그들의 혁명 전 상대자들과 마찬가지로, 이러한 근본적 변화들은 기존의 여러 이해관계를 침해했고, 과거에는 국가가 승인한 권력에 거의 접근할 수 없었던 집단들, 특히 시골과 소읍의 부르주아들에게도 기회를 주었다. 그 결과 그들은 권력에 대한 저항과 권력을 쟁취하기 위한 투쟁에 모두 참여했다. (파드칼레 데파르망에 속한) 아르투아는 그런 변화의 온건한 유형이었다(Jessenne 1987). 아르투아의 농민들이 전체 토지의 3분의 1을 소유한 데 비해 귀족과 성직자 들은 반 조금 넘는 부분을 소유했다. 모든 농지의 60~80%가 5헥타르 이하였고(이는 비슷한 부분의 농지 운영자들이 다른 이들을 위해 시간을 내어 일해 주었음을 암시한다), 4분의 1의 가장들이 주로 농업 임금노동자로 일했다. 세금, 십일조 헌금, 임대료, 봉건적 부과금이 아르투아의 임대 토지에서 나오는 수입의 30% 초반을 차지했고, 농촌 토지의 5분의 1은 혁명정부가 교회와 귀족에게 압수한 것과 함께 판매되었다. 간단히 말해 농업 자본주의는 1770년까지는 잘 진전되었다.

그러한 지역에서 대규모의 임대인(페르미예 fermier)이 지역의 정치를 지배했으나, 귀족 영주와 교구 영주에 의해 한정된 지역에서만 예외였다. 혁명의 물결이 그런 후원자들의 특권을 휩쓸어 버렸고 임대인의 권력을 위협했다. 그러나 그들은 그러한 어려움에서 생존했는데, 개인들의 특정 집합체로서가 아닌 계급으로 살아남았다. 많은 관료들이 혁명 초기의 투쟁 기간에 그들의 지위를 잃었는데, 특히 지역 공동체가 그 영주와 이미 갈등이 있었던 경우에는 더 심했다. 그러나 그들에 대한 대체 인물은 풍족한 임대인과 같은 계급에서 불균형적으로 나왔다. 조르주 르페브르 Georges Lefevre가 노르 인근에서 발견했던 마을 우두머리에 대한 임금노동자와 소작농의 투쟁은 파드칼레에서는 그다지 강렬하지도 않았고 효과적이지도 않았다. 국가 당국이 의심스럽다고 보았던 더 규모가 큰 자영농들은 공포정치 기간과 이어 총재정부 아래에서 공공 기관에 대한 장악력을 잃었지만, 이후에 그것을 회복했고, 19세기 중반까지 계속 그들의 근거지를 지배했다. 그때까지 귀족과 성직자 들은 지방의 실세들을 억제할 수 있는 대부분의 능력을 잃었지만 제조업자, 상인, 다른 자본가 들이 그들의 자리를 차지했다. 오래된 중재자의 대체는 자영농과 부르주아지 사이의 새로운 연합으로 가는 길을 열었다.

파리의 지휘 아래 직접 통치로 전환하는 추세는 상대적으로 매끄럽게 아르투아로 이어졌다. 다른 곳에서는 그 변화와 함께 격렬한 갈등이 동반하였다. 클로드 자보그스Claude Javogues는 자신의 출신 주 루아르의 혁명 대리인이었는데, 그 싸움과 그것이 촉발했던 정치적 과정에 대해 밝혀냈다(Lucas 1973). 자보그스는 큰 체격에 난폭하고 술꾼인 잡역부 같았는데, 그의 친척들은 리옹 서쪽으로 그리 멀지 않은 지역인 포레의 변호사, 공증인, 상인이었다. 이 가족은 18세기의 조상에서 유래했는데, 1789년에 클로드 자신은 몽브리송의 연줄 좋은 서른 살의 변호사였다. 협의회에서는 이 극렬한 젊은 부르주아 황소를 1793년 7월에 루아르에 파견했고 1794년 2월에 소환했다. 그 6개월 동안 자보그스는 그의 기존 연줄에 크게 의존했고, 혁명의 적을 탄압하는 데 집중했으며, 목사와 귀족과 부유한 영주는 적이라는 이론에 상당히 경도되어 활동했고, 식량 공급 조직 같은 행정적 문제들은 무시하거나 엉망으로 만들었고, 독단과 잔혹함에 대한 명성을 뒤에 남겨 놓았다.

그러나 사실 자보그스와 그의 동료들은 지방의 삶을 재조직하였다. 우리는 루아르에서 그의 활동에 이어 단체들, 감시 위원회, 혁명군, 정치 위원, 법정, 그리고 특임 대표단과 마주치게 된다. 우리는 중앙정부의 직접적인 행정적 시야가 일상적인 개인의 삶으로까지 확장하는 믿을 수 없는 시도를 볼 수 있다. 이는 오랜 중재자들을 대체하려는 동력으로서 혁명의 적들—실재건 상상이건—에 대항하는 대중 봉기의 중요성을 인지하게 된다. 그리하여 우리는 공포정치의 두 개의 목표, 즉 혁명 반대자에 대한 종결과 혁명 과업을 수행하기 위한 도구를 구축하려는 목표 사이의 모순에 대한 통찰력을 얻게 된다. 이어서 행정적 도전이자 정치적 만족의 핵심이며, 대중적 행동에 대한 보상책으로 식량 통제의 엄청난 중요성을 다시 알게 되었다.

오래 기다려 왔던 변혁의 도래를 환영하는 단합된 민중의 오래된 이미지와 반대로 지방의 혁명사는 프랑스의 혁명 세력이 권력을 확립하기 위해 투쟁을 거쳤고, 자주 강고한 대중 저항을 극복했다는 점을 명료하게 보여 준다. 사실 대부분의 저항은 즉각적인 반란이라기보다는 회피, 사기, 방해 행위의 형태를 띠었다. 그렇지만 단층선이 깊어졌을 때 저항은 반혁명으로 결속되었다. 그들에게 효과적인 대체 권력의 구성은 혁명에 의해 시행되었다. 반혁명 활동은 모두가 혁명에 반대하는 곳에서 발생했던 것이 아니라, 극복할 수 없는 차이가 지지자와 반대자의 확정된 블록으로 나누어진 곳에서 발생했다.

비슷한 과정을 거치면서 프랑스 남부와 서부에 가장 규모가 큰 지속적 반혁명 지역이 만들어졌다(Lebrun and Dupuy 1987; Nicolas 1985; Lewis and Lucas eds. 1983). 공포정치 아래 사형 집행의 지형도는 반혁명 활동에 대한 설득력 있는 그림을 제공한다. 다음 데파르망에서 200명 이상의 사형이 집행되었는데, 자세히 보면, 루아르앵페뤼르(3548명), 센(2639명), 멘에르와르(1886명), 론(1880명), 방데(1616명), 일에빌렌(509명), 마옌(495명), 보클뤼즈(442명), 부슈뒤론(409명), 파드칼레(392명), 바르(309명), 지롱드(299명), 사르트(225명)이다. 공포정치하에서 집행된 전체 사형의 89%가 이들 데파르망에서 있었다(Greer 1935: 147). 센과 파드칼레를 제외하면 남부와 남서부, 그리고 특히 서부에 집중되어 있다. 랑그도크, 프로방스, 가스코뉴, 리오네는 혁명에 반대하는 군사 반란을 주도했는데, 이 반란의 지도는 연방주의에 대한 지지와 밀접하게 일치했다(Forrest 1975; Hood 1971, 1979; Lewis 1978; Lyons 1980; Scott 1973). 연방주의 운동은 1793년에 시작했는데, 당시는 자코뱅의 외국과의 전쟁이 —스페인에 대한 선전포고를 포함하여— 확산되면서 세금과 징집에 대한 저항이 촉발되었고, 이로 인해 혁명정부의 감시와 규율이 엄격해졌다. 이러한 자치주의 운동은 특히 마르세유, 보르도, 리옹, 캉처럼 구체제하에서 상당한 자유를 누렸던 상업도시들에서 정점을 이루었다. 그러한 도시들과 그 배후지에서 프랑스는 피가 튀는 내전을 치렀다.

서부에서는 1791년에서 1799년까지 공화주의의 중심지와 인사 들에 대한 게릴라 공격으로 브르타뉴, 멘, 노르망디가 불안정해졌고, 루아르강 남쪽의 브르타뉴, 앙주, 푸아투 일부 지역에서는 1792년 가을에 무장 봉기가 시작되어 1799년에 나폴레옹이 그 지역을 평정하기까지 간헐적으로 계속되었다(Bois 1981; Le Goff and Sutherland 1984; Martin 1987). 서쪽 지역의 반혁명은 공화파의 군대 파견 요청이 서부의 대부분에서 무장 반란을 촉발시켰던 1793년 봄 최고조에 달했다. 그러한 국면에서 '애국자'와 '귀족'(혁명 지지자와 혁명 반대자를 이렇게 불렀다)에 대한 학살, 앙제와 같은 주요 도시에 대한 침략과 일시적 점령, 청군과 백군(두 당파 내 무장 집단을 그렇게 불렀다) 사이의 고조된 전투가 있었다.

서부의 반혁명은 혁명정부 관리들이 그 지역에 특별한 종류의 직접 통치 방식을 설립하려고 노력했던 것에서 직접적으로 생겨났다. 이는 부분적으로 자율적인 중재자였던 귀족과 성직자 들을 그 지위에서 실질적으로 제거했던 통치 방식이었는데, 이것이 세금과 인력에 대한 국가의 요구, 개별 공동체, 이웃 지역, 가정 차원에 대한 존중을 가져왔고, 그것은 그 지역의 부르주아지에게 이전에는 결코 행사해 보지 못했던 정치권력을 주었다. 국가 통치를 모든 지역까지 확장하려고 노력하면서, 그리고 그러한 통치 방식에 대한 모든 적들을 몰아내려 하면서 프랑스 혁명정부는 25년 동안 멈추지 않았던 과정을 시작했다. 어떤 점에서 그것은 오늘날까지도 멈추지 않았다.

이러한 점에서 그 모든 반혁명적 극렬함에도 불구하고 서부는 프랑스의 보편적 경험에 순응했다. 프랑스의 모든 곳에서 부르주아지 —— 큰 산업시설의 소유주가 아니라 대부분 상인, 법률가, 공증인, 그리고 자본을 소유하거나 다루어서 생계를 유지하는 사람들 —— 가 18세기에 힘을 획득했다. 프랑스 전역에서 벌어진 1789년의 봉기가 파격적인 숫자의 부르주아지에게 정치적 행동을 하도록 만들었다. 파리의 혁명파와 지방의 연합 세력들이 귀족과 성직자를 간접 통치의 대리인이라는 중요한 지위에서 몰아냈을 때, 기존의 부르주아 네트워크가 국가와 그 영토를 아우르는 수천 개의 지역 공동체 사이를 연계시키는 대안적 역할을 수행했다. 잠깐 동안, 그러한 연계가 단체, 의용대, 위원회를 수단으로 한 거대한 대중 봉기에 의존했었다. 그러나 혁명 지도자들은 사나운 파트너들을 점차 제한하거나 억압하기조차 했다. 시도하고 실수하고 투쟁하면서 지배 부르주아지는 통치 체제가 지방의 공동체에 직접 도달하도록, 그리고 그 상위자들의 검토와 예산 통제하에서 업무를 수행하는 행정 직원들을 통해 주로 전달되도록 만들었다.

이러한 국가 확장의 과정은 세 개의 거대한 장벽에 마주쳤다. 첫째, 대부분의 사람들은 1789년의 위기에 그들 자신의 이해관계를 발전시키고 구원을 해소할 기회가 열렸다고 생각했다. 그들은 그 기회를 잡으려고 애썼거나, 아니면 그들의 희망이 다른 행위자와의 경쟁에 의해 막혔다는 것을 알게 되었다. 그런데 두 범주 모두 더 많은 혁명적 변화를 지지할 보상책으로는 부족했다. 둘째, 대부분의 유럽 강대국과 전쟁을 벌이는 엄청난 노력 때문에 국가의 능력에 중압감을 주었는데, 이는 구체제 왕이 일으켰던 전쟁들만큼 중대한 것이었다. 셋째, 어떤 지역에서는 새롭게 권력을 잡은 부르주아지의 토대가 너무 허약하여 모든 지역에서 혁명 대리인들이 수행했던 회유·억제·고무·위협·차출·동원 작업을 지원하지 못하기도 했다. 세금, 징병, 그리고 설교조 법률의 준수에 대한 저항이 프랑스에서 널리 발생했지만, 기존의 경쟁자들이 혁명적 부르주아지에 반대하는 잘 연계된 블록을 배치한 곳에서는 내전이 자주 발생했다. 이러한 점에서 본다면 간접통치에서 직접 통치로의 전환은 부르주아 혁명을 실현한 것이고 일련의 반부르주아 반혁명 운동을 불러일으킨 것이었다.

프랑스 외부에서도 마침내 프랑스 스타일의 행정적 위계가 혁명과 제국군이 점령한 거의 모든 지역에 시행되었고 그다음 시험 단계로 한 발 더 나아갔다. 그것은 유럽의 반쯤 되는 지역에 직접 통치(사실은 총독과 군사령관에 의해 중재되었다)를 확립하는 일이었다. 프랑스에 대항하여 동원된 대다수의 독일 국가는 중앙집권화, 국유화, 침투에 관한 확장된 프로그램에 착수하였다(Walker 1971: 185~216). 나폴레옹의 군대가 결국 패전하고 프랑스의 꼭두각시 국가들이 결국 붕괴되면서, 행정적 재조직화는 벨기에와 이탈리아 같은 장래에 국가가 될 조직들에 커다란 영향을 남겼다. 직접 통치의 시대가 시작되었다.

## 국가 확장, 직접 통치, 민족주의

비군사적 국가 활동의 가장 극적인 확장은 1850년 이후의 군사적 전문화 시대에 시작하였다. 근래에 이르기까지 이어진 군사 조직의 이동, 즉 국가 구조의 자율적인 일부 분야에서 보다 종속적 지위로의 이동이 그 시기에 이루어졌다. 그 종속적 지위는 시민 행정부의 통제 아래 놓인 몇 개의 부서들 중에 가장 큰 것이었다. (물론 그러한 종속은 전쟁보다 평화 시에 더 심했고, 스페인에서보다는 네덜란드에서 더 심했다.) 이전 세기에 있었던 군사력의 국유화는 이미 대부분의 유럽 국가로 하여금 징병, 전쟁 물자, 세금 제공에 관하여 국민 대중과 협상하도록 이끌었다. 나폴레옹 전쟁에서와 같은 대규모 시민군의 동원은 포식자 국가가 일상적인 사회적 관계들을 전례 없이 침범하는 일을 수반했다.

직접 통치 체제를 갖추는 과정에서 유럽 국가들은 반작용적인 억압에서 선제적 대응 및 억압으로 전환하였는데, 특히 국가 엘리트 집단 외부의 잠재적 적들에 관해서는 더했다. 18세기까지 유럽 국가의 대리인들은 국가에 대한 대중적 요구들, 즉 저항의 움직임, 위험한 집단행동, 새로운 조직의 확산을 예측하는 데에 시간을 거의 쓰지 않았다. 그들이 운영한 스파이들은 부자와 권력자에게 집중했기 때문이다. 반란이나 '폭동 선동'이 발생했을 때, 통치자들은 가능한 한 빨리 군사를 출동시켜 고안해 낼 수 있는 한 더 가시적이고 위협적인 태도로 처벌한다. 그들은 반사적으로 대응했으나 잠재적인 체제 전복 활동에 대한 지속적 감시 체제에 의한 것은 아니었다. 직접 통치 체제의 설치는 감시와 보고 체계의 창설로 이어졌는데, 이는 지역과 지방의 행정 관리자들이 국가권력이나 그 주요 고객들의 안녕을 위협할 움직임들을 예측하고 방지하는 책임을 떠맡도록 했다. 국가 경찰 권력이 지역 공동체에 틈입한 것이다(Thibon 1987). 정치와 범죄 담당 경찰이 '공공질서'에 문제를 야기할 가능성이 있는 사람, 단체, 사건에 대해 자료 일체를 준비하고, 풍문을 듣고, 일상적 보고서를 작성하고, 정기적 조사를 수행해야 하는 일반적 이유를 만들어 냈다. 시민 대중에 대한 오랜 무장해제가 과격분자와 불평분자에 대한 치밀한 억제로 집중된 것이다.

유럽 국가들은 같은 방식으로 산업 분쟁과 노동 조건을 감시하고, 국가적 교육 체제를 설치·규제하고, 빈민과 장애인에 대한 원조를 조직하고, 병참선을 건설하고 유지하고, 가내 공업의 수익에 관세를 부과하는 등 유럽인들이 지금은 국가권력의 속성이라고 당연하게 받아들이는 수천 가지 다른 활동들을 시작했다. 국가의 영역이 군사적 핵심 영역을 넘어 확장하였고 시민들이 아주 넓은 범위의 보호, 판결, 생산, 분배에 대해 요구하기 시작했다. 국가 입법기관이 과세에 관한 승인을 넘어 자체 영역을 확장하자, 국가가 그 이익에 영향을 미쳤거나 미칠 수 있는 잘 조직화된 모든 단체로부터 청원의 목표가 되었다. 직접 통치와 국가의 대중 정치학은 함께 성장하였는데, 서로를 강력하게 보강해 주었다.

직접 통치가 유럽 전역에 확산되자 유럽 보통 사람들의 복지, 문화, 일상은 그들이 거주하게 되었던 국가에 이전에는 결코 없었던 방식으로 의존하게 되었다. 내부적으로 국가는 국어, 국가 교육 체계, 국가 병역, 그리고 더 많은 것들을 부여하려고 착수했다. 외부적으로는 국경을 넘는 이동을 통제하기 시작했는데, 관세와 세관을 경제 정책의 도구로 사용하고, 외국인을 제한적 권리와 밀착 감시의 대상이 되어야 하는 다른 종류의 사람으로 취급했다. 국가가 전쟁과 공공 서비스뿐만 아니라 경제적 기반 시설에도 투자하자, 경제에도 뚜렷이 다른 특징들이 나타나게 되었는데, 이는 인접 국가에서 생활하며 겪는 경험과 다시 한 번 더 차별화되었다.

그러한 점에서 삶은 국가 내부에서는 균질화되었고, 국가들 사이에서는 이질화되었다. 국가적 상징은 결정화되었고, 국어는 표준화되었으며, 국가 노동시장은 조직화되었다. 전쟁 자체는 균질적인 경험이었는데, 이는 군인들이 전체 국민을 대표하였고 시민 대중은 공동의 궁핍과 책임을 감내하였기 때문이었다. 여러 결과들 중 같은 국가 내에서의 인구 통계적 특징들은 서로 닮기 시작하였고, 국가들 사이에서는 더 폭넓게 차이가 나기 시작했다(Watkins 1989).

유럽 국가 구성의 후기 단계에서 '민족주의'의 표지 아래 같이 묶을 수 있는 이질적인 현상들이 산출되었다. 그 말은 정치적 독립에 대한 요구에도 그들 자체의 국가를 갖지 못한 주민들의 집단적 행동 동기를 지칭한다. 따라서 우리는 여기서는 팔레스타인인, 아르메니아인, 웨일스인, 프랑스계 캐나다인의 민족주의를 말하는 것이다. 그것은 또한 유감스럽게도 다른 국가에 강한 일체감을 가진 기존 국가의 주민들의 동기를 지칭하기도 한다. 이는 1982년의 말비나스/포클랜드 전쟁 당시 영국과 아르헨티나의 충돌이 증거가 된다. 첫 번째 의미의 민족주의는 유럽의 역사를 관통하여 흐르는데, 기존의 종교와 언어에 속한 지배자가 다른 종교나 언어에 속한 사람들을 정복했던 어떤 때, 어느 곳에서든 존재했다. 한 국가의 국제적 전략에 고조되어 헌신한다는 점과 관련한 민족주의는 19세기 이전에 거의 출현하지 않았고, 그 이후 전쟁의 열기 속에서 주로 출현했다. 인구 구성의 균질화와 직접 통치의 도입은 민족주의의 두 번째 양상을 촉진시켰다.

두 가지의 민족주의 모두 19세기에 증가하였고 그렇기 때문에 1800년 이전에 있던 비슷한 현상에는 다른 용어를 고안하는 것이 좋을 것이다. 독일과 이탈리아 같은 주권 분할 지역에서도 상당수의 국민국가로 통합되었고, 유럽 전체 지도가 25~30개의 상호 배타적 영토들로 결정되면서 두 가지 민족주의는 서로를 자극하였다. 정복의 대이동 시대에 두 민족주의는 전적으로 부흥하였는데, 기존 국가의 시민들은 그들의 독립이 위협당한다고 보았고, 국가는 없지만 일정한 공동체에 속하는 구성원들은 소멸과 새로운 자치에 대한 가능성 모두를 보았다. 나폴레옹과 프랑스군이 유럽 곳곳에 이르면서 프랑스 편과 프랑스에 위협적인 국가의 편에서도 국민국가의 민족주의가 부풀어 올랐다. 그러나 나폴레옹이 패전할 때에도 그의 제국주의적 행정은 유럽 전 지역에 걸쳐——당연히 러시아, 프로이센, 영국에서, 한편 폴란드, 독일, 이탈리아도 역시——두 형태의 새로운 민족주의의 토대를 만들었다.

20세기에 두 종류의 민족주의는 하나의 민족주의가 다른 것을 도발하면서 점차 뒤얽혔다. 그들의 신민을 민족적 대의에 전념하게 하려는 지배자의 시도는 동화되지 않은 소수민족에 의한 저항을 만들어 내며, 대표가 없는 소수민족의 정치적 자치에 대한 요구는 기존 국가에서 주요한 이익을 획득하는 사람들이 그 국가에 더 헌신할 수 있도록 만든다. 제2차 세계대전 후 탈식민화한 정권들이 세계의 나머지 지역 전체를 경계 짓고, 승인받고, 상호 배타적인 국가들로 지도 그리면서, 두 민족주의 사이의 관계는 더 빽빽해졌다. 즉, 상대적으로 더 탁월한 한 집단이 그들의 국가에 대한 주장을 성공적으로 이루면 최소한 다른 한 집단의 국가에 대한 요구는 통상 거부했기 때문이다. 즉, 문이 닫히려 하면, 더 많은 사람들이 그 문으로 빠져나가려 애쓰는 것이다. 동시에 암묵적 국제 협약에 따라 기존 국가들의 경계는 전쟁 또는 국정 운영 기술에 의해 변화하는 것이 수월하지 않았다. 점점 더 소수민족의 민족주의가 그들의 목적을 이루는 유일한 방법은 기존 국가의 하위 분할을 통하는 것이다. 최근 레바논과 소련과 같은 합성 국가들이 하위 분할의 압력을 극심하게 겪었다. 그러한 압력에 의해 소련은 산산이 폭발하였다.

## 의도하지 않은 과제

전쟁 수단에 대한 투쟁은 누구도 창조하려 계획하지 않았던, 또는 특별하게 희망조차 품지 않았던 국가 구조를 생산했다. 어떤 지배자나 지배 연합도 절대 권력을 가지지 못했기 때문에, 그리고 지배 연합 외부의 계급들이 지배자가 전쟁에 투입했던 자원의 상당한 부분에 대한 일상적 통제권을 항상 소유하고 있었기 때문에, 어떠한 국가라도 지배자들이 피하고 싶어 했을 일정한 조직적 부담을 만들어 낼 수밖에 없었다. 2차적 병렬 과정이 또한 국가에 의도하지 않은 과업을 생성시켰다. 지배자들은 전쟁을 하기 위해 또는 신민 대중으로부터 전쟁 필수품을 뽑아내기 위해 조직을 창설하면서——육군과 해군뿐만 아니라 세무서, 세관 부서, 재무부, 지역 행정부, 그리고 국방 부서까지 그들의 작업을 시민 대중에게 전달했다——그 조직이 관심을 받으려 하며 자체의 이익과 권리, 특권, 희망, 요구를 발전시켰다는 점을 알게 되었다. 한스 로젠베르크는 브란덴부르크프로이센에 대해 말하며, 관료 체제에 대해 다음과 같이 서술했다.

> 단결심esprit de corps을 획득했고 그 자체의 이미지로 통치 체제를 재구성할 수 있을 만큼 강력한 힘을 발전시켰다. 그것은 왕의 독재적인 권위를 제지했다. 그것은 왕조의 이익에 대한 책임을 맡는 것을 중지했다. 그리하여 중앙 행정과 공공 정책의 통제권을 장악하였다. (Rosenberg 1958: vii~viii)

같은 방법으로 관료 체제는 유럽 전역에서 그들 자신의 이익과 권력의 토대를 발전시켰다.

새로운 이익에 대한 대응으로 더 많은 조직이 나오게 되었는데, 예를 들면 참전 노병들을 위한 자리, 귀족의 국가 관료 관련 요구, 훈련소, 공무상 권한을 판결하는 법원과 법률가들, 식료품 공급, 주택 공급, 국가의 대리인들을 위한 기타 필수재 등이다. 16세기부터 계속 대부분의 국가들이 전쟁 지휘나 수입 모금에 핵심적인 물자들을 자체 생산하는 일에 착수했다. 많은 국가들이 한두 번쯤은 무기, 화약, 소금, 담배, 성냥을 이런저런 목적을 위해 제조했다.

국가의 책무에 3차 과정이 추가되었다. 국가의 주변 계급들은 애초 협소한 범주의 활동을 위해 만들어진 기관들을 그들이 심각하게 관심을 둔 문제들에 대한 해결책으로 전환할 수 있다는 것을 알았는데, 심지어 그 문제가 국가 관료들의 관심을 거의 끌지 않았을 때도 그랬다. 관료들은 그들의 작업을 완수하는 데 필요한 연합을 구축하기 위해 그런 기관들을 확장하는 것을 허용했다. 법원은 애초에 무기와 세금에 대한 왕의 영장을 집행하기 위해 회합하였으나 사적인 분쟁을 해결하는 수단이 되었고, 육군 연대는 귀족의 무능한 어린 아들이 하숙하기에 안락한 장소가 되었고, 문서 인증에 대한 요금을 받기 위해 설립한 등기소는 유산 상속에 대한 타협의 장소가 되었다.

식량 공급에 대한 국가 개입의 역사는 이러한 세 과정들이 국가가 의도하지 않은 과제를 어떻게 만들어 냈는지 쉽게 설명한다. 도시의 식량 공급은 여러 세기 동안 위태로운 상황이었기에 자치 정부 관리는 시장을 감시하고, 부족 시에 공급할 여분을 찾고, 가난한 사람들이 생존을 유지하기에 충분한지 확인해야 하는 주요한 임무를 맡았다. 예를 들어 팔레르모 당국은 토착 귀족들이 상업을 멸시한 탓에 상업이 전체적으로 외국 상인들의 손에 맡겨져 있었기 때문에 특히 심각한 문제에 마주쳤다. 17세기의 기아의 위협에 대한 내용이 아래에 있다.

팔레르모 시민들은 신분 증명 카드를 가지고 다녀야 했는데, 이는 빵 배급 줄에서 이방인들을 몰아내기 위해서였다. 팔레르모에서 소송이 있었던 사람들은 도심에 들어갈 수 있는 특별 허가를 받았으나 자신의 식량을 가지고 들어가야만 했다. 누구라도 도시의 출입구에서 엄격한 감시와 경계에 의해 추방당할 수 있었다. 달콤한 패스트리를 만드는 것은 때때로 전면 금지되었고, 단지 곰팡내 나는 빵만이 판매되었는데 이는 소비를 줄이기 위해서였다. 특별 경찰이 시골에 감추어 놓은 비축된 밀을 찾아내기도 했는데, 이러한 업무에는 스페인인들을 더 선호했다. 이유는 시칠리아 사람들에게는 도와야 할 너무 많은 친구와 해쳐야 할 너무 많은 적이 있었기 때문이었다. (Mack Smith 1968a: 221)

이러한 규제가 시민에게 적용되었지만, 이는 당국자들에게 시행해야 할 부담스러운 과업을 더하는 것이었다. 자치 정부의 관리들이 책임을 수행하지 못한 곳에서는, 도시 빈민과 정적이 연합하여 반란을 일으킬 가능성에 직면했다. 전체적으로 보면 반란은 민중이 가장 심각한 굶주림에 시달릴 때 발생하는 것이 아니었다. 그것은 관리들이 기준에 맞는 통제권을 적용하지 않을 때, 부당이득을 취하는 것을 용인하고, 가장 최악인 지역의 중요한 곡물을 다른 지역으로 운송하는 것을 인가하였을 때 발생했다.

유럽 대부분의 지역에서, 도시는 공공 시장 외부에서 곡물을 도매로 구매하는 것을 금지하고, 지역에서 보관 중인 곡물을 시장에 내어 주는 것을 보류하고, 주요 곡물 가격대에서 크게 이탈한 빵에 대한 금액을 청구하기도 하는 세밀한 규칙을 채택하였다. 상당 규모의 군대와 행정 사무원, 수도를 건설한 국가에서는 식량을 생산하지 않는 사람들의 숫자가 증가하였고, 따라서 지역 시장 외부의 곡식에 대한 수요가 늘었다. 지방과 국가의 관리들은 식량 공급을 확인하고 규제하는 데 대부분의 시간을 쓰게 되었다.

영주들이 자신의 일에 국가가 개입하는 것을 환영하지 않았던 탓에, 유럽 국가들은 생산이 아닌 분배를 통제하는 것에 집중했다. 프로이센과 러시아 같은 국가들은 군사·행정 업무를 귀족에게 제공한 대가로 영주들에게 많은 권력을 양도했고 농민들에 대한 영주의 지배를 강화했는데, 이에 따라 농업의 성격에 깊이 영향을 끼쳤으나 단지 간접적으로만 그러했다. 프랑스, 이탈리아, 스페인처럼 국가가 주도한 교회 토지의 재분배는 농업에 상당한 지장을 초래했지만, 국가가 생산을 그렇게 심하게 감독하는 일까지 생기지는 않았다. 몇몇 사회주의 정권이 농업 생산을 장악했고, 대부분의 자본주의 정권이 신용, 가격, 시장을 조작하면서 생산에 개입하였던 20세기가 되기 전까지는, 국가는 식량 공급 목적을 위해 깊이 관여했다. 전쟁 시 배급과 재정이나 정치적 프로그램에 의한 가끔의 차단을 제외하면, 국가는 소비 문제와는 거리를 두었다. 그렇지만 유럽 국가들 모두 분배의 차원에서는 식량 문제를 심각하게 다루었다.

유럽의 여러 지역에서 다양한 진행 과정을 결정적으로 따라가면 16~19세기에는 국제시장의 상호 의존적인 확대, 식량 도매상의 부각, 식량을 시장에 의존했던 임금노동자 수의 증가를 확인할 수 있다. 이런 점에서 보면 국가의 관리자는 농부들, 식료품상들, 자치 정부 관리들, 부양해야 할 사람들, 도시 빈민들의 요구 사이에서 균형을 잡아야 했다. 이들 모두는 자신들의 특정한 이익에 해가 될 경우 국가적 문제를 만들었기 때문이다. 국가와 그 관리들은 경찰에 대한 이론과 실천을 개발해야 했는데, 범죄자들에 대한 탐지와 체포만으로는 미미한 역할에 그쳤기 때문이다. 우리가 알듯이 19세기 전문적인 경찰 병력의 확산이 있기 전에는 경찰이라는 말은 특히 지역의 차원에서 공중 관리를 지칭했다. 즉, 식량 공급에 대한 규제가 가장 큰 유일한 구성 요소였다. 니콜라 드 라 메어Nicolas de la Mare의 대단한 논문 『경찰 조약』Traite de la Police이 1705년에 처음 출판되었는데, 그 내용은 폭넓지만 식량에 집중한 국가 경찰 권력의 개념에 대해 요약해 놓은 것이었다.

식량 공급에 대한 국가의 접근법은 국가와 그 지배계급의 성격에 따라 확실히 다양했다. 프로이센이 인구의 토대에 규모를 맞추어 대규모 상비군을 설립하면서, 그 군대를 위한 상점과 보급 체제를 만들었다. 이는 군대가 집결한 지방에 곡식이 유입되는 것을 장려하는 것이기도 했다. 프로이센 국가의 다른 모든 부분과 마찬가지로 그 체제는 영주의 협력과 농민의 복종에 의존하였다. 잉글랜드는 이 주제에 대한 간헐적인 국가적 입법에도 불구하고 식량 공급에 관한 실질적 통제를 지역 치안판사의 손에 전반적으로 맡겨 놓았다. 그리고 국가 전체에서 곡식이 반입되고 반출될 때만 적극적으로 개입했다. 1846년 곡물법의 폐지는 가격이 그렇게 높지 않을 때 국가가 곡식 수출을 제한했던 오랜 기간이 끝났음을 알리는 전조가 되었다. 그렇지만 그 시기에 국가는 곡식 농장 소유자와 농부 들을 외국과의 경쟁에서 보호해 주었다. 스페인에서는 내륙에 위치한 마드리드에 식량을 공급하려는 행정적 노력에 의해 카스티야 지역 대부분에서 식량 공급이 어려움에 처했다. 그리고 이는 아마도 이베리아반도 전체에 대규모 시장이 발전하는 것을 지체시켰을 것이다(Ringrose 1983).

국가 활동의 증가는 식량 이동 규제에 집중했던 국가 정치 기구의 확대를 가져왔는데, 심지어 국가 정책의 목표를 곡물 거래 '자유화'로 공언하였을 때도 마찬가지였다. 18~19세기에 점차 채택되었던 이 정책은 가장 높은 가격에 거래되는 지역으로 식량을 보낼 수 있는, 대규모 상인들의 권리를 강화하는 내용이 주된 것이었다. 결국 자치단체도 국가의 법률에 따라서 오랜 통제를 해제했다. 장기적으로 보면 농업 생산력은 증대했고, 분배에 있어서도 도시, 군대, 빈민이 갑작스러운 식량 부족에 처하는 일을 감소시킬 만큼 충분히 개선되었다. 그러나 그러다 보니 국가는 식량에 전문화된 직원을 두었고, 이들은 국가가 소중히 여기거나 두려워하는 사람들에 대한 공급을 확실히 감시하고 개입하는 일을 했다. 간접적으로 군사력을 도모하는 일은 최저 생계에 대한 개입으로 이어지게 된다. 즉, 군사 활동을 유지하기 위한 남자, 군복, 무기, 숙소, 무엇보다 돈을 획득하려면, 이후에 국가 관료들이 감독하고 유지해야 했던 행정 구조를 창설해야 했다.

유럽의 지배자들이 19세기에 신민에서 시민으로 된 대중과 타협해서 나온 대중적 대의제는 국가에게 완전히 새로운, 특히 생산과 분배의 측면에서 새로운 활동의 무대에 나서도록 만들었다. 부르주아 정치 특유의 프로그램들—선거, 의회, 공무에 대한 폭넓은 접근성, 시민권—이 현실화하였다. 시민들이 대중 선거와 의회 입법에 의해 국가에 시행 가능한 요구를 내놓자, 더 잘 조직화된 경로를 통해 취업, 해외 무역, 교육, 그리고 점점 더 많은 것들에 대해 국가의 활동을 요구하였다. 국가는 허용 가능한 파업과 노동조합을 규정하고, 그 둘을 감시하고, 분쟁에 대해 협상하거나 타협을 촉구하면서 자본-노동 관계에 개입했다. 전체적으로 보면 산업화가 늦었던 국가들이 그 길을 선도했던 국가들보다 산업을 진흥시키는 데 있어 정부 기구들—은행, 법원, 공공 행정기관—에 더 많은 비중을 두었다 (Berend and Ránki 1982: 59~72).

<표 4-1>은 국가의 지출 변화가 상당히 컸다는 점을 보여 준다. 이 기간 동안 노르웨이 국가에 고용된 직원 수는 상당히 증가하였다. 1875년 중앙정부는 1만 2000명 정도의 시민들을 고용했는데, 이는 전체 노동력의 대략 2%였고, 1920년에는 5만 4000명(5%), 1970년에는 15만 7000명(10%)

〈표 4-1〉 노르웨이 GDP에서 국가 지출의 비율(1875~1975년)

| 연도 | 정부 총예산 | 군사 | 행정/사법 | 경제/환경 | 사회 서비스 |
|---|---|---|---|---|---|
| 1875 | 3.2 | 1.1 | 1.0 | 0.4 | 0.3 |
| 1900 | 5.7 | 1.6 | 1.2 | 1.0 | 1.2 |
| 1925 | 6.5 | 0.9 | 0.7 | 0.8 | 1.8 |
| 1950 | 16.8 | 3.3 | 1.4 | 3.9 | 7.4 |
| 1975 | 24.2 | 3.2 | 2.3 | 6.8 | 9.5 |

(Flora et al. eds. 1983: I 418~419)

〈표 4-2〉 사회적 서비스에 대한 국가의 GDP 지출 비율(1900~1975년)

| 연도 | 오스트리아 | 프랑스 | 영국 | 네덜란드 | 덴마크 | 독일 |
|---|---|---|---|---|---|---|
| 1900 | | | 0.7 | | 1.0 | |
| 1920 | 2.0 | 2.8 | 4.1 | 3.2 | 2.7 | 7.5 |
| 1940 | 2.3 | 5.1 | 5.3 | 4.4 | 4.8 | 11.1 |
| 1960 | 7.3 | 8.9 | 9.6 | 8.7 | 7.6 | 14.9 |
| 1975 | 10.8 | 9.2 | 15.0 | 17.2 | 24.6 | 20.8 |

* 연도는 대략적이다.
(Flora et al. eds. 1983: I 348~349)

에 달했다(Flora et al. eds. 1983: I 228. 또한 Gran 1988b: 185 참조). 노르웨이 와 유럽의 여타 지역에서 중앙 행정, 사법, 경제적 조정, 그리고 특히 사회 서비스가 증가하였는데 이는 고객과 시민을 국가가 보호해야 하는 정치적 협상의 결과로 인한 것이었다.

사회적 서비스의 증가는 유럽 전역에서 발생했다. <표 4-2>는 오스트 리아, 프랑스, 영국, 네덜란드, 덴마크, 독일을 예로 들었는데, 이유는 단순 히 플로라가 그에 대한 비교 가능한 데이터를 모아 놓았기 때문이다. 소련 과 같이 중앙 계획경제로 바꾼 국가들은 사회적 서비스로 인한 국가적 수 입의 비율이 아주 커다란 비율로 증가하였다. 특히 제2차 세계대전 이후에 모든 곳에서 국가는 건강, 교육, 가정생활과 재정에 개입했다.

도표의 수치들이 유용한 결과를 보여 주듯이, 이 모든 개입은 감시와 보고로 연결된다. 대략 1870년에서 1914년까지의 기간은 파업, 고용, 경제적 생산, 그 밖의 잡다한 것에 대한 국가 후원에 의한 통계가 정점에 이른 때라고 할 수 있다. 따라서 1세기 전에 국가의 관리자들은 국가 경제와 노동자의 상황에 대해 상상할 수도 없는 수준의 책임을 맡고 있었다. 만일 이러한 변화의 범위와 시간이 반항적인 러시아에서 변덕스러운 영국까지 극적으로 다양하지 않았다면, 거의 모든 19세기의 국가들이 같은 방향으로 전체적으로 움직였을 것이다.

## 군사화 = 민간화

우리가 조사한 국가 변형 과정은 놀라운 결과를 만들어 냈다. 즉, 통치의 민간화가 그것이다. 그 결과가 놀라운 이유는 군사력의 확대가 국가 구성 과정을 추동했기 때문이다. 도식적으로 보면 그 변형은 이제는 익숙해진 네 단계, 즉 가산제, 중개, 국유화, 전문화의 단계로 발생했다. 최초에는 핵심 실세들이 곧 활동적인 전사들이었고 그들 소유의 육군과 해군을 모집하고 지휘했다. 그다음 군사적 사업가들과 용병 부대의 전성기로 이들은 민간인 실세에게 고용되었다. 그 후 군사 조직의 국가로의 통합이 이어졌고 상비군이 창설되었다. 그리고 마지막으로 대규모 징병제, 조직화된 예비군, 기본적으로 국가 자체 시민들에게서 나온 넉넉한 급여를 받는 자원병으로의 전환은, 순서대로 퇴역 군인의 수당 체제, 입법부의 감사, 잠재적 군인이나 퇴역 군인의 정치적 대표성에 대한 요구로 이어진다.

우리는 이탈리아 용병대장의 부각으로 가산제에서 중개로 전환하는 것을 보았다. 중개에서 국유화로의 전환은 30년전쟁에서 시작하는데, 30년전쟁은 발렌슈타인과 틸리Johan 't Serclaes van Tilly ——내가 아는 한 나와 아무 관계 없는 사람이다—— 같은 위대한 군사적 사업가의 전성기와 자기 파괴를 동시에 가져왔다. 그러한 전환의 한 신호는 1713~1714년, 의류 사업에서 한때 상당한 이익을 챙겼던 프로이센의 대령들을 제거하는 과정에서 나타났다(Redlich 1965: II 107). 1793년 프랑스의 총동원령과 그 후의 과정은 국유화에서 전문화로의 전환을 표시한다. 유럽의 다른 지역에서도 1850년 이후 그것은 매우 일반적이었다. 그 과정이 끝나면서 민간 관료와 입법기관이 군을 억지했고, 군 복무의 법적 의무는 사회 계급 전반에 상대적 평등을 확대하였고, 군사 전문가 이데올로기는 장군과 제독 들이 민간 정치에 관여하는 것을 제한하였고, 직접적인 군부 통치나 쿠데타를 크게 줄였다.

1850년 이후 전문화의 시대에 통치 체제의 민간화는 가속화했다. 절대치로 본다면 군사 활동의 지출과 중요성은 계속 증가하였다. 그렇지만 세 가지 추세가 그 상대적 중요성을 저지하였다. 첫째, 민간 경제의 경쟁적 요구에 의해 제한되어, 정부의 직원 채용은 계속 늘어났지만 평화 시 군 인력은 전체 인구에 대해 일정 비율로 고정되었다. 둘째, 비군사 활동 분야의 지출이 군사적 지출에 비해 훨씬 빠른 속도로 증가하였다. 셋째, 민간 생산이 점차 군사적 확장을 능가할 정도로 빠르게 성장했고, 그 결과 군사 지출은 국가 소득의 한 부분을 차지하는 정도로 줄어들었다. 비군사 활동과 지출이 정권의 관심을 점점 더 크게 차지하게 되었다.

앞서 살펴보았던 사회적 지출 관련 국가들에서 20~44세의 남성 인구 대비 군사 인력의 비율은 유동적이었다(표 4-3 참조). 전쟁 사망자와 전쟁 관련 동원령에 의한 중요한 변수들이 있지만, 1970년의 서유럽 국가들

<표 4-3> 20~44세 남성 인구 대비 군사 인력 비율(1850~1970년)

| 연도 | 오스트리아 | 프랑스 | 영국 | 네덜란드 | 덴마크 | 독일 |
|------|-----------|--------|------|---------|--------|------|
| 1850 | 14.5 | 6.5 | 4.3 | 5.4 | 10.3 | 4.7 |
| 1875 | 8.4 | 7.4 | 4.5 | 6.4 | 6.4 | 5.9 |
| 1900 | 6.9 | 8.8 | 6.6 | 3.6 | 2.8 | 6.3 |
| 1925 | 2.5 | 6.7 | 4.3 | 1.2 | 2.3 | 1.0 |
| 1950 | ? | 8.4 | 7.6 | 12.7 | 2.3 | ? |
| 1975 | 4.2 | 5.8 | 4.2 | 5.3 | 5.3 | 4.5 |

\* 국가들의 경계와 형체는 전쟁의 부침에 따라 상당히 다양했다.

(Flora et al. eds. 1983: I 251~253)

은 20~44세의 남성 인구의 5% 정도를 군대로 유지했다. 1984년에 **전체 인구 중 군 복무에 종사하는 사람들의 비율은 다음과 같이 다양했다**(Sivard 1988: 43~44).

0.5% 이하: 아이슬란드(0.0), 룩셈부르크(0.2), 아일랜드(0.4), 몰타 (0.3), 스위스(0.3)

0.5~0.9%: 덴마크(0.6), 서독(0.8), 이탈리아(0.9), 네덜란드(0.7), 노르 웨이(0.9), 스페인(0.9), 영국(0.6), 폴란드(0.9), 루마니아(0.8), 오스트리아 (0.7), 스웨덴(0.8)

1.0~1.4%: 벨기에(1.1), 프랑스(1.0), 포르투갈(1.0), 체코슬로바키아 (1.3), 동독(1.0), 헝가리(1.0), 소련(1.4), 알바니아(1.4), 핀란드(1.1), 유고슬 라비아(1.0)

1.5% 이상: 그리스(2.0), 터키(1.6), 불가리아(1.6)

몇 개의 근본적 탈군사화 국가들은 이제 그 인구의 0.5% 이하가 무장 상태이고, 몇 개의 군사화 국가들은 1.4% 이상인데, 대부분의 유럽 국가들 은 그사이에 위치한다. 이런 모든 비율은──심지어 어느 정도 호전적인 그

<표 4-4> 국가 예산에서 군사비 지출의 비율(1850~1975년)

| 연도 | 오스트리아 | 프랑스 | 영국 | 네덜란드 | 덴마크 | 독일 |
|------|-----------|--------|------|----------|--------|------|
| 1850 |           | 27.4   |      |          |        |      |
| 1875 |           | 23.2   |      |          | 37.8   | 34.0 |
| 1900 |           | 37.7   | 74.2 | 26.4     | 28.9   | 22.9 |
| 1925 | 7.7       | 27.8   | 19.1 | 15.1     | 14.2   | 4.0  |
| 1950 |           | 20.7   | 24.0 | 18.3     | 15.6   | 13.5 |
| 1975 | 4.9       | 17.9   | 14.7 | 11.3     | 7.4    | 6.4  |

* 연도는 대략적이다.
 (Flora et al. eds. 1983: I 355~449)


리스와 터키의 비율조차도 ── 인구의 8% 밑이고 스웨덴은 1710년에 군사
적으로 그 정점에 위치했었다. 신체 건강한 인구의 높은 비율은 이미 생산
적 업무를 수행하고 낮은 비율의 인구가 농업에 종사하고 있는바, 유럽의
국가들은 이제는 그 경제의 중심을 방향전환하지 않고는, 전시에 동원할
병력을 증강하려면 심각한 제한에 직면하게 된다.

그사이에도 비군사적 활동은 아주 빠르게 커져서 군사적 지출은 국가
예산이 크게 늘어났음에도 불구하고 그 예산에서 차지하는 비율이 줄어
들었다. 앞에서와 동일한 국가를 선택하면, <표 4-4>에서 보는 것처럼 군
사비 지출에 투여된 예산의 비율이 감소 추세에 있음을 알 수 있다. 장기적
추세로 보면 모든 국가에서 군사 활동에 대한 지출은 비율이 감소하였다.

결국 국가의 수입이 군사비 지출에 비해 매우 빠르게 상승하기는 했
다. 1984년에 국민총생산에 대한 군사 지출의 비율은 무장한 남성의 비율
과 비슷하게 다양한 패턴을 보였다(Sivard 1988: 43~44).

**2% 이하:** 아이슬란드(0.0), 룩셈부르크(0.8), 루마니아(1.4), 오스트리아
(1.2), 핀란드(1.5), 아일랜드(1.8), 몰타(0.9)

2~3.9%: 벨기에(3.1), 덴마크(2.4), 서독(3.3), 이탈리아(2.7), 네덜란드(3.2), 노르웨이(2.9), 포르투갈(3.5), 스페인(2.4), 헝가리(2.2), 폴란드(2.5), 스웨덴(3.1), 스위스(2.2), 유고슬라비아(3.7)

4~5.9%: 프랑스(4.1), 터키(4.5), 영국(5.4), 불가리아(4.0), 체코슬로바키아(4.0), 동독(4.9), 알바니아(4.4)

6% 이상: 그리스(7.2), 소련(11.5)

미국과 소련의 교착 상태가 이러한 지출 배분을 가능하게 했다. 1984년 미국은 자체의 그 어마어마한 국민총생산에서 6.4%를 군사 활동에 지출했는데 이는 그보다 상당히 작은 규모의 경제에서 쥐어짜 낸 소련의 11.5%와 맞서기 위한 것이었다. 그럼에도 유럽의 전반적 추세는 하향하는 쪽이었다. 즉, 무장한 인구 비율의 감소, 군사 분야에 투여하는 예산 비율 감소, 군인과 무기에 소비하는 국가 수입금 비율의 감소가 일반적 추세였다. 이러한 변화는 군인들에 대한 조직적 제한의 결과였고 또한 이를 강화했다. 가산제에서 중개, 중개에서 국유화, 국유화에서 전문화로 옮기는 단계마다 군인들의 자율권을 제한하는 새롭고 중요한 장벽들이 부상했다.

이상적 절차에서 일탈한 경우도 그 논리는 확실하다. 스페인과 포르투갈은 군사비 지출의 주요한 부분을 식민지 수입에서 끌어오고, 장교는 스페인 귀족에서, 일반 보병은 가장 빈곤한 계급에서 모집하였고, 지방과 식민지에서는 군 장교들을 왕의 대리자로 유지함으로써 통치의 민간화를 피했다(Ballbé 1983: 25~36; Sales 1974, 1986). 이러한 모든 요인이 전쟁에 필요한 자원을 두고 신민 대중과 일종의 협상을 하는 것을 최소화하는 데 도움이 되었고, 이를 통해 권리와 제한을 구성했던 것이었다. 스페인과 포르투갈은 또한 '영토의 덫'—매우 많은 종속 영토를 정복하였지만 그로부터 차출하기 위한 수단 때문에, 행정적 비용이 제국주의 지배에서 나온 이익을 삼켜 버린다——에 발목 잡혔을 것이다(Thompson and Zuk 1986). 어떤 점에서 스페인과 포르투갈은 군인들이 권력을 장악한 대부분의 제3세계 국가가 처한 현재 상황을 예상하고 있었다.

군사 조직과 민간 조직의 차별화, 그리고 민간 부문에 대한 군사 부문의 종속의 이면에는 근본적인 지리적 문제가 놓여 있다. 대부분의 조건에서 군사적 목적에 관한 국가 활동의 지역적 분포는 수입을 산출하기 위한 지역적 분포와 상당한 차이를 보인다. 한 국가가 인근 영역 내에서 정복과 조공에 의해 작동한다면, 그 차이가 그렇게 클 필요는 없다. 그러면 점령군은 감시자, 관리자, 그리고 세금 징수원을 수행하면 되었다. 그러나 그 선을 넘으면 네 가지 관심사가 다른 방향으로 모아진다. 즉, 군사력 배치를 그들이 활동할 것 같은 지역으로 할 것인지 보급의 주요 자원 지역으로 할 것인지의 문제, 시민 대중 감시와 통제에 전문화된 국가 관료들을 공간적 완결성과 인구 분포 관련성 사이에 절충한 패턴 내에 배분하는 문제, 국가 수입 징수 활동을 무역·재산·수입의 지형학에 따라 분할하는 문제, 마지막으로 협상 당파의 공간적 구조에 따라 수입에 대해 타협하고 그 결과에 의해 국가 활동을 배분하는 문제이다.

국가 활동의 결과에 따른 지형학은 확실히 이 네 가지 힘 모두의 관계에 따라 다양해진다. 해군은 국가의 변방을 따라 심해 지역에 집중되고, 우체국은 전체 인구와 밀접한 조응 관계에 따라 분포하고 중앙 행정 사무는 서로 붙어 있다. 군사 기관이 더 클수록 국가 자체 영토 외부로 전쟁을 추구하는 바는 더 커지고, 더 확장된 차출과 통제 기구가 그것을 지원하기 위해 성장할수록 그 지리적 차이는 더 커지고, 그리고 민간 대중에 대한 상당한 통제권을 군대에 주었던 이상적인 군사적 지형학으로부터의 거리는 더 멀어지게 된다.

지리적 차이는 각각의 활동에 대한 분리된 조직 창설을 도모하게 하는데, 군사력을 군대와 경찰로 분할하는 것이 그 예다. 경찰의 분포는 민간인 대중의 지형학에 근접하지만, 반면 군대의 분포는 시민들로부터 분리되고 국제 전략이 지정하는 곳에 배치된다. 프랑스 모델은 지상군을 세 부분으로 분할하였는데, 즉 주둔군으로 편성된 군대가 행정적·전략적 편의에 따라 배치되었고, 헌병 경찰gendarme(군사적 통제 아래 있고, 전시에는 군으로 동원 가능하다)은 병참로와 영토 내의 인구 희박지에 널리 산개시켰고, 경찰은 국가의 보다 큰 복합체 내에 배치시켰다. 그래서 군인들은 국경을 순찰하고, 국가권력의 요충지를 보호하고, 해외 문제에 개입하지만, 범죄의 통제나 민간의 갈등에는 거의 참여하지 않는다.

헌병 경찰은 고속도로를 제외하고 사유지가 대부분의 공간을 차지한 영토 내 지역을 주로 상대했는데, 따라서 그들은 병참로를 순찰하고 시민의 요구에 대응하는 일로 대부분의 일과를 수행했다. 반대로 도시 경찰은 공적인 공간이 지배적이고 그러한 공적인 공간 범위 내의 가치 있는 재산이 존재하는 영역들을 종횡으로 감시한다. 그들은 이에 상응하게 시민들의 요청 없이 통제하고 체포할 수 있도록 노력을 기울인다. 궁극적인 점에서 그런 지리적 분할은 군대를 정치권력으로부터 분리시키고 그 생존을 민간인들에게 의존하게 만들었는데, 이는 민간인들이 재정적 건전성, 행정적 효율성, 공공질서, 군사적 효율성 못지않은 (아마 이를 대신할 수도 있는) 정치적 협상력을 유지하는 데에 몰두하였기 때문이다. 이러한 복잡한 논리가 유럽 국가들의 공간적 차별화에 강력한 영향을 미쳤다.

이러한 차이는 분명 지리적 의미 그 이상이었다. 우리가 보았던 대로 국가 민간인의 반을 이끄는 사람들은 자본가들과 실무 관계를 확립하는 것, 국가 활동 영역의 확장 범위에 필요한 자원을 제공하는 문제에서 나머지 반에 해당하는 사람들과 타협하는 것 말고는 선택할 수 있는 것이 거의 없었다. 관료들은 수익과 묵인을 획득하기 위해 군대와는 확연히 다른 방식으로 성장하는 조직을 세웠고, 그러한 대부분의 목적을 이루기 위해서는 점차 군대로부터 독립해야 했다. 유럽 전체로 보면 이러한 과정이 증가하는 군사 지출이나 더욱 파멸적인 전쟁을 방지한 것은 아니었으나, 서기 990년이나 1490년에 대한 유럽의 관찰자를 놀라게 할 정도로 국내 군사력을 억제시키기는 했다.

5장

∞

## 국민국가의 계통

# 5장 국민국가의 계통

## 중국과 유럽

조지 윌리엄 스키너는 중화 제국 말기의 사회적 지형학을 두 세트의 중심-지역 위계의 교차로서 설명한다(Skinner 1977: 275~352; 또한 Wakeman 1985; Whitney 1970 참조). 첫째는 교환에서 부상한 것인데, 전반적으로 아래에서 상향으로 구성된 것이다. 그것의 중첩적 단위체는 점점 그 크기가 증대하는 촌락과 도시 들의 중심에 위치한 더 큰 시장들로 구성되었다. 둘째는 위에서 아래로 부과된 것인데 제국주의적 통제에 의한 결과였다. 그 함축적 단위체는 행정적 관할권의 위계를 구성하였다. 현縣 수준으로 내려오면 모든 도시는 상업적·행정적 위계 내에 그 위치를 잡았다. 그 수준 아래로 가면 강력한 중국 제국이라도 그 지역 향신을 통해 간접적으로 통치했다. 이러한 하향식 체제에서 강제에 관한 공간적 논리를 발견한다. 한편 상향식 체제에서는 자본의 공간적 논리를 볼 수 있다. 유럽의 국가와 도시 들 사이의 불평등한 조우에서도 이 두 가지와 비슷한 위계가 끊임없이 작동했던 것을 보아 왔다.

중국의 몇몇 지역에서 제국의 통제는 상대적으로 약했고 상업 활동은 상대적으로 강했다. 그런 곳에서 도시는 일반적으로 제국의 통치 순위보다 시장의 순위에서 더 상위에 자리했다. 다른 지역(특히 제국의 변방, 이 지역은 전형적으로 수입보다는 안전 때문에 중앙에서 더 큰 가치를 둔다)은 상업 활동보다 제국의 통제를 도시의 우선순위에 놓는다. 스키너는 두 위계 내에서 도시의 관계적 지위의 중요한 상관성을 요약한다. 즉, 시장 위계에서 상대적으로 높은 위치를 점유한 도시들에 부임했던 제국 관리들은 상인들과 다른 유력자들의 '의사정치적' 네트워크를 상대하며 선호되지 않는 지역의 동료들이 한 것보다 더 뛰어난 업적을 성취했다. 한편 주요 시장을 가진 도시들이 포함된 지역에서는, 관리의 경력으로 이어지는 제국의 시험에 더 많은 지원자를 보낼 수 있는 재정적 능력이 있었다. 그러한 하향식 체계과 상향식 체계의 상호작용에 의해 여러 결과들이 나왔다.

중국은 유럽과 어떻게 달랐는가? 1637년에 출판된 한 책자에서 예수회에 속한 줄리오 알레니Giulio Aleni는 그의 중국 친구가 유럽에 대해 "그렇게 많은 왕이 있다면, 어떻게 전쟁을 피할 수 있는지"에 대한 질문을 자주 했다고 썼다. 그는 단순히 또는 솔직히 대답했다. "유럽의 왕들은 결혼으로 모두 연결되어 있기 때문에 서로 좋은 관계를 맺고 지낸다. 만일 전쟁이 나면 교황이 중재한다. 교황은 특사를 보내 전쟁 당사자들에게 싸움을 멈추라고 경고한다"(Bünger 1987: 320). 이는 끔찍한 30년전쟁이 한창일 때였고, 이후 유럽 국가 대다수가 유혈극으로 점차 끌려들어 갔다. 차이는 중대했다. 비록 중국이 한때 전국시대를 겪었고 당시는 유럽의 국제적 무정부 시대와 아주 유사했고, 변경 지역에서의 반란과 침입이 끊임없이 제국의 통치를 위협했지만, 대부분의 시대에 하나의 중심부에서 중화 지역 대부분을 지배했고, 그 영역은 유럽의 기준에 의하면 상상할 수 없을 정도로 컸다. 제국은 오랫동안 중국의 정상적 상황이었다. 하나의 제국이 저물면 다른 제국이 그 자리를 차지했다. 더욱이 18세기에, 당시 유럽에서는 하나의 중심에 의한 직접 지배가 자리 잡기 시작했는데, 청의 황제는 그들의 지배 영역 전체에 달하는 더욱 확장적인 직접 지배를 도모하였다. 1726년 옹정 제는 중국 남서부 소수민족의 족장까지도 그의 정권에서 보낸 관리로 교체하려고 했다(Bai 1988: 197). 유럽에서는 다수의 경쟁적 국가들로 분할된 상태가 지난 1000년부터 내내 지배적이었다.

결국 러시아의 차르가 아시아의 거대한 지역을 지배하긴 했지만, 유럽 자체에서 전성기 중국의 크기에 이를 만한 제국을 만들었던 적은 없었다. 그럼에도 로마의 지배 지역이 분열된 후 여러 지배자들이 유럽에 제국을 건설하려 했거나, 제국을 유럽으로 확장하려 했다. 무슬림 제국들이 연이어 스페인과 발칸 지역에 진출했지만 더 멀리 갈 수는 없었다. 비잔틴, 불가리아, 세르비아, 오스만 제국들이 때때로 발칸 지역과 중동 지역 양쪽에 걸쳐 있었고, 한편 몽골과 다른 아시아의 침입자들도 러시아에 제국주의의 유산을 남겨 두었다. 유럽의 중심지에서는 샤를마뉴가 분열 번식 중인 제국의 조각을 합체하려 했고, 노르만이 제국 건설을 몇 번 시도했고, 신성로마제국(법률상)과 합스부르크제국(사실상)은 그들의 존재를 실감하게 했다. 그러나 제국에 관한 모든 노력은 대륙 전체를 움켜쥐기에는 많이 모자랐다. 로마 이후 유럽의 어떤 큰 지역도 로마만 한 제국의 지배를 실감한 적은 없었는데, 그마저도 규모에 있어서 중국보다 턱없이 적었다.

그럼에도 유럽은 그 자체의 분절된 방식으로 스키너가 중국에서 조사한 두 가지 방식의 상호작용을 경험했다. 즉, 상업과 제조업에 근거한 지역적 위계의 상향식 구성과 정치적 통제의 하향식 부과가 그 두 방식이다. 유럽의 도시 네트워크는 자본의 위계를 표상했는데, 즉 보다 높은 수준의 상업적 연결 관계로 구성되었다. 이러한 관계는 촌락과 마을에 닿아 있으며, 이는 도부상colporteur(어원은 어깨에 상품을 이고 다니는 사람들), 보따리장수peddler(어원은 도보로 상품을 이곳저곳으로 들고 다니며 파는 사람), 그리고 지역과 지방에서 상거래를 하여 자본 축적을 이룬 보다 규모가 큰 상인들에 의해 연결되었다. 잉글랜드의 왕이나 부르고뉴의 공작은 세금과 군인 모집을 위해 시골까지 손을 뻗쳤고, 제대로 구성된 상업적 관계들을 찾아냈지만, 이를 만드는 데 맡은 역할이 거의 없었고 전적으로 통제할 수도 없었다. 유럽의 상향식 위계는 정치적 조절에 의한 하향식 구조보다는 더 완결되고, 더 연결되고, 더 광범위한 상태로 오랫동안 남아 있었다. 그것이 로마 이후 유럽 대륙에 걸쳐 있는 제국을 건설하려던 여러 번의 시도가 실패했던 주요 이유였다.

유럽과 중국의 식량 투쟁을 비교한 빈 웡의 연구는 양 대륙의 경험 사이의 스키너식 평행 이론에 중요한 시사를 준다(Wong 1983; Wong and Perdue 1983). 구조상의 중요한 차이에도 불구하고 두 지역 사람들은 특별히 식량을 확보하는 일에 강력하게 매달렸는데, 식량이 부족하고/하거나 가격이 높아서 식량 시장의 가격 범위와 식량 공급에 대한 정권의 통제 가격 사이에 격차가 커진 지역과 시기에 더 심각했다. 지역 시장에 식량을 의존했던 빈민들은 식량을 저장하고, 시장에서 거래하고, 그 주변으로 운송해 주기 바라는 지역 주민들의 요구를 더 이상 시행할 능력이 없는 당국자들을 자신들로 대체했다. 18~19세기에 중국은 제국의 통제가 축소되는 것을 경험했는데, 이유는 시장이 자체 통제권을 유지 및 확장하였고, 지역 주민들이 식량 공급에 대한 자신의 요구를 집행하고자 운송을 막거나 상인들을 겁주거나 저장된 곡식을 탈취했기 때문이다.

18~19세기 유럽은 나름대로 식량 시장의 확대가 지방에 대한 통치

권의 영향력보다 더 빠르다는 점을 알았다. 지역 주민들은 **그들의** 관리들이 더 이상 존중하지 않는 요청을 실행시키고자 곡식을 탈취했다(Bohstedt 1983; Charlesworth 1983; Tilly 1971). 스키너의 패턴을 적절히 따른 것인지 판단할 만큼 유럽의 곡식 장악에 대해 충분히 폭넓은 지형도를 그려 낸 사람은 누구도 없다. 그러나 주요 도시와 항구를 둘러싼 곡식 장악의 특징적인 경향을 감안하면, 그런 패턴에 상당한 설득력이 있다. 중국의 도적 떼, 반란, 다른 집단적 갈등은 또한 뚜렷한 지역적 차이들을 증명하는데, 그 차이는 최소한 제국의 활동과 상업적 활동의 결합에 대한 개략적인 상응 관계들을 포함하고 있다. 그런 사실들에서 우리는 유럽 내의 비슷한 지리적 불평등을 찾을 수도 있다. 대중의 집단행동은 스키너식 논리를 잘 보여 줄 수 있을 것이다.

스키너가 설명한 정치적 연계변이의 패턴은 유럽의 상대적인 부분도 포함한다. 예를 들어 총독이 직접적인 군사적 통치를 통해 권력을 유지했지만 왕을 위한 수입을 거의 생산하지 못하는 빈약한 상업 지역의 행정적 중심지를 보면, 왕의 하위직 관리는 번성하는 영주들과 상인들에게 둘러싸여 그들과 협상하는 것 외에 선택할 수 있는 것이 없었다. 동부 프로이센과 서부 프로이센의 대조적인 부분을 생각해 보자. 동부는 국가 행정 기구가 대영주들에 우호적이어서 상인들을 압도했고, 서부는 비슷한 기구가 지역의 상업적 활동에 거의 용해되었다. 가브리엘 아르당은 30년 전에 국가 재정 체제와 지역 경제 사이의 '적합도'가 과세 금액과 효과를 결정한다고 지적했다(Ardant 1965). 시장 활동이 거의 없는 지역에서 추산 가치에 근거한 현금으로 납부해야 하는 토지세는 징수에 많은 비용이 들어가고, 주민들에게 매우 불공평하게 충격을 주고, 잠재적인 수입의 상당 부분을 놓치고, 광범위한 저항을 불러올 가능성이 있다. 반대로 상업화가 아주 잘

된 지역에서, 고른 인두세는 자본 중심지와 상업적 통로에 맞추어 기획된 세금에 비해 비용은 더 들고 수입은 적다.

다른 한편, 상업 활동이 높은 수준에 이르면 상인들은 상당한 정치적 권력을 소유하게 되고, 이는 그들의 자산을 몰수하거나 매매를 방해할 수 있는 국가 창설을 방해하는 입장을 취하기도 했다(아르당은 여기까지 관찰하지는 않았다). 우리가 보았던 대로 유럽에서 상업 활동의 규모는 국가권력을 세우는 데 사용했던 다양한 전술의 실현 가능성에 큰 영향을 주었다. 발트해 무역의 빠른 성장에 따라 번성했던 그단스크 외곽에서 폴란드의 상인들은 대영주들이 장악한 영역을 깨트릴 수 없었다. (역설적인 것은 폴란드 영주들의 권력은 선출된 왕을 무력화시켰고, 이는 곧 더 요구 많은 튜튼기사단 치하에서 벗어나려던 프로이센 도시들에게 그 왕을 매력적인 종주권자로 만들었다는 점이다.) 그러나 암스테르담, 두브로브니크, 베네치아, 제노바 등 상업적 위계에서 높은 위치의 도시들은 그 영역에서 활동하는 어떤 국가이건, 그 조건을 지시할 수 있었다. 따라서 중국에 대한 스키너의 모델은 유럽의 국가 구성의 지형학을 볼 수 있는 빛을 주었다.

사실 앞선 장들은 스키너 연구자들이 쉽게 인식할 수 있는 유럽 모델을 펼쳐 보인 것이었다. 이는 세 가지 요소를 포함한다.

(1) 집중화는 도시를 만들어 내고 불평등은 착취에 의존하는, 교환과 자본 축적에 의해 특성화된 일련의 사회적 관계들

(2) 집중화에 의해 국가가 만들어지고 불평등은 지배에 의존하는, 강제에 의해 특성화된 일련의 또 다른 사회적 관계들

(3) 타자들로부터 자원을 획득하는 데 대리인을 관여시키는, 국가에 의해 수행된 일련의 활동들

두 세트의 사회적 관계들에 의해 윤곽이 드러난 네트워크는 균질하지

않게 교합한다. 강제가 밀집하여 집중한 지역에서 비슷한 정도로 자본이 밀집하여 집중하며, 다른 강제 밀집 지역은 희박한 자본과 맞닥뜨리거나, 기타 등등의 경우가 있다. 유사한 국가 활동이 여러 지역에서 시행되면서 다른 식으로 효과가 나타나고, 다양한 조직적 결과가 나오게 된다. 아주 추상적으로 말하면, 이 책 전체의 핵심적 메시지를 아직까지는 그렇게 요약하겠다.

## 국가와 도시에 대한 재검토

국가가 무엇인지 다시 확인해 보자. 명확한 영토 내에서 집중화된 강제의 수단들을 통제하는 차별적 조직이고, 어떤 점에서는 같은 영토 내에서 작동하는 모든 조직들에 대해 일차적 우선순위권을 행사한다. (국민국가는 다양한 인접 지역의 문제와 관련하여 영토를 확장하고, 상대적으로 중앙집권화되고 차별화되고 자율적인 자체 구조를 유지한다.) 무장한 남성들이 국가를 만드는데, 그 수단은 주어진 영토 내에서 강제의 수단을 축적하고 집중시켜서, 그 영토 내에서 생산과 재생산을 지배하는 조직과는 최소한 부분적으로라도 구별되는 조직을 창설하여, 같은 영토 내에서 다른 집중화된 강제를 압수·포섭·청산함으로써 경계를 정하고, 그 경계 안에서 관할권을 실행하면서 구성하는 것이다. 그들은 새로운 인접 영토들에 같은 과정을 확산시키고, 중앙집권화되고 차별화되고 자율적인 조직을 정교하게 만들어서 국민국가를 창안하였다.

국가 조직의 구성과 변형은 정복하고, 그 영토 내의 사람과 자산에 대해 계속적인 통제를 유지하려는 노력에 의해 생겨났다. 비록 국가 창설자들이 항상 정복과 통제의 모델을 염두에 두고 이를 의식적으로 따르려 했지만, 이러한 활동들에 의해 나타난 국가의 단계별 구성에 대한 계획을 세웠던 적은 거의 없었다. 그럼에도 그들의 활동은 강제적 통제의 하향식 위계를 필연적으로 창안하였다.

국가를 구성하고 변형하면서 지배자와 대리인 들은 엄청난 양의 자원을 소비했는데, 특히 군사적 적용을 위해 스스로 빌린 자원들, 예를 들어 남성, 무기, 운송 수단, 식량을 엄청나게 소비했다. 그러한 자원들은 대부분의 경우에 다른 조직들과 사회적 관계망, 즉 가정, 장원, 교회, 봉건적 의무, 이웃들 간의 관계 안에 내장되어 있었다. 지배자의 문제는 그러한 조직과 관계망에서 필수 자원을 차출하는 것이었지만, 한편 미래에 누군가 유사한 자원을 재생산하여 제공할 것이 확실해야 했다. 두 가지 요인이 국가의 자원 획득 과정을 만들고, 그 과정의 결과로 나온 조직에 강한 영향을 주는데, 두 요인은 자본의 상향식 위계 특성, 그리고 국가의 대리인이 자원을 차출하려는 지역의 위계 내 위치이다.

국가 창설을 꿈꾼 누구건 유럽에서 마주친 도시의 범위는 매우 컸다. 또 하나의 2차원 도표(그림 5-1)에 기대어, 도시와 그 배후지의 활동이 교합한 정도(피상적인 관계에서 심도 있는 관계까지)와 그들의 시장 지위(순수하게 지역이나 지방에 근거한 시장에서부터 교역, 가공, 자본 축적이 가능한 국제적 중심지까지)에 따라 도시를 배열할 수 있다. 13세기 피렌체의 상인들과 임대업자들은 그 주변부의 토지, 생산, 무역에 대해 광범위한 지배력을 행사했다. 따라서 제노바보다 더 중요한 대도시의 자격이 있었다. 제노바는 도시 자체의 배후지보다 국제적 연계가 더 약했다. 15세기 마드리드는 그 자체와 카스티야의 일부에 상당히 국한되어서, 포르투갈 내부와 외부 모두로 지배를 확장시켰던 리스본보다 더 지역 시장처럼 보였다.

도시 구별 문제는 그것이 다른 종류의 국가 구성 가능성에 영향을 주

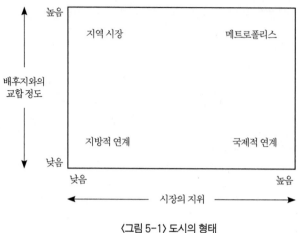

<figure>

높음

지역 시장　　　　　　　　　　메트로폴리스

배후지와의
교합 정도

지방적 연계　　　　　　　　　　국제적 연계

낮음

낮음　　　　　　　　　　　　　　　　높음

시장의 지위

</figure>

〈그림 5-1〉 도시의 형태

었기 때문에 중요하다. 도시의 시장 지위가 높을수록, 집중된 힘을 키우고
자 하는 누구든 그 도시에 근거를 둔 자본가들과 협상을 해야만 하거나, 아
니면 그 자본가들 중 한 사람이어야 할 것이다. 도시가 배후지와의 경제적
교합이 더 강할수록, 고립된 영주들의 집단이 국가 구성 과정에서 도시의
견제 세력이나 적이 될 가능성은 줄어들었다. 유럽 국가 구성의 초기 단계
에서 밀라노 같은 도시국가건 베네치아 같은 도시 제국이건 상관없이, 그
배후지를 지배했고 국제적 시장 지위에 자리했던 도시는 자율적 국가를
구성할 가능성이 높았다.

　　1800년 이전 유럽을 지배했던 조건들 중, 도시가 급증한 지역에서 국
제무역은 상당히 활발했다. 몇몇 도시는 국제시장에서 중심적 위치를 차
지했고 자본 축적과 집중화도 이루었다. 그러한 상황에서는 지역 자본가
들과 협력하는 것을 제외하면 누구도 국가를 창설하거나 변화시키려 하지
않았다. 플랑드르와 라인 지방, 포 계곡 지역은 그 원칙을 극적으로 보여 준
다. 도시가 희박한 지역에서는 상황이 달랐다. 그런 곳에서는 경제 부분에

서 국제무역은 미미한 역할에 그쳤고, (도시도 없었지만 있었다 하더라도) 국제시장에서 높은 위치를 점유한 도시는 거의 없었고, 자본이 빠른 속도로 축적되거나 집중되는 일도 없었다. 그러한 지역에서는 지역 자본가들과 협력하거나 효과적 저항에 직면하는 일 없이 국가가 통상적으로 구성되었다. 그런 곳에서는 강제가 지배했다. 폴란드와 헝가리가 그 예이다. 그 사이에서, 한 지역에 자본이 축적된 최소한 하나의 주요한 중심지가 존재하거나 영주들이 지배했던 곳은 국가로 가는 중간 경로를 택할 수 있는데, 그 경로에서 자본과 강제의 소유자들이 투쟁하였으나, 결국에는 **타협**을 위해 협상하였다. 아라곤과 잉글랜드가 적절한 예를 제공한다.

이러한 차이들은 유럽의 잘 정리된 지리적 패턴을 따랐다. 해안가 지역들은 도시 비율이 더 높기는 했지만, 지중해 밖의 항구들은 보통 얇은 배후지를 끼고 있었고, 영주들이 통치하는 더 큰 지역에 의지했다. 대략 이탈리아반도 북서부로부터 잉글랜드 남부에 이르는 도시의 넓은 행렬은 분할된 주권 지역들로 지도를 채웠는데, 자본가들의 힘에 의한 국가 구성 지역이기도 하다. 대서양 해안, 북해, 발트해의 상업이 중요해지면서, 그 줄은 일종의 추출기 역할을 했는데, 그것이 연결된 지중해와 동쪽 지역으로부터 상품, 자본, 도시 인구를 펌프처럼 끌어올렸다. 크고 강력한 국민국가들이 그 도시의 세로열 가장자리에서 형성되었는데, 그 지역의 도시와 자본은 이용 가능했지만 압도적이지는 않았다. 그곳에서 멀리 떨어지면, 국가들은 보다 큰 영토들을 점유했지만, 아주 최근까지도 그 영토 내의 사람들과 활동에 대해 아주 가끔 통제하는 정도였다.

이렇게 대조적인 환경은 국가 내 변화의 다양한 경로들을 표시했다. 이러한 논의를 실행 가능한 것으로 만들기 위해, 여러 경로들을 도식화하여 세 개로 축소시키겠다(그림 5-2 참조). 이 표에 의한 주장은 남성들이 유

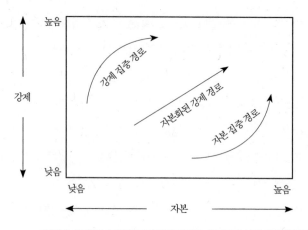

〈그림 5-2〉 국가 성장 경로의 결정 인자로서 자본과 강제의 상대적 집중

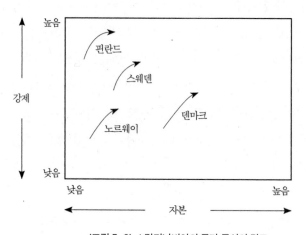

〈그림 5-3〉 스칸디나비아의 국가 구성의 경로

럽의 여러 지역에서 강제를 집중하기 시작했을 때, 집중화된 자본의 상대적 존재와 부재에 의해 국가 구조 내 변화의 다양한 궤도가 예측되었다는 (그리고 어떤 점에서 그 원인을 제공했다는) 점이다. 비록 유럽의 모든 지역들은 점차 큰 국민국가로 통합되었지만 실제로 국가는 오랜 시기에 걸쳐 나

누어졌다. 몇 세기 동안 강제 국가, 자본 국가, 자본화된 강제 국가 들은 구조와 활동에 있어 별개의 방향으로 움직였다. 어느 정도의 조잡함에도 불구하고 이 도표는 몇 가지 유용한 차이들을 보여 준다. 예를 들어 북유럽 국가들에서 <그림 5-3>에서와 같이 가능한 다른 경로를 그릴 수 있다. 그 도식을 진지하게 확인하려면 우리는 핀란드, 스웨덴, 노르웨이, 덴마크 모두가 다양한 시간대에 타자에게 지배당하는 제국과 연방에 속해 있었다는 점을 인식해야 할 것이다. 아울러 그 국가들의 경계와 그러한 이름에 의해 지정된 종속 상태는 정복과 협상의 결과에 따라 상당히 유동적이었다. 17세기 중엽 이전 덴마크는 강력한 영주 귀족과 영주 왕 사이의 최고 수준의 연정을 만들었고, 핀란드가 서기 900년 이후 이웃 강대국으로부터 독립적 존재였던 시간은 불과 몇십 년에 그쳤다. 이러한 자격 조건에 따라 이 그림은 덴마크가 어떻게 상대적으로 상업화되지 않은 정복 국가로 새로운 천년을 시작하여, 서유럽과 발트해 지역의 교역 증가에 따라 자본화하여 이웃 국가들보다 훨씬 더 번성했는지를 스케치해 볼 수 있는 기회를 제공한다. 반면 핀란드는 아주 오래도록 상업적 낙후 지역으로 남아 있었고, 무력에 의해 통치되었다.

북유럽 국가들은 강제적인 국가 구성에서 자체 변형을 창안하였다. 17세기 이전에 이 나라들은 유럽의 가장 심한 농업 지역 중에 하나였다. 대부분의 촌락들은 나름의 상업적 중심지라기보다는 왕권의 요새화된 전진 기지로 만들어졌다. 베르겐과 코펜하겐을 비롯하여 교역의 전초지인 다른 상업 중심지들이 일찍이 중요했음에도 불구하고, 1500년에는 그 지역의 어떤 도시도 1만 명의 거주자조차 채우지 못했다(de Vries 1984: 270). 독일 상인들이 오랫동안 스칸디나비아 무역을 지배했는데, 도시 위원회의 구성과 도시의 지도가 모두 독일인 부분과 그 지역민 부분으로 확연히 갈릴 정도였다.

스칸디나비아의 상업은 한자동맹이 거의 독점하게 되었다. 한자동맹의 도시들은 이탈리아 은행가들을 단호하게 배제시켰고, 자체의 은행과 신용기관을 창설하는 것도 거부했다. 대신에 그들은 양방향으로 균형 잡힌 거래에 의존했고, 자주 현물로 거래했다(Kindleberger 1984: 44). 16세기 발트해 무역의 가속화에 따라 상당한 자본과 도시 인구 집중이 노르웨이, 스웨덴, 핀란드, 덴마크에 나타나기 시작했다. 그 이후에도 독일인을 계승했던 네덜란드 상인들이 교역, 자본, 운송의 대부분을 관리했다. 그럼에도 그 지역의 전사들은 유럽의 여러 지역에 그들의 자취를 남겼다.

서기 900년 무렵 몇 세기 동안 바이킹들과 그 친족들은 북유럽 바깥의 넓은 지역을 정복했고, 전사-영주들이 지배하는 국가들을 세웠다. 그러나 그들이 모국에서 거쳤던 과정을 똑같이 따라서 할 수는 없었다. 그곳에서는 산림 관리와 어업이 중요했고, 정착지가 빈약했고, 경계는 개방적이었고, 외부의 침입도 드물어서 소규모 자작농의 생존이 보장되었고, 따라서 대영주가 될 수 있는 전사의 능력에 한계가 있었다. 스웨덴 왕은 군역을 확보하는 과정에서 보조금을 제공하여 소규모 영주의 수를 실제로 증가시키기도 했다. 17세기에 이르기까지 군인의 대다수를 같은 체제의 변형을 통해 모집했다. 귀족들은 (그리고 이후에는 부유한 농민들도) 왕을 위한 복무에서 빈약한 보수를 받고 기사 장비를 갖추는 것에 대해 면세 자격을 받았다. 반면에 평민들은 보병을 담당해야 할 책임과 아울러 왕과 그 가족들에게 토지를 제공해야 할 책임도 있었다. 전쟁 지역과 접경 지역에 주둔하는 용병들을 제외하면, 왕의 큰 현금 지출 없이도 그 방식은 그대로 지속되었다.

스웨덴과 덴마크는 여러 세기 동안 주요한 군사력을 유지했다. 구스타프 바사(재위 1523~1560년)와 그 계승자들 치하에서 스웨덴은 강력한 군사력을 구축했는데 경제적인 큰 부분을 국가의 요구에 종속시키는 대가에 의한 것이었다. 덴마크, 스웨덴, 노르웨이의 칼마르 동맹(1397~1523년)은 독일 상인들과 한자동맹의 상업적 지배에 대항하여 왕권을 주장하기 위한 수단으로 구성되었다. 구스타프 바사의 여러 활동 중에 목사들의 권한을 몰수하고 국가에 복종하는 개신교 교회를 창설한 것이 있다. 동시대의 러시아 지배자들과 마찬가지로, 구스타프 바사 또한 "모든 토지는 왕권의 소유이고 귀족이 아닌 자가 그 토지를 일시적으로라도 소유하고 그 소유권을 계속 유지하기를 바란다면 정권에 대한 재정적 의무를 충족시켜야 한다"라는 시각을 내놓았다(Shennan 1974: 5). 생업 경제에서 전쟁 비용을 충당하려는 국가의 현금 찾아내기는 광업과 제조업의 확대, 재정 기구의 정교화, 상당 규모의 국가 채무의 시작, 구태의연한 대의제 입법 기구 우회하기, 왕권에 대한 기록 관리에 참여하는 (프로테스탄트와 국교의) 성직자들의 증가 등을 낳는 동기를 만들었다(Lindegren 1985; Nilsson 1988).

더 상업이 발달한 덴마크는 30년전쟁 내내 전쟁 관련 비용을 왕의 토지에서 나오는 수입으로 충당했다. 덴마크에서 1660년까지는 어떤 평민도 토지를 소유할 수 없었다. 스웨덴과 덴마크 사이에 있었던 1640년대의 전쟁은 덴마크의 귀족과 선출된 왕 사이의, 수입에 대한 투쟁을 촉발시킨 경제적 침체와 결합된 것이었다. 왕은 쿠데타를 통해서 세습 왕조를 세웠고 귀족들의 권력을 크게 약화시켰다. 그러나 이는 귀족과의 협력도 약화되었다는 것을 의미했다. 그 결과 덴마크는 해협에서 나오는 고수익의 통행료를 포함하여 과세에 과감한 변화를 주었다. "1618년 덴마크 국가 수입의 67%는 왕가의 토지에서 나온 수입이었는데, 반세기 후에 그 수입의 비율은 단 10%에 그쳤다"(Rystad ed. 1983: 15). 전쟁에 의해 유발된 채무를 청산하기 위해 왕조는 1660년에서 1675년 사이에 그 토지의 상당 부분을 팔았다(Ladewig Peterson 1983: 47). 따라서 17세기 전쟁 비용은 덴마크와 스웨덴 두 나라 모두의 통치 형식에 중요한 변화를 만들어 냈다.

스웨덴은 (덴마크와 마찬가지로) 30년전쟁 당시 용병에 많이 의존했지만, 17세기 후엽에 군대에 대한 요구가 상승하자 징집된 국내 병력으로 다시 전환했다. 칼 11세(재위 1675~1697년)는 전임자가 전쟁 비용을 지불하기 위해 팔았던 왕가의 토지를 탈취하는 쿠데타를 획책했고, 그 토지의 대부분을 시간제로 복무했던 군인들에게 할당하였다. 시간제 군인들은 그러한 호구지책을 위해 군 복무를 한 것이었다. 1708년에 스웨덴과 핀란드(당시는 스웨덴에 속한 한 지역)는 전체 인구 약 200만 명에서 11만 1000명의 군대를 육성하였다(Roberts 1979: 45). 스웨덴 왕조는 끊임없는 기금 부족에 시달리면서도 파산하지 않고 전쟁 비용을 댈 수 있었는데, 이는 구리와 철을 수출함으로써, 풍부한 광물에 기초한 자체의 무기 산업을 건설함으로써, 획득한 영토로부터 막대한 지불금을 받아냄으로써 가능했다. 정복활동이 계속되는 한 조공 체제는 잘 작동하였지만, 이는 평화와 안정적 통치가 도래하면서 붕괴되었다.

칼 12세의 암살(1718년)과 더불어 스웨덴은 제국주의적 강대국으로 진행하는 것을 포기하였다. 그러나 그때부터 적은 인구에 근거한 큰 군사력의 창설, 상대적으로 덜 진행된 화폐경제, 부족한 부르주아지에 의한 상당히 강력한 국가 기구를 만들었다. 그 기구들에서 민간 공무원과 성직자들이 왕을 위해 많은 일을 수행했다. 노르웨이(덴마크의 지배 아래 있었고, 이후 1905년까지 스웨덴이 지배)와 핀란드(1809년까지 스웨덴의 한 지방이었고 이후 1917년까지 러시아 공국 중 하나)는 그 종속적 지위 및 유럽 시장과 관련하여 상당한 변방이었지만, 유사한 진화를 거쳤다. 덴마크는 상당한 통행료를 받으며 해협 통행을 통제하였고, 이웃 국가들보다 더 해군에 군사적 노력을 들였고, 남쪽으로 독일과 교역하면서 상업화된 농업을 건설하였는데, 많은 수의 부르주아지와 더 작은 국가 기구를 창안하였다.

1750년 이후 지분의 통합 정리로 스웨덴의 토지 없는 노동자들의 수가 급격하게 증가하였지만(Winberg 1978), 이들이 대영주의 통제 아래 들어가는 일은 결코 없었다. 대신에 국가 관료 체제가 농민과 노동자 들에 대한 직접 감시를 확대하였는데, 이들이 상당한 협상력을 획득하였기 때문이다. 스웨덴에서는 실제로 농민들이 성직자, 귀족, 부르주아지로부터 별개의 사유지를 소유하며 대표권을 유지했다. 그 결과 만들어진 국가들은 강제 위주로 조직되었고, 자본 영역은 아주 작았으나, 남쪽 이웃처럼 거대 지주는 부족하였다.

다른 유럽 지역과 비교하면 북유럽 지역은 모두 국가로 이르는 강제 집중 경로에 모였다. 다른 반대의 극단을 보면, 이탈리아의 상업적인 도시 국가와 도시 제국 들은 국가로 가는 명백히 다른 경로를 따랐는데, 강하게 집중된 자본에 의존하였으나 북유럽의 사촌들보다는 결정적이지는 않았지만 더 일시적으로 집중화된 강제에 의존했다. 그것이 주요 논점이다. 즉, 유럽 국가들의 변화 궤적은 극적으로 달랐고, 대조적인 종류의 국가들을 만들어 냈다. 자본화된 강제의 경로를 따르는 것이 점차 유럽의 지배적 특성이 되었고, 다른 국가들은 그러한 특성들에 통합되었다. 그러나 유럽 국가 체제의 최근의 통합 이전에는 다른 여러 종류의 국가들이 구성되어 아주 효과적으로 작동하였다.

핵심적인 요점을 다시 상기해 보겠다. 상호작용하고 국제전에 공동으로 연루되면서, 유럽 여러 지역의 지배자들은 유사한 활동을 도모했다. 즉, 그들은 자신들의 이득을 위해 전쟁 만들기 능력을 창조했고 사용했다. 그러나 각기 극도로 다양한 상황들 아래에서 그렇게 했는데, 이런 조건들은 각각의 영토 내에서 지배적이었던 자본과 강제의 조합에 의해 설정된 것이었다. 다른 선택적 조합이라고 한다면, 다른 계급 배열, 국가 활동에 대해 다른 잠재적 동맹과 적들, 국가 활동에 따른 다른 조직적 잔여, 국가 활동에 대한 다른 형태의 저항, 자원 차출에 대한 다른 전략, 자원 차출에 대한 다른 수준의 효율성을 의미하는 것이다. 각각의 상호작용이 새로운 조직적 잔여물과 사회관계 들을 생산했기 때문에, 시간상 어떤 시점에 이를 때까지 국가가 따랐던 경로는 그 전략에 한계를 두었는데, 그 시점을 넘으면 지배자를 향해 개방되었다. 그러한 이유 때문에 시간적으로 다른 시점에 강제와 자본과 관련하여 동일한 위치를 점유한 국가들조차 다소 다른 방식으로 움직였다. 그럼에도 큰 구별 요인에 따라 국가 구성의 강제 집중 경로, 자본 집중 경로, 자본화된 강제 경로로 나뉘었다.

## 강제의 경로

고도의 강제로 이어지는 경로를 택해 보자. 이제는 소련이 된 유럽 지역에서 교역의 통로는 희미했고 자본은 부족했다. 서기 990년에 상업과 제조업의 중심지는 키예프였는데, 그곳은 비잔틴제국을 인도, 중국, 그리고 다른 문명화된 세계로 연결시킨 거대한 상업적 집합체의 북쪽 갈래였다. 키예프는 또한 발트해와 비잔틴제국을 연결하는 중요성이 더 적은 남북 교역로에 자리하고 있었다. 전통적인 이야기에 따르면 988년에 키예프의 블라디미르 왕자가 침례교를 기독교 분파로 인정하면서 비잔틴제국과의 연계를 강화했다고 한다. 키예프의 왕자들은 바이킹의 후손으로 정복을 위해 남하하였는데, 다른 러시아 도시국가들과 지역 공국들의 지배자들에 대해 미약한 주권을 행사했다. 지역 수준에서 토지의 대부분은 농민 공동체의 통제 아래 있었다. 동유럽의 다른 지역과 마찬가지로 영주들은 농민들로부터 강압적으로 수입을 얻을 수 있었는데, 그 형식은 회비, 벌금, 사용료, 그리고 영지에서의 시간제 노동이었다. 그러나 영주들은 농민 자신들의 계획에 따른 가정생활이나 공동체의 운영에는 개입하기 어려웠다. 정착 지역이 드물었던 점은 경작자들이 억압적 주인을 피해 다른 영지로 도피하기에 상대적으로 수월했다. 대영주들은 스텝 지역 유목민들의 반복된 침입과 정벌로 고통받았다. 그럼에도 전체적으로 보면 상대적으로 자율적으로 무장한 영주들은 그 영토 대부분을 지배했다.

서기 990년, 서쪽으로는 폴란드 국가가 명목상 신성로마제국에 속했던 영토들을 정복하며 크게 확장하였다. 또한 동쪽으로도 확장하였는데 1069년 황태자는 그의 군대를 키예프로 보냈고, 친족 중 한 명을 러시아 왕위에 앉혔다. 북서쪽으로는 바이킹 국가들이 러시아와 폴란드가 소유를 주장했던 땅으로 국경을 넓히려고 주기적으로 시도했다. 호전적인 불가리아 국가는 러시아 남서쪽으로 진출하기 위해 몸을 풀었다. 같은 지역에서 보헤미아 왕과 (막 즉위한) 헝가리 왕은 똑같이 자신의 통치 지역에 대한 표시를 했다. 유럽의 서쪽 테두리 —— 특히 영국제도, 이베리아반도, 이탈리아 —— 를 돌아 스칸디나비아와 중동을 계속 빠져나왔던 무장한 침략자들은 통상 토지를 압수하고 농업에 기초를 둔 국가를 창설했다. 그러나 그들은 그 땅에 드문드문 정착하였다. 반대로 유럽 동쪽 지역 전체의 3분의 1 정도는 조공을 받았던 국가들로 구성되었는데, 그들은 큰 영토에 대한 우선권을 주장했지만 지배는 아주 느슨했다.

동쪽에서는 유목민 정복자들이 어떤 국가의 헤게모니건 일제히 위협을 주었고, 착취 가능한 농업 국가가 지속할 수 있도록 강력한 투자를 유지하였다. 그들의 수가 많고 힘이 너무 강하여 기존 국가에 기생하기에 적합하지 않을 때, 그들 중 일부는 점차 정착하여 자신들 소유의 착취 국가를 구성했다. 서기 500년 이후 1000년 동안 이러한 방식으로 동유럽의 국가 구성 패턴이 만들어졌다. 하나하나 순서대로 그들은 스텝 지대에서 포효하며 나왔다. 불가르족, 마자르족, 페체네그족, 몽골족, 투르크족, 여러 소수민족이 그들이다.

남동부에서의 침략은 서기 1000년이 되고도 한참 계속되어, 몽골이 키예프를 약탈했고 그 지역에 헤게모니를 세웠던 1230년에 절정에 달했다. 그 시점에 몽골은 러시아에서 중국에 이르는 유라시아 대부분을 지배하는 도정을 떠났다. 그 지배 지역 대부분에 대한 '통치'라 해도 이는 공식적인 항복을 요구하고, 조공을 받고, 경쟁자를 싸워서 물리치고, 충분히 협조적이지 않은 신민들을 간간히 군사적으로 공격하는 행동 이상은 아니었다. 그럼에도 200년 동안 러시아의 왕족들은 볼가강 저지대에 수도를 세웠던 킵차크칸국에 조공과 신하의 예를 바쳤다. 사실 이 칸국의 칸khan은 통상 러시아를 지배하는 왕의 아들들을 몽골의 수도에 거주하게 했는데, 아버지의 통치에 대한 인질 역할로서였다(Dewey 1988: 254).

15세기 이후 계속 남동쪽에서의 공격 횟수와 강도는 약화된 것처럼 보였는데, 이는 중앙의 몽골제국이 붕괴되었고 스텝의 무장한 기병들이 그들 남쪽의 더 약하고 훨씬 부유한 국가들에 관심을 돌렸기 때문이었다. 1571년 타타르가 모스크바를 약탈했을 때, 그들은 러시아에 대한 주요 습격이 끝났다는 것을 모르고 있었다. 17세기에 중가르몽골과 러시아가 실질적으로 협력하여 시베리아를 정복했다. 유라시아 스텝 지역의 파멸적 질병(특히 흑사병)과 중국과 인도에서 유럽에 이르는 고대 대상들의 경로에 대한 대안을 제공했던 바다 항로의 개설은 러시아 국가 창설자에게 스텝 지역으로부터의 위협을 줄여 주었다(McNeill 1976: 195~196).

1400년이 되어 비스툴라강 유역에서 우랄산맥까지의 유럽은 리투아니아, 노브고로드공화국, 킵차크칸국의 영역을 포함한 큰 국가들로 통합된다. 북서쪽으로는 튜튼기사단의 프로이센과 일시적으로 스웨덴과 노르웨이와 합쳤던 덴마크가 발트해를 지배했다. 16세기 전반기에는 리투아니아와 모스크바의 대공국들이 무슬림 왕국들의 집단 위쪽의 영역을 분할하였다. 무슬림 왕국들은 동쪽에서부터 흑해의 북쪽 해안을 따라 헝가리, 그리스, 그리고 아드리아 지역까지 확장하였다. (1569년 리투아니아는 서쪽의 폴란드와 통일하였고, 비록 느슨하게 지배했다고는 해도 러시아와 나머지 유럽 사이의 거대 국가로 존재했다.) 16세기 잉글랜드와 홀란트에서 아르한겔스크로 이어지는 북극 항로의 설립은 확장 중인 러시아 국가와 유럽 사이의 관계를 강화시켰다.

표트르 1세(재위 1682~1725년)와 예카테리나 2세(재위 1762~1796년)의 정복은 러시아의 경계를 정확하게는 흑해까지, 잠정적으로는 에스토니아, 라트비아, 카렐리아에 이르게 했다. 두 지배자는 서유럽 문화와 정치에 러시아가 연관되도록 강화시켰다. 나폴레옹 전쟁이 끝나고 유럽의 러시아는 프로이센, 폴란드, 헝가리, 오스만제국과 인접한 현재의 경계와 비슷한 모습을 갖추었다. 오스만제국은 그 자체가 동쪽으로부터 정복에 의해 뻗어 나왔으며 발칸반도를 평정하고, 아드리아 지역과 경계한 오스트리아 영토의 가늘고 긴 부분에 닿은 곳까지 서쪽으로 진출했다. 16세기와 18세기 사이에 유럽의 동쪽 경계 지역 전체가 드넓은 영토에 대한 통제권을 주장했던 몇 개의 국가들로 통합되었다. 동시에 러시아 국가와 경제는 그 지향 방향을 남동쪽에서 북서쪽으로 전환하였다. 13~14세기의 조공 징수 국가들과 비교해서 이러한 국가들은 그 국경에 대한 상당한 통제와 내부 주민들에 대한 실질적인 권력을 행사했다.

폴란드는 몇 세기 동안 그러한 규칙을 증명하는 데에 예외로 남아 있었다. 즉, 명목상의 지배자가 대영주들을 지배했던 적도 없었고 지속적이고 협동적인 군사력 양성에 합류시켰던 적도 거의 없었다. 1760년대에 폴란드 국가가 프랑스보다 더 큰 영토를 아직 점거하였던 때, 국민 군대가 고작 1만 6000명의 남성들을 소집한 반면, 폴란드 귀족들은 무장한 3만 명의 남성들을 거느리고 있었다. 인근의 러시아, 오스트리아, 프로이센에서는 당시 20만에서 50만의 남성들을 상비군으로 유지했다(Ratajczyk 1987: 167). 대규모 군대가 형성되면, 이웃 국가와 대등하거나 아니면 최소한 그 중 한 국가와 연합하는 데 실패하면 정복을 불러왔다. 18세기 후기에 러시아, 오스트리아, 프로이센은 폴란드 접경 지역을 모두 삼켜 버렸고, 최종적으로는 아무것도 남기지 않았다.

폴란드는 19세기에 다시 프로이센, 오스트리아, 러시아의 먹잇감이 되었으나, 이는 한편 러시아의 유럽 쪽 국경이 제1차 세계대전까지 상대적으로 고정적인 상태에 있도록 만들었다. 종전에 대한 합의로 몇 개의 작은 공화국이 세워졌고, 새로이 구성된 소련의 서쪽에 폴란드가 추가되었다. 제2차 세계대전은 그 공화국 중 몇 개를 소련의 국가 영토로 편입하게 하였고, 나머지는 위성국가가 되었다. '러시아' 국가 형성에 대한 논의는 헤게모니와 영토에 대한 아주 거대한 일련의 변화를 따라가야 한다.

20세기 이전에는 그 영토의 어디에도 도시들이 크게 집중되었던 곳도 없었고, 대륙의 강렬한 교역 지역에 접근했던 곳도 거의 없었다. 1300년 이후 중국에서 발칸 지역에 이르는 오랜 상업 벨트가 축소되고(따라서 그 벨트는 북쪽의 발트해로 뻗어 나갔다), 포식자 몽골이 지중해와 흑해로 접근할 수 있는 길을 막아서면서 키예프, 스몰렌스크, 노브고로드 같은 도시를 이어 주며 한때 번창하던 네트워크가 점차 해체되었다. 16세기에 교역이 부활하며 마을이 증가하였지만, 서유럽이나 지중해 지역처럼 도시가 밀집하는 현상까지 이어지지는 않았다. 러시아 국가는 자본이 빈약한 환경에서 형성되었다.

그것은 또한 강제가 강력한 환경에 있었다. 서기 990년 이후 5세기 동안 유럽의 그 지역에서 성장했던 다양한 국가들은 정복을 통해 활동했고, 조공으로 먹고살았고, 주로 권력의 토대를 갖고 있었던 지역 거물들을 통해 지배(이는 과장된 단어지만)하였다. 몽골의 헤게모니 아래 있을 때, 북쪽의 독립 지역 왕들은 통치권을 영주들에게 분할하였는데, 영주들은 그 관할권 내에서 농민에 대한 경제적 통제와 정치적 통제를 결합시켰다. 16세기 몽골이 붕괴하자 러시아는 남쪽과 동쪽을 정벌했고, 이는 군인들에게 토지와 노동력을 보조해 주는 시스템을 만들어 냈고, 농민들은 강제 노동과 이동권의 제한, 그리고 전쟁을 위한 세금 증가에 시달렸다. 러시아 농노제의 지속적인 특성이 나타나기 시작한 것이었다.

이때까지 러시아 황제들은 충분하지 못한 힘을 가지고 거대한 영토를 지배하려 했다. 그들은 아주 간접적으로 통치했는데, 이는 매우 큰 권력을 갖고 왕권의 요구를 견제할 능력도 있는 교회와 귀족에 의한 것이었다. 모스크바 러시아 차르 이반 3세(이반 대제, 재위 1462~1505년)와 이반 4세(폭군 이반, 재위 1533~1584년)는 독립적인 영주들의 권력을 약화시켜서 더욱 직접적인 통치의 기틀을 세우기 시작했다. 그리고 그 자리에 군대와 관료 체계를 창설하여 왕권에 부속시켰다. 이는 상급 장교들에게 제국의 토지를 보상하여 이루어졌다. 제롬 블럼이 기록한 바에 따르면 "이반[대제]과 그의 계승자들은"

군사력 구축에 열중했는데, 이는 그들의 형제들을 정복하기 위해, 귀족들의 과두 체제에 대한 야심을 깨트리기 위해, 외국의 침략을 피하기 위해, 그리고 그들의 영역을 확장하기 위해서였다. 그들은 가능한 한 그들에게 많이 의존해야 하는 군대, 따라서 그 충성도에 자신들도 의존해야 하는 군대가 필요했다. 그러나 그들은 남성들과 그들에게 필수적인 충성을 살 수 있는 돈이 부족했다. 그래서 그들은 토지를 사용하기로 결정했다. (Blum 1964: 170~171)

이것은 전형적인 강제 집중 전략이었다. 대부분의 중요 토지는 무장 세력을 거느리고 어느 정도 독립적인 영주들의 소유였기 때문에 차르의 재조직화는 귀족들과의 유혈 전투를 촉발시켰다. 차르가 이겼다. 그리고 그 과정에서 제국의 호의를 얻은 영주들은 저항적인 다른 영주들에 비해 귀중한 혜택을 받았다. 그들은 영지의 떠돌이 농민들을 붙잡아 놓는 데 정부의 군사력에 기댈 수 있었다. 따라서 자본이 거의 없는 지역에서 전쟁 만들기와 국가 만들기의 논리를 세우기 위해 지배자들은 무단으로 수용한 토지를 가지고 관리들을 매수하였다. 결국 러시아의 지배자들은 국가의 충복만이 토지를 소유할 수 있다는 원칙을 세웠다. 비록 예외와 법 위반이 아주 많았지만, 그 원칙은 공무 증가에 대한, 그리고 농민을 착취하기 위한 관리와 영주 들의 협력에 대한 또 하나의 보상을 제공했다.

이익을 추구하는 관리들의 손에 작은 영지들이 들어가면서 북서부의 농민들에 대한 압박이 증가하였다. 남쪽과 동쪽으로 새 영토들이 열리는 것과 결부되어, 그러한 압박은 오랜 농업 정착 지역의 인구 감소를 불러왔고, 농민들을 그 지역에 고정시키기 위한 보상의 증가가 필요했는데, 이는 지역적 방법과 제국의 칙령에 의해 이루어졌다. 일명 '1649년 칙령'은 이후 2세기 동안 발전될 농노제를 성문화하였다. 거기에 더해 특히 새로이 열리는 정착지에서, 16~17세기 내내 노예노동이 계속 확대되었다. 18세기에 차르는 노예들에게 농노들만큼의 수익을 착취하기 위한 방법으로 그 둘 사이의 법적인 구별을 실질적으로 없앴다. 농민 개인별로 과세하려던 시도가 무산된 후, 표트르 대제는 영주들에게 인두세를 거두게 했는데, 이 법령은 왕과 영주의 상호 의존을 강화시켰고, 영주들이 불행한 농노들에게 행사한 국가가 뒷받침하는 권력 또한 당연히 그랬다. 표트르는 1700년에 어떤 자유 노예나 농노도 반드시 군 복무를 위한 즉각적 보고를 할 것을 법령화했는데, 만일 복무를 거절하면 또 다른 주인에게 노예로 속박되었다. 표트르는 또한 차르에 대한 기여를 등급화하여 뚜렷이 구별되는 귀족 신분제를 창안했다. 러시아는 서유럽에서는 상상할 수 없을 정도의, 국가에 의해 정의되고 지원받고 지배받는 사회적 위계를 만들어 냈던 것이다.

위에서 아래에 이르는 사회적 관계 구조가 나타난 것은 순전히 강제에 의존했던 결과였다. 러시아 국가가 강력하게 무장한 서구의 국가들과 전쟁에 돌입하면서, 상업화되지 않은 경제에서 기본적인 수입을 차출하기 위한 노력이 국가 구조를 증강시켰다. 동시에 모스크바대공국과 오스만 제국 사이의 대지 정복은 군사적 기구들을 확대했고, 러시아의 농노제와 토지 소유 방식을 수출했고, 크고 무겁고 빈틈없는 형식으로 제국의 관료제를 건설했다. 표트르 대제는 분리주의를 없애고, 제국의 모든 분할 지역을—그리고 그 수입을—모스크바대공국의 규정과 중앙정부에 종속시키려고 모든 노력을 기울이기 시작했다.

우크라이나 분리주의를 제거하려는 표트르의 공세는 헤트만hetman의 영토로부터 경제적·인적 자원을 최대한 차출하려는 정책이었다. 교역로에 대한 규제, 국가 독점, 외국 상품에 대한 관세, 수입-수출세가 처음 도입되었다. [……] 표트르는 또한 카자크Cossacks에 대한 대규모 징병제를 시작했는데, 이는 전쟁을 위해서가 아니라 제국의 공공사업을 위한 것이었다. 여기에는 운하 건설과 요새 강화, 그리고 표트르가 특히 좋아했던 프로젝트인 새 수도 상트페테르부르크의 건설이 포함되었다. (Kohut 1988: 71. 또한 Raeff 1983 참조)

예카테리나 2세는 부분적 자치였던 헤트만의 영토를 완전히 없애면서 우크라이나를 합병하였다. 그 이후 같은 방식의 관료 체제가 제국의 모든 지역에 도달했다. 나폴레옹의 프랑스와 치른 전쟁의 어려움은 유럽 대부분의 국가 구조를 변화시켰지만, 러시아 국가를 강화시켰고, 예산·과세·직원을 극대화했으며, 군사력을 확대시켰고, 고도의 강제 시행 국가로 확고하게 자리매김하게 했다.

넓게 보면 유사한 방식으로, 러시아, 폴란드, 헝가리, 세르비아, 브란덴부르크 국가는 호전적인 군주들과 무장한 영주들 사이의 강한 동맹, 귀족과 신흥 중산계급에 대한 통치 권력의 큰 양보, 농민에 대한 합동 착취, 한정된 범위에서 상업 자본에 기초하여 구성되었다. 자본이 부족한 정복 군대의 지도자들은 반복적으로 추종자들에게 전리품과 토지를 주었다. 따라서 그들이 창안한 전사-영주들을 억제하는 문제들만 처리하면 되었다. 몽골은 그 예외로 눈에 띄는데, 이유는 토지를 운영하기 위해 정착했던 적이 거의 없었고, 치명적 침략에 관한 지속적인 위협을 가해 징수한 조공에 의존하였기 때문이다.

왕과 귀족의 상대적 무게(그리고 이로 인해 전쟁이 지속 가능한 국가 구조를 만들어 낸 정도)는 국가마다 매우 다양했지만, 이들 국가들은 모두 잔혹한 강제에 크게 의존하였다는 점에서 이웃한 유럽 국가들과 뚜렷한 차이를 보였다. 16세기에 동유럽의 곡물이 서쪽으로 엄청나게 밀려오기 시작하자, 대영주들이 기존 통제 구조에서 운송을 통해 직접 이익을 취할 수 있도록 허용되었다. 대영주들은 국가권력을 사용하여 상인들을 억제했고 농업 생산자들을 강압했고, 이 과정에서 새로운 농노제를 구축하였다. 이러한 권력 균형의 상황에서는 상업 확장에도 불구하고 도시가 건설되지 않았고, 독립적인 자본가 계급도, 유럽의 도시적인 국가를 닮은 국가도 만들어지지 않았다.

시칠리아의 경험이 묘하게 동유럽의 강자들의 경험과 평행한다. 시칠리아는 여러 세기 동안 곡창지대였고 지중해 지역 전체에 풍부한 곡식 공급원이었다. 그러나 아랍과 노르만 지배자들은 군사 활동에 적극적인 영주들과 연합하여 그 섬을 확보하였고, 따라서 도시와 자본가를 위한 여지를 거의 남겨 놓지 않았다. 프리드리히 2세는 1208년 권력을 갖게 되었는데, 도시들을 그의 영광스러운 국가에 복속시켰다. 데니스 맥 스미스에 따르면 "프리드리히의 주요 지역의 종속은"

그 지역에 어떤 상인 계급이나 민간 관리들도 토지를 소유한 귀족을 상쇄할 만큼 독립적이고 활기차게 될 수 없도록 하였다. 귀족에 대한 도전이 없었던 점은 시칠리아가 정치적·문화적·경제적으로 침체하는 근본적인 이유가 되었다. 강력한 통치가 실패했을 때마다, 그 권력의 공백을 채운 것은 지역 도시들이 아니라 귀족들이었다. 그렇기 때문에 외부의 도시들——피사, 제네바, 베네치아, 아말피, 루카——이 시칠리아의 상업을 지배했던 것이다. (Mack Smith 1968a: 56)

상업에 대한 외부의 통제는 6세기 동안이나 계속되었고, 그 결과 농업으로 풍요롭던 시칠리아는 빈약한 자본과 강제적 통제에 종속된 상태로 남아 있었다.

우리는 국가 구성의 강제 집중 경로들의 단일성의 패턴과 그 변형에 대해 알기 시작했다. 유럽의 고도 강제 집중 지역들 모두 두 가지 조건의 일정한 조합에서 시작했다. ① 조공 징수 권력을 축출하려는 중요한 노력, ② 아주 적은 수의 도시와 아주 부족한 자본 집중이 바로 그것이다. 조공 수취 세력의 축출은 북유럽 국가들에게는 상대적으로 중요하지 않았고, 도시와 자본의 범위는 이베리아반도와 시칠리아가 동유럽과 북유럽보다 더 컸다. 그러나 모든 지역에서 그 조합에 의해 정복의 전략이 조장되었고, 그 세력권 내의 영주들은 공동의 적에 맞서 단결하였고, 동시에 그 영토 내에서의 우선권을 확보하기 위해 서로 싸웠다. 한편 주도권을 잡은 영주는 토지와 노동에 대한 통제권을 추종자들에게 이양하는데, 이는 군사적 도움과 맞교환하는 것이었다. 전체적으로 이러한 전략은 자율적인 부르주아지를 위한 여지를 거의 남겨 두지 않았고, 따라서 그 국가 외부에서 자본 축적과 집중이 이루어졌다.

그런데 차이가 나기 시작했다. 어떤 지역에서는 전사 귀족들이 강한 권력을 획득했는데, 이곳에서는 왕을 세우고 폐하는 능력도 가졌다(폴란드와 헝가리가 눈에 띄는 예다). 다른 지역에서는 유일한 권력이 국가 관료 체제를 구축하여 우선권을 확립하였는데, 이 체제는 귀족과 성직자에게 평민과 관련한 큰 권한을 주었지만 그들은 국가에 헌신적으로 복무해야 했다(스웨덴과 러시아가 이 경우에 적절하다). 또 다른 지역에서는 멀리 떨어진 영지와 국가 수입에서 나오는 수입에 의거하여 더 부유하고 강력한 수도 거주 귀족이 지방까지 멀리 관장하며, 목사와 지역 영주에 의존하여 왕의 뜻에 일조하는 국가 관리들과 공존했다(시칠리아와 카스티야가 떠오른다). 크게 구별되는 부분이 첫째의 변형을 다른 두 가지로부터 분리시켰다. 이 국가들이 달라 보이는 점은 무장한 경쟁 영주들이 오랫동안 우위를 점했지만, 이는 그들 중 하나가 그 이전에 다른 모든 영주들에 대해 우월권을 확립했던 것에서 나온 것이었다. 이러한 국가들 모두 자본에 굶주리게 되었고, 국가가 보장하는 권한을 군대와 맞교환했고, 왕권의 요구를 확실히 준수시키기 위해 강제에 크게 의존했다.

## 자본주의 경로

플랑드르나 북부 이탈리아 국가들과의 대조점이 얼마나 확연한지를 보자. 아드리아해 지역 상부, 라벤나에서 트리에스테로 이어지는 아치형의 해안가를 생각해 보자. 여러 세기 동안 베네치아는 경제적으로도 정치적으로도 그 지역을 지배했다. 그러나 남쪽으로는 경쟁 상대와 해안가 지역을 지배하기 위해 싸웠다. 예를 들어 라벤나는 로마 황제와 고트족 황제의 거주지였는데, 1000년 동안 공화제였고, 14~15세기 동안 베네치아 지배하에 있었고, 그 이후 이탈리아 통일 운동Risorgimento에 이르기까지 교황의 관할권에 속해 있었다. 서쪽으로는 다수의 도시국가들이 베네치아의 14세기 정복 사업에 굴복했고, 베네치아의 도시 제국이 롬바르디아와 공통의 국경을 접하도록 허용했다. 롬바르디아는 애초 독립국가였지만 이후 스페인, 오스트리아. 그리고 통일된 이탈리아에 연이어 소속되었다. 북쪽으로는 신성로마제국과 그 계승 국가들이 항상 크게 불쑥 닥칠 것처럼 있었고, 때로는 해안까지도 점령했다. 동쪽으로는 제국들이 연이어 아드리아해 지역으로 물밀듯 밀려왔다. 990년에 비잔틴제국이 달마티아와 베네치아 지역에 대한 명목상의 지배를 시행했는데, 한편 유럽 중앙에 근거를 둔 희미한 '로마'제국이 이탈리아 주변 지역에 대한 주권을 주장했다.

아주 복잡한 이야기를 단순화하기 위해 베네치아에 집중하고, 그 도시와 다른 경쟁자들 사이의 상호작용에 주목하겠다. 주로 확인할 사항은 상당한 규모의 점증하는 자본 집중과 미약하고 분산된 강제 집중 사이의 상호작용, 자율적인 강제 권력을 창설하려는 시도에 대한 자본가들의 확연한 영향력, 매끈하고 효율적이고 탐욕스럽고 보호 지향적인 해양 국가의 부상, 육지에 근거를 둔 더 큰 세력의 점진적 포위, 간단히 말해 자본 집중 국가 구성의 전형에 대한 것이다.

롬바르드족의 이탈리아 침입(568년)은 뱃사공과 소금 만드는 사람들이 드문드문 존재하던 이곳을 이탈리아 본토와 강하게 연결된 몇몇 망명자 정착지로 변형시켰다. 베네치아는 비잔틴제국의 명목상 일부로 남아 있었고, 근처 영토의 대부분은 롬바르드족과 프랑크족의 손안에 들어갔다. 서기 990년에 이르면 비잔틴제국이 극성기에 이르며, 베네치아는 비잔틴 체제 내의 무역상들에 의해 북부 이탈리아로 보내는 상품의 환송 지점 역할을 했다. 베네치아에서는 지역의 상품을 파비아와 내륙의 다른 시장으로 보냈고, 소금, 어류, 그리고 고급 상품들을 동부에서 온 곡식과 다른 생필품과 교환했다. 그러나 베네치아 상인들은 바다 쪽으로 방향을 돌려 노예와 목재를 상품에 추가했다. 그들은 또한 그 도시의 상업적·정치적 영향력을 아드리아해 유역 전반으로 확장했다.

그 당시 지중해 유역에서 선박 건조와 항해술의 한계가 의미하는 것은 배들이 해안에 꼭 붙어 있어야 했고, 바람과 조류와 물고기 떼에 의해 한정된 상대적으로 소수의 항로를 따라야 했고, 물과 다른 보급품을 위해 자주 입항해야 했고, 해적선을 한번 만나면 어렵사리 도망쳤고, 원거리 항해는 값비싼 상품을 운송할 때에만 가능했다는 점이다(Pryor 1988). 모국의 영토에서 멀리 떨어진 여러 항구들에 대한 꽤 많은 특권을 갖지 않고는 어떤 국가도 해양 대국이 될 수 없었다. 여러 항구에 대한 통제권을 가진 국가들은 그로 인해 세 가지 이득을 얻을 수 있었다. 즉, 장거리 무역 항로에 닿을 수 있었고, 그 항구들에서 교역할 수 있었고, 다른 강대국들의 상선을 포획할 수 있는 해적선의 기지로 그 항구들을 사용할 수 있었다. 잠깐 동안 베네치아가 이러한 조건들을 충족했고 따라서 지중해에서 가장 강력한 해양 대국이 되었다. 이는 무슬림이 통제하던 주요 항로를 기독교 국가들이 차지하는 데에 크게 기여했으며, 10세기에 시작되어 14세기 투르크인의 진입이 있을 때까지 유지되었다. 15~16세기에 오스만 권력의 통합이 이루어지면서 지중해 항로에 대한 서구의 지배를 심각하게 위태롭게 하였다(Pryor 1988: 172~178).

11세기에 베네치아의 선단이 지중해로 교역 물품을 운송하기 시작했고, 아울러 아드리아해의 경쟁자들을 물리치기 시작했다. 그 경쟁자들은 달마티아인, 헝가리인, 사라센인, 노르만족이었다. 베네치아는 990년에 무력으로 달마티아를 병합했으나 1100년경 헝가리의 확장으로 이를 잃게 되었다. 이후 5세기 동안 달마티아의 상업 활동을 지배했으나, 그 동쪽 지역 국가들의 확장과 축소와 맞물려 정치적 지배권의 영고성쇠를 겪었다. 비잔틴제국 황제의 전쟁에 협력하여, 제국 내 교역에서 예외적인 특권을 받기도 했는데, 콘스탄티노플에 그들의 구역이 있을 정도였다(1082년). 스칸디나비아와 독일 북부의 한자동맹 상인들과 마찬가지로, 베네치아의 무역 상들은 비잔틴제국의 원거리 상업을 대부분 관장하기에 이르렀다. 12세기에는 지중해 동쪽 전체로 영역을 확장했고, 무역, 해적질, 정복, 십자군 전쟁 참여를 혼합하여 이익을 취했다. 십자군 전쟁 자체가 교역과 해적질과 정복을 결합한 것이기 때문에 이 활동들은 상호 보완적이었다. 1102년에 베네치아는 시돈에 자체의 상업 지구를 가지고 있었다. 1123년에는 티레에도 근거지를 세웠다.

1203년과 1204년에 베네치아는 그 혼합 전략에 대한 대가를 치르는데, 한 교활한 총독이 십자군을 콘스탄티노플로 방향을 바꾸어 공격하게해서 비잔틴제국에 치명적인 공격을 가했다. 콘스탄티노플에서 약탈한 산마르크의 청동 말들은 그 역작으로 아직도 기념물로 서 있다. 베네치아는제국 말기 통제권의 큰 부분(법적으로 8분의 3 정도)을 결국 잃게 된다. 베네치아는 그리스의 섬들에 있는 영역에 대한 지배를 중요 가문 구성원들에게 허용했는데, 그들이 무역 항로를 계속 열어 놓는다는 조건을 달았다.

모든 정복 활동을 통해서 베네치아의 상업적 이익이 대권을 장악했다. 그 도시의 지도적 가문들은 상인과 은행가였고, 도시의 통치 위원회는 그가문들을 대변했고, 총독은 같은 귀족 계급에서 나왔고, 도시의 군사력은자체 주민들로 충원했고, 군사적·외교적 정책은 영토적 제국의 창설보다는 상업적 독점 확립, 상인 보호, 베네치아를 통한 무역 채널 증진을 촉진했다. 우월한 지위를 확고히 하자 베네치아 통치 세력은 해적질을 용인하고사략선을 허가하는 데에도 주저하게 되었다. 두 행위 모두 평화적 상거래에 대한 그들의 투자에 해를 끼칠 수 있기 때문이었다.

결국 베네치아의 해양 지배권은 안전하게 상품과 사람을 운송하여 이득을 얻을 수 있는 새로운 기회를 열어 주었다. 베네치아의 선박업자들은십자군과 순례자를 성지로 실어 나르며 점점 더 부유해졌다. 1203년에 십자군을 콘스탄티노플로 수송하는 운송비가 "잉글랜드 왕의 1년 수입의 두배에 달했다"(Scammel 1981: 108). 나아가 십자군과 순례자들에 대한 업무에도 불구하고 베네치아의 지배자들은 기독교의 적들과 거래하는 것에도거침이 없었다. 예를 들어 오스만투르크에게 트리폴리(1289년)와 아크레

(1291년)가 함락되자, 베네치아는 오스만과 자신들의 오래된 교역권을 유지할 수 있는 조약을 즉각 협상했다.

아드리아해 지역 내의 경쟁 도시들은 세력을 가진 강대국들의 도움 없이 베네치아에 대항할 수는 없었다. 예를 들면 트리에스테와 라구사는 일정한 독립을 누렸던 상업 도시들이었으나, 외부의 도움 없이 베네치아를 견제할 수는 없었다. 베네치아는 1203년에 트리에스테를 정복했고 1세기이상이나 그 항구를 불안정한 속박 상태로 유지했다. 1368년 트리에스테의 실패한 저항의 시기에 베네치아의 오랜 숙적이며 아드리아 지역으로 나가기를 갈망했던 오스트리아의 레오폴트 대공은 구원병을 보냈다. 1382년에 트리에스테는 레오폴트 치하에 편입하는 데 성공하였다. 그리하여 트리에스테는 20세기까지 오스트리아로(더 정확하게는 오스트리아의 주요 항구로) 남아 있었다.

라구사/두브로브니크는 넓게 보아 유사한 전략을 따랐다. 라구사는 1358년까지 명목상 베네치아 지배하에 있었다. 그러나 세르비아와 보스니아 같은 이웃 왕국과 좋은 관계를 구축함으로써 그 이전까지는 상대적인 독립을 유지하였다. 이러한 관계 구축은 교역에 의한 것으로 상인들이 지배적인 역할을 수행했다. 헝가리가 확장하여 1350년대에 달마티아에서 베네치아를 축출했고, 라구사에는 제국의 변방으로 거의 독립적인 지위를 부여했다. 오스만투르크가 1640년대에 발칸 지역에서 승리하면서, 라구사의 상인-귀족들은 새로운 무슬림 지배자들과 유사한 합의를 위해 협상하려 했다. 라구사는 연이은 보호자들로 인해 이탈리아의 정복으로부터 보호받았고, 그 상업적인 위치에 의해 슬라브족과 오스만제국 내에서 상당한 자치를 보장받았다. 라구사는 1808년 나폴레옹의 침입까지 기본적으로 독립적인 도시국가로 활동했다.

베네치아에게 공급선을 장악당한 이탈리아 도시들과 직접 통제를 받은 달마티아 도시들이 베네치아의 헤게모니를 견제하기 위해 끊임없이 투쟁했지만, 베네치아와 가장 직접적으로 경쟁한 것은 비슷하게 해양 진출을 꾀했던 도시국가 제노바였다. 13세기 후엽에 제노바는 지중해 서쪽을 통해 지브롤터를 통과하여 대서양 해안으로 나아갔고, 베네치아는 같은 방식으로 지중해 동쪽을 통과하여 흑해로 진출했다. 그러나 베네치아가 서쪽에 도착한 것보다 제노바의 동쪽 진출이 더 효율적이었다. 두 세력은 그들의 해양 지역이 접촉하는 지점에서 충돌했다. 제노바는 13세기 후기에 흑해를 지배했는데, 베네치아가 트레비존드에서 몽골 지배 지역을 통과하여 중국으로 가는 수익성 좋은 교역로 진출을 막아 버렸다. 그러나 베네치아는 키오자의 석호에 제노바 선단을 봉쇄하고 사로잡은 후(1380년) 동쪽의 우세를 확보하였다.

서기 1000년 이후, 아드리아해와 동지중해 무역에서 베네치아의 지위가 점점 더 커지자, 유럽에서 도시 인구가 가장 많은 지역 중 하나가 되었다. 그 수는 1200년에 8만 명, 1300년에 12만 명가량이었다. 1347년과 1348년, 그리고 1349년에 흑사병(페오도시야에서 돌아온 제노바의 갤리선에 의해 이탈리아에 들어왔다)으로 도시 인구의 반이 넘게 죽었지만, 거주자의 숫자는 그 이후로도 여러 세기 동안 12만 명에 가까웠고, 사실 지금까지 그렇다. 13세기부터 계속 그 도시의 지배적 활동으로 제조업과 상업이 해양 관련업을 대체하였다. 그러나 베네치아는 해양 무역과 중요한 연계를 맺고 있었고, 강력한 해양 정치 세력으로 남아 있었다. 예를 들어 1573년에는 키프로스로, 1669년에는 크레타섬까지 그 제국을 확장하였다. 그 도시의 무력은 상업적 기회를 획득하고 유지하기 위해, 그리고 제노바 같은 경쟁자들을 물리치기 위해 전쟁했다. 다른 무엇보다도 그 지배자들은 그 도시의 상인, 은행가, 제조업자 들에게 상대적으로 적은 비용을 걷으면서 약삭빠르고 성공적인 전쟁을 벌였던 능력으로 명성을 날렸다.

베네치아식 교역의 특성은 예외적으로 탄력 있고 포식성 강한 국가를 창설하는 데 용이했다는 점이었다. 네덜란드는 곡류, 소금, 포도주처럼 부피가 큰 상품들을 운송하며 그 부를 획득하였는데, 베네치아는 이와 달리 향신료, 실크, 노예와 같은 값비싼 사치품에 집중하였다. 더 중요한 것은 그들이 엄청난 양의 금괴를 자주 운송했다는 점이다. 그렇기에 효율성, 독점, 그리고 약탈자들로부터의 군사적 보호가 그들의 성공에 가장 핵심적인 부분이었다. 제프리 스캐멀이 언급하길, "다른 제국주의 강대국들은 그들의 에너지와 자원을 특정한 몇 개의 독점물을 보호하는 데 집중하였는데 [……] 이와 달리 베네치아는 예외적으로, 그 운용과 보호가 그 존재의 전체적 목적에 효율적이었다. 즉, 국가가 그 활동에 배들을 공급하고 해군과 제국은 그 보호 장치 역할을 했다"(Scammel 1981:116). 그러한 국가는 가능한 한 최소의 전쟁을 했지만, 전쟁을 할 때는 무자비하게 했다.

특별히 총독들이 전쟁에 대한 책임을 맡았다. 처음에 총독들은 비잔틴 제국의 마름들이 되었다. 베네치아가 제국으로부터 독립했을 때, 총독들은 마치 선출된 것처럼 활동했다가 점차 군주처럼 행동했는데, 공동체와 공식적 상의 없이 활동했고, 그 자신의 가계 내 세습처럼 계승자를 지명했다. 그러나 서기 990년 이후 도시가 성장하자 베네치아는 형식상 과두 체제로 점차 전환하였다. 권세 있는 가문이 우세한 역할을 했던 총회에서 총독을 선출하였다. 총독은 이론상으로 그 석호에 정착한 모든 지역을 합쳐 구성된 코뮌을 대표하는 위원회와 상의해야 했지만 실제로는 중심 정착지의 세도가를 대변했다. 그러한 경우가 자주 발생하자, 주권자가 이들의 도움 없이는 통치하는 것이 가능하지 않은 한정적이고 이질적인 이해관계를 가진 집단들과 당면했을 때는 공식적인 위원회가 만들어졌다. 시간이 지나면서 위원회가 점점 독점화하였는데, 1297년에 회원 자격은 기본적으로 세습되었다. 1300년과 1310년에 위원회는 심의에서 비귀족들을 배제하는 것에 반발한 대중 저항을 격퇴하였다. 이후 과두 체제 구성원들이 도시 내의 우선권을 위해 투쟁했지만, 그럼에도 그 명운에 대한 집단적 통제도 결코 포기하지 않았다.

단일한 통치 위원회보다는 권력에 대한 연속적 투쟁이 총독을 위한 조언자부터 모든 주민의 전체 회의에 이르는 위원회들의 위계 구조에 변화를 초래했는데, 주민 전체 회의는 현재 더 상위에 대한 인준 절차 정도로 축소되어 있다. 한편 베네치아는 어떤 관료 체제도 비밀로 하지 않았다. 선출된 위원회와 관리들의 개인적 가신들이 통치와 관련한 많은 일을 처리했다. 1200년에는 총독이 대중의 갈채를 받고 뽑힌 군주라기보다는 과점 체제의 사령관에 가까웠다. 그 결과, 상인 자본가들의 이해관계가 베네치아의 정책을—국내와 국외에서—지배했다.

상업적 이해관계가 베네치아를 이끌었다면, 국가는 이어서 시민의 상업 활동을 규제하였다. 대니얼 월리가 언급하길, "베네치아 사람의 레반트 출장 여행은"

국가가 건조한 갤리선을 타고 갔을 것이다. 국가가 임명한 선장이 지휘하고 국가가 조직한 수송대의 일원인 갤리선 말이다. 그에게는 알렉산드리아나 아크레에 도착하면 국가가 조직한 면화나 후추의 합동 구매에 다른 베네치아인과 행동을 함께할 것을 명령받는 것이 당연한 일이었다. 마지막 체제의 장점은 베네치아인끼리 경쟁하지 않으면 가격을 낮출 수 있다는 데 있었다. 더 오래 여행하는 호송 시스템은 최소한 12세기까지 거슬러 간다. 13세기에는 통상 동지중해로 1년에 두 번의 갤리선 호송이 가능했고 14세기 초에 이르면 잉글랜드와 플랑드르로, 북아프리카('바르바리')와 에그모르트(론강 입구)로 매년 항해하였다. 무기고와 국가 선박 건조지는 13세기 초에 있었는데, 그곳에서 사용했던 자재들은 베네치아 공화국에서 직접 구매한 것이었다. (Waley 1969: 96)

국가, 곧 부르주아지의 운영 위원회는 그 책무를 진지하게 수행하였다. 그러나 베네치아 국가는 결코 부피가 크지 않았다. 그 재정 체계가 날씬한 통치 기구를 유지하게 했다. 예를 들어 1184년에 베네치아는 키오자 석호 지역의 소금 생산과 판매에 독점권을 설정하였다. 그러한 독점권이 미미한 밀수와 사기를 조장하기도 했지만 인력을 크게 늘리지 않고도 상당한 수입을 산출할 수 있었다. 13세기 이후 베네치아는 기금으로 만든 채무를 설정했다. 귀족 감독관 몬테 베치오Monte Vecchio와 그 후임자들이 그것을 계승했고, 그 증권은 채무를 표시했는데 이는 베네치아와 그 외 지역에서 선호하는 투자처였다. 베네치아는 전쟁 자금을 위해 돈을 빌렸고, 나중에는 이를 지불하기 위해 관세와 소비세에 의존했다. 종교 의례와 자선을 행하는 거대 단체였던 스콜레 그란디Scoule Grandi에서 국가에 상당한 액수의 돈을 빌려주었다(Pullan 1971: 138). 국가는 상인들로부터 돈을 빌릴 수도 있고 상당히 상업화된 경제 흐름에 세금을 부과할 수도 있었기 때문에, 재정 조건에 대해 새로운 조직을 만들 필요가 거의 없었다.

14세기에 베네치아는 육상 전쟁에 더 열심히 관여하였고, 그에 맞는 국가 구조를 건설했다. 이탈리아 북부의 국가들이 영토를 확장하면서, 베네치아 본토에 대한 산업 공급 원천과 알프스를 건너는 필수적인 무역 통로에 베네치아 상인들이 접근하는 경로를 위협했다. 베네치아는 두 개의 운명적인 게임을 시작했다. 하나는 본토를 정복하는 것이요, 다른 하나는 북부 이탈리아의 다른 국가들과 연합하는 길로 전환하는 것이었다. 14세기 말 알프스 너머의 강대국들이 북부 이탈리아로 심각한 습격을 시작하면서, 베네치아는 프랑스에 대항하는 연정을 조직했고, 카스티야 왕과 독일 황제 같은 권력과 합세하였다. 여러 명의 영구 대사들이 유럽의 주요 궁정으로 퍼져 나갔다. 동지중해 주변 투르크의 전진, 심지어 이탈리아 내로의 전진은 동시에 베네치아의 해양 전쟁 참여를 늘어나게 하였다.

전쟁 범위의 확장은 베네치아의 도시 조직에 변화를 가져왔다. 베네치아는 처음으로 전쟁을 외부인인 용병대장에게 맡겼고 그는 다수의 용병을 고용했다. 정부는 귀족 감독관, 즉 프로베디토리provveditori를 보내 용병대장의 영향력과 균형을 맞추었다. 감독관은 보급, 급여, 그리고 때로는 군사 전략에 관한 폭넓은 권력을 가졌다(Hale 1979). 그리 오래지 않아 도시는 종속 영토와 베네치아에서도 징병해야 했는데, 장인 길드와 상점 업주 길드도 전쟁 갤리선의 노잡이 할당의 대상이 되었다. 15세기에 베네치아는 죄수와 포로 또한 갤리선에서 부역하도록 하였는데, 이 과정에서 로마의 삼단노선trireme이 갤리선으로 전환되었다. 삼단노선은 각자의 자리에 자기 노를 가진 세 명의 숙련된 노잡이를 필요로 했는데, 갤리선은 자리마다 커다란 한 개의 노가 있었기 때문에 숙련되지 않고, 내키지 않아 했던, 쇠고랑이 채워진 죄수도 무게를 실어 노를 저을 수 있었다. 결국 모두 자원자로 군대를 구성했던 시기도 오래전에 끝난 것이었다.

전쟁이 커지고 시민–군인들도 교체된 점은 도시에 새로운 재정적 짐을 안겼다. 14세기 후엽에 베네치아는 전쟁 관련한 채무를 갚기 위해 강압적 대출, 수입세, 직접적 재산세를 추가로 징수하였다. 이러한 예외적인 노력에도 불구하고 대규모나 영속적인 관료제를 세우지는 않았는데, 이유는 고도로 상업화된 경제 내에서, 선출된 관리들과 소수의 전문적 서기와 비서의 조합을 통해 많은 인원 없이도 도시의 회계를 관리하였기 때문이다. 국가는 여러 가지 의무들을 시민들에 분할하였는데, 예를 들어 스콜레 그란디에게 전투 함대에 대한 분할금을 알아서 올리라고 요구하는 경우도 있었다(Pullan 1971: 147~156; Lane 1973b: 163). 어떤 재정적 의무도 시의 재정 기구를 압도할 수는 없었다. 17세기 초에 다른 유럽 국가들이 고통스럽게 전쟁 채무를 쌓고 있을 때, 베네치아는 실제로 모든 장기적 채무를 일시적으로 청산하려고 했었다(Lane 1973a: 326).

1600년 훨씬 이전에 베네치아는 상업적 강대국의 정점을 이미 통과했다. 15세기 이후 계속되는 변화의 연속에 의해 베네치아는 국제 무대에서 조연으로 그 역할이 축소되었다. 오스만제국은 흑해와 지중해 동부의 항구에서 베네치아를 축출했고, 베네치아 영토 주위는 합스부르크, 부르봉, 오스만제국이 둘러 쳤으며, 베네치아의 목재에 대한 접근 경로도 줄어들었고, 그 결과 선박 건조 산업도 축소되었고, 달마티아에 대한 통제력도 감소했고, 홀란트와 잉글랜드 같은 대서양의 해양 강대국들이 지중해의 해적질 경쟁에 뛰어들었다. 포르투갈 상인들의 아프리카 일주와 인도양 교역 항로 침투는 향신료 무역에 대한 베네치아의 요충지를 무너뜨렸다. 16세기 말 포르투갈 선박들은 유럽이 극동에서 가져오는 모든 향신료와 마약의 4분의 1에서 절반에 이르는 양을 운송했다(Steensgard 1981: 131). 그러나 포르투갈의 지배는 오래가지 않았는데, 그 1세기 안에 효율적으로 조직된 네덜란드 동인도회사와 영국 동인도회사가 이베리아반도의 경쟁자들을 대체했다(Steensgard 1974).

지중해 무대에 대형 무장 범선이 등장하자 베네치아의 갤리선이 가지고 있던 헤게모니가 깨졌다. 그 이후에도 베네치아는 여전히 부산하고 독

립적이었고 본토에서의 제조업과 그 관리에 치중하였지만, 더 이상 지중
해의 주도적인 세력이 아니었다. 한때 실질적으로 베네치아의 사적인 호
수 같았던 아드리아해에서조차 베네치아의 선단들은 라구사의 경쟁 상인
들을 억제하거나 해적들의 약탈을 견제하지 못했다. 18세기에는 외국의
전함을 베네치아의 만에서 몰아내려는 노력을 포기했다. 그 이후 라구사
뿐만 아니라 트리에스테와 안코나까지도 아드리아해의 무역 항로를 차지
하기 위해 뛰어들었다.

베네치아는 군사적·외교적 중립 정책, 상업적으로 중요한 틈새의 위
치, 경제적 토대로서 본토에 대한 의존 증가, 과거의 과두 체제에 지배되는
공화제의 공공 생활에 안주했다. 알베르토 테넨티는 17세기에 대해서 결
론 내리길, "정치적 독립과 상업적 성공 사이의 어려운 선택에서, 자신의
운명에 대한 불확실성 속에서, 베네치아의 자랑스러운 결정은 그 모든 실
수와 수치스러운 활동에도 불구하고 아직도 밝게 빛난다. 이웃한 라구사
처럼 위험도 역사도 없는 생존을 선택하는 대신에, 그 오랜 도시국가는 그
것이 투르크이건 교황이건 스페인이건 합스부르크건 어떤 다른 강대국의
우세에도 굴복하기를 거부하였다"(Tenenti 1967: xvii~xviii).

그렇지만 그 선택은 최종적으로 실패했다. 1797년 나폴레옹의 침범은
18세기의 구도를 끝장냈다. 베네치아와 그 본토는 처음에 오스트리아, 그
이후 나폴레옹의 이탈리아왕국, 그리고 다시 오스트리아의 소유가 되었다.
1848년에 다니엘레 마닌Daniele Manin이 주도한 저항군이 잠시 권력을 잡았
지만, 오스트리아가 다시 혁명 주체들과 보조를 맞추었다. 마침내 1866년
프로이센이 오스트리아를 패퇴시키면서 베네치아는 새로운 이탈리아 국
민국가에 합류했다.

베네치아는 독특한 역사적 경로를 따랐다. 그럼에도 그 도시의 역사는

제노바, 라구사, 밀라노, 피렌체, 그리고 심지어 홀란트, 카탈루냐, 또는 한 자동맹에 이르기까지 어떤 공통점을 가지고 있었다. 14세기에 바르셀로나는 지중해를 오르내리는 상인들을 보내서 테베, 아테네, 피레아스를 지배하였다. 네덜란드공화국은 자주 격동에 휩싸이는 상업 중심지들의 연합이었는데, 1세기 이상 유럽의 지배적 국가들 중 하나였다. 도시국가, 도시 제국, 도시 연합은 모두 자체적으로 상업적·정치적 세력을 몇 세기 동안 유지했고, 상업적 목적에 중요한 우선권을 주었고, 큰 관료 체제 없이도 효과적인 국가 구조를 창안하였으며, 전쟁과 다른 국가 지출을 지불할 수 있는 상대적으로 효율적인 방법을 고안했고, 국가의 조직적인 부분에 상업적 과두 체제를 대변할 기구를 구성하였다.

자본 집중 국가의 구성은 강제 집중 및 자본화된 강제 경로의 변화와 세 가지 기본적인 점에서 달랐다. ① 상업적 과두 체제의 영향력은 상업적인 사업——유럽의 경험으로 보면 특히 해양 사업——의 확장과 보호 위주로 조직화된 국가 발전을 촉진시켰다. ② 부르주아지의 이익을 보호하기 위해, 그들에 의해 창안된 기구들은 실제로 가끔 국가 행정의 도구가 되었다. 베네치아, 제노바, 네덜란드공화국은 이런 자치 기구와 국가 행정이 혼합된 뚜렷한 예를 보여 주었다. ③ 자본과 자본가들의 유용함이 이러한 국가들에게 부피 크고 지속적인 국가 행정 체제 없이도 효과적으로 빌리고, 과세하고, 구매하고, 전쟁을 수행하도록 해주었다. 국가적으로 모집한 육군과 해군이 수행한 전쟁의 순수한 규모가 그들의 효율적이지만 소소한 군사력을 압도할 때까지, 자본 집중 국가들은 호전적인 세계 안에서 번성했다. 메디치가 교황군의 도움을 받아 그의 고향인 피렌체를 다시 지배한 지 그리 오래지 않아 마키아벨리는 다음과 같이 썼다.

다수의 신사들이 있는 국가에서 공화국을 설립하길 원한다면, 그들을 모두 파멸시키기까지 그는 성공하지 못할 것이다. 그리고 자유와 평등이 널리 퍼진 곳에서 왕국이나 공국을 세우려고 희망하는 누구든지, 그 일반적인 평등으로부터 가장 대담하고 가장 야심 있는 사람들을 빼내서 그들을 신사들로 만드는데, 단순히 이름뿐만 아니라 실제로, 그들에게 성채와 소유물을 주고, 그뿐 아니라 돈과 신민들까지 주지 않는 한 동일하게 실패할 것이다. 그리하여 이들에 둘러싸여 그는 권력을 유지할 수 있을 것이고, 또한 그의 지원에 의해 그들은 야심을 채울 수 있을 것이고, 반면 다른 사람들은 무력으로만 복속시킬 수 있는 그런 멍에에 대해 굴복하도록 강요받게 될 것이다. (『로마사논고』 1권 55절. 나는 이 적절한 참조에 리처드 프랭크Richard Frank의 도움을 받았다.)

다른 무엇보다도, 신사들 — 다시 말해 귀족 영주들 — 은 강제 집중 국가를 떠맡았고, 한편 자본가들 — 즉 상인들, 은행가들, 제조업자들 — 은 그들의 자본 집중 경쟁자들을 지배했다. 그들의 경험의 차이는 그들이 언제 구성되었는지, 그들이 통제하려는 영토가 얼마나 큰지, 농업과 제조업이 그들의 경제적 토대에서 어느 정도 중요한 부분이었는지, 그리고 그들이 어떤 종류의 상품을 전문화했는지에 따라 달랐다.

이러한 요인들은 그 순서대로, 각 국가의 핵심 도시의 지형학적·지정학적 위치에 따라 달라졌다. 그런 상황이 발생했을 경우, 대규모 농업 배후지의 존재는 더 큰 규모의 영토적 국가 구성을 촉진시켰다. 주로 장거리 무역의 시장 역할을 했던 항구 도시들은 작은 모국의 영토를 토대로 도시국가나 도시 제국을 창설했다. 큰 규모의 제국과 국민국가에 인접한 경우 그 국가들에 흡수되거나 영토에 대한 통제를 위한 싸움에 진입하는 것을 선호했다. 그럼에도 이런 변형들은 자본과 자본가들의 강력한 존재에 의해 설정된 한계 내에서 작용했다.

## 자본화된 강제의 경로

아드리아해 상단부의 모든 지역이 자본주의적 경로를 통한 국가 구성을 동일하게 잘 보여 주는 것은 아니다. 오스트리아는 점차 트리에스테를 포함한 그 해안의 중요 부분에 대한 소유권을 주장하려 했다가, 강한 강제에 관심을 가졌던 다른 국가들에 비해 이를 경시하였다. 비잔틴, 세르비아, 헝가리, 오스만 제국들 모두가 달마티아 지배권을 두고 베네치아와 싸웠는데 오스만이 승리했다. 이는 최소한 몇 세기에 걸쳐 이어졌다. 그럼에도 아드리아해 상부 지역의 역사는 유럽 지역 러시아의 역사와 상당히 대조적이었다. 아드리아해 지역에서는 풍부한 자본이 군대 건설을, 특히 해군력 구축을 가능하게 했으나, 규모가 큰 국가 창설에 대한 자본가들의 거부의 빌미 및 수단을 제공하기도 했는데, 그런 국가가 자본가들의 이익을 왕조의 이익에 비해 경시할 수 있었기 때문이다. 러시아에서 (특히 14세기 아시아와 비잔틴제국과의 교역 연결로가 축소된 이후) 집중화된 자본의 희귀성과 전사-영주들의 존재는 모든 국가들이 강제 수단을 구성하도록 만들었다. 거기에서 큰 문제는 실세들이 계속 분할된 주권을 여럿이 나누어 소유할 것인가 아니면 단일한 지배자가 나머지 모두에 대해 확고한 우선권을 확립할 것인가에 있었다. 러시아 국가는 한번 군사력의 중앙집권화를 구축하자, 영주들이 자신의 영토에서 큰 재량권을 갖지만 차르에 대항하면 그것을 잃게 되는 육중한 국가를 만들어 내는 데 그 노력을 기울였다.

농민들──18세기 이전 유럽의 거의 모든 곳에서 인구의 대다수였던—의 운명은 강제 집중 지역과 자본 집중 지역 사이에서 극적으로 달라졌다. 강제 집중 국가 구성 지역 대부분에서 지배자는 상당한 군사적·민간적 권력을 유지한 대영주들과 밀접한 협력을 이루어 국가를 창설했다. 러시아, 폴란드, 헝가리, 브란덴부르크프로이센이 이 과정을 예시하는데, 시칠리아 및 카스티야와 유사한 점이 있었다. 그러한 국가들에서 16세기 상업의 확장에 의해, 영주들이 국가권력의 후견하에 이전에는 충분한 임대료를 받아냈던 농민들을 농노로 만드는 것을 촉진하고 가능하게 했다. 그전에는 법에 의해 그들에게 부속된 작은 농토에서 생계를 유지했던 농업 가정이었지만, 그들 거의 대부분은 영주의 영지에서 형편없는 임금을 받으며 노동을 제공해야 했다. 다른 강제 집중 지역들(특히 스칸디나비아)에서 영주들은 결코 그들의 동유럽 상대자들만큼의 경제적·정치적 권력을 획득한 적이 없는데, 16세기와 그 이후 지배자들은 성직자와 다른 관리들의 도움을 받아 농민들에 대한 직접 통치 기구를 구성하였다. 이는 생계 지향적인 농민들이 오래 살아남을 수 있도록 보장한 것이었다.

자본 집중 지역인 네덜란드와 스위스 일부에서 농민들은 분기점을 통과했다. 도시 시장과 적극적인 자본가들의 존재에 의해 농업은 조기에 상업화하였고 농촌 산업과 빈번히 결합하였다. 그 결과 소수의 농민들이 현금 추수와 이웃들의 노동에 근거하여 부유해졌다. 다수는 가난한 임금노동자가 되었고, 그들 중 대부분은 수요가 상승했을 때 가내수공업이나 행상 일까지 병행해서 했다. 이러한 소수와 다수는 곳곳에 존재하는 상인들과 아울러 농촌 경제를 만들어 냈는데, 이러한 경제는 도시에 손쉽게 공급을 하고, 효율적인 과세의 대상이 되었고, 지역의 교역 중심지인 도시의 통제 아래에 들어갔다. 농민들의 대조적인 경험은 자본 집중 지역과 강제 집중 지역의 국가 구성에서 매우 다른 경로의 원인과 결과가 되었다.

자본주의 극단과 강제의 극단 사이에 자본화된 강제의 경로가 있었는데, 강제와 자본의 집중이 훨씬 더 동등하게 발생했으며 상호 관계에서 더 긴밀한 예들을 볼 수 있다. 영국제도——아일랜드, 스코틀랜드, 잉글랜드, 웨일스——는 그 경로를 보여 준다. 그들은 또한 강제-자본 도표 안에 어떤 경험의 배치에서건, 우리가 그 경험에 두는 시간적·지리적 한계에 얼마나 많이 좌우되는지를 보여 준다. 990년의 덴마크에서 보았다면, 영국제도는 스칸디나비아를 중심으로 한 제국 내에서 정복과 조공의 대상인 변방 지역으로 보일 뿐이었다. 그 이후에 아일랜드에서 보았다면, 영국제도의 국가 구성은 남동부의 잉글랜드에서 보았을 때보다 더 심한 강제의 배역에 해당되었다. 1500년에서 1700년경의 스코틀랜드에서 본다면 국가 구성은 다른 경제적 토대를 가진 다소 분리된 세 개의 국가들——잉글랜드, 아일랜드, 스코틀랜드——이 경쟁하고 상호작용하는 것처럼 보인다. 그러면 조금 더 명확하게 서기 990년 이후 1000년 동안 그 지역 전체를 검토해 보자. 그 1000년 동안에 중심적인 드라마는 애초에는 정복에 의해 구성되었으나, 곧 큰 항구와 상업화된 경제에 의해 균형을 잡았던 잉글랜드 국가의 확장이었다.

990년에 아일랜드는 여러 켈트 왕국들 사이의 갈등과 노르만인의 해안가 지배하에 갇혀 있었다. 비록 다수의 스칸디나비아 정복자들이 북해의 섬들을 분할하였지만, 본토의 스코틀랜드와 웨일스는 전사-왕의 지도력 아래에서 어느 정도 통일되어 있었다. 덴마크의 크누트 왕은 앵글로색슨의 에셀레드 2세에게서 약하게 연결된 잉글랜드를 뺏으려고 하였다. 에셀레드는 이미 10년 동안 덴마크에 조공을 납부하고 있었다. 조공을 납부할 뿐만 아니라 계속적인 약탈로 고통받고 있었다. 997년 초입에 대해『로드 연대기』*The Laud Chronicle*는 아래처럼 기록하고 있다.

올해 그 [덴마크] 무리가 데번셔를 돌아 세번 강 입구로 들어와, 거기서 콘월, 웨일스, 데번을 공격하고 워체트에 상륙했다. 그들은 불을 지르고 사람을 죽이면서 엄청난 파괴를 일삼았는데, 랜즈엔드를 다시 돌아 남쪽으로 갔고, 타마르 강어귀로 들어가, 리드퍼드까지 계속 올라왔다. 거기서 닥치는 대로 불태우고 살인하여 태비스톡의 오드울프 대수도원을 완전히 태웠고, 엄청난 양의 약탈품을 배에 실어 옮겼다. (Garmonsway ed. and trans. 1953: 131)

다른 스칸디나비아인들이 아이슬란드, 그린란드, 그리고 아메리카로 항해하면서, 크누트와 침입자들은 잉글랜드에 일시적인 조공 징수 제국을 도입했는데, 이를 덴마크와 노르웨이까지 확장했다. 새로운 지배 영역은 가치가 컸는데, 당시 더블린에는 거의 4000명, 요크에는 1만 명, 노리치에는 4000명, 그리고 런던에 2만 5000명이 거주했다. 이는 스칸디나비아의 어떤 지역보다 훨씬 더 많은 수였다. 요크는 스칸디나비아와의 연계 지역으로 중요했고, 런던은 나머지 모든 지역의 연계 지역이었다. 영국제도는 십자형의 도시 네트워크로서만이 아닌, 유럽 대륙의 도시들과도 잘 연결되었다.

단 60년 만에 노르만(갈리아에 정착한 초기 바이킹 전사들의 후손들)은 브리튼섬에 대한 또 다른 침입을 조직하였다. 잉글랜드에 대한 그들의 정복은 군인들에게 영지를 나누어 주는 특징적인 패턴을 따랐는데, 그들은 왕의 지역 대리인(그리고 잠재적 경쟁자)이 되었다. 그것은 스칸디나비아인들의 급습을 감소시켰고, 그로 인해 잉글랜드의 지배자들이 브리튼섬 안팎에서 그 영역을 확장하는 과정을 시작하게 했다. 다음 2세기 동안, 노르만-잉글랜드와 스코틀랜드 군대는 덴마크와 노르웨이가 영국제도를 통치하는 것을 실질적으로 끝장냈다.

연합과 유산의 작용에 의해 프랑스가 되었던 곳에 대한 '잉글랜드'의 소유 지분이 증대하면서, 잉글랜드의 지배자들은 노르만 사촌들과 전쟁을 시작했다. 12세기에 그들은 웨일스, 스코틀랜드, 아일랜드에 대한 지배를 확장하려 했다. 헨리 2세는 아키텐의 엘레오노르와 결혼하면서, 잉글랜드, 노르망디, 멘, 브르타뉴, 앙주, 아키텐, 그리고 웨일스의 대부분을 통치할 수 있는 강력한 권리를 획득했다. 그리고 이어지는 몇 년 내에 스코틀랜드, 그리고 아일랜드 일부에까지 그 권리를 확대했다. 그러한 제국을 경영하면서, 그는 비교적 효과적인 왕실 사법 구조를 세웠다. 그러나 1173년 이후 그의 아들들이 여러 귀족, 때로는 여왕과 연합하여 그의 권력에 도전하기 시작했다.

전쟁을 하고 왕조의 경쟁자들에게 간섭하는 과정에서 잉글랜드의 왕들이 의존했던 귀족들은 서로 싸우는 것에서 더 나아가 왕과 다툴 만큼 충분한 힘을 획득했고, 그리하여 왕에게서 공인된 양보 — 가장 극적인 것은 마그나 카르타다 — 를 얻어냈다. 1215년의 대헌장은 왕으로 하여금 전쟁 수행 자금을 봉건적 의무에서 짜내는 것을 멈출 것, 귀족들이 싸움에 참가하지 않았을 때 용병들 고용을 중지할 것, 주요 세금은 실세들을 대표하는 대의원 회의에서 동의할 경우에만 부과할 것을 의무 지웠다. 대의원 회의는 지속적인 권력을 행사하기 시작했고, 특히 새로운 세금에 대한 승인 과정에서 강화되었다. 이후에 왕은 반복적으로 이 헌장에 동의했다. 그럼에도 군대를 창설하려는 잉글랜드 왕실의 계속적인 노력에 의해 내구성 있는 중앙 구조, 즉 왕실 재정, 궁중, 왕실 관할지가 만들어졌다.

에드워드 1세(재위 1272~1307년)는 예를 들어 모든 토지 소유자에게 강제로 기사 작위 강요를 확대하였는데, 그 작위를 받으려면 1년에 20파운드를 내야 했다. 모든 기사들은 왕실 군대에 복무했고, 보병의 급여에 대한 과세를 확립했고, 양모와 가죽에 대해 최초의 정규 관세를 부과했고, 이전에는 귀족과 왕의 개인적 신하들이 수행했던 활동들의 일부를 담당하는 영구적 직제를 세웠고, 왕으로부터 돈을 받는 귀족, 지방의 기사들, 지방의 대의원, 그리고 성직자들로 구성된 별도의 회합을 정례화해야 했다. (1294년, 프랑스에 대한 또 다른 공세를 준비하면서 에드워드는 양모의 수출 관세를 6배나 올렸고 성직자 수입의 절반을 세금으로 요구했다. Miller 1975: 11~12) 14세기에도 중앙의 국가 구조 창설은 계속되었는데, 왕실은 사법권을 영토 전체로 확장하였을 뿐만 아니라, 치안판사가 왕의 위임을 받은 대리인으로서 지역에서의 권한을 행사하기 시작했다.

중앙이 안정되어 있기만 했던 것은 아니었다. 에드워드 2세는 감옥에서 살해되었고(1327년), 에드워드 3세는 실질적으로 권력을 상실한 채 죽었고, 리처드 2세는 폐위당하고 감옥에서 죽었는데(1400년), 살해되었을 수도 있다. 랭커스터 가문과 요크 가문은 30년 동안의 내전(장미전쟁, 1455~1485년)을 치렀는데, 이는 왕권을 둘러싼 싸움으로서 리처드 3세가 헨리 튜더의 세력에 의해 살해되면서 종료되었고, 나중에 헨리 7세가 왕이 되었다. 왕권과 승계에 대한 무력 갈등은 3세기 동안 계속되었는데, 1688년 명예혁명으로 오라녜 공이 권좌에 오르면서 끝났다.

동시에 잉글랜드 왕들은 반복적으로 아일랜드, 웨일스, 스코틀랜드, 그리고 프랑스의 영토를 획득하려고 했다. 에드워드 1세는 명목상 아일랜드와 스코틀랜드를 잉글랜드 왕권에 복속시키며 아울러 웨일스를 예속시켰다. 웨일스인들은 오웬 글렌다워Owen Glendower의 봉기(1400~1409년) 말고는 별 심각한 저항이 없었으나, 아일랜드와 스코틀랜드는 잉글랜드의 지배에 격렬하게 저항했고 프랑스 왕의 원조를 자주 구했는데, 프랑스는 경쟁자인 잉글랜드가 영국제도 내의 군사 활동에 의해 흐트러지는 것에 대해 즐거워했다. 그러한 저항의 과정에서 두 곳 모두 상대인 잉글랜드와 병행하여 의회를 설립하였다. 아일랜드와 스코틀랜드는 모두 왕위 계승과 왕과 귀족들의 권력 관계에 의한 유혈 내전을 겪었다. 아일랜드는 말썽 부리는 식민지로 남은 반면, 스코틀랜드는 자체의 권리를 가진 독립적인 유럽 국가가 되었다. 미처 17세기도 안 되어 아일랜드와 스코틀랜드는 상대적으로 안정된 잉글랜드의 지배에 흡수되었다.

결국 잃고 말게 될 프랑스를 소유하고자 하는 잉글랜드 왕의 오랜 노력은 1337년에서 1453년까지 전쟁 상황이 지속된 국가 상태로 만들었다. 그러한 노력(이후에 백년전쟁으로 불리게 된다)에 대한 재정적 요구는 의회의 지위를 강화시켰고, 양원으로 분할되는 것이 정례화되었다. 이후 100년 동안 스코틀랜드와 프랑스에 대한 전쟁에서(때로는 둘 모두에서) 의회가 기금 충당에 관여하면서, 과세에 대한 동의의 권한을 확고히 하였다.

결국 평민의회the Commons로 불리게 되는 하원에는 자치구borough와 군county의 대표들이 모였는데, 이들은 대부분 상인 혹은 영주였다. 상인과 영주의 오랜, 그러나 수월치 않은 연합은 13세기에 시작되었는데, 브리튼섬이 양모를 처음으로 유럽의 섬유 산업에 공급하여 이후 영국 방직업의 토대가 된 시기였다. 브리튼섬은 양모 수출에서 모직물 제조와 수출로 천천히 그러나 운명적으로 전환하기 시작하였다. 그 당시부터 잉글랜드 상인들은 플랑드르에 자리 잡고 다른 유럽 지역으로 뻗어 나가기 시작했다. 15세기에는 잉글랜드인들 또한 바다에서 강인한 남성들이라는 점을 증명했다. 예를 들어 동쪽 연안 선원들은 1412년 무렵 아이슬란드와 대륙의 거래를 재개시켰다(Scammel 1981: 460). 1496년의 국제 상거래 조약인 인터커서스 마그너스Intercursus Magnus는 잉글랜드를 플랑드르 국제무역의 중요한 파트너로 자리 잡게 하였다. 비록 외국 상인과 상선이 잉글랜드의 무역을 반세기 동안 지배했지만, 1600년에 이르면 잉글랜드는 스페인, 포르투갈, 네덜란드와 세계적으로 경쟁하게 되었다.

같은 시기에 존 카보트John Cabot(공교롭게도 베네치아인이었다)와 항해했던 브리스톨의 남성들과 같은 영국 선원들은 네덜란드, 이탈리아, 스페인, 포르투갈 사람들과 합류하여 원거리 세계 탐험을 시작하여, 전 세계에 걸친 무역 제국의 토대를 놓기 시작한다. 1577년에 프랜시스 드레이크Francis Drake는 지구를 일주했다. 왕실에서는 정부의 수입과 군사력 증대에 도움을 주겠다는 약속을 받는 범위에서 이 탐험에 참여했다(Andrews 1984: 14~15). 법적으로 승인받은 개활지와 공유지에 대한 인클로저의 도움을 받아 영국의 지주들은 양모와 곡식의 출시에 깊이 관여했다. 하원은 점차 상인과 환금작물 재배 지주의 긴밀한 연합을 대변했다. 점점 증대하는 이 나라의 상업적 힘은 국가권력의 증대를 촉진시켰다. 이는 헨리 7세(재위 1484~1509년)와 이후 튜더 왕조가 스코틀랜드를 견제하고, 프랑스와 다투고, 국가의 전쟁 능력을 확장하고, 세금을 확대하고, 대영주들의 사병을 축소시키는 것을 가능하게 했다.

헨리 8세가 취한 로마 교회로부터의 분리, 교회 수입의 압수, 수도원 몰수 조치(1534~1539년)는 왕실의 수입을 늘리고 성직자들이 왕실의 이익에 협조하도록 하였다. 튜더 왕조의 강화는 은총의 순례Pilgrimage of Grace(1536년) 같은 지역 반란이 반복적으로 일어나도록 조장하였다. 그럼에도 튜더가에서는 점차 주요 귀족들을, 그들의 사병과 자율권에 대한 요구와 함께 억제시켰다(Stone 1965: 199~270). 이 나라의 멈추지 않는 상업화, 프롤레타리아 확대, 경제적 확장은 국가 활동의 경제적 토대를 제공했고, 관세와 수입세에 대한 의존은 그러한 토대에서 더욱 효율적으로 자원을 차출하게 했다. 물론 실세들과 왕, 그리고 의회가 상호 협조하는 데 타협이 이루어져야 했지만 말이다.

16세기에 스코틀랜드는 프랑스에 더 가깝게 다가갔다. 스코틀랜드의 젊은 메리 여왕이 프랑스의 왕비가 되자(1559년), 두 왕국은 통합에 근접했다. 그러나 프로테스탄트의 반란이 스코틀랜드에서 메리의 권력을 억지시켰고, 이후 또 다른 반란이 일어나 메리가 잉글랜드의 엘리자베스 1세가 제공하는 보호 아래로 도망가기까지의 6년 동안 스코틀랜드는 불안정하게 통치되었다. 1586년 그녀가 참수당하면서 친프랑스적인 스코틀랜드의 위협, 잉글랜드에 가톨릭 여왕이 취임할지도 모를 위협이 끝나게 되었다. 그러나 1567년부터 스코틀랜드의 제임스 6세였던 메리의 아들 제임스는 엘리자베스 사후에 잉글랜드의 제임스 1세로 왕관을 쓰는 데 성공했다. 프랑스와의 관계는 거의 분해되었다.

제임스 1세(재위 1603~1625년)와 이후 스튜어트가의 통치 아래, 잉글랜드에서는 대륙의 전쟁과 관련된 왕실 수입에 대한 갈등으로 헌법적 분할이 발생했고, 왕이 의회 없이 통치하려는(특히 세금을 거두려는) 시도를 했고, 결국 내전이 일어나 찰스 1세의 사형에 이르렀다. 시대적으로 특기할 일로, 찰스는 1627년 왕실 토지의 마지막 부분을 런던 시에 양도했는데, 과거 부채에 대한 취소와 더 많은 차입금을 위해 이를 받아들였다. 그이후 그의 신용은 추락했고, 차입과 세금에 대한 그의 요구는 의회와 재정가들과의 갈등을 심각하게 할 뿐이었다. 1640년에 그는 안전한 보관을 위해 런던탑에 두었던 금과 은을 압수하고는, 그 소유자였던 금 세공사와 상인 들과 관세 수입을 보증으로 하는 차입금을 받기 위해 협상하였다(Kindleberger 1984: 51). 아일랜드의 반란과 스코틀랜드의 저항을 진압하기 위해 군대를 늘리고 통제하려던 찰스의 시도는 오히려 자신에게 해를 입혔다. 공화정과 호국경 시대(1649~1660년)에 아일랜드와 스코틀랜드를 국가의 지배 아래로 돌려놓고, 아울러 스페인과 홀란트와 전투를 벌이는 동안 다양한 군벌과 의회가 나라를 통치했다. 왕정복고Restoration는 호전적인 의회가 찰스 2세를 불러들이면서 시작되었는데, 영국 국가 내에서, 특별히 수입과 지출의 문제에 있어 의회의 권력을 확인해 주었다. 해상에서 잉글랜드와 홀란트의 싸움이 이어지면서 왕실의 문제와 대륙 전쟁의 상호 의존성은 스튜어트 왕정의 복고로 계속 이어졌다. 1688년 혁명은 그 연합에 극적인 역전을 가져왔는데, 이로 인해 네덜란드 프로테스탄트 오라녀 왕가의 빌럼과 요크 공작의 딸인 그의 아내 메리가 왕위에 올랐고, 프랑스의 루이 14세는 망명한 스튜어트가를 도왔다. 이때 영국은 프랑스와 역사적 경쟁 관계로 돌아갔는데, 이 과정에서 네덜란드 기관의 힘을 빌렸다. 1694년에 설립된 영란은행은 1688년에 시작된 프랑스와의 전쟁에 비용을 대는 수단이었다(Kindleberger 1984: 52~53). 혁명의 끝과 대륙에 대한 영국의 군사적 관여의 재개와 함께 새로운 시대가 시작했다. 영국은 대규모 상비군을 구성했고, 효율적인 중앙 관료제를 만들었으며, 과세를 승인했던 하원 의회는 왕과 그의 신하들에 대항하는 권력을 획득했다(Brewer 1989).

다시 스코틀랜드와 아일랜드에서 반복적인 반란이 ─ 프랑스의 정교한 손은 말할 나위도 없고, 주로 잉글랜드 왕위 계승 후보들이 관련되었다 ─ 국가의 전쟁 수행 능력에 압박을 주었다. 전쟁과 왕조 내의 싸움은 국가에 큰 변화를 만들어 냈는데, 이는 잉글랜드와 스코틀랜드의 안정적인 통일(1707년), 게르만족인 하노버(나중에 윈저로 다시 이름을 지었다) 가문의 왕위 안착(1714~1715년), 토지 소유자와 상인의 이익을 대변하는 강력한 의회와 왕실 사이의 협정을 포함한다. 왕권 요구에 대한 스튜어트 가문의 반란(1715년)은 결국 실패하였고, 1745년 두 번째 반란이 일어났는데, 이것이 영국의 왕위 계승에 대한 최후의 심각한 위협으로 기록되어 있다. 영국의 군사력은 계속해서 성장했다. "1714년에 영국 해군은 유럽에서 가장 컸는데, 그 나라의 어떤 산업보다도 더 많은 노동자들을 고용했다"(Plumb 1967: 119).

대륙의 이웃 국가들에 비해 영국은 상대적으로 적은 중앙 기구를 통해 통치하였는데, 이는 후견이나 지역적 실권에 대한 방대한 체제에 의해 보완되었다. 이러한 체제하에서 주지사, 보안 판사, 시장, 경찰서장, 치안판사 들이 상근직으로 복무하지는 않았지만 왕의 일을 수행하였다. 나폴레옹 전쟁 이전에는 세관과 수입세에 관한 부서에만 상당히 많은 정규 발령을 받은 관리들이 있었다. 그때까지 영국은 아직 상비군을 유지하지 않았고, 특별히 무력이 필요할 경우 전쟁 시 해군 동원 체제에 의존했다. 아일랜드에서를 제외하면, 영국의 국내 인구를 통제하는 데 군대는 상대적으로 작은 역할을 수행했고, 민병대가 상대적으로 큰 역할을 했다. 아일랜드에서, 영국 정부는 계속 군대를 배치했고 헤게모니를 잡고 있던 기간 내내 새로운 치안 수단들을 시험하였다. 사실 영국은 아일랜드를 나중에 잉글랜드, 웨일스, 스코틀랜드에 들여올 경찰 관련 기술의 시험장으로 사용했다(Palmer 1988).

영국은 유럽에서 전쟁 수행을 지속했고, 나머지 세계에서 제국을 위한 노력을 수행했다. 프랑스와 치른 7년전쟁의 종식(1763년)은 영국을 세계에서 가장 강력한 식민주의 국가로 남게 하였다. 아메리카 대륙 식민지의 상실(1776~1783년)은 이전의 패배들처럼 국가권력에 위협이 되지는 않았다. 프랑스와의 전쟁을 위한 반복적 동원령은 특히 1793년에서 1815년 사이에 세금, 국가 채무, 경제에 대한 국가 간섭을 크게 확대시켰고, 한편 왕과 그 신료들로부터 의회로 그 영향력의 전환이 미묘하나 확실히 이루어지는 계기가 되었다. 그런 전쟁의 와중에(1801년), 영국은 아일랜드를 통합왕국 United Kiongdom에 (확실하게라고 할 수는 없지만 1세기 이상) 병합하였다. 19 세기 초에 통합왕국은 영주, 자본가, 상인에 의해 지배되는 입헌군주제의 전형적 모델이 되었다.

19세기의 급격한 산업화와 도시화를 통해 제국주의적 확산이 계속되었다. 영국 내부에서 국가는 지역 문제에 직접 개입하기 위한 결정적 전환을 시도했다. 이전 세기에는 왕과 의회가 식량 판매, 집단행동 통제, 빈민 구호, 또는 노동자들의 권리와 의무를 관리하기 위한 입법을 제정하였지만, 그들은 거의 항상 계획과 집행을 지역 당국에 의존했다. 영국은 대륙의 국가들 대부분에 비해 더 큰 범위에서 지역 당국을 유지했지만, 19세기에는 국가 관리들이 이전에는 결코 없었던 식으로 치안, 교육, 공장 감독, 산업 분쟁, 주택 공급, 공중 보건, 그리고 다른 넓은 범위의 문제들에 관여하였다. 브리튼섬의 국가the British state는 직접 통치를 향해 점진적으로 그러나 과감하게 움직였다.

가끔씩 민족 감정의 발로가 있기는 했지만, 웨일스와 스코틀랜드는 오래전부터 브리튼섬의 국가에 분열의 위협이 되지 않았다. 그러나 영국은 아일랜드 대부분을 통합하거나 위압하는 데 결코 성공하지 못했다. 아일랜드의 저항과 반란은 제1차 세계대전 이후 정점에 달했다. 몇 단계를 거쳐 보다 프로테스탄트이며 영어화된 지역인 북동부 모퉁이 지역(얼스터)만 제외하고 독립국가가 되었다. 처음에는 영연방British commonwealth으로, 그리고 이후에는 탈퇴하였다. 얼스터 내의, 그리고 그 너머의 싸움은 끝나지 않았다.

돌이켜 보면 영국은 흔히 정치적 안정의 대표적인 모델로 여겨지지만, 영국제도 내의 국가 구성을 상세히 보면 권세를 가진 분파들이 국가 지배를 위해 얼마나 계속해서 투쟁했는지, 하나의 정권에서 다음 정권으로의 교체가 얼마나 자주 폭력적으로 이루어졌는지 확인할 수 있다. 아일랜드의 경험은 강제 집중의 경로에 따라 상대적으로 약한 국가를 창설하는 그 지역의 능력을 증명한다. 그럼에도 브리튼섬의 국가는 18세기와 19세기에 세계의 큰 부분을 지배했고, 오늘날에도 세계적 강대국으로 남아 있다. 그 국가의 역사를 단순히 베네치아와 러시아 사이의, 강제 집중 국가와 자본 집중 국가 사이의 단순한 절충(또는 합성)이라고 할 수는 없다.

잉글랜드 국가, 이어진 브리튼섬의 국가는 자본과 강제의 결합 위에 세워졌는데, 어떤 왕조건 아주 초기에서부터 엄청난 전쟁 수단에 대한 접근 권한을 부여받았지만, 이는 그 나라의 상인과 은행가에게 커다란 양보를 하는 대가로 받은 것이었다. 영주와 상인의 불안정한 연합은 왕실의 자율권을 제한하였지만 국가권력을 강화시켰다. 상업화된 농업, 광범위한 교역, 제국주의적 정복, 유럽의 경쟁 강대국에 대한 전쟁은 상호 보완적이었고, 해군력에 대한 투자와 해외에서의 활동에 대비한 지상군 동원 체제에 대한 투자를 증진시켰다. 도시와 시골 경제의 상업화는 다른 대부분의 유럽 국가들에 비해 전쟁을 위한 과세와 차입이 더 수월하고, 국가 기구가 더 적어도 된다는 점을 의미했다. 애덤 스미스는 잉글랜드와 프랑스를 단순히 비교하여 다음과 같이 언급했다. "잉글랜드에서는 정부가 세계에서 가장 큰 상업 도시에 위치해 있어, 상인들이 전반적으로 정부에 돈을 선불로 주는 사람들이다. [……] 프랑스는 정부가 큰 상업 도시 안에 있지 않아서, 정부에 돈을 선불로 내는 사람들 중 상인들이 그렇게 큰 부분을 차지하지는 않는다"(Smith 1910[1778]: II 401). 그 당시 잉글랜드는 프랑스보다 국가 구성의 자본 집중 경로에 더 가깝게 있었다. 잉글랜드는 수월한 자본 접근 경로를 만들었고 영주들에게 그 영역 내의 일상적 통치를 많이 의존했다.

비록 혁명 이전의 프랑스는 지역 통치에서는 귀족과 성직자에게 유사하게 많이 의존하였지만, 덜 자본화되고 상업화된 경제에서 전쟁 수단을 짜내기 위해서 잉글랜드보다는 상당히 육중한 중앙 국가 기구를 설립했다.

그러나 우리가 베네치아나 모스크바를 생각해 본다면, 영국과 프랑스의 자본-강제 관계 사이의 커다란 유사함을 즉각 보게 된다. 우리는 국가 구성의 주요한 선택적 형식들로 영국, 프랑스, 프로이센, 스페인의 경로를 대조하는 것에 익숙하다. 그러나 유럽 전체의 범위에서 보면 그 넷은 자본 집중과 강제 집중의 경로와는 확연한 차이를 드러내는 공통의 속성을 가지고 있었다. 네 경우 모두 야망을 품은 왕조들이 다양한 성공을 거치며, 16세기와 17세기에 군사력 구축을 위해 지방의 중요 신분을 대표하는 회합들을 분쇄하거나 회피하려고 노력했다. 프랑스와 프로이센은 신분 의회Estates가 복종하였고, 스페인 의회Cortes는 휘청거렸고, 영국 의회Parliament는 지배계급 권력의 방어벽으로 생존했다. 네 경우 모두 자본의 중심과 강제의 중심이 일치했던 점은——최소한 잠깐이었더라도——적시에 대규모 군사력 창설을 용이하게 했다. 그 적시란 대규모의, 고비용의, 잘 무장된 육군과 해군이 국민국가가 헤게모니와 제국을 추구하는 데 엄청난 장점을 만들어 줄 수 있는 시기를 뜻한다.

왜 베네치아나 러시아는 잉글랜드가 되지 못했는가? 그 질문이 터무니없는 것은 아닌데, 이 문제가 유럽 국가들 전반이 자본과 강제의 더 큰 집중화를 향해 움직였으며, 이는 국민국가를 향해 모이는 것임을 인지한 바에 따른 것이기 때문이다. 부분적인 대답을 하면 그들도 그랬다. 제1차 세계대전에 참전했던 러시아와 이탈리아 국가는 1세기 전보다 훨씬 더 많이 국민국가의 특성을 갖고 있었다. 그러나 더 깊은 대답을 하자면 그들의 이전 역사가 그들 곁을 맴돌았다. 베네치아는 상업 귀족의 이익에 경도된 국가를 창설했고, 이 귀족 계급은 대규모의 영속적 군사력을 구축하려는 노력에 협조하는 것보다는 유럽 상업 체제의 틈새를 찾아내는 것이 유리하다는 것을 알고 있었다. 러시아는 이른바 전제군주에 의한 국가를 창설했지만, 이들은 농민의 노동력과 그 생산물을 국가의 목적에 맞추어 내주는 것을 보류하려는 이해관계를 가진 영주들의 협력에, 그리고 국가가 생산한 이익을 쉽게 소비해 버리는 관료 체제에 전적으로 의존했다. 각기 다른 혁명 —— 이탈리아 통일 운동과 볼셰비키의 권력 장악—— 이 베네치아와 모스크바 사람들을 서유럽의 강대한 국민국가들을 닮아 가는 새로운 국가들 안으로 끌어들였다. 그러나 그 계승 국가들도 이전 정체성의 특징을 유지하고 있었다.

중국에 대한 스키너의 도식적 설명이 작동하고, 나아가 유럽의 경험에 대한 날카로운 통찰력을 제공한다. 그것은 군사력의 구축과 그 조직적 결과들이 자본과 강제의 상대적 무게, 차출과 지배의 '상향식'과 '하향식' 체제, 그리고 도시와 국가의 기능에 따라 유럽의 지역과 지역 사이에 어떤 다양성을 보였는지 우리가 인식하도록 도와준다. 비록 모든 국가들이 전쟁과 전쟁 준비에 핵심적 노력을 기울였지만, 그러한 공통성 너머에 그들의 지배적 활동들은 자본과 강제와 이전 역사의 네트워크 내 위치에 따라 다양했다. 나아가 유사한 활동이라 해도 언제 어디에서 발생했는가에 따라 다른 조직상의 잔여물을 남겨 놓았다. 그러나 점차 다른 국가들과의 관계가 특정 국가의 구조와 활동을 결정했다. 국제전에서 국가의 자원을 성공적으로 전환하는 장점 때문에, 유럽의 지배적인 정치체로서, 그리고 국가 구성의 모델로서 대규모 국민국가가 조공 수취 국가, 연합, 도시국가, 그리고 다른 모든 경쟁자 들을 대체했다. 이러한 국가들이 마침내 유럽 국가 체제의 특징으로 규정되고, 전 세계로 확장하는 데 선봉에 섰다.

# 6장

∞

## 유럽의 국가 체제

# 6장 유럽의 국가 체제

## 유럽 국가들의 유대감

주요 군사 강국인 오스만의 해군이 베네치아를 지중해 동쪽에서 몰아내고 그 도시 제국의 하락을 재촉했다. 호전적인 투르크족이 아시아의 스텝 지역에서 유럽으로 이동했을 때, 그들은 대부분의 전투적인 이웃들처럼 땅에 얽매인 유목민이었다. 그러나 그들은 한번 흑해와 지중해에 당도하자, 배를 건조하고 항해하는 방법을 신속하게 배웠다. 더 중요한 것은 그들이 15세기에 유럽인들이 그전에는 본 적이 없는 범위의 화약을 사용하기 시작했다는 점이다. 그들은 유럽인들의 심장을 충격으로 강타했는데, 해상의 격렬한 전투와 육상의 잔혹한 정복에서 모두 승리했기 때문이다. 마치 누구도 이 맹렬한 습격자로부터 안전하지 않아 보였다. 15세기 그들의 지중해와 발칸 지역 진출은 이탈리아와 오스트리아를 심각하게 위협했다.

오스만의 콘스탄티노플 점령(1453년)은 베네치아의 이익을 확연하게 위협했지만, 베네치아는 투르크인들과 상업 조약을 맺음으로써 시간을 벌었다. 그렇게 번 시간은 짧았다. 오스만제국과 베네치아는 곧 전쟁에 돌입했고, 이는 베네치아에 엄청난 결과를 가져왔다. 에게해 북쪽 베네치아의 주요 기지인 네그로폰테를 잃으면서(1470년) 오스만 지역에서 퇴로가 열리기 시작했다. 그때부터 베네치아는 오스만제국과의 간헐적인 방어 전쟁을 치렀고, 한편 투르크인들은 50년 동안 이탈리아 본토에 대한 침략을 이어 갔다.

1499~1503년의 베네치아-오스만 전쟁은 베네치아의 국제적 지위를 한 단계 더 하향시켰다. 비록 적인 헝가리가 1500년에 오스만제국에 반해 때때로 베네치아의 편에 합류했지만, 베네치아는 해전에서 투르크를 저지하지 못했다. 오히려 케말 레이스Kemal Reis가 이끄는 투르크 해군이 베네치아가 모은 사상 최대의 선단에 "개탄스러운 존치오 전투"(Lane 1973a: 242)에서 타격을 가했다. 베네치아는 지중해의 중요한 전진 기지인 모돈, 코론, 레판토를 싸움에서 잃었다. 평화와 함께 베네치아는 그리스와 알바니아의 도시 몇 개에 대한 소유권을 포기했다.

다른 유럽의 강대국들은 그 전쟁의 종식을 중요한 사건이라고 보았고, 조약 작성에 합류했다. 베네치아가 지중해 동부에서 전진기지들을 잃고 있을 때, 공화파는 스페인과 프랑스가 1490년대에 개입했던 이탈리아 북부의 중요한 영토들을 정복하였다. 남유럽의 정치적 경계들은 예외적인 속도로 변화했다. "부다 평화회의(1503년 8월)에는 오스만제국, 몰다비아, 라구사, 베네치아, 교황령, 보헤미아-헝가리, 폴란드-리투아니아, 로도스, 스페인, 포르투갈, 잉글랜드가 포함되었는데, 근대 최초의 대규모 국제 합의로 평가된다"(Pitcher 1972: 98~99). 이러한 대규모 국제 평화 회합을 유치했다는 점은 추가적인 의미를 가진다. 즉, 오스만의 확장에 직면하고, 프랑스와 스페인이 이탈리아에서 전쟁을 한 이후, 유럽인들은 국가들의 독특한 연계 체제를 만들기 시작했다.

국가들은 서로 규칙적으로 상호작용하는 범위에서, 그리고 그 상호작용이 서로의 활동에 영향을 주는 범위에서 **체제**를 구성한다. 서기 990년에 유럽의 국가 체제 같은 것은 존재조차 없었다. 1990년까지, 원래 유럽의 것이었던 체제가 거의 전 지구에 달할 만큼 폭발적으로 확장했다. 그사이에 유럽은 대부분의 유럽 국가들이 다른 대부분의 유럽 국가와 아주 강한 연계——적대적이거나 우호적이거나 중립적인, 또는 더 그럴듯하게 말하면 이 모두가 혼합적이고 가변적인——를 맺었으나 대륙 밖의 국가와는 그러한 관계를 거의 맺지 않는 몇 세기를 지나왔다. 그들은 집단 권력과 연대 면에서 나머지 세계로부터 두각을 나타냈다. 지난 1000년의 지배적인 정치적 사실은 제국, 도시국가, 또는 강제 권력의 다양한 변형들이 아닌, 주로 국민국가로 구성된 유럽 국가 체제의 구성과 확장이다.

세계는 아주 다른 환경의 조합에서 현재의 특정한 상황으로 향해 왔다. 1000년 전 지구 전체에서 사람들은 느슨하게 조직된 제국 치하나 분할된 주권의 영역 안에 살았다. 마야와 중국 같은 제국은 상당한 정도의 중앙집권을 성취하여, 조공을 받거나 자치권을 가진 지역의 실세들에게 통치권을 위탁하여 핵심 지역 바깥도 간접적으로 통치했다. 정복 움직임, 국가 영토 변두리에서의 전투, 조공, 전리품, 포로에 대한 약탈은 자주 일어났지만, 공식적인 연합이나 대규모 군대에 의한 전면전은 어디에서나 드물었던 일이었다.

990년 무렵, 유럽 지역은 너댓 개의 상대적으로 독특한 국가 집단으로 분할되어 있었다. 동유럽의 정복 정권들이 계속 상대의 지배 영역 내부로 침략했고, 북쪽으로는 스칸디나비아와, 남쪽으로는 비잔틴과, 동쪽으로는 스텝 지역의 무장 세력과 관계를 유지했다. 더 잘 정리되고 더 긴밀한 유대 관계의 국가들, 주로 무슬림이 지중해를 둘러쌌고 이베리아 지역 대부분을 뒤덮었다. 중부 이탈리아에서 플랑드르에 이르는 상대적 도시 지역에서는 수백 개의 반(半)자치 세력들이 교황령과 신성로마제국의 관할권 주장 지역과 중첩되었다. 색슨의 영역이 그 지역의 북동쪽 가장자리와 닿아 있었다. 북부 쪽의 다소 분리된 영향력 작용 지역에서는 덴마크 제국이 영국 제도에 영향을 미쳤다.

부분적으로 분리된 이 국가 클러스터들은 곧 보다 강한 상호 연계를 맺는데, 그만큼 아시아와 아프리카의 국가들과는 더 큰 차이를 보이게 된다. 그들은 지중해로부터 북쪽으로의 교역 확대, 스텝 지역에서의 유목민 군대의 끊임없는 출몰, 기독교와 무슬림의 영토 투쟁, 북쪽 해양 전사들의 광범위한 침략을 통해 연계되기 시작했다. 예를 들어 여러 세기에 걸쳐 북부와 서부 유럽을 약탈했던 바이킹의 노르만 후손들은 우리가 현재 프랑스라고 부르는 곳 가운데에 자신의 왕국을 통합하였을 뿐만 아니라 잉글랜드와 시칠리아 또한 정복하였다.

시칠리아의 역사는 대규모 정복이 어떻게 유럽을 접합시켰는지 보여준다. 이 섬은 로마제국의 붕괴 이후 연달아 이탈리아가 아닌 권력의 지배하에 놓여 있었다. 처음에는 비잔틴제국의, 다음에는(서기 827년 이후) 몇 개의 무슬림 국가들의 지배를 받았다. 2세기 동안의 무슬림 통치 이후 11세기 말 노르만 모험대가 이 섬을 접수했다. 그 후계자들이 시칠리아의 왕이 되었고 알프스 너머의 왕가와 결혼했다. 신성로마제국의 황제 하인리히 6세(상속과 정복을 결합한 권리 때문에 막강했다)는 1194년 크리스마스에 스스로 그 왕이 되었다. 그 이후 나폴레옹이 도착할 때까지 게르만, 프랑스, 스페인계 왕가가 시칠리아를 통치했다. 1000년 동안 시칠리아는 지중해에 도달하는 정복 운동의 교차로가 되었다.

국제적 연계는 이탈리아 북부의 도시국가들 또한 갈라놓았다. 나아가 그들은 자주 국내 정치에 따라서 접합되었다. 예를 들어 13세기 피렌체는 교황이나 황제 들에 대한 충성에 따라 격렬하게 분리되었다. 그 싸움은 승리를 거둔 흑파(反제국)가 단테를 포함한 백파를 추방시킬 때까지 계속되었다. 1311년 흑파가 피렌체의 거리에서 제국의 독수리를 재현한 많은 것들을 없애 버렸다(Schevill 1963[1936]: 187). 그러나 그것도 피렌체의 국제적 연관성을 끝내지는 못했다. 13~14세기에 피렌체는 공공 생활의 중요한 부분을 모든 유럽의 왕자와 대사 들을 환대하는 데 쏟아부었다(Trexler 1980: 279~330). 그러는 동안 베네치아와 제노바는 지중해를 이리저리 정복했다. 간단히 말해 1500년 이전에 벌써 이탈리아 국가들은 유럽 정치에 적극적으로 뛰어들었던 것이다. 특별히 이탈리아에서 우리는 유럽 국가 체제의 요소들을 볼 수 있는데, 남쪽과 동쪽의 무슬림 강대국들로부터 어느 정도 의도적으로 거리를 두었고, 이는 13세기와 14세기에 형성된 것이었다.

1490년으로 나아가 보겠다. 500년 전에 유럽인들은 이후 독특해진 두 가지를 준비하느라 바빴다. 첫째는 조약, 외교관, 혼사, 그리고 광범위한 의사소통에 의해 연결된 상호 연계 국가 체제고, 둘째는 대규모의 훈련된 군사력을 동원하여 전쟁을 선포하고 공식적 평화협정에 의해 종료되는 전면전이었다. 유럽인들은 전쟁 종료 후, 다수의 국가들이 합의한 문서에 의해 대륙 전체에 걸쳐 국경과 주권에 대한 주요 재편성이 이루어지는 시대에 접어들었다. 낡은 전쟁 형식은 해적질과 강도질에, 몽골의 개입의 마지막 국면에, 발칸 지역을 가르며 일어났던 무슬림과 기독교도 사이의 불규칙한 전투에, 아프리카·아시아·아메리카를 비롯한 세계의 나머지 지역에 대한 유럽인의 탐험 여행에 남아 있었다. 그러나 유럽에서는 우리가 현재 알고 있는 국가 체제를 닮은 어떤 것이 그 형태를 갖추고 있었다. 나아가 점차 그 참여자들은 도시국가, 연맹, 또는 제국이 아닌 국민국가들이었다. 확실하게 경계가 그어진 몇몇 인접 지역 내에서 주민에 대한 꼼꼼한 통제를 가하는 상대적으로 자율적이며, 중앙집권화되고, 차별화된 조직들 말이다.

역사적 출발 시점은 언제나 환상에 불과한데, 그 이유는 연속적인 역사적 과정에서 그 이전의 어떤 요인이 가상의 어느 시작점에도 항상 연결되어 있기 때문이다. 그럼에도 우리는 유럽에서 고정적인 외교 임무가 확립되는 시점을 이탈리아 국가들이 이를 시행한 15세기로 잡을 수 있다. 프랑스와 스페인의 이탈리아 침략은 이러한 시행을 일반화하였다.

> 밀라노는 1490년대 초반까지 스페인, 잉글랜드, 프랑스, 그리고 합스부르크 제국 궁정에 거주하는 대표를 보냈다. 아라곤의 페르난도는 1480년대에 로마에 거주 대표를 보내는 새로운 길을 열었고 이후에 베네치아, 그리고 1495년에는 잉글랜드에 보냈다. 합스부르크가에는 1495년에 보냈는데, 하나는 대사로 제국 궁정에, 다른 하나는 네덜란드에 보냈다. 맥시밀리언 황제의 네트워크는 1496년이 끝나기 전에 구성되었는데, 재정 부족으로 붕괴되었다가 1504년에 다시 재건되었다. 교황청은 점차 이러한 경향을 따랐다. 교황의 대사는 어떤 점에서 보면 세금 징수자의 직접적 계승자들인데, 알렉산데르 6세의 임기 말기(1503년)까지 스페인, 프랑스, 잉글랜드, 베네치아, 황제에게 파견되었다. (Russell 1986: 68)

외교관 제도와 함께 광범위한 정보 수집, 광폭의 연합, 왕가의 결혼에 대한 다자간의 협상, 다른 국가들의 인정하에 개별 국가에 대한 집중 투자, 그리고 전쟁의 일반화가 당도했다.

우리는 종합적인 유럽 국가 체제의 출발점을 이탈리아에 대한 프랑스와 스페인의 침공 시기로 적절하게 매겼다고 보는데, 이를 계기로 유럽의 전쟁 범주가 크게 확대되고 대량의 용병 군대의 시대가 열렸기 때문이다. 카토캉브레지 조약(1559년)에 의해 합스부르크가와 발루아가 사이의 전쟁이 끝났다. 그것은 이탈리아에서 프랑스의 실질적인 배제, 스페인의 우선권, 칼레에서 잉글랜드의 축출을 확인했다. 그 회합에서 대사들은 적대적 행위의 금지 외에도 특별한 범주의 유럽 문제에 대해 협의했다. 여기에는 사보이와 스코틀랜드 같은 세력의 운명, 그리고 스페인의 펠리페 왕과 프랑스의 엘리자베스 공주의 결혼이 포함되어 있었다.

떠오르는 체제에 모든 유럽 국가가 깔끔하게 안착한 것은 아니었다. 16세기에 비록 저지대 국가들과 발트해 지역 사이의 빨라진 교역 덕분에 덴마크와 스웨덴이 서유럽의 관계망에 연결되기 시작했지만, 스칸디나비아 국가들은 아직 따로 떨어진 지역을 형성했다. 폴란드-리투아니아는 멀리 떨어져 있었고, 러시아는 서유럽의 시각에서 보면 반은 신화 속에 가려 있었다. 제바스티안 뮌스터Sebastian Münster는 1550년작 『세계지』 *Koslllographie*에서 '모스크바인들'을 발트해에 위치한 것으로 그린 바 있다(Platzhoff 1928: 30~31). 그러나 합스부르크는 15세기에 모스크바 대공과 외교 관계를 확립했고, 멀리 떨어진 서쪽 강대국들의 영향력에 의해 러시아가 지속적으로 확장하면서 모스크바는 유럽과 연결되었다.

요한 3세 치세(1568~1592년)하 스웨덴의 외교적·왕조적 연계는 주변부 국가들도 멀리 떨어진 그 체제에 도달했음을 증명한다. 튜튼기사단의 리보니아제국이 와해되었을 때, 스웨덴, 폴란드, 덴마크, 러시아가 모두 그 난파된 조각의 소유를 주장했다. 요한은 공세를 취해 레발, 에스토니아, 그리고 이후 생길 긴 스웨덴-러시아 국경을 따라 늘어서 있는 다른 땅들을 쟁취했다. 그리고 서로 강한 경쟁 관계였지만, 폴란드 및 덴마크와 합세하여 러시아를 물러나게 하였다. 그는 전쟁을 치렀지만 한편 외교적 성공도 기록했다. 요한의 아내 카타리나 야겔로니카Katarina Jagellonica는 폴란드의 공주이자 밀라노 출신 스포르차 가문의 딸이었다. 그러한 폴란드 연줄이 그들의 아들 지기스문트가 폴란드의 왕으로 선출되는 것을 가능하게 했다. 요한이 죽자 지기스문트는 또한 스웨덴의 왕이 되었고, 최소한 그의 삼촌 칼이 그를 퇴위시킬 때까지 그 자리를 지켰다. 요한의 또 다른 아들인 구스타프 아돌프는 나중에 변방의 스웨덴을 유럽 강대국 중 하나로 건설했다. 17세기 초 유럽의 국가 체제는 스웨덴에서 오스만제국까지, 포르투갈에서 러시아까지 이어졌다.

## 전쟁의 종식

점점 그 연계가 증가하는 유럽의 국가 체제는 주요 전쟁의 리듬을 바꾸어 놓았다. 잭 레비는 15세기 이후 유럽 강대국들과 그들의 전쟁에 대한 가치 있는 목록을 만들어 왔다. 레비의 목록에서 강대국들이 전쟁 기간 동안 최소 10만 명 이상의 전사자를 낸 모든 전쟁들을 골라 보자. 그 목록은 다음과 같다.

| 전쟁 | 강대국 전사자 수 | 주요 합의 |
| --- | --- | --- |
| 30년전쟁(1618~48) | 2,071,000 | 베스트팔렌 조약 |
| 프랑스-스페인 전쟁(1648~59) | 108,000 | 피레네 조약 |
| 신성로마제국-오스만 전쟁(1657~64) | 109,000 | 버슈바르 휴전 |
| 프랑스-네덜란드 전쟁(1672~78) | 342,000 | 네이메헌 화약 |
| 폴란드-오스만 전쟁(1682~99) | 384,000 | 카를로비츠 조약 |

| | | |
|---|---|---|
| 아우크스부르크 동맹 전쟁(1688~97) | 680,000 | 레이스베이크 화의 |
| 스페인 왕위계승 전쟁(1701~13) | 1,251,000 | 위트레흐트 조약 |
| 오스트리아 왕위계승 전쟁(1739~48) | 359,000 | 엑스라샤펠 조약 |
| 7년전쟁(1755~63) | 992,000 | 파리 조약, 후베르투스 부르크 조약 |
| 러시아-투르크 전쟁(1787~92) | 192,000 | 이아시 조약 |
| 프랑스 혁명전쟁(1792~1802) | 663,000 | 아미앵 조약 |
| 나폴레옹 전쟁(1803~15) | 1,869,000 | 빈 회의 |
| 크림 전쟁(1853~56) | 217,000 | 파리 회의 |
| 프랑스-프로이센 전쟁(1870~71) | 180,000 | 프랑크푸르트 조약 |
| 러시아-투르크 전쟁(1877~78) | 120,000 | 산스테파노 조약, 베를린 회의 |
| 제1차 세계대전(1914~18) | 7,734,000 | 브레스트리토프스크, 베르사유, 생제르맹, 뇌이, 트리아농 조약 |
| 청일전쟁(1937~41) | 250,000 | 없음, 2차대전에 합쳐짐 |
| 제2차 세계대전(1939~45) | 12,948,300 | 전체적 합의 없음 |
| 한국전쟁(1950~53) | 954,960 | 휴전 협정, 합의 없음 |

　　강대국 전사자에 대한 사상자 수에는 당연히 오해의 여지가 있다. 예를 들어 유럽 인구의 엄청난 감소를 보면, 그중 일부만이 인구 유출에 의한 결과일 수 있고, 모든 국가의 민간인과 군인을 포함하면 30년전쟁에 직접 관련한 사망자 총수는 강대국이 입은 200만 명 대신에 500만 명으로 올라

갈 수도 있다.

1937~1941년에 일본과 싸우면서 죽은 대략 75만 명의 중국인 사상자가 계산에서 사라졌는데, 이유는 중국이 강대국에 해당하지 않았기 때문이다. 베트남 전쟁은 (레비가 아니라 내가 정한) 기준선에 미치지 못했는데, 이유는 베트남 세력의 전사자가 65만 명으로 추산되는 데 비해 미국은 '단지' 5만 6000명의 군인을 잃었기 때문이다. 그럼에도 이 목록은 전쟁의 규모가 점차 커져 왔으며, 제1차 세계대전까지는 평화협정의 일반성이 증가했다는 점에 대해 생각하게 한다. 이는 또한 제2차 세계대전에서는 국제화된 갈등이 400년 동안이나 이어져 내려온 전체 회의에 의한 평화 합의 체제를 파열시켰다는 점을 보여 준다. 당시 소련과 미국의 냉담한 관계가 어떤 일반적인 평화 합의 성취도 대단히 어렵게 만들었다.

잔혹한 30년전쟁이 유럽의 국가 체제를 묶어 놓았다. 실제로 전쟁의 복잡한 그물이, 즉 신성로마제국 황제가 보헤미아의 프로테스탄트들을 억압하기 위해 시작했던 그 싸움이 점차 유럽 강대국 대부분을 연루시켰다. 오스만제국, 이탈리아 국가들, 잉글랜드, 동유럽 국가들은 참여국이 아니었다. 오스만은 페르시아의 문제에 몰두하고 있었고, 잉글랜드는 처리해야 할 중요한 분리의 문제를 갖고 있었다. 결국 정치적 지지의 문제로 스페인과 신성로마제국이 프랑스와 스웨덴과 분쟁에 이르렀다. 다른 식으로 말하면 합스부르크가와 나머지 유럽의 싸움이었다.

그것은 1641년에 시작되어 7년의 세월을 협상하였고, 심지어 평화 회의를 확약하기도 하였다. 두 번 있었다고 보기도 하는데 한 번은 뮌스터에서, 다른 한 번은 오스나브뤼크에서였다(전자는 주로 프로테스탄트 세력을, 후자는 가톨릭 세력을 위한 것이었다). 싸움은 이후 7년이나 계속되었다. 페르디난트 황제는 단독 강화에 대한 위협을 감수하고 개별 제국들이 평화

회의에 참석할 권리를 인정했고, 회의를 신성로마제국 의회처럼 간주했다. 1648년 1월에 스페인으로부터 마침내 독립에 대한 인정을 쟁취했던 네덜란드공화국도 참여했다. 베네치아와 교황령은 비록 교전국은 아니었지만 의장이자 중재자로 역할을 맡았다.

베스트팔렌 조약(1648년)은 유럽 국가 체제의 대부분인 145개 지역 대표자를 한꺼번에 모이게 했다. 그들은 전쟁 종식 관련 조항에 대한 타협만이 아닌 몇 개의 특별한 외교적 쟁점들에도 합의했는데, 예를 들어 스위스연방과 네덜란드공화국을 주권국가로 인정할 것인지도 다루었다. 스헬더강 입구를 네덜란드 영토 내부로 정하여, 그들은 안트베르펜으로 가는 해외 교역을 막아 스페인령 네덜란드에 대한 네덜란드공화국의 상업적 이익을 확실하게 했다. 이 조약은 프로테스탄트 국가와 가톨릭 국가 사이의 기존의 분할을 동결시키려 했는데, 종교를 바꾸려는 어떤 왕이건 퇴위시킬 것이라고 위협하였다. 이 과정에서 프랑스는 알자스와 다른 지역들을 얻었고, 스웨덴은 (다른 지역들 중에서) 서부 포메라니아를 획득했는데, 이로 인해 신성로마제국 내에 중요한 재정비가 필요했다.

제국 안에서는 한 국가가 최소한 하나의 다른 국가에 대해 주권을 행사한다(Doyle, M. 1986: 30). 베스트팔렌 조약 1세기 전에는 한 종류의, 그리고 이어서 다른 종류의 제국들이 유럽을 지배했다. 그러나 30년전쟁의 합의는 정확히 합스부르크제국의 강화를 막았고, 합스부르크가 지배하는 신성로마제국에 종말을 고했다. 그리고 어떤 다른 제국도——아마 러시아나 오스만을 예외로 하고——대륙 내에서 확장할 수 없을 것 같았다. 평화협정의 판례에 따라 개별적인 독일 국가들은 황제를 대변인으로 인정하는 대신에, 스스로를 위한 외교에 나섰다. 따라서 30년전쟁의 종식은 유럽 국민국가 체제로의 통합이기도 했다.

제국들이 유럽 내에서 밀려나는 동시에, 유럽의 주요 국가들은 아메리카, 아프리카, 아시아, 태평양에서 유럽 너머의 제국들을 창설하였다. 외부에서의 제국 건설은 대륙 내부에서 상대적으로 강력하고, 중앙집권화되고, 균질화한 국민국가를 만들어야 할 몇 가지 수단과 자극을 제공했다. 유럽 강대국들은 이러한 제국주의적 영역 안에서 서로 싸웠다. 네덜란드 독립전쟁에 이은 기나긴 전쟁 동안 네덜란드는 아메리카, 아프리카, 아시아에서도 유럽에서 그랬던 것 못지않게 스페인과 싸웠다. 네덜란드 해군은 포르투갈(1640년까지는 스페인 군주에 복속되어 있었다)을 아시아와 아프리카에서 실질적으로 퇴출시켰다(Parker 1975: 57~58). 그러나 1648년에 그러한 외부 제국들은 아직 협상의 주제가 아니었다.

이어지는 평화협정은 1648년의 패턴을 따랐고, 하나의 중요한 차이가 있었는데, 비유럽 제국들이 그 그림 속에 들어왔다는 점이었다. 끝나 가는 전쟁에서의 승리와 패배가 협상 개시 시점의 국가들의 협상 지위를 결정하는 데 지속적인 영향을 미치긴 하지만, 합의의 그 순간에 국경과 지배자가 결정적으로 바뀌기도 했다. 사실 국가들은 더 가치 있는 것을 발견한 경우 그것을 정복했던 영토와 교환하기도 했다. 당대의 여러 영국-네덜란드 전쟁 중 하나를 종식시켰던 브레다 조약(1667년)에서 가장 중요한 영토 이전이 아메리카에서 발생했다. 네덜란드는 수리남을 얻기 위해 여러 곳 중 뉴암스테르담(현재의 뉴욕)을 포기했는데, 그 교환은 (돌이켜 생각해 보면 최소한) 영국이 네덜란드를 나중에 이기는 중요한 이점을 내어 주었던 것이었다.

아우크스부르크 동맹 전쟁(1688~1697년)은 루이 14세를 그 동맹의 적으로 세웠는데, 신성로마제국, 스웨덴, 스페인, 바바리아, 작센, 팔츠가 한편이었고, 나중에 사보이가 합류하였다. 홀란트와 잉글랜드는 연맹에 합류하지는 않았지만 이와 연합하였다. 프랑스, 잉글랜드, 스페인, 홀란트는 레이스베이크 조약을 통해 전쟁을 끝냈다. 영토의 조정과 승인, 그리고 안전에 대한 보장 외에 이 조약은 또 다른 영국-네덜란드 식민지 협정을 포함했으며 프랑스에 하나의 이점도 주었다. 네덜란드는 교역권에 대한 대가로 퐁디셰리(인도)를 프랑스 동인도회사에 반환했다. 그때 이후 비유럽 영토들이 유럽의 평화협정에서 점점 더 뚜렷하게 나타났다.

18세기 초에는 유럽의 강대국들 사이의 전쟁에서 해외에서의 전투가 규칙적으로 포함되었고, 그 결과에 의한 합의에도 해외의 제국 재편성이 자주 포함되었다. 스페인 왕위계승 전쟁은 루이 14세가 손자인 앙주 공작의 스페인 왕위에 대한 계승권을 빌미로 압력을 넣었던 1701년에 시작되었는데, 교활한 루이 왕은 다른 여러 움직임 중에서도 플랑드르의 스페인 요새들을 점령하기 위해 즉시 군대를 보냈다. 전쟁의 와중에 프랑스와 영국은 바다에서만큼이나 아메리카와 인도에서 싸웠다. 전쟁은 위트레흐트 조약(1713년)에 의해 끝났는데, 이를 통해 영국은 주도적인 식민주의 강대국의 위치를 확립했고, 유럽 내에서 상대적으로 저물어 가는 스페인의 위치가 확인되었다. 그 조약의 다른 결과들 중 특히 영국은 뉴펀들랜드, 노바스코샤, 허드슨만 연안, 지브롤터, 미노르카섬을 받았고, 스페인 식민지의 항구에 대한 접근 권한과 스페인 식민지에 대한 노예 공급 권리, 그리고 프로테스탄트의 계승에 대한 인정을 받아냈다. 사보이는 시칠리아와 다른 이탈리아 영토를 스페인의 비용으로 병합했다. 프로이센은 왕국으로 인정받았고, 프랑스는 여러 가지로 패자였지만 릴을 돌려받았을 뿐 아니라 부르봉가 출신을 스페인 왕으로 인정받았다. 그리고 밀접하게 연관된 라슈타트 조약과 바덴 조약(1714년)에서 오스트리아의 합스부르크가는 스페인령 네덜란드였던 곳에 대한 통치권을 획득했다.

7년전쟁(1756~1763년)과 미국 독립전쟁(1778~1784년)은 아메리카에서 프랑스를 다시 영국과 겨루게 하였다. 전자의 결과 프랑스는 캐나다 본토를 양도하였고, 반면 후자의 결과에 의해 영국은 번성하던 북아메리카의 13개 식민지를 잃게 되었다. 미국의 독립으로 유럽의 정치학은 국가 체제의 새로운 구성원, 완전히 유럽 외부 구성원의 창조로 파급 효과를 내게 되었다.

빈 회의(1815년)는 나폴레옹 전쟁을 끝냈는데, 여기에는 유럽의 강대국 대표들이 모두 모였고, 강대국이 될 가능성이 있는 여러 국가들도 포함되었다. 회의는 유럽 지도의 큰 부분을 다시 그렸는데, 전쟁 이전의 몇몇 국경들을 회복시키기도 하고, 네덜란드, 독일연방, 롬바르도베네토왕국과 같은 완전히 새로운 독립국들을 만들어 냈다. 그러나 또한 실론, 희망봉, 토바고, 세인트루시아, 모리셔스, 몰타가 영국의 제국에 추가되기도 했다. 제1차 세계대전에서 나온 합의와 협상에서는 최강대국들이 전체 국가 체제의 지도를 계획적·집단적으로 그려 낼 만큼 아주 가까워져서, 개별 국가의 국경, 지배자, 헌법에 바로 영향을 미쳤다.

19세기를 거쳐 제1차 세계대전에 이르기까지 전쟁 종결에 대한 합의는 국가 체제 참여자들을 계속 입장하게 했고, 그 구성원들에 대한 주요한 재편성이 계속 나타났다. 분리된 벨기에의 설립(벨기에의 네덜란드로부터의 분리 독립은 1830년의 프랑스혁명 직후에 일어났고, 프랑스의 직접적인 무력 개입 덕분에 생존할 수 있었다)을 나폴레옹 전쟁 합의의 연장선상에서 볼 것인지에 대한 것까지 그 의미가 확장되었다. 그러나 사보이와 니스에 대한 프랑스의 병합과 이탈리아왕국의 창설은 1859년 오스트리아에 맞선 프랑스와 피에몬테의 전쟁에서 야기되었다. 나아가 오스트리아헝가리제국과 북독일연방(제국의 전신이자 그 자체가 프랑스-프로이센 전쟁의 직접적 결과물)

의 구성은 1866년 오스트리아-프로이센 전쟁의 결과로 나온 것이었다. 남동부 유럽에서 크림전쟁, 오스트리아-독일 전쟁, 그리고 여러 번의 러시아-오스만 전쟁은 매번 오스만 지배의 해체와 강력한 국제적 영향력에 의한 새로운 국민국가 구성을 촉발시켰다. 그리스, 세르비아, 루마니아, 불가리아, 몬테네그로가 그 실례였다. 더욱이 크림전쟁의 종식(1856년)은 오스만제국을 터키로 재구성했는데, 이는 유럽의 구성 방식을 어느 정도 닮은 새로운 국가였다.

제1차 세계대전의 종전은 유럽 지도의 다소 일반적이고 동시적이며 합의에 의한 재구성을 가져왔다. 체코슬로바키아, 헝가리, 폴란드, 유고슬라비아 같은 새롭거나 갱신된 국가들이 독립을 획득했고, 독일은 프랑스와 폴란드 및 다른 인접 세력들을 상실했으며, 루마니아는 연합군으로의 뒤늦은 전환의 결과에도 트란실바니아를 획득했고, 오스만의 나머지 부분은 분할되었고, 국제연맹은 국가 체제 구성원과 활동에 대한 결정권자의 지위를 주장했다. 1919년과 1920년의 여러 조약들에는 프랑스의 자르 지역에 대한 주권 없는 지배에 대한 임시변통 사항이 포함되었고, 국제연맹에 대한 미국의 거부로 고통을 겪었다. 제1차 세계대전의 합의에 대한 파열은 제2차 세계대전 말에 벌어진 균열의 전조가 되었다. 이때에는 이전 유럽 국가 체제의 세계적인 보급과 일본과 미국처럼 지리적·정치적으로 특이한 세력의 부상에 의해 지난 4세기 동안 다소간 잘 작동해 온 일련의 관계망에 큰 압박이 가해졌다.

## 국가 체제의 회원들

어떤 나라들이 강대국이었는가? 이 문제를 확인하기 위해 최근의 두 연구를 비교할 수 있다. 조지 모델스키와 윌리엄 톰슨은 1494년부터 현재까지 '세계적 강대국'의 선발 명단을 작성하기 위해 해군력을 사용하였다. 그들의 정의에 따르면, '세계적 강대국'은 세계적 강대국들의 해군 관련 총비용의 최소 5% 또는 전함 총수의 최소 10%를 가지고 있어야 하고, 자체 영역 밖의 대양에서 해군 활동을 수행해야 했다. 유사하게 잭 레비 또한 1495년에서 1975년까지 세계적 강대국들과 그들이 관련된 주요 전쟁의 목록을 모았다. 그는 지구상 어느 곳에서건 강대국들을 선정하였는데, 그의 평가에서 최강대국들은 상호 연관되는 강력한 군사적 능력을 보유했고, 대륙적이거나 지구적 관심사들을 추구했고, 무력과 무력 사용의 위협을 포함한 폭넓은 범위의 수단을 동원하여 자신들의 이해를 지켜 냈고, 대부분의 강대국들로부터 주역이라고 인정받았고, 국제관계에서 특별한 공식적 권리를 행사하였다(Levy 1983: 16~18). 유럽의 가능성 있는 후보자들 중에서 레비의 평가 기준에 따라 신성로마제국, 베네치아, 스위스연방, 포르투갈, 폴란드, 덴마크가 1495년에서 1975년까지의 시기 내내 제외되었다.

그 두 개의 명단은 다음과 같다.

| 국가 | 레비 | 모델스키-톰슨 |
| --- | --- | --- |
| 포르투갈 | - | 1495~1580 |
| 프랑스 | 1495~ | 1494~1945 |
| 잉글랜드/영국 | 1495~ | 1494~1945 |
| 오스트리아* | 1495~1519, 1556~1918 | - |
| 스페인 | 1495~1519 | 1494~1808 |
| 오스만제국 | 1495~1699 | - |
| 통합합스부르크왕가 | 1519~1556 | - |

| | | |
|---|---|---|
| 네덜란드 | 1609~1713 | 1579~1810 |
| 스웨덴 | 1617~1721 | - |
| 러시아/소련 | 1721~ | 1714~ |
| 프로이센/독일/서독 | 1740~ | 1871~1945 |
| 이탈리아 | 1861~1943 | - |
| 미국 | 1898~ | 1816~ |
| 일본 | 1905~1945 | 1816~ |
| 중국 | 1949~ | - |

* 오스트리아합스부르크, 오스트리아, 오스트리아헝가리 포함

까다로운 모델스키-톰슨 기준에 의해 해군보다는 육군에 주로 의존했던 몇 개의 강대국들이 배제되었다. 나아가 이러한 식의 선정은 논쟁의 여지가 있다. 의심할 바 없이 프랑스라는 국민국가는 1495년 이래 어느 정도 지속적인 존재였다. 잉글랜드, 그레이트브리튼, 통합왕국이라고 불리는 돌연변이 체제의 연속성을 보는 것이 어리석은 일은 아니다. 그러나 프로이센, 독일연방, 독일제국, 바이마르공화국, 제3제국과 독일연방공화국이 독일이라고 불리는 단일 체제의 연속적인 발로였다는 점은 어떻게 공개적 의문의 대상이 되는지 모르겠다.

합스부르크 지역의 다양한 통합 양상은 이 목록에 네 개의 다른 장소로 나타난다. 오스트리아합스부르크, 스페인, 통합합스부르크왕가, 네덜란드가 그것이다. 더욱이 스페인과 합스부르크가 레비의 연대기에 표시된 것처럼, 1556년 카를 5세의 퇴위와 함께 유럽 무대에서 확실히 사라진 것도 아니다. 스페인 함대는 1588년에도 여전히 강력한 힘을 가지고 있었다. 전쟁으로 갈라진 1630년대의 펠리페 4세 시절을 생각한다면 '스페인' 체

제에는 문제가 많았다. 그는 이베리아의 다양한 왕국들의 명목상 우두머리였지만, 카탈루냐, 발렌시아, 그리고 몇 개의 관할 공국들이 나중에 카스티야가 주도하게 되는 전쟁 준비에 참여하도록 종용하는 데 성공하지 못했다. 그리고 포르투갈은 어떤가? 레비는 포르투갈은 언급하지도 않았다. 모델스키와 톰슨은 포르투갈을 1494년에서 1580년 사이의 세계적 강대국(강대국들 중에서도 엘리트 강대국)으로 꼽았다. 당시 포르투갈은 스페인왕국으로부터 독립했다. 이후 스페인 헤게모니 아래의 60년 동안에도 포르투갈은 확실한 힘을 갖고 활동했다. 간단히 말해 국제관계의 측면에서 18세기 이전에 스페인을 유일한 것으로 말하기는 어렵다는 것이다. 따라서 그 목록들은 과도하게 단순화되었다. 그럼에도 이들은 유럽의 권력 국가들 사이의 우위권에 관한 중요한 승계 과정을 요약한, 옹호할 만한 첫 번째 근사치를 제공하였다.

두 목록은 아주 강한 유럽 편향을 보여 준다. 미국이 부상하기 전(모델스키와 톰슨에게는 1816년, 레비에게는 1898년)까지 목록에는 유럽에 주 근거지를 둔 강대국만 배타적으로 편입되었다. 예를 들어, 독자는 이런 정보로부터 1495년에 중국이 대략 100만 명의 무장한 남성들을 보유했다는 점, 그리고 말리·송가이·페르시아·무갈·아즈텍·잉카 제국이 유럽 바깥에서 번성했다는 점을 상상하기는 어려울 수 있다. 아울러 유럽의 네트워크가 다른 지역과 비교할 수 없을 만큼 더 풍성했고 따라서 더 주의를 기울여야 한다는 점을 추정할 수 없게 한다. 17세기에 아메리카에서 채굴한 은의 반 이상은 실크, 도자기, 그리고 다른 귀중품들과 거래되어 최종에는 중국으로 가게 되었다(Wakeman 1985: 2~3). 당시 유럽의 1인당 수입은 중국의 1인당 수입보다 명백히 우월했다고 볼 수 없었다. 간단히 말해 18세기 말 이전 유럽의 힘이 경제적으로 세계를 주도했다고 하기에는 불확실했다.

그럼에도 유럽 중심적인 이 목록은 군사적으로 타당한데, 1495년 이후 얼마 되지 않아 유럽인들(이제는 반은 유럽인인 오스만족을 포함)은 그들의 체제가 전 세계에서 가장 강대한 체제가 될 정도로 군사적 지배 능력을 널리 확장하였다. 예를 들어 1540년대에 이르면 오스만제국이 프랑스와 같은 유럽 강국들과 규칙적으로 연합을 이루는 시기에 들어섰다. 이탈리아와 합스부르크 영토에 대한 위협적인 부분 때문에, 이는 다른 주요 강대국들의 배치와 전략에 중요한 지렛대 역할을 할 수 있었다.

15세기 말에 이르면 유럽의 국가 체제는 확실한 구조와 구성원을 획득했다. 더 나아가 그것은 세계를 지배하는 길로 나아가고 있었다. 레비와 모델스키-톰슨의 문제는 강대국을 판별했지만, 체제의 덜 중요한 구성원들에 대해서는 그러지 않았다는 점이다. 1500년경 그 체제 전체의 한계에 대한 최초의 접근으로, 우리는 게오르크 폰 벨로Georg von Below와 프리드리히 마이니케Friedrich Meinicke의 『정치사』Politische Geschichte 1권에서 에두아르트 푸이터Eduard Fueter의 분석을 들 수 있다. 당연히 푸이터는 국가에 대한 분류를 프랑스와 스페인의 이탈리아 침략에 의해 촉발된 전쟁 관련 여부에 두었다.

**이탈리아 분쟁에 직접 참여한 주류 국가**: 프랑스, 스페인, 합스부르크가의 세력(부르고뉴, 오스트리아, 독일), 베네치아

**직접 참여한 비주류 국가**: 밀라노, 피렌체, 교황령, 나폴리와 시칠리아, 제노바, 사보이, 다른 이탈리아 소국들(안코나, 페라라, 우르비노, 만토바, 모나코 등), 스위스

**직접 참여하지 않은 주류 국가**: 오스만제국, 잉글랜드

**직접 참여하지 않은 비주류 국가**: 헝가리, 북아프리카의 해적 국가들, 폴란드, 스코틀랜드, 덴마크(나중에는 덴마크와 스웨덴), 포르투갈, 페르시아,

나바라

푸이터의 국가 체제 목록은 다른 주요한 대안, 즉 슈풀러가 만들었던 국가와 지배자 목록(Spuler 1977: II)과도 달랐다. 이는 신성로마제국의 모든 구성원(바덴, 브란덴부르크, 쾰른, 하노버, 헤세카셀, 마인츠 외 수십 개)을 단일 국가로 통합시키고, 광범위한 합스부르크 관할 영역을 한꺼번에 취급하고, 오스만제국의 유럽 조공 국가들(예를 들어 보스니아, 몰도바, 왈라키아)을 무시하고, 동유럽의 반+독립국가들(예를 들어 리투아니아)을 경시하고, 페르시아를 참가자 목록에 올려놓았다.

푸이터는 신성로마제국의 여러 국가들을 단일한 '독일'로 다루는 것을 옹호했는데, 그 근거는 제국 구성원들이 외부의 강국들과 외교 관계를 맺는 유일한 길이 선출된 황제를 통하는 것이기 때문이라는 것이었다. 그러나 독일 영토 내의 많은 영주들이 개신교가 황제의 가톨릭교에 대한 매력적인 대안이라는 것을 알았기에, 종교개혁이 제국의 분할을 가속화시켰다는 점을 그도 인정했다(Fueter 1919: 123~136). 유사하게, 그는 카스티야와 아라곤 등의 영토를 공동의 왕이 모두를 대변했던 것에 기초하여 모두 함께 다루었다(Fueter 1919: 79~103). 그는 페르시아를 그 체제 안에 포함시켰는데, 이유는 유럽 국가들이 때때로 오스만에 대항하기 위해 페르시아와 연합하였기 때문이다. 북아프리카 해적들도 포함시켰는데, 이유는 지중해의 뱃사람들과 전투를 벌였기 때문이다.

1492년에서 1559년까지 유럽 국가 체제에 대한 푸이터의 목록을 발터 플라츠호프(1559~1660년의 목록 작성)와 막스 이미히(1660~1789년의 목록 작성)가 작성한 이후 판본과 비교한다면, 구성원에 다음과 같은 변화가 있다는 점을 볼 수 있다(Plazhoff 1928; Immich 1905).

| 국가 | 1492~1559 | 1559~1660 | 1660~1789 |
|---|---|---|---|
| 오스트리아 | + | + | + |
| 브란덴부르크프로이센 | - | ? | + |
| 부르고뉴 | + | - | - |
| 덴마크 | + | + | + |
| 잉글랜드 | + | + | + |
| 피렌체 | + | ? | - |
| 프랑스 | + | + | + |
| 제노바 | + | + | ? |
| 독일/신성로마제국 | + | + | + |
| 헝가리 | + | ? | ? |
| 리보니아 | - | + | - |
| 밀라노 | + | - | - |
| 나폴리-시칠리아 | + | - | - |
| 나바라 | + | - | - |
| 네덜란드 | - | + | + |
| 북아프리카 해적국가들 | + | - | - |
| 오스만제국 | + | + | + |
| 교황령 | + | + | + |
| 페르시아 | + | - | - |
| 폴란드 | + | + | + |
| 포르투갈 | + | + | + |
| 러시아 | - | + | + |
| 사보이 | + | + | + |

| | | | |
|---|---|---|---|
| 스코틀랜드 | + | + | - |
| 이탈리아의 소국들 | + | + | + |
| 스페인 | + | + | + |
| 스웨덴 | + | + | + |
| 스위스연방 | + | + | + |
| 베네치아 | + | + | + |

\* ? = 목록에는 없지만, 별개의 국가로 책에서 언급되었다.

1500년에 러시아와 리보니아는 나머지 유럽 지역과의 연계가 약했지만 실제로 존재하였기 때문에, 진짜 새로 편입한 국가는 합스부르크에 저항하며 구성된 네덜란드, 그리고 몇 세기에 걸친 전쟁에서 구축된 브란덴부르크프로이센뿐이었다. 이러한 독일 저자들의 '독일' 함께 묶어 놓기에 대한 고집은 심지어 신성로마제국이 와해된 후에도 계속되어 바이에른과 작센 같은 국가들의 독립의 중요성을 은폐시킨다. 푸이터가 목록에서 분리했음에도 불구하고 부르고뉴 영지는 1477년에 프랑스의 수중에 들어갔고, 네덜란드의 부르고뉴 왕조는 1482년에 합스부르크에 굴복했다. 신성로마제국과 합스부르크제국이 붕괴하고 독립한 네덜란드가 주류 세력이 되면서 1495년에서 1789년까지의 주요 흐름은 합체하는 쪽으로 움직였다. 밀라노, 나폴리, 나바라, 시칠리아가 프랑스와 스페인에 합쳐지면서 사라지고, 헝가리가 오스만제국에 통합되고, 스코틀랜드가 영국에 통합되는 것처럼 유럽 국가들이 활발히 통합하는 것을 볼 수 있다.

이러한 국가들이 어떻게 상호 연결되었는가? 역사가와 정치학자 들은 흔히 유럽 국가 체제를 정상에 하나의 헤게모니 권력이 있거나 두 개의 경쟁 권력이 있는 단순 위계로 취급했다(Gilpin 1988; Modelski and

Thompson 1988; Levi 1988; Thompson 1988). 헤게모니를 다투는 전쟁에 대한 모든 이론은 국가들이 정상의 위치를 차지하기 위해 투쟁한다는 가정 위에 구축되었다. 사실 어떤 단일한 국가도 그러한 모델에 요구되는 방식의 체제를 지배한 적은 없었다. 프랑스의 힘이 정점에 달했던 1812년, 영국과 러시아가 이에 굴복했던 적은 결코 없었다. 19세기에 영국이 번창하였던 때, 프랑스, 독일, 러시아. 미국은 모든 고비마다 영국과 분쟁을 벌였다.

단일한 위계 모델의 결함은 명백하고 치명적이다. 권력의 행사는 항상 위치에 따라 달라졌다. 권력의 힘이 즉각 미치는 인접 지역에서는 엄청난 권력을 행사했지만 근거지에서 떠날 경우 그 권력이 축소되는 것을 발견한다. 이미 본 대로 베네치아가 한때 아드리아해 지역에서 굉장한 영향력을 끼쳤으며 진정 유럽의 가장 큰 유일 권력으로 잠시 우뚝 섰지만, 발트해 지역에서는 거의 아무런 힘도 없었다. 유럽 국가 체제에 대한 더 좋은 개념은 그것을 어떤 국가들은 다른 국가들보다 더 중심에 있고 영향력이 있지만, 체제 내에서의 위치에 따라 위계는 다른, 지리학적으로 분산된 네트워크로 다루는 것이다.

다시 잭 레비의 편집 자료에서 도움을 받을 수 있다. 레비는 연평균 전사자가 1000명 이상인 전쟁을 주요 전쟁으로 규정했다. 그는 내전, 식민지 전쟁, 제국주의적 전쟁은 제외하였다. 그의 기준에 따르면 세계는 1495년에서 1975년 사이 최소한 한 개의 최강대국이 관련된 119번의 주요 전쟁을 겪었다. 이러한 전쟁에 참가한 국가들(강대국의 자격을 갖추지 못한 국가들 포함)은 지난 500년의 국가 체제 구성원을 구분하는 대강의 경계가 되었다. 그러면 누가 그 회원이었는가? 레비는 이에 대해 말하지 않았지만 목록의 첫 20년(1495~1514년) 동안의 참전국 전체 조합을 보면 흥미로운 내용을 얻을 수 있다(레비가 모든 교전국들을 열거하지는 않았지만, 기본적인 역사를 통해서도 그들의 정체를 쉽게 알 수 있다).

**베네치아 연맹의 전쟁(1495~97)**: 프랑스, 베네치아, 신성로마제국, 교황령, 밀라노, 스페인, 나폴리

**폴란드-오스만 전쟁(1497~98)**: 오스만제국, 폴란드, 크림타타르, 러시아, 몰다비아

**베네치아-오스만 전쟁(1499~1503)**: 오스만제국, 베네치아, 헝가리

**1차 밀라노 전쟁(1499~1500)**: 프랑스, 밀라노

**나폴리 전쟁(1501~04)**: 프랑스, 스페인, 교황령, 나폴리

**캉브레 동맹 전쟁(1508~09)**: 프랑스, 스페인, 오스트리아합스부르크, 교황령, 밀라노, 베네치아

**신성동맹 전쟁(1511~14)**: 프랑스, 잉글랜드, 스페인, 오스트리아합스부르크, 교황령, 베네치아, 밀라노, 스위스의 주들

**오스트리아-오스만 전쟁(1512~19)**: 오스트리아합스부르크, 헝가리, 오스만제국

**스코틀랜드 전쟁(1513~15)**: 잉글랜드, 스코틀랜드

구성원들에 대한 함축적인 목록은 푸이터의 1492~1559년의 목록과 유사하지만 보다 협소하다. 레비의 전쟁 목록은 국가 체제에 대한 푸이터의 목록에서 덴마크, 피렌체, 제노바, 사보이, 북아프리카 해적, 페르시아, 이탈리아의 소소한 도시국가들을 제외시켰는데, 이유는 그들이 그 20년 동안 강대국의 전쟁에서 주변적으로만 관련되었기 때문이었다. 예를 들어 피렌체는 신성동맹 전쟁에서 프랑스 편에 선다고 공표했고 그 때문에 평화협정에서 고통을 받기도 했다. 그러나 1495년에서 1514년 사이에 피렌

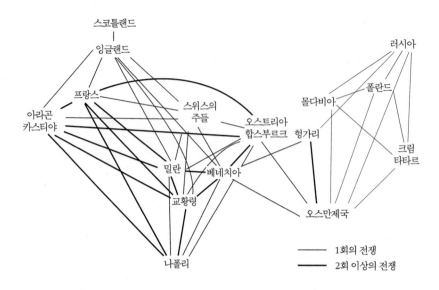

스코틀랜드

잉글랜드

프랑스

스위스의
주들

아라곤
카스티야

오스트리아
합스부르크 헝가리

러시아

폴란드

몰다비아

크림
타타르

밀란 베네치아

교황령

오스만제국

나폴리

―――― 1회의 전쟁
━━━━ 2회 이상의 전쟁

〈그림 6-1〉 강대국 참여 전쟁에서 유럽 국가들의 공동 참전(1496~1514년)

체인들은 내부의 분열과 피사 같은 종속 도시의 저항을 너무 우려한 나머지 주변에서 소용돌이치는 대규모 전투에서 거리를 두었다. 한편 먼 동쪽에서는 전쟁에 의해 러시아, 몰다비아, 크림타타르족이 그 존재를 각인시켰는데, 부분적으로 유럽 국가 체제에 해당하는 오스만제국과의 전투에 의한 것이었다.

　　〈그림 6-1〉은 강대국 전쟁에 다양한 국가들이 중복적으로 관여된 것을 도표화한 것이다. 이는 일련의 복잡한 관계들을 단순화한 것인데, 누가 누구와 싸웠는지를 무시했고, 오스트리아합스부르크와 신성로마제국이 지배한 지역을 함께 취급했으며, 단지 ① 공동 참전 한 적이 없는 경우, ② 한 번의 전쟁에만 공동 참전 한 경우, ③ 두 개 이상의 전쟁에 공동 참전 한 경우만을 구별하였다. 레비는 목록에서 최소 하나의 최강대국 참전을 전

쟁의 조건으로 두었기에, 도표에서 1495~1515년까지의 전쟁에 그러한 강대국들의 중심 위치를 어쩔 수 없이 과장하였다. 그렇지만 유럽 국가 체제의 그럴듯한 그림이 부상하는데, 러시아, 폴란드, 크림타타르, 몰다비아, 오스만제국이 특징적인 한 세트를 구성한다(강대국들이 참여한 전쟁으로 목록을 제한하여 폴란드와 러시아, 그리고 폴란드와 리보니아 사이의 20년에 걸친 반복적인 투쟁을 축소시키지만 이것을 포함시킬 경우 동부-남동부 세트의 특징을 단순히 강조할 뿐이다). 오스만이 가장 근접한 유럽 세력과 전쟁을 하면서 헝가리는 베네치아와 오스만제국 사이에서 끼였고, 잉글랜드와 (특히) 스코틀랜드는 국제관계의 주변부에 머물렀고, 한편 아라곤, 프랑스, 오스트리아합스부르크, 베네치아, 교황령, 밀라노, 나폴리는 계속 상호 영향을 끼쳤다. 유럽의 문제에서 밀라노, 베네치아, 교황령(레비의 기준에 의하면 강대국은 아니다)의 구심적 위상, "유럽의 경첩"(윌리엄 맥닐의 표현이다)으로서의 베네치아의 위치, 오스만제국의 어렴풋한 존재, 그리고 전체적으로 보아 북유럽의 미약한 관련성에 주목하자.

한 세기 반을 넘어가면, 아주 다른 국가 체제를 발견할 수 있다. 1655년에서 1674년 사이에 일어난 강대국 관련 전쟁에 대한 레비의 목록은 다음과 같다.

스페인-포르투갈 전쟁(1642~68): 스페인, 포르투갈

오스만-베네치아 전쟁(1645~69): 오스만제국, 베네치아, 프랑스

프랑스-스페인 전쟁(1648~59): 프랑스, 스페인, 잉글랜드

스코틀랜드 전쟁(1650~51): 스코틀랜드, 잉글랜드

영국-네덜란드 전쟁(1652~55): 잉글랜드, 네덜란드

북방전쟁(1654~60): 오스트리아합스부르크, 네덜란드, 스웨덴, 폴란

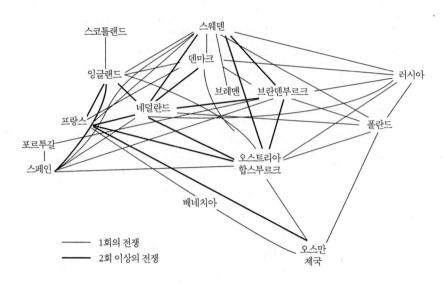

〈그림 6-2〉강대국 참여 전쟁에서의 유럽 국가들의 공동 참전(1656~1674년)

드, 브란덴부르크, 러시아, 덴마크

　영국-스페인 전쟁(1656~59): 잉글랜드, 스페인

　네덜란드-포르투갈(1657~64): 네덜란드, 포르투갈

　오스만 전쟁(1657~64): 오스만, 프랑스, 오스트리아합스부르크

　스웨덴-브레멘 전쟁(1665~66): 스웨덴, 브레멘

　영국-네덜란드 전쟁(1665~67): 잉글랜드, 네덜란드, 프랑스, 덴마크

　왕위계승 전쟁(1667~68): 프랑스, 스페인, 오스트리아합스부르크

　네덜란드 전쟁(1672~78): 프랑스, 네덜란드, 잉글랜드, 스페인, 오스트

리아합스부르크, 스웨덴, 브란덴부르크

　오스만-폴란드 전쟁(1672~76): 오스만제국, 폴란드

<그림 6-2>는 이러한 공동 참전을 요약한다. <그림 6-1>과 비교하면, 유럽의 국가 체제가 보다 밀접하게 엮이고, 결정적으로 북쪽으로 이동하였으며, 따라서 이탈리아에 대한 초점이 사라졌다. 1655~1675년에 프랑스와 스페인은 그들의 중요성을 유지했고, 잉글랜드와 오스트리아합스부르크는 더욱 중심적인 역할이었고, 스웨덴·네덜란드·브란덴부르크가 중요한 활동을 하기 시작했다. 비록 참전국들의 상대적 힘과 중심적 역할이 이후 2세기 동안 상당한 변화가 있었지만, 17세기 말의 지도는 우리 시대의 일반적인 구조와 유사한 부분을 보여 준다. 그것이 보여 주지 않는 주요한 부분은 이러한 국가들 대부분이 유럽 외부의 세계에서 벌였던 확장과 관련된 것들이다.

이후 시기의 그림은 읽어 내는 것이 불가능한데, 이는 일차적으로 모든 유럽 국가를 거의 모든 다른 유럽 국가와 연결시키며, 이후 연결 고리를 타고 유럽 밖의 전 세계와 연결되기 때문이다. 1790년에서 1809년까지 20년 동안 레비의 강대국 전쟁 목록은 다음과 같다.

러시아-스웨덴 전쟁(1788~90): 러시아, 스웨덴, 덴마크

프랑스 혁명전쟁(1792~1802): 프랑스, 영국, 스페인, 오스트리아, 네덜란드, 러시아, 프로이센, 사르데냐, 작센, 하노버, 올덴부르크, 헤세카셀, 바덴, 뷔르템베르크, 바이에른, 피에몬테, 파르마, 모데나, 만토바, 교황령, 몰타, 베네치아, 제노바, 스위스, 이집트, 오스만제국, 포르투갈, 나폴리, 토스카나

나폴레옹 전쟁(1803~15): 프랑스, 영국, 스페인, 오스트리아, 러시아. 프로이센. 스웨덴, 바이에른, 뷔르템베르크, 헤세, 나사우, 나폴리, 바덴, 다름슈타트, 베르크, 브런즈윅, 뉘른베르크, 오스만제국, 몰다비아, 왈라키아

러시아-오스만 전쟁(1806~12): 영국, 러시아, 오스만제국

러시아-스웨덴 전쟁(1808~09): 러시아, 스웨덴, 덴마크

러시아, 스웨덴, 덴마크를 연결하는 다소 동떨어진 삼각형을 제외하면, 그 시대는 모든 유럽 국가들을 지속적으로 전쟁에 끌어들였던 시기로 취급할 수 있다. 이에 상응하는 네트워크는 오스만제국을 포함한 거의 모든 유럽 국가들이 모든 다른 국가와 상호 관련 되었고, 이집트는 나폴레옹의 침공에 의해 그 체제로 이끌려 들어왔다. 우리가 그 시기를 1812년까지 늘리면, 근래에 구성된 미국이 그 체제에 진입하는 것을 발견하게 될 것이다. 이러한 국외자에도 불구하고, 그리고 여러 식민지 영토에서의 전쟁 추구에도 불구하고, 그 시대의 전쟁은 근본적으로 유럽적인 것이었다.

유럽 국가들에 대한 강대국 전쟁의 제약은 곧 끝났다. 1815년 이래 체제 내에서의 변화들은 명백하고 극적이다. 1870~1871년의 프랑스-프로이센 전쟁과 제1차 세계대전 종전 사이에 유럽의 국가 체제에 세 가지 중요한 변화가 나타났다. 독일과 이탈리아의 분할된 국가들이 튼튼하고 상대적으로 단일한 국민국가로 통합되었고, 오스만제국과 합스부르크제국은 몇 개의 제한된 특정 국민국가로 분열되었고, 다수의 유럽 국가들이 아프리카·아시아·태평양 지역의 식민 제국을 위해 서로 싸웠고 토착민들과도 싸운 것이다. 이 시기 유럽 강대국들 사이에 맺은 조약들—예를 들면, 독일, 오스트리아, 이탈리아의 삼국동맹—은 보통 다른 유럽 국가들에 맞서 해외에서의 이익을 보호하기 위한 조항들을 포함하고 있었다. 그러한 이해관계의 충돌은 거의 공공연하거나 은밀한 전쟁의 도화선이 되었다.

1880년에서 1899년의 20년 동안의 주요 전쟁(1년에 최소 1000명 이상의 전사자가 발생했던 전쟁)에는 다음과 같은 것들이 있다(Small and Singer

1982: 85~99).

영국-아프가니스탄 전쟁(1878~80): 영국, 아프간족

태평양 전쟁(1879~83): 칠레, 볼리비아, 페루

프랑스-인도차이나 전쟁(1882~84): 프랑스, 인도차이나

마디주의자 전쟁(1882~85): 영국, 이집트, 수단

청불전쟁(1884~85): 프랑스, 중국

중앙아메리카 전쟁(1885): 엘살바도르, 과테말라

세르비아-불가리아 전쟁(1885): 세르비아, 불가리아

프랑스-마다가스카르 전쟁(1894~95): 프랑스, 마다가스카르

쿠바 전쟁(1894~98): 스페인, 쿠바

청일전쟁(1894~95): 중국, 일본

이탈리아-에티오피아 전쟁(1895~96): 이탈리아, 에티오피아

1차 필리핀 전쟁(1896~98): 스페인, 필리핀

그리스-오스만 전쟁(1897): 오스만제국, 그리스

스페인-미국 전쟁(1898): 스페인, 미국

2차 필리핀 전쟁(1899~1902): 미국, 필리핀

보어 전쟁(1899~1902): 영국, 보어인들

레비는 이들 중 어떤 것도 강대국 전쟁으로 분류하지 않았고, 오직 청
불전쟁만 강대국 체제가 관련된 전쟁으로 보았다. 두 개의 전쟁을 제외한
모든 전쟁이 유럽 외부 멀리 떨어진 곳에 전쟁터가 있었다(세르비아-불가
리아 전쟁과 그리스-오스만 전쟁은 분열되고 있던 오스만제국의 가장자리에서
일어났다).

(다소 결정적인) 제1차 세계대전의 합의와 (아직 불안정한) 제2차 세계대전의 합의는 유럽 국가 체제에 1945년 이후의 탈식민화 파도와 같은, 보다 중요한 변화들을 만들어 냈다. 제1차 세계대전 이후 내내 유럽의 국가 체제와 급속하게 구성 중이었던 세계의 국가 체제를 분리하는 것은 점차 어려운 일이 되었다. 제1차 세계대전의 교전국들에는 거의 모든 유럽 국가들뿐만 아니라, 터키, 일본, 파나마, 쿠바, 볼리비아, 시암, 라이베리아, 중국, 페루, 우루과이, 브라질, 에콰도르, 과테말라, 니카라과, 코스타리카, 아이티, 온두라스도 포함되었다. 아프리카·아시아·태평양 지역의 유럽 식민지들 또한 군대를 보냈다.

최근 10년 동안 전쟁은 더욱 국제적이 되었다. 레비의 마지막 20년 동안(1956~1975년)의 목록에서 스몰과 싱어는 1년에 최소 1000명 이상의 전사자를 낸 국가 간 전쟁 12개를 열거한다.


러시아-헝가리 전쟁(1956): 소련, 헝가리

시나이 전쟁(1956): 프랑스, 영국, 이스라엘, 이집트

중국-인도 전쟁(1962): 중국, 인도

베트남 전쟁(1965~75): 북베트남, 남베트남, 태국, 미국, 캄푸치아, 한국, 오스트레일리아, 필리핀

2차 카슈미르 전쟁(1965): 파키스탄, 인도

6일 전쟁(1967): 이스라엘, 이집트/통일아랍공화국, 요르단, 시리아

이스라엘-이집트 전쟁(1969~70): 이스라엘, 이집트/통일아랍공화국

축구 전쟁(1969): 엘살바도르, 온두라스

방글라데시 전쟁(1971): 인도, 파키스탄

욤 키푸르 전쟁(1973): 이스라엘, 이집트/통일아랍공화국, 이라크, 시

리아, 요르단, 사우디아라비아

**터키-키프로스(1974)**: 터키, 키프로스

**베트남-캄보디아(1975~91)**: 베트남, 캄푸치아

레비의 기준에 의하면 이 목록에서 강대국이 직접 관련된 전쟁은 러시아의 헝가리 침공, 시나이 전쟁, 중국-인도 전쟁, 베트남 전쟁뿐이다. 그 넷 중 하나만이 유럽에서 일어났다. 헝가리에서는 세계의 지배 권력 중 하나가 위성국가에서의 반란을 진압했다. 시나이에서는 이스라엘이 이집트의 영토를 침공하고 이집트가 이에 보복하기 위해 수에즈 운하 지역에 진입하여 운하를 봉쇄하기 위해 배를 침몰시키자 프랑스와 영국이 신속하게 개입하였다. 국제연합UN 평화유지군이 그 지역을 안정시켰고, 두 달 후에 이스라엘이 군대를 시나이반도에서 퇴각시켰는데, 가자 지구와 샤름엘셰이크는 제외하였다. 중국과 인도 국경 지역에서, 인도가 분쟁 지역의 고지대 산등성이를 점령한 후에 중국 군대가 고지대 영토에 침공하였다. 중국이 진격을 멈춘 후 퇴각을 시작했다.

베트남 분쟁은 그 기간과 사상자에 있어서 다른 분쟁들을 훨씬 능가했다. 10년이 넘는 잔혹한 전쟁으로 120만 명에 가까운 전사자에 셀 수 없는 민간인 사상자를 낳았다(Small and Singer 1982: 93). 그들의 식민 지배자였던 프랑스가 퇴각하면서 둘로 분할된 국가 사이에 전쟁을 남겨 놓았다. 2년간의 은밀한 관여 이후, 세계 최강대국 미국은 파괴적인—그러나 결국은 헛되이 끝난—군사력을 사용하며 공개적으로 개입했다. 미국 군대가 나중에 이웃한 캄보디아를 침공하여 그곳의 도시들을 폭격했다. 떠오르는 강대국 중국이 국경 너머에서 이를 주시하고 있었고, 소련은 북부에 물자를 공급했고, 오스트레일리아·뉴질랜드·남한·필리핀·태국은 남부에 대

한 미국의 노력에 원조를 했으며, 그 전체적 분쟁은 라오스 내전에 기름을 부은 격이었다. 캄보디아-베트남 전쟁 역시 마찬가지로 베트남에 대한 미국의 개입 기간에 시작되었던 갈등에서 자란 것이었다.

베트남 전쟁은 국가 체제에 일어난 일들을 극적으로 보이게 했다. 강대국 사이의 또는 강대국에 의한 전쟁은 상대적으로 뜸해졌지만, 엄청나게 파괴적이 되었다. 모든 주요 전쟁 중 점점 많은 부분이 새로 구성된 국가들 내에서 일어났는데, 하나 또는 그 이상의 강대국들이 내전에서 지역 정파를 위해 직접 또는 간접적으로 개입하였다. 분리주의자들의 요구가 있는 중요한 예외가 아니면, 그러한 분쟁이 어떤 국가가 점령하고자 하는 영토에 관련된 경우는 드물었다. 대신에 교전 참여자들은 어떤 집단이 확고한 국경 내의 기존 국가를 통치할 것인가에 대해 싸웠다. 인종적 소수자들에 대한 국가의 억압, 정리, 또는 추방이 세계사에 전례 없는 수의 망명자들을 만들어 내기 시작했다. 그러나 유럽식 화합이 양극화된 소련-미국 헤게모니로 치환된 것은 일반적인 평화협정의 실행을 훼손시켰다.

이러한 일련의 변화가 지속적으로 유지되면, 과거와 명백히 단절되는 상황이 만들어진다. 그것은 전쟁의 관건을 변화시키는데, 국가의 지배자들은 더 이상 전쟁을 통해 실질적 영토를 획득하는 것(또는 잃을까 두려워하는 것)을 바라지 않을 수 있다. 이스라엘이 그 이웃과 펼치는 영토 전쟁은 18세기의 유럽인들에게는 전혀 놀라운 일이 아니었지만, 1945년 이후의 시대에는 이례적인 상황이 되었다. 전쟁은 누가 각 국가를 통치하는가, 어떤 국가가 다른 국가의 정책을 통제할 것인가, 그리고 국가들 사이에 자원·사람·상품의 이동이 어떻게 일어날 것인가에 점점 더 관심을 두게 되었다.

## 국가가 연결된 세계의 구축

지난 500년간 세 가지 놀라운 일이 일어났다. 첫째, 거의 모든 유럽 지역이 잘 정리된 국경과 상호 관계로 연결된 국민국가를 구성하였다. 둘째, 유럽의 체제가 실질적으로 전 세계에 확산하였다. 셋째, 다른 국가들이 행동을 통일하여 새로운 국가들의 조직과 영토에 증가된 영향력을 행사하려 노력했다. 이러한 세 가지 변화는 서로 밀접하게 관련되어 있는데, 유럽의 선도 국가들이 비유럽 국가들에 대한 식민지화·정복·침투를 통해 그 체제를 활발하게 확산시켰기 때문이다. 국제연맹과 이어진 국제연합의 창설은 지구상의 모든 사람들을 단일한 국가 체제 안에서 조직화하는 것을 간단히 비준하고 정당화했다.

이러한 변화의 의미에 주목해 보겠다. 평균적인 국가 구성은 상대적으로 '내적인' 과정에서 강한 '외부적' 과정으로 이동했다. 우리가 살펴본 역사 내내 전쟁은 국가 구성 과정이 항상 외부적이었던 범주에서는 그 구성 과정에 상당한 압박을 가했다. 그럼에도 우리가 시간을 거슬러 올라가면, 지배자들과 지배권에 근접한 자들은 명목상 통치했던 영토 내의 주민들을 길들이기 위해, 그 영토 내에서 무장한 경쟁자들을 제압하기 위해, 이웃 땅과 사람들을 정복하기 위해, 자신들의 무력 독점권을 확립하기 위해 투쟁했다. 따라서 우리는 그들이 우연히 국가를 구성하였다고 보기도 하는데, 그 구조에는 그것을 존재하도록 했던 투쟁과 협상의 자취가 담겨 있다. 반대로 우리가 시간을 따라 내려오면 특정 국가의 운명을 정하기 위해 국가들 사이에 화음을 만들어 내려는 두드러진 움직임이 증대하였다는 것을 확인한다. 최소한 제2차 세계대전까지는 그랬다(Chapman 1988; Cronin 1988; Cumings 1988; Dower 1988; Eden 1988; Geyer 1988; Gran 1988a; Levine 1988; Rice 1988; Stein 1988 참조).

분리 국가로서의 벨기에의 출현은 유럽에서 외부적 영향력의 중요함을 생생하게 보여 준다(Clark 1984; Zolberg 1978). 1831년 이전에는 결코 명확하고 통일된 국가가 아니었던 벨기에는 네덜란드의 반란 이후에는 스페인, 그 이후에는 오스트리아합스부르크의 소유였던 저지대 국가의 일부 지역에서 대략 형성되었다. 프랑스가 그 지역을 1795년에 정복하여 병합하였고 1815년 종전협정 때까지 소유했었다. 프랑스는 20년 동안 지역 경제에 변화를 가져왔고, 그 지역을 유럽의 중요한 산업 중심지 중 하나로 만들었다. 나폴레옹 이후의 합의로 그 지역은 헤이그에 자리한, 새롭게 구성된 네덜란드왕국으로 정리되었다. 곧 산업가, 자유주의자, 프랑스계, 가톨릭 교도(이 범주들은 중첩되긴 하지만, 결코 동일하지는 않았다)의 연합 세력이 지역의 권리를 위해 압력을 가했다.

　　1830년 10월 이웃 지역 프랑스의 7월혁명에 자극을 받은 이 연합의 활동가들은 혁명 임시 정부를 구성하였고, 프랑스의 보복 위협을 두려워한 네덜란드 정부는 무력으로 이에 대응하지 않았다. 11월에 영국이 유럽 강대국들의 회합을 소집했고, 다음 달에는 네덜란드왕국을 두 부분으로 나눌 것을 선포하였다. 프랑스와 영국의 밀착 감시하에 새로이 세례를 받은 벨기에는 왕을 뽑고 자유로운 헌법을 입안하였다. 런던 회합에서 네덜란드가 상대적으로 선호하지 않는 장기적 합의가 제시되자 네덜란드 왕 빌럼은 군대를 보냈으나 급조한 벨기에 군대에 패했고, 프랑스의 침공도 불러왔다. 나중에 영국도 현재 벨기에 영토가 된 곳에서 네덜란드 군대를 몰아내기 위한 작업에 합류했다. 1839년 빌럼 왕은 벨기에를 인정하는 것만이 아니라 독립적인(영토는 축소된) 룩셈부르크 영지를 별개의 국가로 출범시킨다는 합의를 마침내 받아들였다. 벨기에가 유럽 국가 체제에 입장하는 과정은 시작부터 끝까지 그 강력한 이웃들이 파놓은 경로를 통해 이루어졌다.

지난 3세기 동안, 강대국들의 협약은 권력에 대한 국가적 분쟁 발생에 대한 제약을 점점 더 협소하게 만들었다. 이는 국제전의 종결 후 합의의 시행, 식민지의 조직화, 군대와 관료와 다른 국가 장치의 요소들을 표준화한 모델의 확산, 국가 체제를 돌볼 임무를 맡은 국제 조직의 창설, 국경에 대한 집합적 보장, 국내 질서 유지를 위한 개입을 통해 이루어졌다. 이러한 협소화에 의해 국가 구성의 대안적 통로의 가능성은 제한되었다. 전 세계에 걸쳐 국가 구성은 어느 정도 계획적인 국민국가──제국도 도시국가도 연방도 아닌, 국민국가──구성으로 통합되었는데, 이 모델은 강대국이 제안하고 보조하고 강요한 바에 따른 것이다.

지배자가 되려는 자들과 그 후견인들이 단순히 간이 조립 주택을 주문하듯이 전체 국가를 세웠던 것은 아니다. 유럽의 강국들이 법원, 재정 체계, 경찰, 군대, 또는 학교를 그 식민지 중 하나에 설치할 때는 통상 유럽의 계율을 따랐다. 제3세계의 독립국가들이 시장을 조직하고 공업화하기 위해, 아니면 군사력을 원조받기 위해 강대국에게 요청할 경우에 강대국들은 보통 유럽식으로 조직하라고 설득했다. 세계은행과 같은 국제기구들이 분투하는 비유럽 국가들에 돈을 빌려줄 때, 규칙적으로 명시하는 내용은 그 국가들이 유럽과 미국이 실천했던 방식을 따르는 '개혁'을 수행해야 한다는 것이었다. 결국 빈국은 관료, 기술자, 군 장교를 교육시키기 위해 적합한 장소를 찾을 때, 통상 유럽이나 그 연장선상의 지역에서 훈련받도록 보냈다. 국민국가 형식이 유럽과 주로 유럽에 의해 정리된 세계의 일부 지역을 한번 지배하자, 그것은 모든 곳의 국가 구성을 위한 견본으로 자리 잡았다.

왜 국민국가인가? 국민국가가 전 세계적으로 승리했던 이유는 처음에 유럽에서 승리했고, 그러한 국가들이 자체적으로 재생산하며 활동했기 때문이다. 그것이 유럽에서 승리했던 이유는 최강대국들——다른 최강대국들 이전에 프랑스와 스페인——이 일시적으로 이웃 국가들을 진압하는 전쟁의 형식을 채택했는데, 이에 도움을 받아 부산물로 국가 기구의 중앙집권화, 차별화, 자율성이 만들어졌기 때문이다. 이 국가들이 15세기 말에 그러한 조치를 취한 이유는 당시 그들의 영토에서 경쟁 세력들을 축출하였기 때문이고, 또 값비싼 요새, 대포, 무엇보다 용병들을 수단으로 한 전쟁의 재정적 뒷받침을 제공한 자본가들에 접근할 수 있었기 때문이었다.

나는 과장하지 않으려 한다. 즉, 네덜란드공화국과 베네치아 같은 해상 국가들은 또 다른 세기에는 육상의 강국들과 효과적으로 경쟁하였는데, 해안의 통제권은 내륙에 물자를 공급하기 위해 중대했고, 함선들은 침입으로부터 그들을 보호하는 데 도움이 되었고, 해외의 제국들은 그 중요성이 점점 더 커졌다. 스웨덴과 브란덴부르크처럼 상대적으로 상업화가 더딘 국가들은 그들 영토에 대한 강한 강제 수단의 침투를 통해 경쟁력 있는 군사력을 양성하려 하였다. 그러나 자본이 될 중요한 자원을 대규모의 국내 군사력 공급에 필요한 상당한 인구와 결합한 국가들만이 점차 새로운 스타일의 유럽식 전쟁에서 잘 싸우게 되었다. 그러한 국가들이 국민국가였거나 국민국가가 되었다.

15세기 말에 프랑스와 스페인이 덜 공격적이 되었음에도 국민국가는 의심할 바 없이 유럽을 지배하였다. 16세기와 17세기에 여러 유럽 국가가 일시적으로 유럽 내에서 정복 전쟁을 시도했는데, 스웨덴, 브란덴부르크, 러시아가 바로 그들이다. 거기에 더해 네덜란드공화국, 포르투갈, 영국이 해외 제국을 위한 경쟁에 나섰는데, 국가와 시민 사이의 관계에 여러 비슷한 영향을 주었다. 유럽 국가들은 1500년에 지구 대지의 대략 7%에 대한 정치적 지배력을 갖고 있었고, 이는 1800년 35%, 1914년 84%로 치솟았다

(Headrick 1981: 3). 이러한 자체 확장은 전 세계에 걸친 국민국가의 증식을 촉진하였다. 만일 다른 종류의 국가 결합이 그러한 투쟁을 지배하였다면, 그 특성이 유럽 국가 구성의 경로와 결과에 대해 심대한 영향을 끼쳤을 것이다. 그러나 16세기 자본의 확장과 전쟁의 재조직화 모두 국민국가의 지배력 확대를 더 선호했다.

## 전쟁의 시작 방식

전쟁이 만들어 낸 체제는 그 구성원들이 전쟁에 나설 조건을 형성했다. 우리가 조사한 긴 시대에 걸쳐 국가들이 전쟁에 나서게 되는 조건들에 중요한—그리고 한 번 이상의—변화가 있었다. 국가의 주요 경쟁자들, 지배계급의 성격, 지배계급의 이익을 위해 시행된 보호 활동의 종류의 기능으로 상당한 조정을 거치면서, 그 조건들은 변모하는 환경 속에서 계속 작동하여 이제는 익숙한 일관적 논리의 기능으로 변화하였다. 즉, 지배자들은 보통 그 안에서 강제에 의한 수익을 향유할 수 있는 안전지역과 그 안전지역을 방어하는 요새화된 완충지대 모두를 구축하려 했다. 그러한 작업이 잘 이루어졌을 때 그 완충지대는 안전지역이 되었고, 이는 강제의 시행자로 하여금 과거의 완충지대를 둘러싼 새로운 완충지대를 획득하도록 만들었다. 이웃 세력들이 같은 논리를 추구하면, 그 결과는 전쟁이었다. 유럽에서 로마제국이 붕괴하자, 수천의 군 지도자들이 같은 일에 몰두했다. 따라서 주로 지역적이었지만 전쟁이 끊이지 않고 확산되었다. 국가 영토의 뒤늦은 확대, 소규모 국민국가의 복수의 영토 대체와 국제 협약을 통한 국경 보장은 불안정한 국경선의 길이를 크게 축소시켰으나, 전쟁을 가중시키는 논리를 없애지는 못했다.

그러나 다른 조건들은 급격하게 바뀌었다. **가산제의 시대**(1400년까지 유럽 대부분 지역)에 상당 규모의 강제 수단을 통제하던 집단들은 전형적으로 친족 집단, 이웃, 결의를 맺은 전사 공동체, 또는 그 셋의 결합체였다. 공작의 혈통은 첫 번째의 예이고, 십자군 운동은 두 번째, 그리고 봉건귀족은 그 둘의 조합이다. 상당 규모의 강제 수단을 통제하던 집단들은 필요하면 무력에 의해 주위의 주민들로부터 차출할 수 있는 공물을 최대화하려 애썼고, 후손과 추종자 들을 위해 그 공물의 미래의 유용성도 확보하려 했다. 결혼과 귀족 가문 창립, 그리고 (기증받은 토지와 수입에서 이익을 내던 가톨릭교회에 고무되어) 널리 공유되는 상속 규칙 확립을 통해, 지배계급은 왕조 정치학의 토대를 놓았다. 왕조 정치학에서는 결혼이 국가들 사이의 연합을 굳게 했고, 계승이 국제적 관심의 대상이 되었다. 같은 시기에 농민 공동체, 도시 민병대, 산적 무리, 그리고 국가 권한에 대한 소유권이 없는 다른 집단들은 그들만의 전쟁을 자주했다. 그 결과, 실권자가 그의 이웃에게 약세의 표시를 보였을 때, 논란의 여지가 있는 계승이 일어났을 때, 새로운 정복자가 무대에 모습을 드러냈을 때 전쟁이 발생하는 경향이 있었다.

이번 1000년의 전반기 500년 동안, 국가들이 **언제** 전쟁을 했는지 확인할 가치가 거의 없는 것은, 대부분 국가들이 대부분의 시간에 전쟁을 하였기 때문이다. 진실로 대규모 군대는 주로 민병대와 봉건적 징세에 의존하였고, 이는 그러한 공세들이 통상 매해 몇 달간에만 진행되었다는 것을 의미한다. 그럼에도 국제전이 시작되었을 때, 그것은 많은 군사작전으로 이어졌다. 대략 1150년에서 1300년 사이의 시대에 잉글랜드와 프랑스 사이에 거의 매년 전쟁이 벌어지곤 했지만, 스칸디나비아, 러시아, 이탈리아, 지중해 연안, 이베리아 역시 끊임없이 전쟁을 겪었다. 나아가 극도로 분할된 주권의 시대에 군인, 도적, 해적, 저항군, 영주 들이 각각 자신의 일을 하면서도 계속되는 강제 활동의 범주 안에서는 그 차이가 희미해졌다. 군사적 대공세 사이의 시기에, 지역 차원의 전투는 증대하였다. 1500년 이전 국가들이 언제 전쟁하였는지 질문하는 것은 더욱 의미가 없어지나, 누가 누구와, 얼마나 자주, 그리고 얼마나 격렬히 싸웠는지는 그 의미가 있다.

16세기부터 계속해서, 그러한 상황은 근본적으로 변했다. 국가 체제의 통합, 군과 민간인 생활의 분리, 민간 대중에 대한 무장해제에 의해 전쟁과 평화 사이의 차이는 더욱 두드러졌다. 전쟁은 더욱 강렬하고 파괴적이고, 한번 시작하면 더 지속적이 되었다. 그렇지만 훨씬 더 드문 일이 되었다. 이러한 점에서 20세기는 그저 장기적 추세의 캡슐을 열었을 뿐이다.

중개의 시대(유럽 대륙의 중요 지역에서 대략 1400년에서 1700년까지)에는 왕들의 야심이 여전히 국가 정치를 지배하였으나, 국가 기구의 규모와 전쟁 활동의 범위가 의미했던 바에서 보면 국가를 지지하는 주요 계급들의 이해관계는 전쟁 가능성을 심각하게 제한시키는 것이었다. 왕은 그들의 동의와 협력이 있어야만 싸움을 위한 수단을 모을 수 있었다. 영주의 이익은 강제 집중 국가들에 무거운 압력으로 작용했고, 자본가의 이익은 자본 집중 국가에 작용했다.

중개의 정권하에서도 전쟁은 여전히 왕좌에 오를 기회, 이웃 국가들의 약화, 타타르나 투르크 같은 정복자들의 도래 때문에 일어났으나, 몇 가지는 변했다. 지배계급의 상업적 기회와 위협이 더욱 자주 전쟁의 계기가 되었다. 경제적 토대가 확장 중이었던 국가들이 기회를 더 많이 포착할 수 있었고 위협을 차단할 수 있었다. 국가의 연합이 이러한 기회와 위협의 정의 범주 안에 들어왔고, 그러한 연합들은 당대의 가장 강력한 국가의 확장을 제한하기 위해 자주 구성되었다. 확장 중인 국가들은 새로운 조공 제공 지역들과 공생하려 하기보다는 인접한 영토를 확장하려 위치에 개의치 않고 더욱 자주 싸웠다. 전쟁 수단을 차출하거나 국가 종교를 강요하여 이웃 국가의 개입 기회를 더 자주 제공했던 지배자의 시도에 따라 대규모의 반란이 촉발되었다. 그러는 동안 민간 대중에 대한 점차적인 무장해제는 전쟁에서 비정부 집단이 전투원으로 참여할 가능성을 감소시켰다. 희생자가 될 가능성은 늘었지만 말이다. 어떤 점에서는 한 국가가 다른 국가의 문제에 개입하는 근거로 같은 종교의 신자를 보호하는 것이 왕조의 유산을 대체하였다.

유럽 국가들이 **국유화**의 국면(특히 1700년에서 1850년 사이, 국가의 종류마다 폭넓은 변형이 있었다)으로 옮겨 갈 때, 왕조는 그들 자신의 이익을 위해서 전쟁을 벌일 수 있는 능력 대부분을 잃었으며, 우리가 모호하게 '국익'이라고 부르는 것이 전쟁에 국가가 참여할 것인지 아닌지를 지배하게 되었다. 국익은 지배계급의 이익에 합성되었지만, 유럽 외부의 땅을 차지하기 위한 더 치열한 경쟁만큼이나 유럽 내의 이웃 영토와 주민을 지배하고자 하는 더욱 강력한 충동과 섞이기도 했다.

국유화에서는 세 가지 중요한 변화가 전쟁 조건에 영향을 주었다. 전체적인 국가 체제의 당대 조건 —특히 당시의 권력 균형이 획득한 규모—이 전쟁의 가능성과 위치에 주요한 차이를 만들기 시작했다(Levi 1988). 특히 인접한 영토를 점령하였을 경우에, 권력의 평등에 접근한 몇 쌍의 국가들이 점점 더 전쟁을 벌였다(Organski and Kugler 1980; Moul 1988; Houweling and Siccama 1988). 국가의 (국민 1인당 평균 수입보다는) 총수입이 그 이전 어떤 때보다 국가의 군사력을 한정하는 요소가 되었고, 그 결과 대규모 상업 국가와 산업 국가 들이 국가 체제 내에서 우세를 점하기 시작했다. 이익을 위한 합리적 기대와 손실에 대한 합리적 최소화에 기초한 전쟁의 시대가 유럽과 그 확장 지역에 도래했다. 동시에 그리스가 오스만제국에 대항하여 1827년에 일으킨 저항 전쟁에 프랑스, 영국, 러시아가 합류했을 때처럼, 연합 왕조에 대한 민족주의적 저항에 제3자가 개입하는 일이 잦아졌다. 개입의 근거로 공통의 민족성이 왕조적 유산과 공동의 종교를 대체하였다.

　이어지는 **전문화**의 시대에는, 국내 영토로부터 멀리 떨어진 제국에 대한 경쟁이 ——직접적이거나 간접적인 ——어느 때보다 더 큰 역할을 했던 것을 제외하면, 전쟁의 조건들은 상대적으로 거의 변하지 않았다. 1945년 이후, 소련과 미국의 냉담함이 유럽 내 국가들 사이의 전쟁은 거의 없앴지만, 유럽 외부의 소련, 미국, 그리고 중국 세력 사이의 접촉 지점은 국익 추구의 중요한 위치가 되었다.

　무력의 국유화·전문화와 함께, 국제전은 혁명·반란·내전과 상호 관계로 발전하였다. 대체로 왕가들이 국가를 지배했던 몇 세기 동안, 지배 친족 집단의 약화——예를 들어, 어린 상속자만 있거나 계승자가 없는 왕의 죽음——는 그 국가 바깥의 경쟁자들에게 공격 기회의 신호가 되었다. 먼저 반란이 일어났고, 그것은 그 도전자를 대신할 외부의 개입을 불러왔다. 종교적 분열이 국가의 근본적 문제가 되면서(특히 1520년과 1650년 사이를 의미한다), 이에 개입하는 것에 대한 보상은 더욱 강해졌다. 머뭇거리는 민중으로부터 전쟁의 수단을 강하게 차출하고자 하는 지배자의 노력과 전쟁에서의 손실로 인한 국가의 약화는 때때로 반란과 내전의 도화선이 되었다. 반란 세력의 연합이 지배자들과의 전투에서 승리하여 그들을 대체하고 사회적 변혁을 수행하면, 온전한 범주의 혁명이 뒤따랐다.

　유럽의 모든 위대한 혁명은, 그리고 더 규모가 작은 많은 혁명들은 전쟁에 의한 압박에서 시작하였다. 명예혁명은 찰스 1세가 대륙과 스코틀랜드와 아일랜드에서의 전쟁에 대한 수익을 획득하기 위해 의회를 우회하려 노력하면서 시작하였다. 7년전쟁과 미국 독립전쟁 기간에 프랑스 왕가에 의해 누적된 부채는 프랑스혁명의 투쟁을 촉발시켰다. 제1차 세계대전에서 입은 러시아의 손실은 차르의 지배를 불신하게 했고, 탈영을 고무시켰고, 국가의 취약성을 명백히 드러나도록 만들었다. 그리하여 1917년 혁명이 이어졌다.

국가 구성은 혁명에 미달하는 대중적 집단행동의 리듬과 특성에도 영향을 미쳤다. 중개와 국유화의 국면에서 단편적이지만 대량으로 증가하는 돈과 남성들에 대한 수요는 마을이나 지역 수준에서의 저항을 반복적으로 유발시켰다. 지역 주민들은 세금 수금원을 피했고, 징수원들의 집을 공격했고, 징병관으로부터 젊은 남성들을 숨겼고, 경감을 위해 왕에게 탄원하였고, 후견인들에게 선처 요청을 하였고, 재산을 남기기 위해 싸웠다. 그들은 특히 국가 관리나 간접 지배의 대리인들처럼 국가에 연줄이 닿은 지역민들을 겨냥했다. 국유화의 마지막 단계와 전문화로 이동하는 시기에는 대중적 집단행동 자체도 국가적 규모로 확대되었고 더 자율적이 되었다. 국민국가의 정책과 요구가 점점 더 직접적으로 그들의 운명에 직결되면서 노동자, 농민, 다른 평민 들이 국가에 대해 청구하기 위해 단결하였다. 물론 이는 시정是正을 위한 청원이었을 뿐만 아니라 그들이 이전에는 결코 국가적 차원에서 누려 보지 못했던 권리를 위한 청원이기도 했다(Tilly, Tilly and Tilly 1975; Tilly 1986). 정당, 특별 이익집단, 국가적 사회운동을 비롯한 모든 다른 대중 정치학이 만들어졌다. 따라서 전쟁은 국가 체제와 개별 국가들의 구성뿐만 아니라 그 국가에 대한 권력의 분배까지도 추동시켰다. 지난 몇 세기 동안 서구적 통치가 민간화되었음에도 불구하고 전쟁은 국민국가를 규정짓는 활동으로 남아 있었다.

# 여섯 개의 핵심 질문

우리가 얼마나 멀리 왔는지 측정하기 위해 이 연구를 시작하면서 했던 질문들로 돌아가 보겠다. 이번에는 순서를 거슬러서 더 세부적인 문제를 살피면서 종합적인 문제로 이어 나가겠다.

전체적으로 봐서, 유럽 국가 구성의 대략적인 동심원적 패턴을 어떻게 설명할 것인가? 이제 우리는 이 질문이 어떤 점에서는 초기 상황에 대해서 잘못 진술했다는 점을 알게 되었다. 서기 990년에 거의 모든 유럽은 분할된 주권 속에서 살아갔다. 그렇지만 그 분할의 성격과 정도는 다양했다. 바깥쪽 원의 여러 분할 지역에서 대영주와 유목민 침입자 들은 상대적 자율성 안에서 강제를 효율적으로 사용했다. 비록 그들 중 한 명은 대부분의 경우 공작, 칸, 또는 왕의 타이틀을 가졌고, 다른 지역으로부터 존경과 공물을 받았고, 나머지 지역의 간헐적인 군역을 요구했지만 말이다.

유럽의 국가 구성 경로 내의 지리적 다양성은 강제와 자본의 차별적 분배를 반영했다. 러시아와 헝가리가 그 전형인 바깥쪽 원에서는 집중화된 자본의 희소성, 그로 인한 도시와 자본가의 왜소함, 무장 영주의 권력, 몽골과 같은 강력한 침입자들과의 싸움이 큰 액수의 현금을 증액하지 않고 영주와 농민으로부터 군사력을 짜내는 지배자에게 이득을 주었다. 강제 집중 경로를 따르는 국가들은 영주와 성직자를 끌어들였고, 농민을 복속시켰으며, 광범위한 관료제를 세웠고, 부르주아지를 억눌렀다.

베네치아와 네덜란드가 전형적인 안쪽 원 지역에서는 자본의 집중과 자본가들의 우세함이 동시에 군사력의 창설을 가능하게 하였고 강제의 전문가들에 의한 국가 장악을 저지하였다. 이 지역의 해양 국가들은 수 세기 동안 크나큰 경제적·정치적 권력을 누렸다. 그러나 그들도 마침내 그 자체 주민들로부터 대규모 군대를 소집했던 육상에 근거를 둔 대규모 국가들에 의해 포위되거나 정복될 처지에 놓이게 되었다.

이런 국가들 사이에 놓인 국가들——특히 프랑스, 영국, 그리고 후기 프로이센——은 국내 자본의 상당한 원천들과 대량의 군사력을 설립할 수 있게 한 영주-경작자 관계망을 결합하였다. 자체 자원으로 군대를 유지하는 그들의 우월한 능력은 점차 다른 종류의 국가들보다 우세하도록 만들었다. 더 나아가 군대를 구축하는 활동은 그들을 조기에 국민국가로 바꾸었다.

이베리아반도는 이 세 가지 경험 모두에 대한 흥미로운 합성물을 제공한다. 바르셀로나를 지배했던 카탈루냐는 지중해 무역이 번성했던 때까지 도시국가와 아주 유사하게 활동하였고, 카스티야는 귀족 전사와 복속한 농민들을 토대로 군사력을 구축했으나 용병을 고용하기 위해 외국 부자들을 끌어들였다. 포르투갈은 리스본과 농촌 배후지 사이를 확실히 구분하였고, 다른 조합들은 발렌시아, 안달루시아, 나바라 및 그 외 지역에 아직 남아 있었다. 그렇지만 모든 국가들은 나의 단순한 유형 체계가 강요하는 것보다는 더 복합적이었다. 영국은 잉글랜드, 웨일스, 스코틀랜드, 아일랜드와 해외 소유지의 합성물이고, 프로이센은 시골인 포메라니아에서부터 도시화된 라인란트에 이르기까지 점차 확장된 지역과 합쳐진 것이고, 오스만제국은 때로 그 영역이 페르시아에서 상업적인 지중해 섬들을 경유하여 헝가리에 달했고, 합스부르크의 다양한 제국들과 그 계승자들이 대부분의 유럽 지역과 경제에 산재해 있었다. 국가 구성의 강제 집중, 자본 집중, 자본화된 강제의 경로들 사이를 구별함으로써 지형상·시간상의 다양성에 대한 중요한 부분들을 포착할 수 있다. 모두가 그런 것은 아니지만 말이다.

왜 지배자들은 정반대의 이해관계에도 불구하고 국가 관할의 신민이 되는 주민들 내 주요 계급을 대표하는 기구들을 세우는 것을 그렇게 자주 허용했을까? 왕조들은 대단히 다른 조건들 아래에서 같은 게임 ──전쟁과 영토에 대한 경쟁의 게임 ──을 수행했다. 전쟁이 더 비싸지고 부담이 커질수록, 그들은 그 돈을 위해 더욱 타협해야만 했다. 그 협상은 그 협상은 프랑스 삼부회Estates, 스페인 의회Cortes를 비롯하여 결국에는 국가 입법기관의 형식을 띤 대의기구를 생산하거나 강화시켰다. 협상은 특권에 대한 가입에서부터 대규모의 무력 억압에 이르는 범위에 있었는데, 그러나 이는 군주와 신민 사이의 조약 뒤에 남겨 두었다. 프랑스와 프로이센 같은 국가의 지배자들은 몇 세기 동안이나 이런 오랜 대의제 기구들을 피해 가려 했지만, 정규 세금, 신용, 국가 부채의 지불이 군사력의 지속적 생산에 필수적이 되면서 그 대표 기구들이나 계승자들이 점차 왕에 대해 더 많은 권력을 획득했다.

왜 유럽 국가들이 도시의 과두 체제와 기관 들을 국민국가 구조에 병합하는 일과 관련하여 나타난 양상들은 그렇게 다양했을까? 전체적으로, 도시의 기구들은 집중화된 자본이 우세한 곳에서 ──그리고 그 정도에 따라── 국민국가 구조의 내구력 있는 요소가 되었다. 그것은 두 개의 이유에 의해 발생했다. 첫째, 강력한 자본가 무리가 그들의 인접 지역에서 강제 권력을 축적하려는 비자본가 영주의 어떤 시도이건 막을 수 있는 보상과 수단을 오랫동안 소유하고 있었기 때문이다. 둘째, 전쟁의 범위와 비용이 커지면서, 신용과 쉽게 과세할 수 있는 경제에 접근할 수 있고 전쟁을 수행함으로써 큰 이득을 획득할 수 있는 지배자의 능력을 확장시켰는데, 이 사실에 의거하면 주요 상업 도시와 상업적 과두 체제에는 상당한 협상 능력이 주어졌으리라 볼 수 있다.

한쪽 극단에는 폴란드의 약한 자본이 영주의 국가 장악을 가능하게 했는데, 왕이 명목상의 신민에 대해 유효한 우선권을 결코 가져 본 적이 없을 정도였다. 그단스크라는 부분적인 예외가 있긴 하지만, 폴란드 귀족들은 도시를 바싹 쥐어짰다. 그 다른 극단에는 네덜란드공화국이 있는데, 자본의 힘이 국가 정부를 도시국가 연합으로 실질적으로 축소시켰다. 그럼에도 그 연합 도시들의 엄청난 상업적 힘이 아주 급속하게 해군을 건설하고 육군을 채용할 수단을 제공했다. 국가-자본 지역에서 지배자들은 도시를 국가에 종속시켰고 통치의 도구로 사용하였는데, 그뿐 아니라 자본과 자본가들을 군사력 생산에도 사용하였다. 국가는 일반적으로 도시의 기구와 과두 체제 들을 국가 구조에 그렇듯 통합시키지는 않았지만, 그들에게 상당한 권력을 주는 대의제의 형식들을 협상하였다.

왜 정치권력과 상업 세력은 지중해의 도시국가와 도시 제국으로부터 대서양의 강대국과 상대적으로 종속되어 있는 도시로 빠져나갔을까? 990년에서 1990년까지의 1000년을 돌아본바, 중대한 관점 변화가 있어야 하고, 단일한 헤게모니의 깔끔한 승계, 즉 베네치아에서 포르투갈, 그리고 영국으로의 승계에 대해 의문이 생기게 된다. 아마 19세기 일부에 대해서는 영국의 승리라고 말할 수도 있을 것이다(나아가 1815년에서 1914년 사이에 유럽의 주요 전쟁이 상대적으로 부재한 바를 설명하는 데 도움이 된다). 그러나 그전에는 최소 두 개의 강대국이 항상 유럽의 패권을 놓고 싸웠고 어떤 국가도 이를 이루지 못했다. 상업적인 측면에서는 15세기 후기에 눈에 띄었던 확장이 유럽의 도시 지역에 널리 영향을 미쳤다. 이는 르네상스를 뒷받침했는데, 르네상스의 중심은 이탈리아 북부의 도시국가들에 머물렀지만, 그 영향이 독일, 플랑드르, 프랑스에 달했고, 게다가 종교개혁의 애초의 초점은 남부와 중부 독일의 도시들이었다. 베네치아, 제노바, 라구사, 그리고 다른 지중해의 도시국가들은 18세기에 들어서도 지배적이지는 않았지만 계속해서 번성했다.

그러나 15세기 이후에 상업적·정치적 중력의 중심은 확실하게 북서부로 이동했다. 첫째, 육상과 해안을 끼고 이루어지는 동방 도시들과 유럽의 상업적 거래는 유목민의 침입, 질병, 그리고 결국 아프리카를 돌아 아시아로 가는 유럽 항로의 설립에 의해 위축되었다. 이후 상호 보강된 대서양-발트해 교역은 카스티야, 포르투갈, 프랑스, 잉글랜드, 네덜란드를 유럽의 다른 지역들보다 부유하게 만들었다. 이 모든 국가들은 군사력을 구축하기 위해 새로운 부를 쌓았고, 그 군사력은 새로운 부를 찾는 데 사용했다. 대규모 군사력을 조성하고 대형 선박을 건조하고 장기적 항해를 가능하게 하고 해외 정복을 수행할 수 있는 능력은 그들에게 무슬림 세력에 의해 항로가 제한된 지중해의 도시국가를 이길 이점을 주었다.

왜 도시국가, 도시 제국, 연합, 종교 조직 들은 유럽에서 우세한 국가 종류로서의 중요성을 상실하였을까? 유럽 국가의 역사 내내, 전쟁과 보호는 차출활동으로 이어졌고, 이는 전쟁과 보호의 수단을 소유한 이들과의 협상을 수반했다. 그러한 타협은 때때로 국가가 생산, 분배, 판결에 더 깊숙이 관여해야 하는 상황으로 이어졌다. 이는 항상 일정 형식의 국가 구조를 창설하게 했고, 그것이 발생했던 곳의 경제와 계급 구성에 따라 가변적이었다.

16세기까지는 도시국가, 도시 제국, 연합, 종교 조직은 모두 유럽 내에서 나름의 방식과 장소에서 번성했다. 1557년 카를 5세가 퇴임할 때 유럽에서는 아직 한 종류 또는 다른 여러 종류의 제국이 지배하고 있었다. 그 이후 국민국가가 우위를 점하기 시작했다. 이것은 두 가지의 연결된 이유 때문이었는데, 첫째, 잉글랜드와 프랑스 같은 강국들에서의 상업화와 자본축적으로 상업적 소국들이 전쟁을 통해 얻을 이득이 축소되었다. 둘째, 전쟁 범위와 비용이 확대되었는데, 부분적으로 그 이유는 강대국들이 그들의 경제에서 돈을 짜내거나, 식민지에 군사력에 대한 비용을 지불하게 하는 능력이 증대되었기 때문이었다. 그들은 전쟁에서 승리했다. 자신들을 방어하려는 더 작은 국가들의 노력은 그들을 국민국가로 변형시키거나 흡수시키거나 결합시켰다.

왜 전쟁이 조공을 위한 정복과 무장한 조공 수취국들 사이의 투쟁에서 대규모 육군과 해군 사이의 지속적인 전투로 전환하였는가? 가산제에서 중개로, 국유화로, 전문화로 전이된 과정을 기억하자. 무엇이 그러한 전이를 추동했는가? 성공적인 조공 수취 세력은 광활한 영토와 인구를 간접 지배하고 있었고, 이를 관리하고 차출하기 위해 ─특히 다른 주요 강대국과 전쟁의 시기에─ 내구력 있는 국가 구조를 창설했다. 상당한 자본과 자본가들을 전쟁 준비에 포함시키려 했던 인구 많은 국가들은 먼저 중개를 통해 육군과 해군을 구축하였고, 다음에 국유화를 통해 군사력을 국가 구조에 포함시켰고, 전문화가 이어졌다. 각 단계에서 그들은 이웃 국가보다 훨씬 더 큰 범위에서 효과적이고 새로운 군사 기술을 획득하고 배치할 수단을 갖고 있었다. 전쟁은 효율성보다는 유효성에서 더 큰 보상을 받기 때문에, 그들은 더 작은 이웃 국가에 어려운 선택지를 주었다. 즉, 많은 경비를 들여서 같은 종류의 군사적 준비를 시작하거나, 정복을 받아들이거나, 안전한 종속된 자리를 찾는 것 중에 선택하는 것이다.

요약하면, 서기 990년 이후 유럽에서 우세했던 국가 종류들에 나타난 엄청난 시공간적 다양성에 대해서 어떻게 설명할 것인가, 그리고 왜 유럽 국가들이 국민국가의 다양한 변형들로 점차 통합되었는가? 왜 변화의 방향은 그렇게 유사했고, 그 경로는 그렇게 달랐는가? 유럽 국가들은 집중화된 자본과 강제의 배분에 대한 기능에서 애초 아주 다양한 위치에서 출발하였다. 그들은 자본과 강제의 교차점이 바뀌면서 변화하였다. 그러나 군사적 경쟁은 점차 그들을 모두 같은 일반적 방향으로 몰았다. 그것은 국민국가의 창설과 궁극적 지배를 기저에 깔고 있었다. 그 과정에서 유럽은 전 세계를 지배했던 국가 체제를 창안했다. 오늘날 우리는 그 국가 체제 내에서 산다. 그러나 유럽 밖의 세계는 단지 표면상으로 유럽을 닮은 것에 지나지 않는다. 유럽의 국가 체제가 지구의 다른 곳으로 확산되면서 어떤 것인가가 변했다. 거기에는 군사적 활동과 국가 구성 사이의 관계도 포함된다. 유럽의 경험에 대한 지식은 현재의 세계에서 걱정스러운 몇 가지 특이점을 식별하는 데 도움을 준다. 다음(마지막) 장은 그러한 특이점에 대한 걱정을 다룬다.

7장

∽

1992년의 군부와 국가

# 7장 1992년의 군부와 국가

## 잘못된 정치적 발전

20년 전, 많은 학자들이 제3세계는 국가 구성에 관한 서구의 경험을 답습할 것이라고 생각했다. 이러한 '정치적 발전'에 대한 발상은 국가가 완벽한 참여와 효율성의 종착점을 향해——이러한 참여와 효율성의 모델은 당연히 현존하는 서구 국가들이다——표준적인 트랙을 달려야 한다는 개념을 전형화한 것이지만, 이제는 대체로 폐기되었다. 정치적 발전주의자들의 자신감은 중국, 일본, 한국, 그리고 쿠바와 같은 확실한 대안 모델, 제3세계가 실제 경험하리라 기대하던 현존 발전 기획의 당혹스러운 실패, 서구의 생색내기 식의 학술적 충고에 대한 제3세계 지도자와 학자 들의 저항에 의해 산산이 부서졌다. 이들의 자신감은 제3세계 국가들에 대한 강대국의 대응에 따라 현실주의 정치로 전환하고, 서구 학자들에게 과거 경험에 대한 적절한 독법에 관한 논쟁을 가져온다(Evans and Stephens 1989 참조). '근대화', '교육적 발전', 그리고 의미는 좋지만 애매모호한 다른 슬로건들과 함께 정치적 발전은 분석 어휘 목록에서 빠르게 사라진다.

오래된 분석들이 오류가 있다는 점을 현재에 알 수 있듯이, 비서구 국가들이 서구 상대국들의 경험을 똑같이 겪고 그들과 매우 유사해 보이게 되리라 생각하는 것이 그렇게 어리석었던 것은 아니었다. 최근까지 서구 강대국의 식민지였던 신생 독립국 대다수는 서구의 방식을 따른 공식 조직들에서 출발하였고, 식민주의 장치의 중요한 부분과 결합하였다. 서구식 교육을 받은 지도자들은 의식적으로 서구에서 영감을 받은 행정부, 국회, 정당, 군대, 그리고 공공 서비스 기관들을 설치하려 했다.

게다가 그들은 이렇게 말했다. 제3세계 지도자들이 조국을 근대화하고 정치적으로 발전시킬 것이라고 선언했다고 말이다. 서구 주요 강대국들은 전문가, 관련 모델, 훈련 프로그램, 기금을 빌려주며 적극적으로 그들을 후원했다. 일본이 제2차 세계대전에서 입은 손실로 휘청거리고 중국이 내전으로 소모되는 동안 어떤 모델도 확실히 유용하지 않았다. 선택은 소비에트 유형의 사회주의에서 미국 유형의 자본주의까지였고 이런 양극단을 넘어서는 국가 구성의 길은 성공할 수 없었다. 그 전체 범위는 유럽-미국 경험의 또 다른 판본을 재정리하는 것이었다. 1962년 동남아시아를 대변하며 루시안 파이는 다음과 같이 공표한다.

동남아시아의 중심 테마는 신생국 지도자들이 변화 과정에 있는 사회를 근대 국민국가로 창출해 낼 수 있는가에 있다. 지도자들은 국민들이 정부의 대표 기관들을 세우고 더 생산적인 경제적 삶의 양식을 발전시킬 수 있도록 노력해 왔다. 이러한 목표에 대한 열정이 부족하지는 않았지만, 그들이 가진 기회가 현실화할 수 있을지를 추산하기는 어려웠다. 동남아시아에서 진화하고 있는 정치적·사회적 체제의 윤곽조차도 아직은 구분하기 어렵기 때문이다. 실패 가능성이 크며 지도자와 시민 들은 자기 불신의 문제에 빠져 있다. 보다 독재적인 정책 실행 경향이 널리 퍼져 있는데, 예컨대 원래 민주적 정치인들이 담당해야 할 역할을 군대가 수행하고 있는 경우가 있다. (Pye 1960: 65~66)

이 말투로 보면, 형편없이 이해하고 있는 상황에서 그 특성이 잘 알려진 무엇인가를 구성하고, 그리하여 그 기획을 위협하고 있다는 말이다. 그 '무엇'은 서구가 디자인한 효율적 국민국가였다. 비록 동남아시아의 지도자들이 다른 어떤 것을 강요하였지만, 파이는 동남아시아에서 그것과는 아주 다른 어떤 것이 부상할 가능성을 보았다. 대부분의 신생 독립국 지도자들은 실제로 제3의 길을 찾겠다고 공언했는데, 이는 적어도 모호한 사회주의, 또는 미국과 러시아 사이의 진퇴양난의 어느 지점이었다. 그렇지만 현존 서구 국가들은 그 선택의 범위를 한정시켰다. 정치 발전론자들은 다양한 수준의 독단과 통찰력을 가지고 정확히 그렇게 말했다.

시릴 블랙처럼 역사적 정교함을 보인 분석가들도 정치 발전의 특징을 보이는 연속 단계 모델을 발표했다. 블랙은 최소 7개의 근대화 과정을 구분하였는데, 순서대로 영국, 미국, 벨기에, 우루과이, 러시아, 알제리, 라이베리아이다(Black 1966: 90~94). 그렇지만 그는 이 다양한 예들이 모두 네 개의 단계를 통과해야 한다고 주장한다. 이 단계는 근대성의 시험, 근대화 지도력의 통합, 경제적·사회적 변혁, 사회 통합이다. 이전의 역사는 특정 사회가 이러한 도전들에 어떻게 대응하는지에 영향을 준다고 분석한다. 그렇지만 결과적으로 그가 살펴본 유럽의 모든 사례는 이전의 세 개 문턱을 순서대로 넘어야 사회 통합과 같은 단계에 이르렀다.

이런 그럴듯한 집합적 추론은 큰 결함을 가지고 있었다. 이는 국가 구성에 관해 단일한 표준적 과정이 존재했다고 보고, 각 국가는 거의 별개로 동일한 내부적 과정을 통과했으며, 서구의 예가 그 모범적 과정이라고 했고, 현대의 유럽 국가들은 일반적으로 그 과정의 끝에 도달했으며, 그 문제는 아주 넓은 범주에서 사회 공학의 하나였다고 보는 점에 대한 것이다. 이러한 추정들을 '근대' 아프리카, 아시아, 라틴아메리카, 또는 중동의 국가 구성에 곧바로 시험하려는 노력은 의문을 갖게 했다. 실세 권력자들은 기존 정부 조직의 변혁에 대해 저항하거나 왜곡했고, 관리들은 자신들의 목적을 위해 국가권력을 사용했고, 정당은 인종적 블록이나 후원자-고객 사슬의 동력이 되었고, 국가 주도 사업은 붕괴했고, 카리스마 강한 지도자들은 서구식 선거 정치를 억압했고, 제3세계 국가들의 다른 특징적인 부분들이 서구식 모델에 도전했다.

서구식 모델? 사실 '정치적 발전'에 대한 표준적인 방식이란 그들이 표면적으로 겪은 서구식 경험을 오해한 것이다. 그들은 대체로 이를 의식적인 문제 해결 과정으로 제시했는데, 이 과정은 일련의 표준적인 체제 내 생성 단계를 거쳐 결국 원숙하고 안정된 국가 생산에 이른다. 오르간스키에 따르면 이 단계는 다음과 같다(Organski 1965:7).

(1) 원초적 통합의 정치학

(2) 산업화의 정치학

(3) 국민 복지의 정치학

(4) 풍요의 정치학

오르간스키 특유의 도식은 수많은 제3세계의 경험을 첫 번째 단계로 압축했으나, 그다음에 기존 유럽 세계와 그 확장 범주로 명확히 이어지는 한 경로를 상술했다.

꽤 많은 정치 분석가들은 근대로의 전환을 하나의 평형 상태—전통 사회 또는 그와 비슷한 종류—에서 다른 우월한 근대적 평형 상태로 이동하는 것으로 생각했다. 이러한 계통의 주장에 따르면 그사이에 빠른 사회 변화의 격동 상태가 온다. 사회 변화는 그전보다 20세기에 훨씬 더 급격하게 일어남으로써, 신생국들은 유럽이 앞서 경험한 것보다 더 큰 스트레스를 경험한다. 제3세계 국가들은 국내외적으로 상호작용을 하는 동시적인 갈등을 겪었다(Wilkenfeld ed. 1973 참조). 그렇지만 결국 갈등을 포용하는 방법을 익히고 근대적 상태의 안정적 정부를 이루었다. 그래서 정치 발전에 대한 많은 내용을 어느 정도는 익혔다.

1960년대 이래 서구의 경험에 대한 보다 명쾌한 독법들은 이러한 가정들이 부정확하다는 점을 명백히 드러냈다. 이 책은 이렇게 적립된 지식 기금을 탐욕스럽게 차용하여 그 축적 금액을 서구 국가의 역사를 재해석하는 데에 재투자하였다. 앞의 내용에서 우리는 유럽 국가 구성의 궤도들이 강제와 자본의 지리적 기능, 중요 실세들의 조직, 다른 국가들의 압력 면에서 광범위한 다양성을 보인다는 점을 알게 되었다. 지도자와 다른 실세들, 그리고 일반 민중들 간의 오랜 일련의 투쟁들이 특정 국가 제도와 국가에 대한 요구들을 창출한 방식에 대해 우리는 검토했다. 유럽과 세계의 나머지 지역 모두에서, 여러 유럽 국가들의 최종적인 조직 통합이 그들 간 경쟁의 결과로 만들어졌던 것에 대해 살펴보았다. 우리는 전쟁과 전쟁 준비의 심각한 영향과 국가 구조의 다른 특징에 대해 목격했다. 이 모든 관찰은 모호하지만 도움이 되는 결론으로 이끈다. 이는 제3세계 국가 구성은 확실히 달라야 한다는 것이고 강제와 자본 사이의 변화된 관계들이 그러한 차이의 본질이라는 단서를 제공해야 한다는 것이다.

현대의 경험이 유럽의 과거 경험과 어떤 방식으로 달라져야 하는 것인가? 국가 구성 경로가 자본 집중 경로, 강제 집중 경로, 자본화된 강제 경로로 방향이 갈린 지 수 세기가 지난 후, 유럽 국가들은 몇 세기 전부터 통합을 시작했다. 전쟁과 상호 영향이 통합의 원인이 되었다. 그러나 식민지의 경험을 공유함으로써 제3세계 국가들 대부분이 공통의 자산을 갖게 되었지만, 큰 의미의 동질화는 아직 발생하지 않았다. 그와는 정반대이다. 유럽 국가 구성에 대한 어떤 연구자이건 오늘날 제3세계 국가들의 다양성을 인지하지 못할 가능성은 거의 없다. 다양성은 어느 범주에서든 두드러진다. 거대한 고대 중국과 작은 신생국인 바누아투, 부유한 싱가포르와 찢어지게 가난한 차드, 우리가 이러한 다양한 경험의 세트를 일반화하는 데 성공할 가능성은 거의 없다. 거기에다 아무리 상상의 나래를 펴도 제3세계의 모든 국가들이 '신생' 국가도 아니다. 중국과 일본은 세계에서 가장 오래 지속된 국가들 중 하나이고, 시암/태국도 수 세기가 되었으며, 라틴아메리카 국가 대부분은 나폴레옹 전쟁 기간에 공식적 독립을 획득했다. 이들은 유럽식의 투쟁에서 만들어지고 규정된 국가 체제의 회원권을 최근 획득한, 1945년 이후 구성된 국가들과 조화를 이룬다.

그렇지만 더 꼼꼼히 살펴보자면, 정확히 무엇이 제3세계 국가들의 다양성이란 말인가? 그들의 조직 구조에는 시민과 국가의 관계조차 없다. 세계 국가들의 공식적 조직 특징은 사실 지난 세기 이후 극적으로 통합되고 있다. 이런저런 서구식 모델 채택이 국가 체제의 우선적 회원으로 인지될 수 있는 실질적 선결 조건이 되었다. 현재의 160여 개 국가에 대한 조직 범주는 1500년대의 200개 남짓의 유럽 국가들보다 훨씬 협소하다. 1500년 당시에는 도시국가, 도시 제국, 연방, 왕국, 영토 제국 등이 포함되었다. 비교적 중앙집권화된 연방들과 매우 약화된 왕국들을 제외하고 한때 풍부하던 정치적 형태들은 거의 모두 사라졌다. 1500년 이후 대규모 전쟁 발발의 압력과 대규모 중재 협상은 모든 유럽 국가들을 새로운 조직 형식을 택하도록 이끌었는데, 바로 국민국가였다. 유럽에 지배적이었던 '내재적' 국가 구성에서 '대외적' 국가 구성으로의 흐름은 우리 당대에까지 이어졌고, 세계의 다양한 지역들에도 국가에 대한 공통의 정의를 도입시켰다. 현대의 국가 구조는 보다 협소한 의미에서 서로 닮았는데, 그 특징은 사법, 입법, 중앙정부, 현장 행정, 상비군, 전문 경찰력, 다수의 공공 서비스들이다. 사회주의, 자본주의 그리고 혼합경제와 같은 차이들에도 불구하고 이러한 공통의 특징들을 무시하는 것은 불가능하다.

그러나 그러한 형식적 유사 조직들은 같은 방식으로 작동하지 않는다. 그 차이는 표면상으로 구분이 안 되는 사법부·입법부·행정부·학교의 국내적 기능, 그리고 정부기관과 시민 사이의 관계 모두에 존재한다. 유럽의 경험을 보면 국가는 국외 전쟁의 긴급 상황과 민중의 요구 사이를 중재하는 형식이었다. 각 국가의 조직은 지역 사회와 지역 경제의 조건들에 어느 정도까지는 부합했다. 기존의 국민국가들이 신참 국가를 그들의 고유 형상에 맞추어 조각하듯, 시민과 국가의 관계 내에서 지역적 각색이 대신 발생했다. 오늘날 강제 집중, 자본 집중, 자본화된 강제 배경 간의 차이는 과거에 그랬던 것보다는 국가의 형식적 구조에 영향을 훨씬 덜 미치지만 시민과 국가 간 관계에 대해서는 더 많은 영향을 미친다. 그런 점에서 현대 세계는 극도로 다양한 상태로 남아 있다.

제3세계는 존재하는가? 물론 라틴아메리카, 중동, 동아시아 국가들은 국내 조직과 세계의 국가 체제에서 차지하는 위치, 이 두 가지 측면에서 상당히 다르다. 이렇게 대충 합성한 범주로 시작하는 이유는 세계의 저소득 지역 국가들이 유럽과 그 확장에 의한 형식적 통제를 오래 견뎌 왔고, 공통적으로 유럽 또는 미국 모델을 형식적 조직으로 채택했다는 점에 있다. 또한 거의 통제 불가능한 초강대국들 간의 싸움에 묶여 있고 국가 체제에 새로 진입한 신입 회원들과 불편하지만 반복해서 구성해야 하는 연합 풀을 유지해야 한다는 점을 감안했기 때문이다(Ayoob 1989). 비유럽 세계에까지 확장하면 국가 체제는 단순히 같은 형태로 남아 있지 않다. 아시아, 아프리카, 라틴아메리카의 수십 개 국가의 등장은 그 체제를 이전의 유럽 국가들의 경험과 분명하게 비교할 수 있게 하였다.

제3세계의 현대적 경험과 이미 활용 가능한 긴 기록을 가지고 있는 국민국가들과 비교하여 얻어 내야 할 것들이 아직 더 있다. 이 비교를 통해 최소한 두 개의 유용한 진전을 확보할 수 있다. 첫째, 이미 오류라고 판명된 국가 구성 개념들을 현대의 경험에 적용시켜 시간을 낭비하기 전에 버린다. 둘째, 더 낙후된 지역에서 일어나는 국가의 구성과 변형과 기형화의 과정에서 특별한 것과 친숙한 것을 더 날카롭게 식별할 수 있다.

유럽의 경험을 회고하면서 당대의 세계에 어떤 일이 일어나고 있는지 알 수 있을 것인가? 유럽 내 국가 구성의 다양성을 보면서 단일한 변화의 궤적을 예상할 이유는 전혀 없다. 그렇지만 우리는 유럽으로부터 다음과 같은 추론을 얻을 수 있다.

• 국가 구성 경로에서 강제와 자본의 상대적인 배분이 중요한 영향을 준다.

• 중요한 도시 클러스터의 존재 유무에 따라 변화의 방향이 대단히 달라진다.

• 국가 구조의 창출과 변경에 전쟁과 전쟁 준비가 강력한 영향을 미친다.

• 그러한 영향은 ⓐ 국가 재정 구조와 ⓑ 군대와 군 인력 자원을 통해 중재된다.

- 중앙정부 창립, 군사적 수단 구매를 위한 조세와 신용거래 의존도 증강, 그러한 목적을 위한 국민과의 협상을 통해 국가권력이 민간화된다.
- 국가 조직 형태의 결정 요인이 '국내적' 요인에서 '국외적' 요인으로 변하는 추세가 지속된다.

세계적으로 보면 대부분의 유럽 국가 형성 과정과 다른 점이 확연한 바, 이러한 점들은 맞춤식 가설에 불과한 것이라고도 하겠다. 그럼에도 위의 추론들은 제3세계 국가들이 가장 효율적인 서구 국민국가의 이상화된 경험을 다시 개괄해 보아야 한다는 오래된 통념을 상당히 개선해 준다.

## 제2차 세계대전의 충격과 유산

현대 세계의 국가 구성과 과거 과정의 다른 점은 무엇일까? 20세기의 전쟁이 그 이전보다 더욱 치명적인 위험을 주었지만, 전쟁의 성격은 의미 있는 변화를 계속해 왔다. 강대국들이 방조했던 경우가 잦았던 대규모 내전은 1945년 이후 유럽이 경험했던 바보다 훨씬 더 자주 발생했다. 핵무기와 다른 기술적 위험이 대규모 전쟁에 들어갈 대가를 심각하게 만들었다. 거의 지구적 범주에 해당하는 양극화 체제의 형성은 대부분 국가들의 정치학과 군사적인 면에 영향을 주었다. 국가의 수가 산술급수적으로 증가하는 것에 비해 국가들 간 관계의 숫자는 기하급수적으로 증가하는 원칙에 의하면, 연결되었지만 명목상으로만 독립한 국가들의 가파른 확산은 국가 체제를 상당히 복잡하게 만들었다.

제2차 세계대전은 국가 체제와 그 체제에 속한 국가들을 변화시켰다. 교전 당사국의 시민으로서, 또는 전장 지역의 거주자로서, 또는 그 둘 모두로서, 전 세계 사람들 대부분은 전쟁의 충격을 느꼈다. 이 전쟁은 사망자,

재산 파괴, 주민 이동에 관한 모든 기록을 경신했다. 히로시마와 나가사키에 원자폭탄을 투하함으로써 미국은 전쟁의 역사에서 처음 등장하는 무기를 소개했고 아울러 며칠 내로 모든 인류를 멸망케 할 잠재적 가능성을 일깨워 주었다.

제2차 세계대전의 발발 시점은 1938년(독일이 폴란드를 병합하고 체코슬로바키아를 분할하는 동안 일본과 러시아가 싸움을 시작했던 시기) 또는 1939년(독일이 폴란드와 체코슬로바키아의 나머지 지역을 침범했던 시기)으로 잡는다. 두 경우 모두 1945년 일본의 항복을 전쟁이 거의 끝나는 시점으로 본다. 거의 1500만 명이 전투에서, 다른 2500만 명은 전쟁의 직접적인 결과로 사망하여 제2차 세계대전은 현재까지 인류 역사에서 가장 파괴적인 교전이었다. 최소 1000명 이상 전사자가 발생한 국가들은 불가리아, 영국, 오스트레일리아, 캐나다, 에티오피아, 폴란드, 미국, 소련, 벨기에, 브라질, 중국, 유고슬라비아. 네덜란드, 루마니아, 이탈리아, 뉴질랜드, 프랑스, 남아프리카, 그리스, 노르웨이, 몽골, 일본, 독일, 헝가리, 핀란드다(Small and Singer 1982: 91). 전쟁으로 인해 일본, 중국의 중요 지역들, 그리고 유럽 대부분은 폐허가 되었다.

전쟁이 끝나고 두 개의 국가가 나머지 모든 국가 위에 우뚝 선다. 미국과 소련이다. 미국은 제2차 세계대전 동안 상대적으로 가벼운 손실(40만 8000명의 전사자로 독일의 350만 명과 비교하여)을 입었지만 경기 침체의 쇠약함을 겪은 후 막대한 산업 생산 능력을 동원했다. 산업 거인 미국이 전쟁통에 더욱 강해져 세계 체제에서 지배적 위치를 차지했던 것은 놀라운 일이 아니었다. 소련의 부상은 더욱 수수께끼 같은 일이다. 소련은 전쟁 중에 끔찍한 간고를 겪었으나(전사자는 750만, 총사망자는 2000만 명에 달했으며, 산업 생산 능력의 60%가 파괴되었다), 그 이후 강력한 국가 조직을 건설했다

(Rice 1988). 소련의 강화된 국가 능력과 다른 동유럽 국가들에 대한 통제 확대는 양극화된 세계의 한 극을 차지하는 데 도움이 되었다. 직전의 아군 은 즉시 적으로 바뀌었고, 이는 4세기 만의 전반적인 평화 정착을 가로막 았다. 그 결과 전쟁 패배자였던 일본과 독일은 승전국의 군사적 점령을 받 아야 했고 국가 체제의 회원국 지위를 아주 느리게 회복했다. 사실 승전국 과 패전국은 그저 단편적으로 점령, 잠정적 국제 협약, 부분 조약, 사실상 승인의 범위 안에서 전쟁을 정리한 것이었다. 그 전쟁의 복잡함과 범위, 거 기에 더하여 양극화의 도출은 전반적 안정 상태를 만들어야 할 유럽 국제 체제의 조절 능력을 훨씬 초과했다. 유럽은 1503년 이후 대규모의 전쟁을 겪지 않았기 때문이다.

전쟁 이후 국가 구성 과정은 앞선 국가들의 그것과는 구별이 되었는 데, 특히 서구 식민지를 형식상의 독립국가들로 대량으로 변형시키는 일 에서 그러했다. 상황은 유럽의 철수를 선호하는 쪽이었다. 소련은 유럽 식 민지의 주요 지역에 식민지를 갖고 있지 않았고, 미국은 약간의 식민지가 있었고, 반면에 유럽 강대국들은 전쟁의 폐허를 복구하는 일에 매진해 있 었다. 눈이 핑핑 돌 정도의 빠른 속도로 종속국들은 자율적 독립을 요구했 고 승인받았다. 1960년 한 해에만 벨기에령 콩고(지금의 자이레), 베냉, 카 메룬, 중앙아프리카공화국, 차드, 콩고, 키프로스, 가봉, 코트디부아르, 마 다가스카르, 말리, 니제르, 나이지리아, 세네갈, 소말리아, 토고, 오트볼타 (지금의 부르키나파소)가 모두 독립국가로 승인을 받은 후 즉시 유엔에 합 류했다.

동시에 소련, 그리고 특히 미국은 전 세계에 걸쳐 군사기지, 군사원조 프로그램, 정보기관 네트워크를 확대했다(Eden 1988). 예를 들어 동아시 아에서 미국은 비무장화된 일본을 대체하는 군사력을 배치했고, 남한의 군대를 재편성하고 관리했으며, 중국 국민당이 본토에서 전쟁에 패하고 타이완으로 후퇴 후 이를 통제하는 동안에도 원조를 했다(Cumings 1988; Dower 1988; Levine 1988). 1945년에서 1985년 사이 미국은 남한에 130억 달러의 군사적·경제적 원조금을 퍼 주었고 타이완에 56억 달러를 제공했는데, 이는 아프리카 전체에 68억 9000만 달러, 라틴아메리카 전체에 148억 달러를 제공한 것에 비교된다(Cumings 1984: 24).

유럽 강대국들은 대체로 큰 고역 없이 지배 권력을 포기했다. 알제리 독립 투쟁과 인도차이나 분쟁의 초기 단계를 예외로 보면, 가장 격렬한 싸움은 하나 이상의 집단이 신생국을 지배할 권리를 주장했던 곳, 해방된 민중의 한 분파가 그들만의 국가를 요구한 지역, 청구자들 중 일부가 강대국의 개입을 확대하려 조장했던 지역에서 일어났다. 중국, 팔레스타인, 말레이반도, 케냐, 키프로스, 아덴, 보르네오, 한국, 베트남, 필리핀, 르완다, 앙골라, 모잠비크가 그 명확한 예이다. 유엔이 신규 회원국을 국제적 국가 체제에 등록하고 관리하는 일을 수행했다.

1945년 이후 기간에는 세계적 국가 체제를 갖추었는지 어림잡는 방법으로 특정 시기에 유엔 회원국이었는지를 보면 되었다. 그렇지만 이러한 어림셈에는 결점이 있다. 스위스, 남한, 북한, 타이완, 모나코, 투발루, 그리고 몇몇 단위들은 국가처럼 행동하지만 회원국에는 속하지 않았다. 반면에 벨로루시공화국과 우크라이나공화국(최근의 민족주의의 발흥이 있기 전까지 소련의 완전한 속지였다)은 제2차 세계대전 이후 소련의 영향권 아래 회원국으로 인정되었다. 그렇지만 일반적으로 유엔은 세계의 중요 국가를 포함하고 있고, 국제 문제에서 자율적 조치를 어느 정도 행사했다고 보이는 신생국들을 받아들였다.

<그림 7-1>은 1945년 유엔이 설립된 이후 1988년까지 유엔 가입국

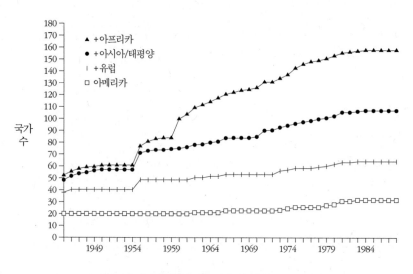

〈그림 7-1〉 지리적 지역에 따른 유엔 회원국 분포(1945~1988년)

의 지리적 분포를 표시하고 있다. 이야기는 뻔한데, 유엔은 유럽과 아메리카 국가들 위주로 시작했고, 이는 유럽식 국가 체제와 그 확산 지역, 여기에 제2차 세계대전의 주요 패전국들을 빼고 비서구의 소수 중요 국가들을 더한 것이다. 유럽과 아메리카 지역 국가의 수는 유럽의 평화 정착이 안정기에 이르고 카리브해 국가들이 독립과 국제적 승인을 획득하기 시작하며 미미한 증가를 보였다. 그러나 1955년 이후 아시아 국가들이 서구 국가들보다 더 빠른 속도로 유엔 참가국이 되었다. 1960년부터는 아프리카 국가들이 지배적인 신생 참여국이 되었다.

신생 참여국은 평균적으로 국가 구성의 강제 집중 경로를 따랐다. 떠나는 식민지 강대국들은 축적된 자본은 거의 남기지 않았지만, 그 승계 국가에 식민 행정을 유지하기 위해 설치했던 억압적 무력 모델을 따른 군사력을 물려주었다. 상대적으로 잘 무장하고 훈련받은 군사력은 국가 간 전쟁보다는 국민을 통제하고 반란군과 싸우는 데 특화되었다. 유럽인들이 해체했던 그들의 통치 기구, 군대, 교회, 서구 기업들은 그 국가 영역 안에서 가장 효율적으로 작동하는 조직이었다. 특히 군대는 독특한 특징이 있었는데, 상위 계급은 식민지 군대에서 하위 직위를 차지했던 사람들에 의해 급속하게 채워졌다. 식민 지배자들이 세웠던 채용 방식을 계속 사용하면서, 그들은 단일 언어, 종교, 그리고/또는 지역에 속한 사람들을 불균형하게 끌어들였고, 이는 종족적 경쟁을 촉발하는 매개체가 되었다. 예컨대 1966년까지 나이지리아 군대는 지역이나 종족에 따른 확연한 구분과는 거리를 두고 있었다. 그러나 1966년 1월 군사 쿠데타가 발발하면서 균열이 보이기 시작했다. 7월에는 북부의 장교 연합이 또 다른 쿠데타를 일으켜 빠르게 군대와 권력으로부터 이보족(특히 나이지리아 동부주 출신)을 축출했다. 곧(1967년 5월) 비아프라와 같은 동부에서는 반란 투쟁이 터졌으며 아프리카에서 가장 처절한 내전이 시작되었다(Luckham 1971: 17~82).

카리스마 넘치는 국민적 지도자가 군부를 의도적으로 억제하지 않는 한, 제3세계의 군대는 공통적으로 시민 정부의 통제에 저항했다. 상급 장교들이 자주 느끼고 말하는 바는, 국가의 운명이 요구하는 바와 그 운명을 이루기 위해 질서를 유지하는 방법에 대해 그들이 단순한 정치가들보다 더 잘 알고 있다는 것이다. 그들의 국가가 국제시장에서 상품을 팔아 수익을 내고, 외국으로부터 무기를 사고, 강대국들로부터 군사적 원조를 받는 한, 군대는 시민정부에 의해 정당화된 세제와 징병제에 의존할 이유가 없다는 점을 이용하고 있다.

수출국 군부는 그들이 구성한(또는 구성에 실패한) 지배계급 핵심과의 연합에, 그리고 수출 프로그램의 성공에 의존해야 했지만, 어느 정도까지 자율성을 유지할 수 있었을까? 볼리비아에서 주석 거물들의 고립적인 자

| 기간 | 전쟁 지역 | | | 합계 | 내전 비율(%) |
|---|---|---|---|---|---|
| | 국가 간 전쟁 | 체제 외적 전쟁 | 내전 | | |
| 1893~1903 | 30 | 96 | 112 | 238 | 47.1 |
| 1904~1914 | 8860 | 0 | 270 | 9130 | 3.0 |
| 1915~1925 | 161 | 83 | 506 | 750 | 67.5 |
| 1926~1937 | 213 | 0 | 955 | 1168 | 81.8 |
| 1937~1947 | 16292 | 100 | 1161 | 17553 | 6.6 |
| 1948~1958 | 1913 | 59 | 372 | 2344 | 15.9 |
| 1959~1969 | 1250 | 0 | 1830 | 3080 | 59.4 |
| 1970~1980 | 78 | 73 | 820 | 921 | 89.0 |

(Small and Singer 1982: 134, 263)

기 보호를 보면, 수출에서 얻은 수입으로 멋있게 살며 국내에 주요 유대 관계는 거의 없었는데, 국가권력과 주석에서 나오는 수입을 군부가 장악하자 취약한 입장에 처했다(Gallo 1985). 장제스 치하의 전형적인 경찰국가 타이완은 산업화한 수출 프로그램의 큰 성공으로 군부의 중국 본토 침공 준비를 점차 약화시키고 정책과 통치 작용에 대한 그들의 통제를 감소시켰으며, 강력한 시민 관료들로 군부를 에워쌌다(Amsden 1985).

1945년 이후 전쟁의 특성은 급격하게 변화되었다. 서구 강대국 간의 전쟁은 거의 사라졌지만 세계 전체로 보면 치명적인 전투는 더욱 빈번해졌다. <표 7-1>은 1893년 이후의 이러한 경향을 보여 주는데, 연간 전사자 1000명 이상인 전쟁에서 전사자 수를 표시하고 있다. 전사자 총수는 한 시기에서 다음 시기 사이에 크게 출렁거린다. 그럼에도 그 수치는 몇 가지 추세를 뚜렷이 보인다. 전면전의 시기에 사망자가 집중하고, 점점 더 많은 국가들이 국제적 국가 체제에 진입할수록 '체제 외적' 전쟁이 안정화하거나 감소하고, 전사의 원인이 내전에 있는 경우가 현저하게 증가하는 불규칙한 현상이 그것이다. 새로운 내전의 경우를 보면, 20세기 초 1년에 약 1만 명이었던 사망자 수가 1937년과 1947년 사이에는 10만 명 이상으로 상승한다. 그 후 30년 동안에는 10만 명 내외에서 출렁거렸다.

20세기에는 전사자 수에 비해 전쟁 손실은 점점 더 과소평가되었다. 시민 거주지에 대한 폭격과 포격은 생계 수단은 말할 것도 없이 점점 많은 비전투 참여자들의 삶을 파괴시켰다. 전쟁 기간 및 그 이후에 국가는 이전에 없던 방식으로 민중을 이주시키거나 추방하였다. 주민 전체를 학살하려는 의도적 시도—즉, 종족 학살genocide, 정치적 학살politicide—는 더이상 드물지 않은 일이 되었다. 과거에는 통치의 표준 기술처럼 보이기도 했던 끔찍한 일탈인데, 1945년에서 1987년 사이에 국가 대행인에 의한 의도적인 시민 대량 학살은 전 세계에 걸쳐 700만에서 1600만 명의 사망자를 낳은 것으로 추정된다. 이는 국제전과 내전에 직접 참전하여 전사한 숫자보다 더 많다(Harff and Gurr 1988).

1945년 이후 발발한 내전들은 국가권력을 장악하기 위한 계급 간의 전면전인 경우가 가끔 있다. 특정 종교·언어·지역 집단이 자치 내지는 기존 국가의 통제를 요구하며 발발하는 경우는 더 잦다. 전 세계가 안정적이고 상호 배타적인 국가 영토를 유지하는 완성된 지도에 적응하면서, 제한된 면에서 보면 민족주의가 전쟁에서 더 핵심적인 요인이 된 것이다. 그리하여 배제된 민족의 실권자들은 그들에게서 기회가 사라지고 있다고 보기도 한다.

같은 시기에 강대국들은 내전에 점차 더 많이 개입하였다. 이는 동조적인 파벌의 승리를 확실하게 하여 그 국가 통제자의 지지와 협력을 얻기 위해서이다. 1970년대에 앙골라, 부룬디, 캄보디아, 과테말라, 이란, 요르단, 레바논, 니카라과, 파키스탄, 필리핀, 로디지아, 스리랑카에서 심각한 내전이 시작되었다. 그중 한 국가(과테말라)만 외부의 강대국이 실질적 방식으로 개입하는 것을 금지했다(Dunér 1985: 140). 1980년 말 필리핀, 앙골라, 과테말라, 아프가니스탄, 엘살바도르, 니카라과, 캄보디아, 모잠비크, 페루에서 전쟁이 발발했다. 대부분의 경우, 미국이나 소련, 혹은 남아프리카공화국이 최소한 미미한 정도라도 개입하였다. 1980년대에는 이전의 시기들에 비해 일시적 유예기가 있었지만, 이란-이라크 전쟁의 파괴력(100만 명가량의 전사자 발생)과 그 시기 내내 이어진 다른 갈등들을 보면 1991년의 휴지기 이후 하향 추세가 확립될 것 같지는 않다.

핵무기 확산이 전 세계의 멸망을 위협했던 것처럼 이용 가능한 무기류의 파괴력은 더 강력한 수준이 되었다. 현재 미국, 소련, 영국, 프랑스, 중국, 인도가 자체적으로 핵무기를 보유하고 있다. 그리고 서독, 이스라엘, 브라질, 아르헨티나, 파키스탄, 일본이 플루토늄 가공 중이며, 그러면 아주 가까운 시기에 핵 공격 능력을 보유할 수 있게 된다. 표면상 비핵보유국이지만 1968년 핵확산금지협약에 서명하지 않은 나라들—핵 능력을 갖겠다는 적극적 후보자들—은 스페인, 이스라엘, 칠레, 쿠바, 남아프리카공화국이다. 최강대국들을 포함하여 국제적으로 인정된 국가의 대략 10%는 핵무기를 배치했거나 그렇게 할 권리를 유지하고 있다. 시간이 흐른다고 해서 전쟁이 더 온건해지지는 않을 것이다. (테일러는 다소 수다스러운 그의 책『전쟁의 종말』*How Wars End*에서 핵의 위협에 대해 다음과 같이 경고한다. "그러나 걱정하지 말라. 제3차 세계대전으로 마지막이 될 것이다." Taylor 1985: 118) 그러는 동안 비핵 전쟁은 확산하고 있다.

전쟁의 지속적인 증가는 국경선의 확정과 결합되어 있다. 희귀한 예외를 제외하면 국경을 넘는 군사적 정복은 끝이 났고, 국가들은 분쟁 지역을 넘어 서로 전쟁하는 일을 멈추었고, 국경 수비대는 직접 공격에 대한 방어에서 벗어나 잠입을 통제하는 쪽으로 주요 업무를 변경해 왔다. 육군은 (해군과 공군도 마찬가지인데) 점차 시민을 억압하고, 반란군과의 교전 및 권력 장악에 집중하고 있다. 그 결과 국경은 점점 더 확고해지지만 정권은 더욱 불안정해진다. 국가를 통제하는 자들이 전체 인구를 적으로 규정하기 때문에 엄청난 규모의 난민을 만들어 낸다(전통적인 추산에 의하면 전 세계 피난민의 수는 1970년에 800만에서 1980년에는 1050만 명에 이르렀다. Zolberg 1981: 21).

제2차 세계대전의 끝이 세계적인 전쟁과 평화 시대의 새로운 시작이었다면, 1960년대는 그 시대에 가장 큰 전환을 가져왔다. 1960년대 초반에는 탈식민화와 국제 체제에 신생국의 가입이 가속화하였고, 내전은 그 파괴력이 배가되었고 전체 전쟁 내 비율도 급증하였으며, 라틴아메리카·아시아·중동 지역에서 군부 권력이 공고해졌고, 아프리카 지역 국가들을 장악하기 위한 군사적 분쟁이 급속하게 증대하였다. 쿠바 미사일 위기로 인해 미국과 구소련의 전략적 동등함이 어느 정도 확인되었고, 그들이 각자 진출한 지역에 대한 상호 배타적 영향력에 대한 요구는 공고해졌다. 무엇보다도 군부가 국가권력에 대한 전쟁에 참여하는 일이 증가하였다. 따라서 이제 제3세계 국가들의 군부 권력의 위치에 초점을 맞추어 보자.

## 떠오르는 군부 권력

제3세계의 군부에 대해 글을 쓰는 것은 정치 발전이나 경제 발전에 대한 분석보다 항상 더 잠정적이거나 분열되지만, 서구 분석가들은 '성숙한' 정치체제에 관한 포괄적 모델을 일반적으로 채택하기도 한다. 그러한 정치

체제에서 완벽한 직업군인은 중요하긴 하지만 하위직의 지위를 차지하는 것으로 인정되었다. 이 모델은 지난 수 세기 동안 국가 구성 과정을 거치며 이어 온 유럽의 경험에 직접 의거한 것이다. 분석가들의 일은 인도네시아나 콩고공화국 군부의 현재 상태에서부터 안정적 민주 정치체제에 적합한 상태까지 이어질 수 있는 경로의 지도를 그려 내는 것이다. 그 일은 선호하는 경로에서 벗어나는 경우까지 감안해야 하는 추가적인 작업을 수반한다. 특히 대부분의 식민 지역이 표면적으로 민주적 대의제 정부를 갖춘 축복받은 상태에서 공식적 독립을 획득했지만, 얼마 안 가 군부 통치로 바뀌는 수수께끼 같은 일을 포함한다.

에드워드 실스Edward Shils와 같은 많은 이론가들은 "군부 통치는 의회 민주 통치 체제가 흔들릴 때 선택할 수 있는 실용적인, 어떤 점에서는 안정적인 대안 중의 하나"라고 생각했다. "이러한 정권들이 걸려서 쓰러지는 상속된, 그리고 새로 야기된 장애물들은 이 국가들의 군사 엘리트들의 열망보다 훨씬 결정적이다. 물론 뒤의 것도 중요하기는 하다"(Johnson ed. 1962: 9). 따라서 정치 발전과 군사 발전은 같은 문제에 합쳐져 있다. 두 생각 모두 현재는 회의주의, 모순, 절망 안에 녹아 있다.

서구 역사 연구자의 입장에서는 아프리카와 남아시아 같은 제3세계 지역의 몇 가지 문제에 대한 명확한 괴리를 인지할 수밖에 없다. 그것은 한편으로는 서구식 20세기 군대가 존재하면서도 다른 한편 르네상스를 연상시키는 군사 정치가 유행하는 것 사이의 괴리, 대의제 통치 기구가 존재하면서도 시민에게 국가 권력을 자의적으로 사용하는 것 사이의 괴리, 전통적인 관료제를 설치한 듯하면서도 개인적 이득을 위해 통치 기구를 널리 사용하는 괴리이다. 이러한 괴리는 다른 제3세계의 국가들보다 최근에 식민 통치를 탈피한 국가들에서 더 확실하게 나타난다. 유럽 역사의 명백한 가르침과는 반대로 거대 정부의 성장, 자의적 지배, 군국주의화는 밀접하게 연관된 것처럼 보인다.

헌팅턴은 30년 전에 군부에 대한 시민의 통제는 두 개의 다른 과정에 의해 발생한다고 주장했는데, 하나는 불안정한 과정이고 다른 하나는 안정적인 과정이다. 불안정한 과정은 시민 집단 또는 다른 집단이 군부를 정부 기구, 헌법, 또는 특정 사회 계급보다 하위에 놓고자 하는 권력 투쟁이다. 헌팅턴은 이 과정에 '주관적' 통제라는 특이한 이름을 붙였다. 그의 눈에 '객관적' 통제는 군사적 전문성을 극대화하고 정치 외부에서 독립적인 군사적 영역을 인정하는 것이다. 헌팅턴은 "역사적으로 객관적 통제에 대한 요구는 군부에서 나오고, 주관적 통제는 군사적 사안에 대한 권한을 최대화하려 애쓰는 다양한 시민 집단에서 나온다"라고 했다(Huntington 1957: 84~85). 군사적 전문성에 관해 간섭하여 그 권력을 확대하려는 시민 집단은 역설적으로 권력에 대한 군사적 장악을 도모한다. 이 주장에 의하면, 친군부 이데올로기, 하위의 군 정치권력, 높은 군사적 전문성은 시민 통치를 촉진시키고, 반면에 반군부 이데올로기, 고위의 군 정치권력과 낮은 군사적 전문성은 군부 통치를 촉진시킨다.

군부 통치에 대한 설명에 군 정치권력을 삽입시켜 그 논리의 환원성을 가져올 요인이 생겼지만, 헌팅턴이 정치권력 도모에 대해 고려한 요소들을 확인하면 그 환원 고리를 깰 수 있다. 그 요소는 군부의 다른 권력 집단에 대한 인적 제휴, 군 장교단의 직접 통제 아래 놓인 자원, 군 장교단의 시민 권력 구조에 대한 계급적 상호 침투, 군 장교단과 그 지도자의 권위와 인기이다. 따라서 지배계급 외부에서 주로 병력을 모집하고, 마음대로 처분할 수 있는 비군사적 자원들을 소유할 수 없게 하고, 비군사적 업무 담당에서 배제하고, 대중적 영합 가능성을 차단하면 군 장교단이 상대적으로 적은 정치권력을 가질 것이라고 기대할 수 있다.

헌팅턴은 낙관주의적인 눈으로 제3세계 군대의 전문화와 시민 통치가 강화될 것이라고 말했었다. 헌팅턴이 그렇게 말하고 나서 5년 후, 스페인계 멕시코 작가 빅토르 알바Victor Alba는 라틴아메리카의 군국주의에 대한 그의 선언에 낙관주의적 주석을 달았다.

> [라틴아메리카의 군국주의가] 그 역사의 끝에서 두 번째 국면에 와 있다. 그것은 마지막 무대에서 사라질 것이다. 그 시대가 가깝게 올 것이다. 입법과 외교 행위의 증대된 가능성과 국제 조직들의 점증하는 관심, 그리고 라틴아메리카 내의 강력한 요인들에 의해 고무되어 군국주의가 그 지배적 위치에서 소멸하고 있다. (Johnson ed. 1962: 165~166)

그렇지만 그 천년왕국의 도래는 늦추어지고 있다. 브라질과 아르헨티나에서 군부에 대한 극적인 견제, 칠레 피노체트 정권의 약화, 파라과이의 알프레도 스트로에스네르Alfredo Stroessner 개인 통치의 불안정에도 불구하고, 그 외 라틴아메리카와 카리브 지역 24개국 중에 9개국이 군부에게 과도한 권력과 자치권을 부여하고 있다. 남아메리카 군부들은 더 이면에서 여전히 불필요한 정치력을 구성하고 있다.

30년 전에 나왔던 예견이라고 쳐도, 헌팅턴의 분석은 친군부 이데올로기가 부상하고 군부의 정치권력이 약화되고 세계 여러 지역에서 군대의 전문성이 증대하면, 시민의 통제가 더 효과적으로 이루어져야 한다는 점을 적시하고 있다. 한편 군부 통치가 실제로 더 널리 확장되었다면, 반군부 이데올로기가 득세하고, 군 정치권력이 부상하고, 군대의 전문성은 약화되었어야 한다. 그러한 예견의 일부는 틀린 것처럼 보이기도 하는데, 헌팅턴의 기준에 따라서 보면 지난 30년 동안 세계 여러 국가들에서 군부 통치는 증대해 왔지만, 반면 군부의 정치권력은 분명 확장하였고, 반군부 이데올로기는 더 일반화하지 않았으며, 군대의 전문성은 거의 확실하게 증대하였다.

## 역사적 시각에서 본 오늘날의 군대

16세기에 시작해 아주 최근까지 유럽 국가들은 식민화, 상업적 유대 관계의 정교화, 직접적 협상을 통해 세계 여타 지역을 자신들의 체제에 통합시켰다. 가장 최근의 신입 회원들은 탈식민화를 거쳐 독립적인 행위자로 이 시스템에 합류하였고, 따라서 서구 계통에 따라 고안된 행정 구조, 국가 재정 체제, 군대를 가지고 있었다. 식민지 시대의 직함, 특전, 제복 들이 그 국가적 영향을 투영하고 있다. 그렇지만 그 조직 계통도를 재생산했다고 해서 신생국들이 기존 국가들과 똑같이 행동할 것이라 확신할 수는 없다. 제3세계 군부의 행동은 이를 명료하게 확인시켜 준다. 즉, 빈국의 군대는 여러 모로 부국의 군대를 닮아 있다. 그러나 그들은 전반적으로 내정에 아주 자주 직접 개입하고 시민들의 권리에 확실한 피해를 주는 결과를 가져온다. 왜 그런 것인가?

유럽 국가 구성의 중심적인 역설에 대해서 돌이켜 생각해 보자. 일종의 부산물처럼 국민국가를 창안한 후에 전쟁과 군사력을 추구하여 정부와 국내 정치에 대한 민간화로 이끈 역설 말이다. 이러한 일이 생겼던 데에는 다섯 가지 이유가 있다고 나는 주장했다. 즉, 군대를 세우고 유지하기 위한 노력으로 국가의 대리인들은 시민으로 구성된 덩치 큰 차출 장치를 구축해야 했기에 이 장치들이 군대를 억지하고 제한하게 되었다. 국가의 대리인들은 효과적인 전쟁 준비에 필요한 자원들을 통제하는 시민 집단과 흥정해야 하기 때문에 그 흥정에서 국가에 대해 집행 가능한 요구를 들어 주게 되는데, 이는 군대를 더욱 억제하게 되었다. 전시에 국가 능력의 확장이 이루어지며 전쟁 중 큰 손실을 입지 않은 국가들은 전쟁 종료까지 그 능력이 확장되기 때문에, 그 국가의 대리인들은 새로운 활동을 하려거나 위기 대응책으로 시작했던 활동들을 지속하며 그 상황에 의한 이득을 취했다. 군 인력을 포함해 전쟁 관련 총력전에 참여한 사람들은 전쟁 중에는 압력이나 담합에 의해 연기했지만, 동원 해제 후 다시 활성화해야 할 일들에 대해 국가에 청구할 권리를 획득했다. 마지막으로 전시 차입금은 국가 채무의 급격한 증가로 이어져 순차적으로 공공 서비스 부서들을 생성하게 하고 국민경제에 대한 국가 개입의 확대를 조장했다.

유럽에 대한 역사 만화를 그린다면 그 이야기는 네 장면으로 표현할 수 있을 것이다. 첫 장면에서 왕은 갑옷을 입고 칼을 들고 육군과 해군을 모집하고 지휘하고 있다. 그들은 왕의 군역에 대한 개인적 충성심을 유지하고 있다. 두 번째 장면에서 왕은 휘황찬란한 군복을 입고 있지만 그를 위한 전투에서 싸울 용병 고용을 위해 용병대장과 계약을 하고 있다. 세 번째 장면에서 왕은 전쟁터에서 싸우기에는 아주 부적절한 웅장한 의복을 차려입고 장군들과 전쟁 주무 장관들과 상의하고 있다. 그들은 시민이 지배하는 복잡한 구조에서 그 자리를 찾아낸 사람들이다. 마지막 장면에서 왕(이제 대통령이나 수상으로 위장했을 것이다)은 비즈니스 정장을 멋지게 입고 그의 참모들뿐만 아니라 시민의 주요 관심사와 일반 대중을 대변하는, 적법한 절차에 따라 구성된 대표들과 협의를 하고 있다. (네 개의 장면은 가산제, 중개, 국유화, 전문화라는 익숙한 부제를 단다.) 확실히 민간화의 만화 버전은 상이한 국가적 경험을 다양한 현실성과 함께 묘사한다. 그럼에도 그것은 네덜란드나 러시아보다는 독일의 경험에 더 적합하다. 그렇지만 이는 유럽 국가들의 민간화에 대한 도식적 설명이 될 수 있을 것이다.

유럽 국가 구성의 또 하나의 일반적 특징에 대해 집중할 필요가 있다. 전쟁과 전쟁 해결 합의만이 국가의 구조와 경계에 의미 있는 영향을 주었다면, 타국들과의 관계가 특정 국가의 구성에 중요한 역할을 했다. 그럼에도 최초의 국민국가에 의해 구성된 조직 구조는 지배자가 되려는 사람들과 그들이 지배하려는 민중 사이의 투쟁의 결과에 따라 그 형태가 주로 만들어졌다. 그러나 유럽의 국가 체제가 공고해지면서 국가들의 전체적인 조합이 전쟁 결과를 결정하기 시작했고, 따라서 전쟁에서 나온 국가의 조직 구조도 결정하기 시작했다. 나폴레옹의 군대가 정복하면서 그 국가들은 급격하게 재조직되었고, 빈 회의에서 지도를 다시 그렸는데 여기에는 전에는 존재하지 않았던 네덜란드왕국과 그 형태를 크게 손본 프로이센, 사르데냐, 바바리아, 바덴, 오스트리아가 포함되었다. 유럽이 상대적으로 '내재적인' 국가 구성 과정에서 상대적으로 '외재적인' 과정으로 전환했던 것이다.

외재적 과정으로의 전환은 20세기에 들어서도 지속되었다. 20세기의 국가 구성 과정을 슬쩍 보기만 해도 그것이 3중의 외재적 과정에 의한 것임이 드러난다. 대다수의 신생 국민국가는 다른 국가들, 특히 유럽 국가들의 식민 소유지 상태에서 구성되었다. 대다수는 통치 제도를 또 다른 국가, 특히 강대국의 영향력 아래 건설했다. 국가들의 협조체 —유엔이 그것의 최근 구현체이다—가 국제적 국가 체제의 개별 회원국들을 비준하고 또 어느 정도까지는 살아남을 수 있게 해주었다. 그 결과 20세기에는 국가 경계의 신축성이 감소하였다. 다수 국가들에 의해 협의된 일반적 평화협정의 일부를 제외하면 정복에 의해 어떤 국가의 외부 경계를 재설정할 가능성은 줄어들고 있다. 오늘날 과테말라는 벨리즈 전체를, 베네수엘라는 가이아나 전체를 요구하고 있지만 아메리카의 다른 국가들이 두 경우의 영토 탈취를 감내하지 않을 것이다. 비록 전쟁과 게릴라와 그 외의 일들이 빈번하게 계속 생기지만, 대부분의 국가들이 심각한 외부의 군사적 위협에 직면하지는 않는다. 이는 대부분의 군대가 전쟁을 일으킬 전망은 거의 없다는 점을 의미한다. 그들은 내부적 통제에 전문적이다.

제3세계의 군대는 유럽 국가들이 서로의 군대 구성 과정에 개입한 것보다 훨씬 더 심각한 정도로 유럽 또는 미국의 모델, 원조, 훈련에 특정하게 의존해 왔다. 예를 들어 제2차 세계대전 이전 프랑스와 독일은 아르헨티나, 볼리비아, 브라질, 칠레, 페루의 장교들 다수를 훈련시켰다. 전쟁 후 미국은 그 임무를 인수했다(Nunn 1971). 이러한 외부적 개입은 라틴아메리카의 군대가 잠재적 경쟁자와 선택된 적군에 대해서 특별한 기동성을 갖게 해주었다.

유럽에서 국가 형태에 관련한 외부적 도입은 체제 안정성에 대한 확연한 충격 없이 이루어졌다. 오스만제국과 오스트리아헝가리제국의 붕괴에 의해 구성된 국가들 대부분은 사실 북쪽에 있는 이웃 국가들보다 안정적인 민주주의를 견고하게 유지하지 못하였고, 그래서 뒤늦은 국민국가 구성과 독일과 이탈리아의 파시즘에 대한 취약성의 연관관계를 주장하는 이도 있을 수 있다. 그러나 북유럽에서 핀란드, 노르웨이, 발트해 공화국들은 나중에 독립하였지만 상대적으로 견고한 체제를 구축하려는 노력을 멈추지 않았다(Alapuro 1988 참조).

그러나 1945년 이후 세계적으로 외부적 도입과 불안정성 사이의 연관성은 점점 더 커진 것처럼 보인다. 상품 수출이나 강대국의 군사적 원조로부터 수입을 만들어 내는 지배자의 능력이 그들의 국민 대중과 협상할 일을 우회 가능하게 했기에 대부분의 국가 체계가 시민의 동의나 원조 없이 구축되어 왔다. 특정한 국가 기관과 국민의 주요 사회 계급 구성원들 사이의 강력한 유대 관계의 부재는 그 국가들이 권력의 강압적 찬탈과 통치 형식의 갑작스러운 변화에 대해 더욱 취약해지도록 만들었다. 예를 들어 1955년에 이미 독립해 있던 빈국들에서 국민총생산 중 통치 비용의 과도한 할당(거의 틀림없이 외부의 영향에 의한 결과이겠지만)은 향후 20년 내에 더 잦은 체제 변화가 있을 것이라 예측할 수 있게 한다. 즉, 1950년에서 1960년 사이에 있었던 빈번한 체제 변화는 이후 15년 동안 더 많은 통치 비용이 할당되리라 예측한 바와 꼭 같다(Thomas and Meyer 1980). 이러한 상황들은 군부 강화와 군부의 권력 참여를 초래하게 된다.

외부의 영향과 정치적 불안정성의 관계는 대부분 곡선으로 이루어지는데, 외부의 통제가 중간 수준이고/이거나 그것이 변화 중일 경우 불안정성이 가장 높았다. 다른 한편, 외부의 영향과 군사적 지배의 관계는 매우 직접적이었다. 외부 영향의 극단적인 형식은 군사적 점령인데, 점령이 지속되는 한 점령군 정부가 그곳에 주둔하는 경향이 있다. 제2차 세계대전은 일반적인 합의에 의해 종전되지 않았다는 점에서 이전의 일반적 전쟁과 달랐는데, 즉 독일, 오스트리아, 일본, 한국, 그리고 그 외 다른 지역에 대한 군사적 점령이 있었고 이후로도 여러 해를 질질 끌었다. 전쟁 이후 서구의 강대국들—독보적으로 소련과 미국—이 전례가 없었던 수의 군대를 해외에 유지시켰다. 1987년에 29개국이 다른 국가의 영토 내에 군대를 주둔시켰다. 미국은 25만 명의 군대를 서독에, 5만 4000명을 일본에, 4만 3000명을 남한에 주둔시켰고, 한편 소련은 동독에 38만 명, 아프가니스탄에 11만 명, 헝가리에 6만 5000명, 체코슬로바키아에 6만 명을 배치했다. 소련이 점령군의 선두에 있었다. 국가별로 해외로 보낸 병력 수는 다음과 같다.

- 소련: 73만 명
- 미국: 49만 2500명
- 베트남: 19만 명
- 영국: 8만 9500명
- 프랑스: 8만 4450명
- 쿠바: 2만 9250명

놀라운 것은 베트남(캄보디아에 14만 명, 라오스에 5만 명 추정)과 쿠바 (앙골라에 2만 7000명, 나머지는 콩고·니카라과·예멘)의 경우다(Sivard 1988: 12~13). 비록 지배적인 국가들이 때로 권력의 이동을 미연에 방지하거나 반전시키기 위해 군대를 보냈지만, 전체적으로 그들의 존재는 더 많은 정변의 가능성을 크게 감소시켰다.

## 군사력 강화

세계 국가들의 군사적 투자는 빠른 속도로 증가하고 있다. 제2차 세계대전에 따른 동원 해제 이후에 군사 비용은 1인당 기준으로 급격하게 상승했는데, 특히 제3세계는 더 심했다. 인플레이션을 고려한 보정이 필요하겠지만, 1960년과 1987년 사이에 1인당 GNP는 60% 증가한 반면 1인당 군사비는 거의 150% 증가하였다(Sivard 1988: 6). 그러나 세계적으로 더 부유한 국가들의 군사비 예산은 1960년에는 GNP의 대략 6.9%에서 1984년의 대략 5.5%로 실제로 감소하였다. 더 빈곤한 국가들에서는 그 비율이 3.6%에서 5.6%로 상승하였다. 지금은 세계의 빈곤한 지역에서 그 빈약한 수입을 무기와 군대에 사용하는 데 부유한 지역이 훨씬 더 풍요로운 수입을 사용하는 것보다 더 많은 몫을 사용하고 있다. ('부유한 국가들'에는 오스트레일리아, 오스트리아, 벨기에, 불가리아, 캐나다, 체코슬로바키아, 덴마크, 동독, 핀란드, 프랑스, 헝가리, 아이슬란드, 아일랜드, 이스라엘, 이탈리아, 일본, 룩셈부르크, 네덜란드, 뉴질랜드, 노르웨이, 폴란드, 루마니아, 스페인, 스웨덴, 스위스, 소련, 영

| 지역 | 1인당 군사비 지출(달러) | | | GNP 중 군사비 비율 | | | 군부 통제하 국가 비율 | | |
|---|---|---|---|---|---|---|---|---|---|
| | 1972 | 1978 | 1984 | 1972 | 1978 | 1984 | 1978 | 1983 | 1986 |
| 북아메리카 | 346 | 468 | 935 | 6.3 | 4.9 | 6.1 | 0.0 | 0.0 | 0.0 |
| 라틴아메리카 | 12 | 22 | 31 | 1.9 | 1.5 | 1.6 | 54.2 | 54.2 | 37.5 |
| 나토 유럽 | 108 | 237 | 280 | 3.8 | 3.6 | 3.8 | 7.1 | 7.1 | 7.1 |
| 바르샤바조약기구 | 204 | 311 | 631 | 9.0 | 8.2 | 9.6 | 0.0 | 14.3 | 14.3 |
| 기타 유럽 | 56 | 121 | 181 | 2.8 | 2.3 | 2.4 | 0.0 | 0.0 | 0.0 |
| 중동 | 55 | 250 | 441 | 12.2 | 12.2 | 17.9 | 25.0 | 37.5 | 37.5 |
| 남아시아 | 4 | 5 | 9 | 4.0 | 2.8 | 3.5 | 50.0 | 50.0 | 50.0 |
| 극동 | 12 | 30 | 34 | 3.3 | 2.7 | 2.8 | 62.5 | 62.5 | 56.2 |
| 오세아니아 | 98 | 156 | 276 | 3.1 | 2.4 | 3.0 | 0.0 | 0.0 | 0.0 |
| 아프리카 | 7 | 22 | 30 | 3.0 | 3.6 | 3.9 | 52.3 | 51.1 | 64.4 |
| 세계 | 58 | 97 | 161 | 5.4 | 4.5 | 5.6 | 38.3 | 40.1 | 40.8 |

(Sivard 1974, 1981, 1983, 1988)

국, 미국, 서독이, '빈곤한 나라들'에는 그 외 다른 모든 나라들이 포함된다.)

군사비 지출에 얼마나 전념하는가는 지역마다 상당히 다양하다. <표 7-2>는 자세한 정보를 제공한다. 1984년의 1인당 지출에서 선두권은 북 아메리카 지역, 바르샤바조약기구 회원국, 중동 지역이었는데, GNP 중 군 사비에 지출하는 비율에서는 중동이 세계의 다른 지역을 훨씬 앞질렀다. 이러한 의심스러운 경쟁에서 챔피언 이라크는 GNP의 38.5%로 추산되는 금액을 군사 활동에 쏟아 부었고, 오만은 27.9%, 이스라엘은 22.4%, 사우 디아라비아는 22%, 남예멘과 북예멘은 16.9%와 15.1%, 시리아는 14.9%, 이란 14.6%인데, 이 순위에 와서야 비로소 목록은 중동 지역을 벗어나 앙 골라, 소련, 몽골, 리비아, 니카라과, 에티오피아로 이어진다. 이수훈은 1960년, 1970년, 1980년에 제3세계 국가 60개국을 검토하면서 군사비 상승을 가장 강하게 예측할 수 있는 것이, 첫째, 국가와 국가 사이의 전쟁 관여, 둘째 해외 무역에 대한 의존도라고 했다(Lee 1988: 95~111). 이러한 결과는 중동 국가들의 불안정한 위치에 대해 밑줄을 치게끔 하는데, 그 지역은 석유와 전쟁이 교차하는 곳이기 때문이다.

유사하게 세계의 부유한 지역의 군사력은 1960년 이래 병사 1인당 비용이 급격하게 치솟았음에도 그 수는 아주 일정하게 유지되었다. 반면 빈곤한 국가들의 군대는 1960년 이후 그 수가 대략 두 배로 증가했다(Sivard 1986: 32). 1960년에는 세계 인구의 0.61%가 군에 복무했는데, 1984년에 이르면 그 비율은 살짝 줄어 0.57%가 되었다. 그러나 빈국에서는 그 비율이 0.39%에서 0.45%로 상승하였고, 더 부유한 국가에서 무장한 군대의 비율은 그보다는 더 높았지만 빈국에서 수치가 서서히 올라가는 동안 떨어져 왔다. 예를 들면, 1964년에서 1984년 사이 가이아나의 군사력은 (경찰을 제외하고) 전체 인구의 0.1%에서 1.8%로 상승하였다(Danns 1986: 113~114). 과거 식민지에서 제국이 철수하면서 남겼던 기본적인 군사력을 자체적으로 자격을 다 갖춘 군대, 민병대, 해군으로 바꾸면서 유사한 확장이 일어났다. 1980년대에 중동 지역은 민간인에 대한 군인의 비율에서 세계의 선두권에 있었고, 바르샤바조약기구 회원국과 북아메리카가 뒤를 이었다. 개별적인 챔피언들은 베트남(2.1%), 이란(2.4%), 시리아(2.7%), 이라크(3.5%), 이스라엘(4.3%)인데, 여기서 4.3%라면 여성, 남성, 아이 들을 모두 포함했을 때 23명 중 한 명을 뜻하는 것이다. 이 정도 수준이면 17세기 초 스웨덴의 강력한 군국화에 필적한다.

게다가 지난 25년간 세계의 무기 공급 양상은 상당히 변하였다. 순수 수출 물량은 급속하게 확대되어 1960년에 2억 5000만 달러에서 1983년 37억 3000만 달러로 증가하였다. 강대국의 군사원조에 자극되어 제3세계에 무기 공급이 증가하였다. 서구의 한 지역에서 다른 지역으로 무기의 주요한 수송이 이루어졌던 체제로부터, 부유한 국가들이 가난한 국가들로 수출하는 체제로 발전하였다. 1965년에 세계의 빈곤 지역은 국제적 무기 수송 전체의 약55%를 받고 있었다. 1983년이 되면 그 비율은 77%가 된다. (브라질과 이스라엘이 세계 무기 시장에서 활발하게 경쟁하기 시작했고, 아르헨티나는 자체의 상당한 군수 산업을 건설하기 시작했으나, 그들 중 어느 나라도 미국이나 소련, 프랑스나 영국의 무기 판매 지배력에 도전하지는 못했다.) 당시 중동 국가들은 매년 1인당 106달러에 해당하는 무기를 수입했는데, 이는 오세아니아의 19달러, 나토 유럽의 11달러에 비교된다. 중동의 국가들은 대부분 석유로 지불할 수 있는데, 사실 제3세계로 수송되었던 모든 무기의 절반가량을 수입했다.

그렇지만 중동 혼자서만 전쟁과 관련된 구매를 하는 것은 아니었다. 리처드 탠터는 나머지 아시아 지역에 대하여 다음과 같이 정리한다.

지구상의 다른 어떤 지역도 조직화된 폭력을 이보다 더 심하게 경험한 곳은 없다. 1960년과 1982년 사이 전쟁 관련 이유로 죽은 전 세계 사람들 1070만 명 중 거의 절반이 아시아 사람들이었다. 1975년의 2차 인도차이나 전쟁이 끝난 이후에도 군비 확충은 이 지역에서 여전히 활발했고 그 수준은 예전과 비슷하거나 그보다 통상 높았다. 게다가 아시아에서 군사 정부는 예외라기보다는 정상이었고, 이전 시대보다도 사회조직으로 더 많이 침투하였다. 산업화된 생산자들로부터 수입된 무기 체계와 국내에서 더욱 정교하게 생산된 무기들의 증가된 숫자에 의해 그 파괴적인 능력은 이전보다 훨씬 커졌다. (Tanter 1984: 161)

1972년과 1981년 사이, 중동을 제외하고 아시아 국가 중 고정 달러 기준으로 군사 지출이 감소한 나라는 미얀마 하나뿐이었다. 고정 달러 기준으로 군사 지출이 최소한 반 이상 증가한 나라는 두 개의 한국, 타이완, 인도네시아, 말레이시아, 필리핀, 태국, 아프가니스탄, 스리랑카, 방글라데시였다. 아시아와 다른 지역에서 군사 활동의 범위는 거의 모든 차원에서 증가하였다.

## 군부 권력

늘어나는 군사 시설과 더불어, 유럽의 경험이 우리를 이끌어 줄 것이라고 기대했던 민간화의 과정이 지속되고 있는 걸까? 그렇지는 않을 것 같은 몇 가지 조짐이 있다. 군 장교들에 의한 핵심적 정치 주도권, 계엄령의 존재, 보안군이 시행하는 사법 절차에 의하지 않은 권한, 군대에 대한 중앙의 정치적 통제력의 결여, 또는 외국 군대의 점령이 포함된 어떤 것을 '군부 통치'라고 부른다 하자(Sivard 1986: 24. 더 복잡한 일군의 기준이나, 경험적 기준으로 적용하기 더 어려운 것을 찾는다면 Stepan 1988: 93~127 참조). 이러한 요소들이 모두 부재하다면 시민의 국가 통치를 구성한다. 민간화는 다음과 같은 일이 생기면 발생한다.

- 군 장교들에 의한 정치적 주도권의 감소
- 계엄령의 종식
- 보안군의 초법적 권한에 대한 제한
- 군대에 대한 중앙집권적 통제의 증대
- 외국 군대의 점령 종식

중동에서는 이란, 이라크, 요르단, 레바논, 시리아, 예멘아랍공화국이 군사력 통제에 대한 테스트 기준에 적합하다. 라틴아메리카에서는 칠레, 콜롬비아, 엘살바도르, 과테말라, 아이티, 온두라스, 니카라과, 파나마, 파라과이가, 유럽에서는 터키와 아마 폴란드만이 적합할 것이다. 이 목록이 보여 주듯이, 그 기준은 엄격하게 글자 그대로의 의미로 군사 정부를 갖고 있지 않고, 군대의 권력과 자율성에 관해 논쟁적인 판단에 의존해야 하는 몇 개의 국가들을 포함한다. 예를 들어 과테말라는 1985년 이후 선출된 민간 정부에 의해 정상적으로 통치되었다. 그러나 네바즈주 인디언센터의 어느 종교 종사자는 스티븐 킨저에게 다음과 같이 말했다. "여기는 시장이 있고, 고문도 있고, 합법적 기구도 있습니다. 하지만 군대가 우선권을 갖는다는 것은 의심할 여지가 없지요. 여기서는 선출된 사람이 누구건 군복을 입은 사람에 대해 결코 권한을 가질 수 없어요. 선거는 아무런 영향력이 없습니다"(Kinzer 1989: 34). 라틴아메리카의 대다수 예들은 형식적 민주주의와 군부 권력, 이도 저도 아닌 회색 지대에 속한다. 그렇지만 우리가 그 기준을 더 엄격하게 정해도, 군사 국가의 경향이나 지역적 분포에는 대체로 변화가 없을 것이다.

'군부 통치'라는 용어는 분명 여러 종류의 정권에 적용되었다. 토머스 캘러기는 비록 자이레가 모부투 장군의 주도 아래 있지만 군부 통치하에 있다는 것은 부정하였다. 그는 국가의 수반이 군인인 경우와 민간인의 경우의 차이는 "권위주의적이고 유기적-국가통제주의적인 행정 국가"와 비교하면 거의 문제가 되지 않는다고 주장했다. 즉, "권위주의적이고 유기적-국가통제주의적 행정 국가는 중앙집권화와 조합주의의 식민지 전통에 크게 의존하였는데", 이러한 전통은 아프리카의 주요 형식이 된 "강한 인격주의적 지배력에 의해 느슨하고 불안정한 형태로 함께 결부되어 있다"(Callaghy 1984: 45). 그렇지만 군인 남성들이 아프리카에서 정권을 쟁취할 기회가 예외적으로 많다는 점에 대해서는 인정한다. 그가 얘기하길, "이 명백히 초기 근대 수준의 미미하게 제도화된 군대는, 그럼에도 초기 근대 국가와 사회인 아프리카의 맥락에서는 **상대적으로 그 힘이 강력하다**" (Callaghy 1984: 44). 더 나아가 제3세계의 다른 지역과 같이 아프리카에서는 군사력 확대가 군부 통치를 단념시키기보다는 장려하는 것처럼 보였다. 그 과정은 유럽에서 지나왔던 과정처럼 진행되지는 않았다.

내가 앞서 정해 놓았던 기준에 따르면, 세계 국가 중 약 40%는 군부 통치하에 살았고, 그 비율은 천천히 상승하였다. 지역마다 그 변형은 극적이었다. 라틴아메리카에서는 약 38%의 행정부가 군사정권이었는데, (1960년대와 1970년대 초에 급격히 증가한 후에) 그 비율이 감소 중이고, 중동에서는 1970년대의 25%에서 현재는 38%로 상승했고, 남아시아에서는 확고한 50%, 극동아시아는 60%에서 약하게 유동적이고, 아프리카는 64%에서 상승 중이다. 하나의 변형과 다른 변형 속에서 군부 통치는 제3세계 행정부 대부분의 표준이 되었는데, 특히 남아시아, 동아시아, 아프리카가 더 심각했다. 한 지역의 군부 통치 국가의 비율은 그 지역 탈식민지화가 최근에 이루어진 것인지 여부와 상관관계에 있었다. 대부분의 신생 국가들은 그들의 주권을 획득했거나 또는 회복했기 때문에 군부 통치에 대해 거의 알지 못했다. 1990년에 가나는 독립 이후 30년 중 18년 동안을 군부 통치하에서 살았고, 그 과정에서 네 번의 주요 쿠데타를 경험하였다.

그러나 모든 군부 통치 국가가 신생 국가는 아니다. 대부분의 라틴아메리카 국가들은, 군인들에 의해 지배되는 국가들을 포함해도 19세기 초부터 공식적으로 독립적인 단일체로 존재했었다. 사실 그들은 다수 유럽 국가보다 시대적으로 앞선다. 예전의 태국도 군부 통치의 교과서적인 경우를 제공한다. 당시 불렸던 이름으로 시암은 1930년대에 군사 정부로 두

드러졌다. 군부는 1932년에 왕조를 전복시켰고, 그 이후 내내 국가를 운영해 왔다. 1932년에서 1982년까지 50년 동안, 군 장성들이 41년간 수상으로 재직했다. 그 시기 시암/태국은 아홉 번의 성공적인 쿠데타와 일곱 번의 실패한 쿠데타를 겪었다. 쿠데타와 쿠데타 시도는 1945년 이래 기형적으로 집중되어 있다(Chinwanno 1985: 114~115). 미국의 관대한 원조에 힘을 얻어 태국의 군사정권은 반공산주의의 이름을 걸고 그 힘을 구축했다. 1972년과 1982년 사이 군대는 3만 명에서 약 23만 3000명으로 증가했는데 ——7배나 늘어난 것이다—— 이는 약 50만 명의 예비군과 60만 명의 준군사 병력을 포함하지 않은 것이다(Chinwanno 1985: 115). 군대는 수많은 농촌 개발 프로그램들을 운영했고 공산주의 게릴라와 싸우도록 준군사 집단의 편성을 장려했다.

한때 태국은 일반적이지 않았다. 그러나 이제 다른 많은 국가들이 태국을 따라잡았다. 탈룩데르 마니루자만은 루스 시바드와 유사한 기준을 사용하여, 1946년에서 1984년 사이에 독립을 유지했던 제3세계 61개국에 대해 군사정권이 지배했던 햇수의 비율을 계산하였다(Maniruzzaman 1987: 221~222). 그 순위는 다음과 같다.

80~100%: 중국/타이완, 태국, 엘살바도르, 니카라과, 알제리, 이집트, 자이레, 부룬디, 시리아

60~79%: 파라과이, 수단, 오트볼타, 아르헨티나, 베냉, 중앙아프리카공화국, 토고, 적도기니, 과테말라, 이라크, 콩고인민공화국, 말리, 미얀마, 대한민국, 브라질, 소말리아, 방글라데시, 예멘아랍공화국

40~59%: 나이지리아, 파키스탄, 페루, 가나, 인도네시아, 그레나다, 온두라스, 마다가스카르, 볼리비아, 파나마, 도미니카공화국, 리비아, 캄푸치아, 수리남, 니제르

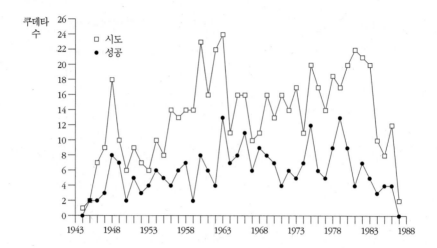

〈그림 7-2〉 군사 쿠데타(1944~1987년)

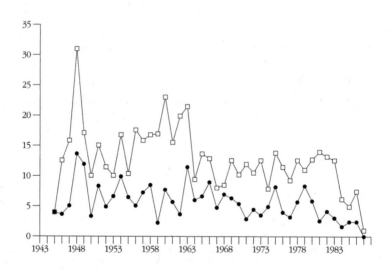

〈그림 7-3〉 100개국당 쿠데타 수(1944~1987년)

마니루자만은 아이티와 같은 경우는 제외시켰는데, 그곳에서는 뒤발리에 가문이 군사적 지위를 맡았을 뿐 아니라 군대와 사병을 동원하여 민간 대중을 공포에 떨게 하였다. 그렇기 때문에 그는 군부 통치의 유행을 중요하게 생각하지 않았다. 평균적인 제3세계 국가는 1946년 이래 독립한 기간의 절반 이상을 군인들의 통치하에서 보냈다.

제3세계에서 군부 통치가 늘어나자 쿠데타의 빈도도 잦아졌다. <그림 7-2>가 보여 주는 주된 메시지는 이것이다. 1940년대 세계 곳곳에서 8~10번의 군사 쿠데타 시도가 있었고 그중 약 절반 정도가 성공한 반면, 1970년대에는 성공률은 비슷했지만 횟수는 두 배로 늘었다는 것이다. 그 40년 동안 외국 세력들은 모든 쿠데타에서 약 7%는 촉진시키기 위해, 4%는 단념시키기 위해 개입하였다(David 1987: 1~2). 물론 이 수치가 의미하는 것은 세계 쿠데타의 거의 90%는 중요한 외부 세력의 개입 없이 발생했다는 점이다.

쿠데타가 부분적으로 증가했던 것은 독립국가들이 늘어났기 때문이다. <그림 7-3>은 쿠데타 시도와 성공 횟수를 매년의 유엔 회원국 수와 비교하고 있는데, 국가당 횟수는 1960년대 무수한 아시아와 아프리카 국가들이 가입하기 이전이 그 이후보다 높았다. <그림 7-4>에서 <그림 7-6>은 그렇게 일어났던 일들을 구체적으로 보여 준다. 즉, 라틴아메리카, 중동, 아시아에서 대략 1964년까지 쿠데타는 세 개 국가 중 하나에서 매년 평균적으로 일어났고, 이후 5~10개의 국가에서 매년 1회 정도 발생하는 것으로 안정화되었다. 그러나 아프리카에서는 유럽의 계속적인 지배 기간 동안에는 전혀 없었던 것에서 1959년 이후 계속 제3세계 다른 곳에서보다 국가별 쿠데타 빈도가 더 높아졌다. 그러나 쿠데타 빈도의 상승이 통계학적 신기루에 불과함을 의미하는 것은 아니다. 반대로 그것은 1960년 이후 유

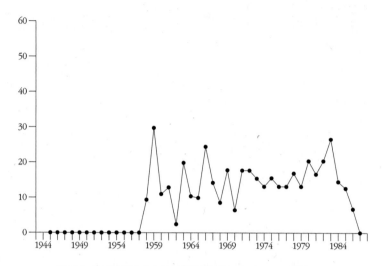

〈그림 7-4〉 아프리카에서 100개국당 쿠데타 시도(1944~1987년)

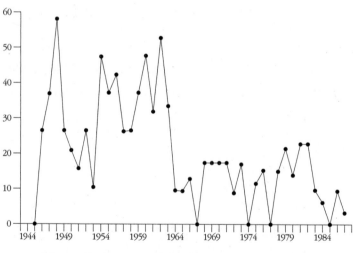

〈그림 7-5〉 라틴아메리카에서 100개국당 쿠데타 시도(1944~1987년)

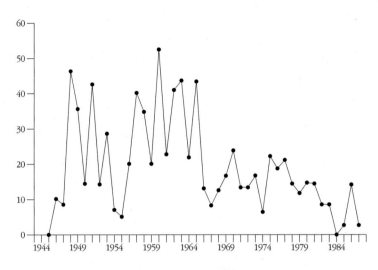

〈그림 7-6〉 아시아와 중동에서 100개국당 쿠데타 시도(1944~1987)

엔에 가입한 국가들이 군사적 쿠데타에 취약하였음을 의미하는 것이다.

놀랄 것도 없이 쿠데타의 지형학은 군부 통치의 지형학과 일치한다. 1980년부터 1987년까지 세계의 쿠데타 시도는 스페인, 북예멘, 남예멘, 이집트, 바레인, 시리아, 레바논, 리비아, 방글라데시, 태국, 인도네시아. 필리핀, 북한, 볼리비아, 수리남, 아르헨티나, 아이티, 과테말라, 파나마, 그레나다, 수단, 모리타니, 적도기니, 라이베리아, 잠비아, 중앙아프리카공화국, 세이셸, 가나, 짐바브웨, 차드, 소말리아, 케냐, 오트볼타, 탄자니아, 토고, 스와질란드, 카메룬, 니제르, 레소토, 나이지리아, 기니비사우, 코모로, 기니, 우간다에서 발생했다. 군사 반란자들은 실제로 남예멘, 방글라데시, 필리핀, 아르헨티나, 수리남, 과테말라, 볼리비아, 그레나다, 파나마, 아이티, 중앙아프리카공화국, 가나, 차드, 오트볼타, 나이지리아, 기니에서 권력을 쟁취했다. 쿠데타는 아프리카에 불균형하게 집중되었고, 특히 그 시도 횟수면에서는 더 그랬다.

1980년 이후, 쿠데타 시도와 성공에 있어서 뚜렷한 감소가 나타내는 분명한 변화는 아직도 여전하다. 제2차 세계대전 이후 변화의 총효과는 군인 남성에 의해 어느 정도 직접 지배되는 독립국가의 부분이 세계에서 대량으로 증가하였다는 점이었다. 마니루자만의 계산에 의하면 군부 통치에서 민간 통치로의 복귀는 1946년에서 1981년 내내 군사 쿠데타보다 적었고, 1982~1984년 사이에는 각기 여섯 번으로 균형을 유지했다는 점을 보여 주었다. 라틴아메리카에서는 국가의 민간 통치로의 전환은 1960년대에 시작했던 군사 쿠데타의 빈도 감소를 따르는 것처럼 보인다(빈도가 줄어든 것 자체가 상대적으로 확고한 군사정권 설치의 결과다). 라틴아메리카는 제2차 세계대전 이후 세 개의 단계를 경험했다. 이는 군국화가 순증가하면서 그 결과에 의한 국가권력에 대한 지속적 투쟁의 시기(1945년에서 1960년대 초), 상대적으로 안정화된 군부 통치의 시기(1960년대에서 1970년대 후기), 군사정권이 부분적으로 감소하던 시기(1980년 이후)이다. 라틴아메리카에서 민간화에 대한 설익은 발표가 반복적으로 나오는 것을 보면, 1980년 이후의 반전이 계속될 것인지 의구심이 든다(Rouquié 1987: 2~3). 아시아·아프리카·중동 국가들에는 어쨌든 군부 통치가 보다 안정적인 형식으로 자리 잡은 것처럼 보인다. 쿠데타 빈도가 감소한 것을 군부 통치에서 해방된 것이라고 볼 수 없기 때문이다.

제2차 세계대전 이후 제3세계 국가들은 광범위하게 군국화하였는데, 라틴아메리카를 예외로 하더라도 그러한 추세가 뒤바뀔, 그리고 민간화의 과정이 시작될 어떤 강한 신호도 없다. 만일 그렇게 된다 해도 세계는 걱정거리를 갖게 되는데, 그것은 익숙한 국민국가 성숙에 대한 우리의 오랜 생각이 틀린 것임을 의미할 뿐만 아니라, 또 제3세계의 전쟁이 핵무기와 연관되거나 강대국의 대치로 이어지는 위기 때문만이 아니라, 또한 군부 통치와 시민에 대한 국가 폭력이 나란히 나타나기 때문이다.

고문, 잔혹 행위, 납치, 정치적 살인의 형식을 띤 시민에 대한 공적 폭력을 생각해 보자. 루스 시바드의 등급에 따르면 제3세계 전체 국가에서 모든 군부 통치 국가 중 절반이 시민에게 '빈번하게' 폭력을 사용한 반면, 비군사 국가의 경우 5%만이 그렇게 했다. 그 차이는 남아시아와 아프리카보다 라틴아메리카·중동·극동 지역에서 더 강하게 나타났다. 비슷하게, 투표권에 대한 제한도 제3세계의 비군사 국가들보다 군사 국가에서 상당히 더 일반적이었다. 더 나아가 그 관계는 마치 원인과 결과 같았다. 즉, 군부가 권력을 잡으면, 시민권과 인권은 추락했다. 국가권력의 오용에 반대하여 시민의 정치적 대표권과 그 보호에 가치를 둔 사람이라면 전 세계적인 군국화에 대해 걱정해야만 한다.

## 군부는 어떻게 권력을 장악하였는가

유럽 국가 체제에서 여러 세기의 민간화를 거친 후에도, 그 체제에 최근 합류한 국가들이 군부 통치를 향해 움직인다면, 그 변화를 어떻게 설명할 것인가? 명료하게 확인해 보자. 제3세계의 다양성에서 보면, 각국에서 군부 권력이 부상하는 것에 대한 세부 사항을 단일한 이유로 설명할 수는 없다. 새뮤얼 데칼로는 사하라사막 이남 지역에 대해, 군부의 힘과 일관성이 국가 권력을 불러내려는 주요 성향과 관계가 있다는 점을 부정했다. 반대로 그는 "대부분의 아프리카 군대는 두각을 나타낸 무장 캠프의 일원으로 [구성되었는데], 이들은 공통적이거나 부족적이거나 개인적인 여러 가지 불만으로 들끓는 여러 계급의 상호 경쟁적인 소수 장교들에게 상하 관계적인 충성심을 갖고 있으며"(Decalo 1976: 14~15), 쿠데타를 시도하도록 충동하는 내부적 경쟁에 차 있다고 주장한다. 한편 맥스웰 오우수는 가나의 독립 이후 일어난 쿠데타가 자격 없는 추장에 대한 대중 반란의 오랜 전통 안에 있다고 했다(Owusu 1989). 그렇지만 루스 콜리어는 아프리카 군부가 국가 권력을 쟁취하는 경우는 독립에 앞서 선거 승리를 통해 일당 지배를 키웠던 곳에서보다 한 파벌이 다른 파벌에게 일당 지배를 강요하거나 독립 시에 여러 부족을 대표하는 다당제 체제가 나타났던 곳에서 더욱 자주 나타났다고 강조했다(Collier 1982: 95~117). 여러 후견인-피후견인의 사슬과 종족 분열의 공존이 아프리카의 국가가 군부 권력에 명백히 취약하도록 만들었지만, 이는 민족적 연합과 당파 들이 정한 제한 범위 내에 있었다.

어떤 경우건 그러한 설명은 남아시아, 라틴아메리카, 중동 지역 대부분에는 비중이 상대적으로 약화되었다. 라틴아메리카에 대한 새뮤얼 피치의 견해는 다음과 같다.

군사 쿠데타의 전제 조건에 관한 점진적 합의가 부상하였다. 군 장교들이 위기 상황이 존재한다고 확신할 때 쿠데타가 일어난다. 정부에 적대적인 공공 무질서와 여론, 군사 기관의 이익에 대한 위협, 민간 대통령의 헌법 위반, 심각한 경제 위기를 수습해야 하는 현 행정부의 명백한 무능력, 또는 심각한 '공산주의의 위협'이 군부의 위기감을 증가시킨다. 개인적 야심과 개인적 연줄이 장교 개인에게 영향을 줄 수 있지만, 군사 쿠데타를 실행하는 결정은 일반적으로 기관과 관련한 결정이며, 이는 전체적으로 보아 정부 실행력에 대한 군대의 상위 계급들 내에서의 집단적 평가를 반영한다. (Fitch 1986: 27~28)

우리는 세계적인 범위에서 군사적 헤게모니로 가는 정확한 경로를 조사하기 위해 국가와 지역의 특정한 역사로 방향을 바꾸기 전에, 군부 권력을 보다 용이하고 가능성 있게 만들었던 조건들을 확인하는 것 정도는 할수 있다. 세 가지 주요 가능성이 생각난다.

**첫째,** 민간이 지배하는 기구들은 제3세계에서 군대가 자동적으로 떠맡아야 하는 충분히 빈발하는 일들에 대해 제대로 대응하지 못했을 것이다. 25년 전에 제3세계 민간 정치에 군대가 점차 개입했던 것을 주목했던 서구의 정치 분석가들은 그러한 설명에 기울었다.

**둘째,** 외부 세력들이 제3세계 군부 조직에 주는 불균형한 원조가 그 국가 내의 다른 경쟁자들에 대항하는 추가적 힘을 군부 조직에 제공했을 것이다. 미국의 군사원조 프로그램에 대해 급진적 비평가들은 자주 그러한 설명을 명시했다.

**셋째,** 서구에서는 광범위하게 발생했던 군부의 협상 과정과 억제가 발생하지 않았는데, 이유는 국가가 그 군사적 수단들을 국가 외부의 강대국들로부터, 물자나 정치적 종속에 대한 보상으로 획득했기 때문이다. 또는이 세 가지 모두가 한 번에 발생할 수도 있었다.

우리는 이 세 가지 일이 발생하는 것에 관해 신뢰할 만한 증거를 가지고 있지는 않다. 1960년에서 1982년 사이에 아프리카 35개국에서 일어난 군부의 정치 개입에 대해 꼼꼼히 분석한 결과는 다음과 같은 요인들이 개입을 조장한다는 점을 밝혀냈다(Johnson, Slater and McGowan 1984: 635).

- 단일한 종족 집단에 의한 군대의 지배
- 정권의 반대자에 대한 빈번한 제재와 결부된 높은 군비 지출
- 정치적 다원주의의 부재
- 독립 이전의 낮은 투표율

- 농업 인구의 낮은 비율

- 수도 인구의 급격한 증가

- 산업 일자리와 GNP의 느린 증가

- GNP에서 수출의 낮은 비율

- 상품 수출 다각화의 둔화

원인에 대한 여러 통계학적 조사에 영향을 주는 잡다한 특성들에도 불구하고, 이 목록은 몇 가지 반복적인 주제들을 되풀이하는 것처럼 보인다. 무엇보다도 그것은 군사 개입에 우호적인 군사적 자율성과 경제적 위기의 조합을 보여 준다. 저자들은 '사회적 동원'은 군사 개입을 선호하고 '정치적 참여'는 그것에 반해 작동한다고 결론을 내린다. 그들이 언급하는바, "유력자들이 자본주의 세계경제를 내재화하고 따라서 지난 10년간 아주 혹독한 국제경제적 환경에 대해 상대적으로 잘 대처했던 그런 국가는 주변부성을 어느 정도 감소시켰고, 민간 구조를 강화시켰고, 유력자들이 그만큼 잘 대처하지 못했던 국가들보다 군부의 개입을 덜 경험하였다"(Johnson, Slater and McGowan 1984: 636). 비록 이러한 각각의 요소들은 그 나름대로 논의해 볼 만한 가치가 있지만, 그중 어느 것도 군부의 정권 탈취에 다소 취약해진 국가의 역사적 과정에 대해 분명하게 밝혀 줄 만큼 충분하지는 않다.

명료하게 정리하자. 국가들 내부의 특징적인 분열은 기본적으로 세계의 지역마다 다양하고, 야심 찬 군인들과 민간 집단들 사이의 실질적 연합도 그에 따라 다양하다. 종족 분열은 현재 아프리카와 남아시아 국가들에서는 커다란 문제지만, 라틴아메리카 국가들에서는 그렇게 큰 문제는 아니다. 이슬람 안팎에서의 종교적 분리는 중동에서 가장 핵심적인 분쟁거리가 되고 있다. 나아가 군부 통치가 이미 지배적인 곳에서는 군대 자체의 빈번한 내부 경쟁에 의해 국가권력에 대한 경매 입찰이 나오기도 한다. 1987년 4월 15일과 그 후에 아르헨티나에서 시도된 쿠데타는 이전의 군부 독재하에서 있었던 인권 침해에 대한 기소에 군부 일파가 저항한 결과였다(Bigo et al. 1988: 56~57). 1987년 5월 14일 피지의 쿠데타는 인도계 주류의 선출 권력에 반대하며 "피지섬의 토착 피지인 공동체의 특별한 이익을 명확히 보호하기" 위해 발생했고(Kelly 1988: 65), 1987년 9월 3일 부룬디의 쿠데타는 군대의 한 일파가 다른 일파와 분쟁을 일으킨 결과다(Bigo et al. 1988: 65). 이런 차원에서 보면, 모든 군사정권과 국가권력에 대한 군사적 찬탈을 위한 모든 시도는 지역 사회의 구조와 이전의 역사에 따라 다양하다. 그러나 만일 특정한 역사가 없는 특정 군사정권의 구성 과정에 대해 설명할 수 없다면, 우리는 1945년 이래의 몇 가지 세계적인 변화가 권력에 대한 군사적 경쟁 입찰을 전 세계적으로 더 실현 가능하고 매력적인 일로 만들었으며, 따라서 군사정권의 전 세계적 증가를 설명하는 데 도움이 되는지에 대해 당연히 확인할 수 있다.

아직도 우리는 세 가지 가설적 과정 ── 민간 기구의 실패, 군부에 대한 외부의 지원, 국가와 시민 사이의 협상의 극소화 ── 의 어떤 일이 실제 현재 세계에서 발생하고 있는지 확인할 수 없다. 우리가 알아내야 할 일이다. 그렇지만 제3세계의 최근 경험들과 군사적 색깔을 엷게 만든 유럽의 조건들 사이의 대조적인 부분들은 아프리카, 중동, 아시아의 대부분에서 발생할 수 있는 일에 대한 중요한 추론을 제시한다. 그러한 추측은 다음과 같다. 제2차 세계대전 이후 세계 국가 체제의 양극화와 그 후 첫 3극화는 제3세계 국가들의 충성을 확보하고자 하는 강대국들의 경쟁을 격화시켰고, 제3세계의 어떤 지역도 중립적으로 남겨 두지 않는 추세를 강화시켰다. 그러한 경쟁은 강대국들, 특히 미국과 소련이 여러 국가에 무기, 군사 훈련, 군사적 조언을 제공하게끔 했다.

강대국들 또는 그 국가의 주요 이익집단들은 그 대가로 석유 같은 물자, 세계무대에서의 정치적 지원, 때때로 무기 판매에서 나오는 수익을 취했다. 그러한 국가들에서 군사 조직의 규모, 힘, 능률은 커진 반면, 다른 조직들은 정체되었거나 쇠퇴하였다. 야심에 차 있지만 무일푼인 젊은 남자들에게 군사 조직의 상대적 생존 능력이 매력적으로 보이면서, 군대가 사업, 교육, 민간 공공 행정에 돌아갈 재능을 전용하였다. 따라서 군부는 국가 권력을 찬탈하는 것이 더 쉽다고 판단하게 되었고, 민간 통치자들은 그들을 억제하는 것이 더 어렵다고 판단했다. 이런저런 형태의 — 헌팅턴의 구별 방식을 사용하면, 과두적이거나 급진적이거나 집단적인 — 집정관 지배가 부상하였다. 군국화가 만연하였다.

이러한 추론이 신뢰할 만한 것인가? 우리가 상세하게 살펴볼 전후의 정치적 역사를 가진 나라들의 경험이 이를 어느 정도 뒷받침할 것이다. 극단적인 경우가 타이완과 두 개의 한국인데, 여기서는 지역의 군대를 위한 외부 세력의 집중적인 지원이 국가 경제에 대한 철권통치를 생산해 냈고, 이는 경제적 확장의 성공에 의해 군부의 헤게모니가 약화되기 시작했을 때까지 계속되었다(Amsden 1985; Cummings 1984, 1988; Deyo, Hagard and Koo 1987; Hamilton 1986). 예를 들어 남한에서는 과거 일본 점령 군대의 장교였던 박정희가 1961년 권력을 장악했다. 박정희는 일본 방식의 "부유한 국가와 강력한 군대"를 확립하려고 계획적으로 시도했다(Launius 1985: 2). 그는 두 가지의 주요한 이유에 의해 그렇게 할 수 있었다. 한국은 1907년에서 1945년까지 엄격하게 통제된 일본의 식민지였는데, 식민지 관료들이 새 정권 내 권력자의 위치로 쉽게 이동할 수 있었기 때문이고, 또 미국의 점령군 — 한국에 아직도 잔류하고 있다 — 이 그러한 계획을 지원했고, 저항하는 노동자와 학생 들을 억제하는 데 참여했기 때문이다.

1950년 여름에 북한이 남한을 점령했던 때에 토지를 혁명적으로 재분배하였는데, 이 조치는 군부의 헤게모니에 저항할 또 다른 가능성이 있었던 지주들을 제거하였다(Cumings 1989: 12). 비록 남한이 미국의 원조 아래 몇몇 짧은 시기의 명목상 민주주의를 경험하였지만, 1961년의 쿠데타는 군부가 확실히 실권을 갖게 하였다. 군부 통치와 미국의 후원에 힘입어 남한은 저임금으로, 특히 일본과 미국 시장을 겨냥한 수출 지향적 경제를 건설하였다. 비록 경제적 성공과는 거리가 있지만, 소련 역시 유사한 방식으로 독일민주공화국, 헝가리, 체코슬로바키아와 같은 위성 국가들에 군사적 주둔과 감독을 오랫동안 유지하였다.

아마도 파나마, 쿠바, 온두라스를 제외하면, 국군에 대한, 나아가 국가에 대한 외국의 직접 통제에 있어, 라틴아메리카는 동아시아의 극단적 사례와 거리가 있다. 라틴아메리카 국가들은 스스로 스페인과 포르투갈로부터 거의 200년 전에 독립을 쟁취한 이래, 정치에 대한 군사 개입에 관한 오래된 고유의 전통을 유지하였다. 그렇지만 지속적인 정치체제가 1960년대와 1970년대에 더 지배적이 되었다. 그것은 두 가지 다른 형태를 갖고 있는데, 파라과이의 스트로에스네르나 니카라과의 소모사처럼 인물 중심적이고 후견주의적인 통치 방식, 그리고 페론 이후의 아르헨티나와 바르가스 이후의 브라질에서 지배적이었던 군부에 의한 '제도적' 통치가 그것이다.

미국은 1960년대 이전에 때때로 카리브해와 중앙아메리카 국가들 대부분을 '군사적 지도'하에 두었고, 자신이 선호하는 정권을 유지하거나 복구하기 위해 미 해병대를 자유롭게 보낼 수 있다고 생각했다(Rouquié 1987: 117~128). 그러나 거기까지이고 미국의 자본이나 군사적 원조가 라틴아메리카의 나머지 지역까지 깊숙이 확대되지는 않았다. 너무 빈번한 남아메리카의 쿠데타는 미국의 직접적 관여를 조금도 이끌어 낼 수 없었다. 쿠바 혁명과 그에 이은 소련-쿠바 협력은 케네디 행정부로 하여금 라틴아메리카 정책을 재정립하도록 만들었고, 1962년에 시작된 미국의 군사 원조는,

그 이전보다 더 집중적이고 더 잘 제도화되었다. 미국의 군사 계획은 더욱 구조적이 되었고 라틴아메리카 군대와 중심부의 군대 사이의 관계는 더욱 돈독해졌다. 미군은 아대륙 19개국에서 중요도가 다른 군사적 임무를 수행하였고 그들의 존재는 군사 장비의 판매나 임대에 대한 협정서의 필수적인 부분이 되었다. (Rouquié 1987: 132)

라틴아메리카에 대한 미국의 군사적 원조는 1953~1963년에 연간 약 4000만 달러에서 1964~1967년에 연간 약 1억 2500만 달러로 증가하였다 (Rouquié 1987: 131). 이는 라틴아메리카에서 군부의 권력 장악 횟수를 감소시켰는데, 이미 권력을 잡고 있는 군사정권을 강화하였기 때문이었다. 미국이 지역 군대에 대한 지원을 거두기 시작했던 1970년대 말이 되기까지는 민간화를 위한 미약한 동향도 보이지 않았다.

브라질이 명확한 예를 보여 준다. 비록 군부가 1889년에 브라질 제국을 전복시키면서 민간 정치의 위에서 맴돌았지만, 1964년의 '4월혁명'까지는 국가에 대한 직접적·지속적 통제권을 장악하지는 않았다. 그러나 군부가 지배한 정권은 미국 자본, 미국의 군사원조, 냉전에서의 브라질-미국 협력에 대해 브라질의 문호를 개방했다. 군부 통치는 1985년까지 계속되었다. 1982년의 지역 선거에서 야당 지도자들이 중요 주지사 자리를 차지했고, 1984년 군부 권력에 대한 온건한 반대자인 탕크레두 네베스Tancredo

Neves가 브라질 대통령에 당선되었다. 탈군사화가 시작되었지만, 군부에는 그에 대한 상당한 보상에 의해 이득이 주어졌는데, 국내 무기 산업의 확장과 국가 군사 예산의 증가가 그것이었다. 미국은 브라질의 민간화에 직접 개입하지는 않았으나, 인권에 대한 관심을 증대시키고 축소된 군부를 지원하는 준비 태세를 줄이면서, 그 무대를 세우는 데 확실히 도움을 주었다.

이웃한 수리남이 네덜란드로부터 독립한 지 5년 만에 군부 통치에 이르렀는데, 그러나 그곳의 군인들은 자신들을 사회주의자라고 공표하였다(Sedoc-Dahlberg 1986). 1975년의 독립부터 1980년의 군사 쿠데타에 이르기까지 수리남의 세 개 주요 정파는 그 지배 종족 집단을 대표하였는데, 힌두스탄인, 크레올인, 자바인이 그들이다. 그러나 하사관들이 이끈 600여 명의 군사들이 군대 내의 몇 번의 노동쟁의 후에 국가 통제권을 장악하였을 때, 새 정부는 쿠바로부터 상당한 원조를 받기 시작했고, 쿠바에 정치적 노선을 맞추었다. 동시에 군부는 그 숫자를 늘렸는데, 내부 통제를 위해 약 3000명의 군대로 이루어진 민중 의용군을 조직하였고, 전체 인구의 1.4% 정도를 무장 상태에 있도록 했는데, 이는 세계 저임금 국가 평균의 세배 이상이었다. 브라질 지도자들은 옆에 좌파 국가가 존재하는 데 대한 불안으로 1983년 협의를 시작하였는데, 이에 의하면 "수리남은 브라질에 쌀과 알루미나를 팔 수 있는데, 이는 수리남 군대의 규모를 두 배로 증가시키기에 충분한 무기 수송과 상호 교환하기로 한 결과이다"(Sedoc-Dahlberg 1986: 97). 또한 수리남은 사회정책을 완화시켜야 했다. 쿠바와 브라질의 원조가 결합되면서 수리남 내부에서 군부가 공작할 수 있는 공간을 확대하는 데 도움이 되었고, 이는 군부가 폭넓은 사회적 토대 없이 지배하는 것을 가능하게 했다.

리비아는 군부 통치의 또 다른 경로를 아직 따르고 있다(Anderson

1986: 251~269). 이탈리아의 제국주의는 적대적이며 서로 뚜렷이 다른 트리폴리타니아와 키레나이카를 단일 영토로 묶어 버렸다. 사누시 교도 지도자 이드리스Idris는 1951년 독립하면서 왕이 되었는데, 주로 키레나이카 측의 지지를 받았다. 북아프리카에서 이탈리아를 몰아내려는 연합군의 노력에 그가 협조하면서 트리폴리타니아의 경쟁자들에 비해 결정적인 정치적 이득을 얻을 수 있었다. 독립 리비아에서 잘 정비된 국민국가가 부상하지는 않았다. 그 대신에 중첩되는 대가족들이 후원을 통해 지배하였다. 석유 판매 수입이 그들을 부유하게 했고, 공공 기반 시설 건설을 가능하게 했으며, 왕과 관할 총독들이 일정한 중앙 관료제를 건설하지 않고도 통치하도록 해주었다. 소규모의 왕립 리비아 군대는 제2차 세계대전에서 영국과 함께 싸웠던 부대에서 구성되었다. 그러나 부족 주민에서 모집한 지방 보안군에 의해, 그리고 미군과 영국군 기지의 존재로 인해 그 빛이 퇴색하였다. 영국과 미국의 존재에도 불구하고 무아마르 알 카다피Muammar al Qaddafi 대위는 1969년에 성공적인 군사 쿠데타를 주도하였다. 석유 수익에 대한 통제권을 확보하였기에 카다피는 영국인과 미국인 들을 추방하고, 과거 지배자들을 뿌리 뽑고, 국가를 이슬람화·아랍화하고, 초기의 혁명 정권을 지원하는 프로그램을 수행하고, 대규모의 중앙집권 구조에 대해 회피했던 그의 선임자들의 방식을 계속 유지할 수 있었다. 그렇게 변형된 국가는 소련에 대한 환심 끌기와 미국 세력에 대한 저항의 공세를 조심스럽게 시작하였다. 그 후 일종의 민족주의가 유약한 국가를 강화시켰고 군부 지배를 정당화하였다.

남한에서는 미군 점령이 전쟁 이후 국가의 모습을 직접적으로 결정하였다. 브라질에서는 라틴아메리카 군부에 대한 미국의 방향 변화가 정치적 전환을 좌우하였으나, 결코 군부 권력의 역사를 통제하지는 못했다. 리비아는 미군의 존재에도 불구하고 군부 정권으로 이동하였다. 군부 권력의 성립 조건과 결과는 제3세계의 지역에 따라 명백히 다르다. 강대국의 경쟁과 간섭은 단지 특정 쿠데타와 특정 군사정권의 유지를 지원할 뿐이었다. 그러나 제3세계 국가들의 강대국과의 관계, 그리고 서로에 대한 관계의 변화는 전 세계에서 군부 통치의 전반적 리듬에도 변화가 오는 데 중요하게 기여했다. 그러한 범주에서 국가 체제는 차이를 만들었다.

강대국의 대치와 간섭이 여기서 분석한 영향력을 국가의 군대에 끼친다면, 민간화의 한 경로로 가는 것이 분명해 보인다. 그것은 두 개로 나누어질 수 있는데, 제3세계 국가의 군사력을 구축하기 위한 강대국 간 경쟁의 감소나 그 경쟁에서 대상 국가의 격리다. 그것은 그 국가의 민간 기구와 시민들 다수 사이의 협상을 촉진시킨다. 시민들에게 공정하게 운영하고 응답하는 정규적인 과세 체계의 설립은 아마도 그 과정에 속도를 더할 것이다. 그러면 군 복무의 대안이 되는 실현 가능한 직업들이 열릴 수 있을 것이다. 앨프리드 스테판이 주장하는 것처럼, 브라질의 주요 무기 수출 산업의 시작이 그 나라 장군들의 자율성을 감소시키는 역설적 효과를 냈으며, 따라서 민간 관료제 강화, 기득권, 시민 대중과의 타협을 통해 일종의 민주주의를 가속화시켰다(Stepan 1988: 84~85). 그리고 더 일반적으로(그리고 바라건대 덜 호전적으로), 상품과 서비스의 생산 확장에 대한 정부 관여의 증가가 민간화를 증진시킬 수도 있다. 결코 유럽의 경험을 되풀이하자는 것은 아니다. 아마 오늘날에는 그러한 경험의 일부 잔인성을 탈피할 수 있을 것이다. 그러나 여전히 유럽의 국가 구성에 대해 냉철하게 숙고하는 일련의 기회를 통해 어느 정도 덜 모호하게 만들 것이다.

## 마지막 절

확실히 이 주제들에 대해 내가 다룬 방식은 기이한 함축성을 담고 있다. 초반부에 늘어놓았던 나의 모든 항변에도 불구하고 그것은 지적 식민주의의 형식으로 복귀하는데, 즉 만일 유럽 국가들이 공적인 삶의 민간화로 가기 위해 노력했다면, 오늘날의 제3세계 국가들도 그럴 수 있고 그래야 한다는 추정으로 돌아가는 것이다. 그들이나 그 후견인들이 유럽에서의 과정이 진행되도록 허락하기만 한다면 말이다. 그것은 군부-시민 관계의 차이를 만드는 지역들 간의 지정학적 다양성을 무시하고 있다. 즉, 중앙아메리카와 카리브해 지역에서 미국이 군사적으로 직접 개입할 지속적 위협, 대부분의 중동 지역 경제가 석유 중심이라는 점, 남아프리카공화국이 그 북쪽 지역 국가들에 갖는 폭넓은 영향력, 이웃 국가의 정치학의 한 요인으로서의 일본·남한·타이완의 산업 확장이 그 예이다. 그것은 국민 분열과 갈등이 군부 권력의 촉진제라는 점을 잊고 있었다. 현대의 군사화를 역사적 시각 안에 위치시키려는 나의 시도는 그 주제의 미묘함을 실제 흐릿하게 하는, 그래서 빛과 그림자의 실제 패턴을 지우는 광선을 너무 밝게 빛나게 할 위험을 안고 있다. 이에 대한 나의 방어는 단순하다. 즉, 우리는 제3세계 국가들 내의 군부 권력 부상이 단순히 국가 구성의 자연스러운 국면이 아니며, 이전의 경험이 우리에게 말해 주는 것처럼 국가가 점차 성숙하는 방향으로 진행될 것이 아니라는 점을 인지할 필요가 있다.

어쨌건 현재의 군사화는 유럽의 국가 구성에 대한 연구가 밝혀내야 할 유일한 중요 주제는 아니다. 그 과정은 그 자체로 관심을 가져야 할 문제이며, 단순히 말해 유럽식 국민국가 체제의 구성이 모든 서구인들의 삶에, 그리고 그 못지않게 모든 비서구인의 삶에 심각한 영향을 미쳤기 때문이다. 나는 바라건대 이 책이 유럽의 국가 구성의 거대한 우연성을, 진정 다른 정치적 조직 구성체에 대한 국민국가의 궁극적 승리의 거대한 우연성을 증명하였기를 바란다. 그저 16세기에 국제전의 범위와 비용이 거대하게 확장하면서(이는 확실히 유럽 국가들 사이의 경쟁 관계의 결과이자 더불어 투르크 및 중국과의 상호작용의 결과이다) 그때까지 유럽에서 우세했던 제국, 도시 국가, 연합에 대해 국민국가가 확실한 이점을 가지게 된 것이었다.

또한 유럽이 국민국가로 가는 하나의 경로만을 따른 것도 아니었다. 대륙의 여러 지역에서 집중화된 자본과 집중화된 강제의 상대적 우세함이 그 기능을 발휘하여, 부분적으로 구별되는 세 가지 변형 패턴—강제 집중, 자본 집중, 자본화된 강제—이 지배자, 영주, 자본가, 노동자, 농민 모두에게 똑같이 매우 다양한 경험을 하게 하였다. 그 길을 따라, 한때 존재했던 대부분의 국가들이 사라졌고, 나머지는 형식과 활동에 있어서 근본적인 변화를 겪었다. 자본가들이 우위를 점했던 지역과 시대에, 국가는 일반적으로 분열되었고, 중앙집권화에 저항하였고, 지배계급을 대변하는 공식 기구에 큰 능력을 주었다. 18~19세기 막대한 시민 군대의 성장 이전에, 그러한 국가들이 전쟁(특히 해전)을 위해 쉽게 동원할 수 있었지만, 상대적으로 지속적인 국가 구조까지는 아직 창설하지 못했다.

영주 지배 지역들은 이와 대조적으로, 덩치가 크고, 중앙집권화된 국가를 더 자주 만들어 냈는데, 이는 상업화되지 않은 경제에서 전쟁 수단을 짜내려는 순전한 노력 때문에 대규모 행정 제도, 그리고 지배자와 토지 소유 동맹자들 사이의 광범위한 조약을 창설하였다. 4세기 또는 5세기가 넘는 기간 동안의 폴란드가 그 극단적 경우인데, 영주들의 영향력이 왕권을 넘었고, 이는 부동 상태나 붕괴를 촉진시켰다.

국가 구성의 자본 집중 경로와 강제 집중 경로 사이에 자본과 강제의 더 균등한 균형은 확실히 계급투쟁을 만들겠지만, 그러나 프랑스와 영국처럼 대규모 군사력을 창설하고 유지할 수 있는 능력을 가진 국민국가를 구성할 길을 만든 몇 가지 경우도 있다. 그런 소수의 생존자들이 유럽의 국가 체제와 유럽 국민국가의 다양성을 세계의 나머지 부분에 도입시키는 불균형한 역할을 수행하며, 다른 모든 국가들에게 전쟁의 기준을 세우도록 했다. 제2차 세계대전 이후 한때 유럽의 국민국가 체제였던 것이 지구 전체에 대한 통제력을 주장할 정도였다. 그 체제가 유럽에 기원을 두었기 때문에, 유럽 역사에 대한 꼼꼼한 탐색이 현재의 세계 체제의 기원, 특성, 한계를 이해하는 데 도움을 준다.

새로운 시대를 향해 급하게 유럽 국가들을 몰고 갔던 변화들을 면밀히 조사해야 할 더 많은 이유들이 있다. 이해하기 어려운 일이 일어났다. 1988년 이래, 소련은 처음에는 아프가니스탄에서 미국과 간접적이기는 하지만 심각하게 대치하던 군대를 철수시켰고, 다음에는 구성 공화국들로 쪼개졌고, 그 몇 개는 순차적으로 분리되기 시작했다. 러시아와 우크라이나(지금은 불안정한 연합 내의 분리 국가이다)는 핵무기, 크림반도와 흑해함대의 소유권을 놓고 전쟁 같은 파열음을 내기도 했다. 유고슬라비아는 세르비아와 반원 형태로 탈출하는 모양의 비非세르비아로 분리되었다. 독일민주공화국은 더 크고, 더 부유한 독일계 이웃이자 지금까지 적이었던 곳으로 용해되었다. 다른 중동부 유럽 국가들은 다양한 분쟁을 겪은 후 사회주의 정권을 몰아냈고, 근래에 탈사회주의화하였던 체코슬로바키아는 체코와 슬로바키아로 나누어졌다. 과거 소련의 영향권에 있던 지역 내 몇 개의 국가에서 군부 통치에 대한 전망이 나타나고 있다.

그것이 다는 아니다. 죽어 가는 소련의 축복으로 미국은 몇몇 유럽 국가와 함께 쿠웨이트를 침공한 이라크에 대한 대응으로 이라크에 대한 파멸적 공격을 주도했다. 그동안 유럽공동체European Community는 인접 국가들—최근의 사회주의 국가들 몇 개를 포함하여—이 공동체에 어떤 형식으로라도 포함되기 위해 경쟁적으로 노력하기 시작하면서 경제 통합을 향해 더 가까이 움직였다. 그 범위, 속도, 상호 의존에 있어서 이러한 전환은 1815~1818년, 1918~1921년, 또는 1945~1948년 사이에 일어났던, 과거의 종합 전쟁이 종식하면서 파생되었던 유럽 국가 체제 내의 중대한 변화들을 닮았다. 그것은 마치 냉전이 메타포 그 이상이었던 것처럼 보이게 한다.

그렇다고 한다면, 어떻게 이러한 변화들이 연결되는가? 의심할 바 없이 그 핵심부는 세 개의 구조가 결합한다. 이는 미국, 소련, 유럽공동체이다. 아주 불균등한 경제적 토대에도 미국과 소련은 40년 동안 서로 군사적·정치적 경쟁과 관련한 해외 정책을 조직했다. 아프가니스탄에 대한 양진영의 개입(미국은 소련의 지원을 받는 정권에 대한 게릴라 항전 지원을 통해, 소련은 재정적 원조와 직접적 군사 개입을 통해)은 소련의 승리를 막아 내는 미국의 능력을 증명하였는데, 미국을 지지하는 정권을 설립하지 못한다면, 소련의 재정, 인력, 사기, 군사적 권위를 고갈시키는 것이었다.

미하일 고르바초프Mikhail Gorbachev는 1985년에 권력을 잡으면서 아프가니스탄 철수만 계획했던 것이 아니었다. 그는 더 나아가 소련의 탈군사화를 확장하여 바르샤바조약기구 지역 내 저항 운동에 대한 무력 억압을 금지하는 정책 수립에 이르렀고, 뿐만 아니라 소련의 경제를 군사적 생산에서 민간 생산으로 전환하려 하였다. 비록 이러한 정책들이 소련의 군사 기관, 정보기관, 당 기관 들에 큰 위협이 되었지만, 이는 과거 소련 블록의 대부분 지역들에게 유럽공동체에 대한 접근을 상상하게 하고 매력적인 것으로 만들었다. 동시에 이러한 정책들은 폴란드, 체코슬로바키아, 에스토니아, 라트비아, 리투아니아, 그리고 소련의 서쪽 국경에 닿은 다른 지역들에서 소련의 협력자들의 정당성을 급격하고 눈에 띄게 약화시켰다. 고르바초프가 이 지역 위성 정권에 대한 도전자에 군사적으로 개입하는 것을 금지시켰을 때, 반대파가 빠르게 동원령을 내렸다.

다른 국가들과 국가의 하위 분할 지역에서 자치나 독립에 대한 요구가 증대하였지만, 첫출발은 어떻든 뒤에 남겨진 일이었다. 소련 내 공화국들과 민족 집단의 지도자들이 국가 외부에 효율적으로 호소하였는데, 민족의 자주적 결정이라는 마술적 원칙을 인용하였다. 따라서 에스토니아, 리투아니아, 라트비아는 아직 잔존하는 소련으로부터 빠르게 탈출하였다. 이후 슬로베니아, 크로아티아, 보스니아헤르체고비나는 유고슬라비아로부터 빠져나올 때 유사한 지원을 받을 수 있었다.

고르바초프가 흔들리는 그의 조국 내부에서 직면했던 저항은 그가 약화시켰던 군사 기관, 정보기관, 당 기관에서뿐만 아니라 다른 두 개의 중대한 집단에서도 나왔다. 첫째는 소련의 다양한 행정적 하부 구역 내의 민족주의자와 의사민족주의자의 경쟁적 집단이다. 여기에는 조지아, 오세티야, 몰도바, 나고르노카라바흐, 레닌그라드까지 포함되었다. 둘째는 과거 모스크바 당 서기였던 보리스 옐친을 중심으로 뭉친 경제적·정치적 개혁 집단의 느슨한 네트워크였다. 여론조사가 확산되고 새로이 창설된 인민대표대회에서 경쟁이 치열한 선거를 수용하면서 개혁주의자들이 안정과 연계를 찾을 수 있었다. 1991년 8월에 구 기관의 구성원들이 쿠데타를 시도하였는데, 그들은 군사적 변절과 옐친을 포함한 개혁주의자들의 조화된 저항에 의해 실패하였다. 그러나 고르바초프는 쿠데타의 뒤를 이어 사임하였고, 옐친Boris Yeltsin이 러시아연합의 수장으로 유효한 국가 지도자가 되었다. 소련은 명목상의 연합 공화국으로 나뉘었고, 발트해 지역의 국가들은 확실히 떠났다. 냉전이 끝났을 뿐만 아니라 초강대국들 중 하나가 먼지로 바스러졌다.

이 장에서의 추론이 진실을 향한다면, 냉전의 적대감이 궁극적으로 감소하면서, 비유럽 국가들을 강대국의 블록에 줄 세우고, 상품과 정치적 충성에 대한 교환으로 그들을 무장시키는, 그리고 군사정권을 설립하고 유지하는, 그리고 전 세계적으로 내전에 개입해야 하는 그런 압력이 감소할 것이다. 그것은 또한 유럽이 가산제, 중개, 그리고 국유화의 시대에 걸쳐 창안했고, 이후 19세기와 20세기에 거의 전 세계적으로 도입했던 국가 체제의 소멸을 가속화할 것이다. 만일 그렇게 되면, 세계는 평화로운 재건설을 위한 비할 바 없는 기회를 갖게 된다.

이 체제는 얼마나 지속될 것인가? 우리는 공식적으로 자치 국가들의 시대는 지나가고 있다는 몇 가지 신호를 본다. 예를 들면, 유엔의 교착 상태, 항구적인 군사적·경제적 블록에 의해 급변하는 연합의 이동, 유럽경제공동체EEC와 유럽자유무역연합EFTA과 같은 시장 연계적 앙상블의 구성, 자본의 국제화, 자본이 어느 곳에도 있고 어디에도 없는 기업들의 부상, 점차 국가들을 과거의 빵부스러기로 축소시키는 기존 국가 내의 자치와 민족성에 대한 요구, 미국과 소련에 의한 내부적 관심사를 향한 전환, 과거 소련 지역 내의 민족성에 대한 활성화, 근본적으로 탈군사화된 국가—일본—에 의한 중요한 세계 강대국 성취, 중국이 세계의 나머지 지역에 확장할 엄청난 조직적·인구통계적·이데올로기적 권력의 가능성 또는 위협이 그것이다. 유럽인들이 만들어 낸 국가 체제가 항상 존재하지는 않았다. 그것이 영원히 지속되지는 않을 것이다.

그 부고를 쓰는 일은 어려운 일이다. 한 측면에서 우리는 유럽의 시민 생활이 평화를 회복하고 다소는 대의적인 정치 기구들이 만들어지는 것을 볼 것인데, 둘 모두 군사적 힘을 추구하는 과정에 추동된 국가 구성의 부산물이다. 다른 측면에서는 전쟁의 증대된 파괴력, 개인의 삶 구석구석에 대한 국가의 관여, 계급 통제에 대해 우월한 기구들의 창설을 주목해야 한다. 국가를 파괴하고 레바논을 창설하라. 국가를 강화하고 한국을 창설하라. 다른 형식들이 국민국가를 대체할 때까지, 어떤 대안도 없다. 유일한 대답은 국민국가의 엄청난 힘을 전쟁으로부터 돌려 정의, 인간의 안전, 그리고 민주주의로 향하게 하는 것이다. 나의 연구가 그러한 거대한 과업을 어떻게 완수하는지 방법을 보여 주지는 못했다. 그러나 그러한 과업이 왜 시급한 일인가는 증명하였다.

# 참고문헌

Abel, Wilhelm(1966). *Agrarkrisen und Agrarkonjunktur. Eine Geschichte der Land- und Ernährungswirtschaft Mitteleuropas seit dem hohen Mittelalter.* Hamburg and Berlin: Paul Parey.

_____(1974). *Massenarmut und Hungerkrisen im vorindustriellen Europa.* Hamburg and Berlin: Paul Parey.

Aberg, Alf(1973). "The Swedish Army, from Lutzen to Narva", ed. Michael Roberts, *Sweden's Age of Greatness, 1632-1718.* New York: St. Martin's.

Abu-Lughod, Janet (1987). "Did the West Rise or Did the East Fall? Some Reflections from the Thirteenth Century World System", Working Paper 50, Center for Studies of Social Change, New School for Social Research.

_____(1989). *Before European Hegemony.* New York: Oxford University Press.

Adelman, Jonathan R.(1985). *Revolution, Armies, and War: A Political History.* Boulder, Colorado: Lynne Rienner.

Adelmann, Gerhard(1979). "Die ländlichen Textilgewerbe des Rheinlandes vor der Industrialisierung", *Rheinische Vierteljahrsblätter* 43, pp.260~288.

Ågren, Kurt et al.(1973). *Aristocrats, Farmers, Proletarians. Essays in Swedish Demographic History*, Studia Historica Upsaliensia 47. Uppsala: Almqvist and Wiksell.

Aguero, Felipe(1984). "Social Effects: Military Autonomy in Developing Countries", *Alternatives* 10, pp.75~92.

Alapuro, Risto (1976). "Regional Variation in Political Mobilization. On the Incorporation of the Agrarian Population into the State of Finland, 1907-1932", *Scandinavian Journal of History* 1, pp.215~242.

_____ (1985). "Interstate Relationships and Political Mobilization in the Nordic Countries: A Perspective", eds. Risto AJapuro et al., *Small States in Comparative Perspective. Essays for Erik Allardt*. Oslo: Norwegian University Press.

_____ (1988). *State and Revolution in Finland*. Berkeley, California: University of California Press.

Alestalo, Matti and Stein Kuhnle (1984). "The Scandinavian Route. Economic Social and Political Developments in Denmark, Finland, Norway, and Sweden", Research Report no.31, Research Group for Comparative Sociology, University of Helsinki.

Ames, Edward and Richard T. Rapp (1977). "The Birth and Death of Taxes: A Hypothesis", *Journal of Economic History* 37, pp.161~178.

Amsden, Alice H. (1985). "The State and Taiwan's Economic Development", eds. Peter Evans, Dietrich Rueschemeyer and Theda Skocpol, *Bringing the State Back In*. Cambridge: Cambridge University Press.

Anderson, Lisa (1986). *The State and Social Transformation in Tunisia and Libya, 1830-1980*. Princeton, New Jersey: Princeton University Press.

Anderson, M. S. (1988). *War and Society in Europe of the Old Regime 1618-1789*. London: Fontana.

Anderson, Perry (1974). *Lineages of the Absolutist Slate*. London: NLB.

Andrén, Anders (1989). "States and Towns in the Middle Ages: The Scandinavian Experience", *Theory and Society* 18, pp.585~609.

Andrews, Kenneth R. (1984). *Trade, Plunder and Settlement. Maritime Enterprise and the Genesis of the British Empire, 1480-1630*. Cambridge: Cambridge University Press.

Antoine, Michel (1970). *Le Conseil du Roi sous le règne de Louis XV*. Geneva: Droz.

Apter, David and Nagayo Sawa (1984). *Against the State. Politics and Social*

*Protest in Japan*. Cambridge: Harvard University Press.

Ardant, Gabriel (1965). *Théorie sociologique de l'impôt*, 2 vols. Paris: SEVPEN.

_____ (1975). "Financial Policy and Economic Infrastructure of Modern States and Nations", ed. Charles Tilly, *The Formation of National States in Western Europe*. Princeton, New Jersey: Princeton University Press.

Arrighi, Giovanni ed. (1985). *Semiperipheral Development. The Politics of Southern Europe in the Twentieth Century*. Beverly Hills, California: Sage.

Artéus, Gunnar (1982). *Krigsmakt och Samhälle i Frihetstidens Sverige*. Stockholm: Militärhistoriska Förlaget.

_____ (1986). *Till Militärstatens Förhistoria. Krig, professionalisering och social förändring under Vasasönernas regering*. Stockholm: Probus.

Attman, Artur (1986). *American Bullion in the European World Trade, 1600-1800*. Göteberg: Kungl. Vetenskaps- och Vitterhets-Samhället.

Aubert, Jacques and Raphaël Petit (1981). *La police en France. Service public*. Paris: Berger-Levrault.

_____ et al. (1979). *L'Etat et la police en France (1789-1914)*. Geneva: Droz.

Aydelot, Philippe, Louis Bergeron and Marcel Roncayolo (1981). *Industrialisation et croissance urbaine dans la France du XIXe siècle*. Paris: Centre de Recherches Historiques, Ecole des Hautes Etudes en Sciences Sociales.

Ayoob, Mohammed (1989). "The Third World in the System of States: Acute Schizophrenia or Growing Pains?", *International Studies Quarterly* 33, pp.67~79.

Bade, Klaus J. (1982). "Transnationale Migration und Arbeitsmarkt im Kaiserreich. Vom Agrarstaat mit stärker Industrie zum Industriestaat mit stärker agrarischen Basis", Toni Pierenkemper and Richard Tilly eds., *Historisch Arbeitsmarktforschung. Entstehung, Entwicklung und Probleme der Vermarktung von Arbeitskraft*. Göttingen: Vandenhoeck and Ruprecht.

Badie, Bertrand (1980). *Le développement politique*, 2nd ed. Paris: Economica.

Badie, Bertand and Pierre Birnbaum (1979). *Sociologie de l'Etat*. Paris: Grasset.

Bai, Shouyi ed. (1988). *Précis d'historie de Chine*. Beijing: Foreign Language Publishing House.

Bairoch, Paul (1977). *Taille des villes, conditions de vie et développement économique*. Paris: Editions de l'Ecole des Hautes Etudes en Sciences Sociales.

_____ (1985). *De Jéricho à Mexico. Villes et économie dans l'histoire*. Paris: Gallimard.

Baker, Brenda J. and George G. Armelagos (1988). "The Origin and Antiquity of Syphilis", *Current Anthropology* 29, pp.703~737.

Ballbé, Manuel (1983). *Ordén público y militarismo en la España constitucional (1812-1983)*. Madrid: Alianza Editorial.

Barfield, Thomas J. (1989). *The Perilous Frontier. Nomadic Empires and China*. Oxford: Basil Blackwell.

Barnett, Corelli (1974)[1970]. *Britain and Her Army, 1509-1970. A Military, Political and Social Survey*. Harmondsworth: Penguin.

Batchelder, Ronald W. and Herman Freudenberger (1983). "On the Rational Origins of the Modern Centralized State", *Explorations in Economic History* 20, pp.1~13.

Bates, Robert H. (1988). "Lessons from History, or the Perfidy of English Exceptionalism and the Significance of Historical France", *World Politics* 40, pp.499~516.

Baxter, Douglas Clark (1976). *Servants of the Sword: Intendants of the Army, 1630-70*. Urbana, Illinois: University of Illinois Press.

Baynham, Simon ed. (1986). *Military Power and Politics in Black Africa*. New York: St. Martin's.

Bean, Richard (1973). "War and the Birth of the Nation State", *Journal of Economic History* 33, pp.203~221.

Becker, Marvin B. (1966). "Economic Change and the Emerging Florentine Territorial State", *Studies in the Renaissance* 13, pp.7~39.

_____ (1988). *Civility and Society in Western Europe, 1100-1600*. Bloomington, Indiana: Indiana University Press.

Beer, Francis A. (1974). *How Much War in History: Definitions, Estimates, Extrapolations and Trends*, Sage Professional Papers in International Studies

Series 02-030. Beverly Hills, California: Sage Publications.

Beer, Samuel H. (1974). *Modern Political Development*. New York: Random House.

Beik, William H. (1985). *Absolutism and Society in Seventeenth-Century France*. Cambridge: Cambridge University Press.

Bendix, Reinhard (1977). *Nation-Building and Citizenship: Studies of Our Changing Social Order*. Revised ed. Berkeley, California: University of California Press.

Berend, Iván (1988). "The Place of Hungary in Europe: On the Identity Concept of the Intelligentsia between the Two World Wars", paper presented to the Conference on Models of Development and Theories of Modernization in Eastern Europe Between the World Wars, Ráckeve, Hungary.

Berend, Iván and György Ránki (1977). *East Central Europe in the 19th and 20th Centuries*. Budapest: Akademiai Kiado.

_____ (1982). *The European Periphery and Industrialization 1780-1914*. Budapest: Akademiai Kiado.

Berg, Maxine, Pat Hudson and Michael Sonenscher eds. (1983). *Manufacturer in Town and Country before the Factory*, Cambridge: Cambridge University Press.

Best, Geoffrey (1982). *War and Society in Revolutionary Europe, 1770-1870*. London: Fontana.

Bethell, Leslie and Ian Roxborough (1988). "Latin America between the Second World War and the Cold War: Some Reflections on the 1945-8 Conjuncture", *Journal of Latin America Studies* 20, pp.167~189.

Bigo, Didier (1988). *Pouvoir et obéissance en Centrafrique*. Paris: Karthala.

Bigo, Didier, Gaëtan de Capele, Daniel Hermant and Nicolas Regaud (1988). "Les conflits intermittents: Les coups d'état, les litiges frontaliers", *Etudes Polemologiques* 46, pp.53~75.

Binney, J. E. D. (1958). *British Public Finance and Administration 1774-92*. Oxford: Clarendon Press.

Birnbaum, Pierre (1988). *States and Collective Action: The European Experience*.

Cambridge: Cambridge University Press.

Bisson, Thomas N. (1966). "The Military Origins of Medieval Representation", *American Historical Review* 71, pp.1199~1218.

Black, Cyril (1966). *The Dynamics of Modernization*. New York: Harper and Row.

Black, Jeremy ed. (1987). *The Origins of War in Early Modern Europe*. Edinburgh: John Donald.

Blechman, Barry and Stephen S. Kaplan (1978). *Force without War. U.S. Armed Forces as a Political Instrument*. Washington DC: Brookings Institution.

Blickle, Peter (1988). *Unruhen in der ständischen Gesellschaft, 1300-1800*, Enzyklopädie Deutscher Geschichte vol.1. Munich: Oldenbourg.

Blockmans, Wim P. (1978). "A Typology of Representative Institutions in Late Medieval Europe", *Journal of Medieval History* 4, pp.189~215.

_____ (1988a). "Alternatives to Monarchical Centralisation: The Great Tradition of Revolt in Flanders and Brabant", ed. Helmut Koenigsberger, *Republiken und Republikanismus im Europa der Frühen Neuzeit*. Munich: Oldenbourg.

_____ (1988b). "La répression de révoltes urbaines comme méthode de centralisation dans les Pays-Bas bourguignons", *Rencontres de Milan (1er au 3 octobre 1987): Milan et les États bourguignons: deux ensembles politiques princiers entre Moyen Age et Renaissance(XIVe-XVIe s.)*. Louvain: Centre Européen d'Études Bourguignonnes(XIVe-XVIe s.).

_____ (1988c). "Patronage, Brokerage and Corruption as Symptoms of Incipient State Formation in the Burgundian-Habsburg Netherlands", ed. Antoni Maczak, *Klientelsysteme im Europa der Frühen Neuzeit*. Munich: Oldenbourg.

_____ (1988d). "Princes conquérants et bourgeois calculateurs. Le poids des réseaux urbains dans Ia formation des états", eds. Neithard Bulst and Jean-Philippe Genet, *La ville, la bourgeoisie et la genèse de l'état moderne*. Paris: Editions du Centre National de la Recherche Scientifique.

Blok, Anton (1974). *The Mafia of a Sicilian Village, 1860-1960. A Study of*

*Violent Peasant Entrepreneurs*. New York: Harper and Row,

Blom, Grethe Authén ed. (1977). *Urbaniseringsprosessen i norden*, 3 vols. Oslo: Universitetsforlaget.

Blum, Jerome (1964). *Lord and Peasant in Russia from the Ninth to the Nineteenth Century*. New York: Atheneum.

_____ (1978). *The End of the Old Order in Rural Europe*. Princeton, New Jersey: Princeton University Press.

Boelcke, Willi A. (1967). "Wandlungen der dorflichen Sozialstruktur Während Mittelalter und Neuzeit", eds. Heinz Haushofer and Willi A. Boelcke, *Wege und Forschungen der Agrargeschichte*. Frankfurt am Main: DLG Verlag.

Böhme, Klaus-Richard (1983). "Schwedische Finanzbürokratie und Kriegsführung 1611 bis 1721", ed. Goran Rystad, *Europe and Scandinavia: Aspects of the Process of Integration in the 17th Century*. Lund: Esselte Studium.

Bohstedt, John (1983). *Riots and Community Politics in England and Wales, 1790-1810*. Cambridge: Harvard University Press.

Bois, Paul (1981). "Aperçu sur les causes des insurrections de l'Ouest à l'époque révolutionnaire", ed. J.-C. Martin, *Vendée-Chouannerie*. Nantes: Reflets du Passé.

Boli-Bennett, John (1979). "The Ideology of Expanding State Authority in National Constitutions, 1870-1970", eds. John W. Meyer and Michael T. Hannan, *National Development and the World System. Educational, Economic, and Political Change, 1950-1970*. Chicago: University of Chicago Press.

_____ (1980). "Global Integration and the Universal Increase of State Dominance, 1910-1970", ed. Albert Bergesen, *Studies of the Modern World System*. New York: Academic Press.

Bond, Brian (1983). *War and Society in Europe, 1870-1970*. Leicester: Leicester University Press.

Bosher, J. F. (1970). *French Finances, 1770-1795. From Business to Bureaucracy*. Cambridge: Cambridge University Press.

Bossenga, Gail (1988a). "City and State: An Urban Perspective on the Origins of the French Revolution", ed. Keith Michael Baker, *The French Revolution and the Creation of Modern Political Culture I: The Political Culture of the Old Regime*. Oxford: Pergamon.

_____ (1988b). "La Révolution française et les corporations: Trois exemples lillois", *Annales; Economies, Sociétés, Civilisations* 43, pp.405~426.

Boswell, Terry (1989). "Colonial Empires and the Capitalist World-Economy: A Time Series Analysis of Colonization, 1640-1960", *American Sociological Review* 54, pp.180~196.

Boxer, C. R. (1965). *The Dutch Seaborne Empire: 1600-1800*. New York: Knopf.

_____ (1969). *The Portuguese Seaborne Empire: 1415-1825*. New York: Knopf.

Boyd, Andrew (1987). *An Atlas of World Affairs*, 8th ed. London: Methuen.

Brady, Jr., Thomas A. (1985). *Turning Swiss. Cities and Empire, 1450-1550*. Cambridge: Cambridge University Press.

Braudel, Fernand (1979). *Civilisation matérielle, économie, et capitalisme, XVe-XVllle siècles*, 3 vols. Paris: Armand Colin.

Braun, Rudolf (1960). *Industrialisierung und Volksleben*. Zurich: Rentsch.

_____ (1975). "Taxation, Sociopolitical Structure, and State-Building: Great Britain and Brandenburg-Prussia", ed. Charles Tilly, *The Formation of National States in Westernn Europe*. Princeton, New Jersey: Princeton University Press.

_____ (1978). "Early Industrialization and Demographic Change in the Canton of Zurich", ed. Charles Tilly, *Historical Studies of Changing Fertility*. Princeton, New Jersey: Princeton University Press.

Brenner, Robert (1976). "Agrarian Class Structure and Economic Development in Pre-Industrial Europe", *Past and Present* 70, pp.30~75.

_____ (1977). "The Origins of Capitalist Development: A Critique of Neo-Smithian Marxism", *New Left Review* 104, pp.25~92.

_____ (1985). "The Agrarian Roots of European Capitalism", eds. T. H. Aston and C. H. E. Philpin, *The Brenner Debate. Agrarian Class Structure and*

*Economic Development in Pre-Industrial Europe.* Cambridge: Cambridge University Press.

Brewer, John (1989). *The Sinews of Power. War, Money and the English State, 1688-1783.* New York: Knopf.

Brewer, John D. et al. (1988). *The Police, Public Order and the State. Policing in Great Bratain, Northern Ireland, the Irish Republic, the USA, Israel, South Africa and China.* New York: St. Martin's.

Brower, Daniel (1977). "L'Urbanisation russe à la fin du XIXe siècle", *Annales; Economies, Sociétés, Civilisations* 32, pp.70~86.

Bueno de Mesquita, Bruce (1981). *The War Trap.* New Haven, Connecticut: Yale University Press.

_____ (1988). "The Contribution of Expected Utility Theory to the Study of International Conflict", *Journal of Interdisciplinary History* 18, pp.629~652.

Buist, Neithard and Jean-Philippe Genet eds. (1988). *La ville, la bourgeoisie et la genèse de l'Etat moderne (XIIe-XVIIIe siècles).* Paris: Editions du Centre National de la Recherche Scientifique.

Bünger, Karl (1987). "Concluding Remarks on Two Aspects of the Chinese Unitary State as Compared with the European State System", ed. Stuart Schram, *Foundations and Limits of State Power in China.* published for European Science Foundation by School of Oriental and African Studies, University of London, and The Chinese University Press, Chinese University of Hong Kong.

Burke, Peter (1986). "City-States", ed. John A. Hall, *States in History.* Oxford: Basil Blackwell.

_____ (1988). "Republics of Merchants in Early Modern Europe", eds. Jean Baechler, John A. Hall and Michael Mann, *Europe and the Rise of Capitalism.* Oxford: Basil Blackwell.

Busch, Otto (1962). *Militarsystem und Sozialleben im alten Preussen 1713-1807: Die Anfänge der sozialen Militarisierung der preussisch-deutschen Gesellschaft.* Berlin: de Gruyter.

Callaghy, Thomas M. (1984). *The State-Society Struggle. Zaire in Comparative*

*Perspective*. New York: Columbia University Press.

Calvert, Peter(1970). *A Study of Revolution*. Oxford: Clarendon Press.

Cameron, Iain A.(1977). "The Police of Eighteenth-Century France", *European Studies Review* 7, pp.47~75.

Cammack, Paul(1988). "Dependency and the Politics of Development", eds. P. F. Leeson and M. M. Minogue, *Perspectives on Development. Cross-disciplinary Themes in Development Studies*. Manchester: Manchester University Press.

Canak, William L.(1984). "The Peripheral State Debate: State Capitalist and Bureaucratic-Authoritarian Regimes in Latin America", *Latin American Research Review* 19, pp.3~36.

Carsten, F. L.(1954). *The Origins of Prussia*. Oxford: Clarendon Press.

Carter, F. W.(1972). *Dubrovnik(Ragusa), A Classic City State*. London: Seminar Press.

Carver, Michael(1980). *War since 1945*. London: Weidenfeld and Nicolson.

Centre de la Méditerranée Moderne et Contemporaine(1969). *Villes de l'Europe méditerranéenne et de l'Europe occidentale du Moyen Age au XIXe siècle*, Annales de la Faculté des Lettres et Sciences Humaines de Nice, nos.9~10. Saint-Brieuc: Les Belles Lettres.

Chandler, Tertius and Gerald Fox(1974). *3000 Years of Urban Growth*. New York: Academic Press.

Chapman, Herrick(1988). "The French State in the Era of the Second World War: A Look at the Recent Scholarship", Working Paper 63, Center for Studies of Social Change, New School for Social Research.

Charlesworth, Andrew ed.(1983). *An Atlas of Rural Protest in Britain, 1548-1900*. London: Croom Helm.

Chase-Dunn, Chris(1989). *Global Formation: Structures of the World-Economy*. Oxford: Basil Blackwell.

Chesnais, Jean-Claude(1981). *Histoire de la violence en Occident de 1800 à nos jours*. Paris: Robert Laffont.

Chevalier, Bernard(1982). *Les bonnes villes de France du XIVe au XVIe siècle*.

Paris: Aubier Montaigne.

Chinwanno, Chulacheeb (1985). "Militarization in Thai Society", eds. Peter Wallensteen, Johan Galtung and Carlos Portales, *Global Militarization*. Boulder, Colorado: Westview.

Chisolm, Michael (1962). *Rural Settlement and Land Use*. London: Hutchinson University Library.

Chittolini, Giorgio (1989). "Cities, 'City-States' and Regional States in North-Central Italy", *Theory and Society* 18, pp.689~706.

Chorley, Katherine (1943). *Armies and the Art of Revolution*. London: Faber and Faber.

Choucri, Nazli and Robert C. North (1975). *Nations in Conflict*. San Francisco: Freeman.

Church, Clive H. (1981). *Revolution and Red Tape. The French Ministerial Bureaucracy 1770-1850*. Oxford: Clarendon Press.

Cipolla, Carlo (1965). *Guns, Sails, and Empires: Technological Innovation and the Early Phases of European Expansion, 1400-1700*. New York: Pantheon.

_____ (1976). *Before the Industrial Revolution. European Society and Economy, 1000-1700*. New York: Norton.

Claessen, Henri J. M. (1984). "The Internal Dynamics of the Early State", *Current Anthropology* 25, pp.365~379.

_____ (1985). "From the Franks to France: The Evolution of a Political Organization", eds. Henri J. M. Claessen, Pieter van de Velde and M. Estellie Smith, *Development and Decline. The Evolution of Sociopolitical Organization*. Massachusetts: Bergin and Garvey.

_____ (1988). "Changing Legitimacy", eds. Ronald Cohen and Judith D. Toland, *State Formation and Political Legitimacy*, Political Anthropology vol.6. New Brunswick: Transaction.

Clark, Sir George (1969). "The Social Foundations of States", ed. F. L. Carsten, *The Ascendancy of France, 1648-88*, The New Cambridge Modern History vol.5. Cambridge: Cambridge University Press.

Clark, Gordon L. and Michael Dear (1984). *State Apparatus. Structures and*

*Language of Legitimacy*. Boston, Massachusetts: Allen & Unwin.

Clark, Samuel(1984). "Nobility, Bourgeoisie and the Industrial Revolution in Belgium", *Past and Present* 105, pp.140~175.

Clausewitz, Carl von(1968)[1832]. *On War*. ed. Anatol Rapoport. Harmondsworth: Penguin.

Clayton, Anthony(1988). *France, Soldiers and Africa*. London: Brassey's Defence Publishers.

Coale, Ansley J. and Susan Cotts Watkins eds.(1986). *The Decline of Fertility in Europe*. Princeton, New Jersey: Princeton University Press.

Cobb, Richard(1970). *The Police and the People*. London: Oxford University Press.

Cohn, Jr., Samuel Kline(1980). *The Laboring Classes in Renaissance Florence*. New York: Academic Press.

Cohen, Youssef, Brian R. Brown and A. F. K. Organski(1981). "The Paradoxical Nature of State Making: The Violent Creation of Order", *American Political Science Review* 75, pp.901~910.

Collier, David ed.(1979). *The New Authoritarianism in Latin America*. Princeton, New Jersey: Princeton University Press.

Collier, Ruth B.(1982). *Regimes in Tropical Africa. Changing Forms of Supremacy, 1945-1975*. Berkeley, California: University of California Press.

Collins, James B.(1988). *Fiscal Limits of Absolutism. Direct Taxation in Early Seventeenth-Century France*. Berkeley, California: University of California Press.

Comninel, George C.(1987). *Rethinking the French Revolution. Marxism and the Revisionist Challenge*. London: Verso.

Connelly, Owen(1965). *Napoleon's Satellite Kingdoms*. New York: Free Press.

Contamine, Philippe(1984)[1980]. *War in the Middle Ages*. Oxford: Basil Blackwell.

Cornette, Joël(1988). "Le 'point d'Archimède'. Le renouveau de la recherche sur l'Etat des Finances", *Revue d'Histoire Moderne et Contemporaine* 35, pp.614~629.

Cornwall, Julian (1977). *Revolt of the Peasantry 1549*. London: Routledge and Kegan Paul.

Corrigan, Philip (1980). *Capitalism, State Formation and Marxist Theory. Historical Investigations*. London: Quartet Books.

Corrigan, Philip and Derek Sayer (1985). *The Great Arch. English State Formation as Cultural Revolution*. Oxford: Basil Blackwell.

Corvisier, André (1976). *Armées et sociétés en Europe de 1494 à 1789*. Paris: Presses Universitaires de France.

Cox, Robert W. (1987). *Production, Power, and World Order. Social Forces in Making of History*. New York: Columbia University Press.

Cozzi, Gaetano and Michael Knapton (1986). *La Repubblica di Venezia nell'età moderna. Dalla guera di Chioggia al 1517*. Turin: UTET.

Cronin, James E. (1988). "The British State and the Second World War", Working Paper 64, Center for Studies of Social Change, New School for Social Research.

Crosby, Alfred W. (1986). *Ecological Imperialism. The Biological Expansion of Europe, 900-1900*. Cambridge: Cambridge University Press.

Cumings, Bruce (1984). "The Origins and Development of the Northeast Asian Political Economy: Industrial Sectors, Product Cycle, and Political Consequences", *International Organization* 38, pp.1~40.

_____ (1988). "Korea and the War Settlement in Northeast Asia", Working Paper 65, Center for Studies of Social Change, New School for Social Research.

_____ (1989). "The Abortive Abertura: South Korea in the Light of Latin American Experience", *New Left Review* 173, pp.5~32.

Curtin, Philip D. (1984). *Cross-Cultural Trade in World History*. Cambridge: Cambridge University Press.

Cusack, Thomas R. and Wolf-Dieter Eberwein (1982). "Prelude to War: Incidence, Escalation and Intervention in International Disputes, 1900-1976", *International Interactions* 9, pp.9~28.

Dann, Otto (1983). "Die Region als Gegenstand der Geschichtswissenschaft",

*Archiv für Sozialgeschichte* 23, pp.652~661.

Dann, Otto and John Dinwiddy (1988). *Nationalism in the Age of the French Revolution*. London: Hambledon.

Danns, George K. (1986). "The Role of the Military in the National Security of Guyana", eds. Alma H. Young and Dion E. Phillips, *Militarization in the Non-Hispanic Caribbean*. Boulder, Colorado: Lynne Rienner.

David, Steven R. (1987). *Third World Coup d'Etat and International Security*. Baltimore, Maryland: Johns Hopkins University Press.

Dawson, Philip (1972). *Provincial Magistrates and Revolutionary Politics in France, 1789-1795*. Cambridge: Harvard University Press.

Decalo, Samuel (1976). *Coups and Army Rule in Africa. Studies in Military Style*. New Haven, Connecticut: Yale University Press.

Dekker, Rudolf (1982). *Holland in beroering. Oproeren in de 17de en 18de eeuw*. Baarn: Amboeken.

Dent, Julian (1973). *Crisis in Finance: Crown, Financiers, and Society in Seventeenth Century France*. Newton Abbot: David and Charles.

Dessert, Daniel (1984). *Argent, pouvoir, et société au Grand Siècle*, Paris: Fayard.

Dewey, Horace (1988). "Russia's Debt to the Mongols in Suretyship and Collective Responsibility", *Comparative Studies in Society and History* 30, pp.249~270.

Deyo, Frederic, Stephan Haggard, and Hagen Koo (1987). "Labor in the Political Economy of East Asian Industrialization", *Bulletin of Concerned Asian Scholars* 19, pp.42~53.

Deyon, Pierre (1979a). "L'Enjeu des discussions autour du concept de 'proto-industrialisation'", *Revue du Nord* 61, pp.9~15.

_____ (1979b). "La diffusion rurale des industries textile en Flandre française à la fin de l'Ancien Régime et au début du XIXe siècle", *Revue du Nord* 61, pp.83~95.

_____ (1981). "Un modéle à l'épreuve, le développement industriel de Roubaix de 1762 à la fin du XIXème siècle", *Revue du Nord* 63, pp.59~66.

Dickson, P. G. M. (1967). *The Financial Revolution in England. A Study in the*

*Development of Public Credit, 1688-1756*. London: Macmillan.

Diehl, Paul F. and Gary Goertz (1988). "Territorial Changes and Militarized Conflict", *Journal of Conflict Resolution* 32, pp.103~122.

Dijk, H. van (1980). *Wealth and Property in the Netherlands in Modern Times*. Rotterdam: Centrum voor Maatschappijgeschiedenis.

Dix, Robert (1983). "The Varieties of Revolution", *Comparative Politics* 15, pp.281~293.

Dobb, Maurice (1963). *Studies in the Development of Capitalism*, Revised ed. London: Routledge and Kegan Paul.

Dodgshon, Robert A. (1987). *The European Past. Social Evolution and Spatial Order*. London: Macmillan.

Dohaerd, Renée et al. (1983). *Histoire de Flandre des origines à nos jours*. Brussels: Renaissance du Livre.

Donia, Robert J. (1981). *Islam under the Double Eagle: The Muslims of Bosnia and Hercegovina, 1878-1914*. New York: Columbia University Press for Eastern European Monographs, Boulder, Colorado.

Dower, John W. (1988). "Japan: Legacies of a Lost War", Working Paper 66, Center for Studies of Social Change, New School for Social Research.

Downing, Brian M. (1988). "Constitutionalism, Warfare, and Political Change in Early Modern Europe", *Theory and Society* 17, pp.7~56.

Doyle, Michael W. (1986). *Empires*. Ithaca, New York: Cornell University Press.

Doyle, William (1986). *The Ancien Regime*. Atlantic Highlands, New Jersey: Humanities Press International.

Duchacek, Ivo D. (1986). *The Territorial Dimension of Politics. Within, Among, and Across Nations*. Boulder, Colorado: Westview.

Duffy, Michael ed. (1980). *The Military Revolution and the State, 1500-1800*, Exeter Studies in History vol.1. Exeter: University of Exeter.

Dunér, Bertil (1985). *Military Intervention in Civil Wars: the 1970s*. Aldershot: Gower.

Dunford, Michael and Diane Perrons (1983). *The Arena of Capital*. New York: St. Martin's.

Dunn, John (1972). *Modern Revolutions. An Introduction to the Analysis of a Political Phenomenon*. Cambridge: Cambridge University Press.

DuPlessis, Robert S. and Martha C. Howell (1982). "Reconsidering Early Modern Urban Economy: The Cases of Leiden and Lille", *Past and Present* 94, pp.49~84.

Durandin, Catherine (1989). *Révolution à la Française ou à la Russe. Polonais, Roumains et Russes au XIXe siècle*. Paris: Presses Universitaires de France.

Eckhardt, William (1989). "Civilian Deaths in Wartime", Bulletin of Peace Proposals, 20, pp.89~98.

Eden, Lynn (1988). "World War II and American Politics", Working Paper 68, Center for Studies of Social Change, New School for Social Research.

Egret, Jean (1962). *La pré-Révolution française*. Paris: Presses Universitaires de France.

Eisenstadt, S. N. (1963). *The Political Systems of Empires. The Rise and Fall of the Historical Bureaucratic Societies*. Glencoe, New York: Free Press.

Elias, Norbert (1982). *Power and Civility, The Civilizing Process*, vol.2. New York: Pantheon.

Elliott, J. H. (1963). *Imperial Spain, 1469-1716*. London: Arnold.

_____ (1970). *The Old World and the New, 1492-1650*. Cambridge: Cambridge University Press.

Elton, G. R. (1975). "Taxation for War and Peace in Early-Tudor England", ed. J. M. Winter, *War and Economic Development: Essays in Memory of David Joslin*. Cambridge: Cambridge University Press.

Evans, Eric J. (1983). *The Forging of the Modern State. Early Industrial Britain, 1783-1870*. London: Longman.

Evans, Peter and John D. Stephens (1989). "Studying Development since the Sixties: The Emergence of a New Comparative Political Economy", *Theory and Society* 17, pp.713~746.

Faber, J. A. et al. (1965). "Population Changes and Economic Developments in the Netherlands: A Historical Survey", *A. A. G. Bijdragen* 12, pp.47~114.

Fernandez Albaladejo, Pablo (1989). "Cities and the State in Spain", *Theory and*

*Society* 18, pp.721~731.

Fijnaut, Cyrille (1980a). "Les origines de l'appareil policier moderne en Europe de l'Ouest continentale", *Déviance et Société* 4, pp.19~41.

_____ (1980b). "Die 'politische Funktion' der Polizei. Zur Geschichte der Polizei als zentralen Faktor in der Entwicklung und Stabilisierung politischer Machtstrukturen in West-Europa", *Kriminologisches Journal* 12, pp.301~309.

Finer, Samuel E. (1975). "State- and Nation-Building in Europe: The Role of the Military", ed. Charles Tilly, *The Formation of National States in Western Europe*. Princeton, New Jersey: Princeton University Press.

_____ (1982). "The Morphology of Military Regimes", eds. Roman Kolkowicz and Andrzej Korbonski, *Soldiers, Peasants, and Bureaucrats: Civil-Military Relations in Communist and Modernizing Regimes*. London: Routledge and Kegan Paul.

Fischer, Dietrich (1985). "Defense without Threat: Switzerland's Security Policy", eds. Peter Wallensteen, Johan Galtung and Carlos Portales, *Global Militarization*. Boulder, Colorado: Westview.

Fitch, J. Samuel (1986). "Armies and Politics in Latin America: 1975-1985", eds. Abraham F. Lowenthal and J. Samuel Fitch, *Armies and Politics in Latin America*. New York: Holmes & Meier.

Flora, Peter et al. eds. (1983/1987). *State, Economy and Society in Western Europe 1815-1975. A Data Handbook*, 2 vols. Frankfurt: Campus Verlag.

Fontenay, Michel (1988a). "Corsaires de la foi ou rentiers du sol? Les chevaliers de Malte dans le 'corso' méditerranéen au XVlle siècle", *Revue d'Histoire Moderne et Contemporaine* 35, pp.361~384.

_____ (1988b). "La place de la course dans l'économie portuaire: L'exemple de Malte et des ports barbaresques", *Annales; Economies, Sociétés, Civilisations* 43, pp.1321~1347.

Forrest, Alan (1975). *Society and Politics in Revolutionary Bordeaux*. London: Oxford University Press.

Fourastié, Jean (1966). "Observazioni sui prezzi salariali dei cereali e la produttività del lavoro agricolo in Europa dal XV al XX secolo", *Rivista Storica Italiana* 78, pp.422~430.

Frank, André Gunder(1978). *World Accumulation, 1492-1789*. New York: Monthly Review Press.

Frankfort, Henri et al.(1946). *The Intellectual Adventure of Ancient Man. An Essay on Speculative Thought in the Ancient Near East*. Chicago: University of Chicago Press.

Frêche, Georges(1974). *Toulouse et la région Midi-Pyrénées au siècle des Lumières (vers 1670-1789)*. Paris: Cujas.

Freedman, Paul(1988). "Cowardice, Heroism and the Legendary Origins of Catalonia", *Past and Present* 121, pp.3~28.

Fremdling, Rainer and Richard Tilly eds.(1979). *Industrialisierung und Raum. Studien zur regionale Differenzierung im Deutschland des 19. Jahrhunderts*. Stuttgart: Klett-Cotta.

Friedmann, David(1977). "A Theory of the Size and Shape of Nations", *Journal of Political Economy* 85, pp.59~78.

Fueter, Edward(1919). *Geschichte des europäischen Staatensystems von 1492-1559*. Munich: Oldenbourg.

Gallo, Carmenza(1985). "The State in an Enclave Economy: Political Instability in Bolivia from 1900 to 1950", unpublished doctoral dissertation in sociology, Boston University.

Garcin, Jean-Claude(1988). "The Mamluk Military System and the Blocking of Medieval Moslem Society", eds. Jean Baechler, John A. Hall and Michael Mann, *Europe and the Rise of Capitalism*. Oxford: Basil Blackwell.

Garmonsway, G. N. trans. and ed.(1953), *The Anglo-Saxon Chronicle*. London: J. M. Dent.

Genet, Jean-Philippe and Michel Le Mené eds.(1987), *Genèse de l'état moderne. Prélèvement et Redistribution*. Paris: Editions du Centre National de la Recherche Scientifique.

Gerth, H. H. and C. Wright Mills eds.(1946). *From Max Weber: Essays in Sociology*. New York: Oxford University Press.

Geyer, Michael (1988). "Society, State, and Military Apparatus in Germany, 1945-1955", Working Paper 67, Center for Studies of Social Change, New School for Social Research.

Giddens, Anthony (1985). *The Nation-State and Violence*. Berkeley, California: University of California Press.

Gillis, John (1970). "Political Decay and the European Revolutions, 1789-1848", *World Politics* 22, pp.344~370.

Gilpin, Robert (1981). *War and Change in World Politics*. Cambridge: Cambridge University Press.

_____ (1988). "The Theory of Hegemonic War", *Journal of Interdisciplinary History* 18, pp.591~614.

Gledhill, John, Barbara Bender and Mogens Trolle Larsen eds. (1988). *State and Society. The Emergence and Development of Social Hierarchy and Political Centralization*. London: Unwin Hyman.

Gokalp, Iskander and Semih Vaner (1985) "De l'empire à la république: regards sur la Turquie", *Cahiers du Groupe d'Etudes sur la Turquie Contemporaine* 1, pp.92~102.

Goldstein, Joshua S. (1988). *Long Cycles. Prosperity and War in the Modern Age*. New Haven, Connecticut: Yale University Press.

Goldstone, Jack A. (1986). "Introduction: The Comparative and Historical Study of Revolutions", ed. Jack A. Goldstone, *Revolutions. Theoretical, Comparative, and Historical Studies*. San Diego, California: Harcourt Brace Jovanovich.

Gooch, John (1980). *Armies in Europe*. London: Routledge and Kegan Paul.

Gran, Thorvald (1988a). "War Settlement in Norway", Working Paper 61, Center for Studies of Social Change, New School for Social Research.

_____ (1988b). "A Critique of State Autonomy in Norway", unpublished doctoral dissertation in public administration and organization theory, University of Bergen.

Greene, Thomas H. (1974). *Comparative Revolutionary Movements*. Englewood Cliffs, New Jersey: Prentice-Hall.

Greer, Donald (1935). *The Incidence of the Terror during the French Revolution*. Cambridge: Harvard University Press.

Grew, Raymond ed. (1978). *Crises of Political Development in Europe and the United States*. Princeton, New Jersey: Princeton University Press.

＿＿＿＿＿ (1984). "The Nineteenth-Century European State", eds. Charles Bright and Susan Harding, *Statemaking and Social Movements*. Ann Arbor, Michigan: University of Michigan Press.

Guénée, Bernard (1985). *States and Rulers in Later Medieval Europe*. Oxford: Basil Blackwell.

Gugler, Josef (1982). "The Urban Character of Contemporary Revolutions", *Studies in Comparative International Development* 17, pp.60~73.

Guillerm, Alain (1985). *La pierre et le vent. Fortifications et marine en Occident*. Paris: Arthaud.

Guilmartin, Jr., John F. (1988). "Ideology and Conflict: The Wars of the Ottoman Empire, 1453-1606", *Journal of Interdisciplinary History* 18, pp.721~748.

Gurr, Ted Robert (1981). "Historical Trends in Violent Crime: A Critical Review of the Evidence", *Crime and Justice: An Annual Review of Research* 3, pp.295~353.

＿＿＿＿＿ (1986). "Persisting Patterns of Repression and Rebellion: Foundations for a General Theory of Political Coercion", ed. Margaret P. Karns, *Persistent Patterns and Emergent Structures in a Waning Century*. New York: Praeger Special Studies for the International Studies Association.

Gurr, Ted Robert and Desmond S. King (1987). *The State and the City*. London: Macmillan.

Gutmann, Myron P. (1980). *War and Rural Life in the Early Modern Low Countries*. Princeton, New Jersey: Princeton University Press.

＿＿＿＿＿ (1988). "The Origins of the Thirty Years' War", *Journal of Interdisciplinary History* 18, pp.749~770.

Hagen, William W. (1988). "Capitalism and the Countryside in Early Modern Europe: Interpretations, Models, Debates", *Agricultural History* 62, pp.13~47.

Haimson, Leopold and Charles Tilly eds. (1989). *Strikes, Wars, and Revolutions in an International Perspective*. Cambridge: Cambridge University Press.

Hair, P. E. H. (1971). "Deaths from Violence in Britain: A Tentative Secular Survey", *Population Studies* 25, pp.5~24.

Hale, J. R. (1967). "International Relations in the West: Diplomacy and War", ed. G. R. Potter, *The New Cambridge Modern History vol.1: The Renaissance, 1493-1520*. Cambridge: Cambridge University Press.

_____ (1968a). "Armies, Navies, and the Art of War", ed. G. R. Elton, *New Cambridge Modern History vol.2: The Reformation 1520-1559*. Cambridge: Cambridge University Press.

_____ (1968b). "Armies, Navies, and the Art of War"(sic), ed. R. B. Wernham, *New Cambridge Modern History vol.3: The Counter-Reformation and Price Revolution 1559-1610*. Cambridge: Cambridge University Press.

_____ (1979). "Renaissance Armies and Political Control: The Venetian Proveditorial System 1509-1529", *Journal of Italian History* 2, pp.11~31.

_____ (1983). *Renaissance War Studies*. London: Hambledon Press.

_____ (1985). *War and Society in Renaissance Europe, 1450-1620*. New York: St. Martin's.

Halicz, Emanuel (1987). "The Polish Armed Forces and War, 1764-1864", eds. Stephen Fischer-Galati and Bela K. Kiraly, *Essays on War and Society in East Central Europe, 1740-1920*. Boulder, Colorado: Social Science Monographs.

Hall, Peter and Dennis Hay (1980). *Growth Centers in the European Urban System*. London: Heinemann.

Hamilton, Clive (1986). *Capitalist Industrialization in Korea*. Boulder, Colorado: Westview.

Hamilton, Earl J. (1950). "Origin and Growth of the National Debt in France and England", *Studi in onore di Gino Luzzatto*, vol.2. Milan: Giuffrè.

Harding, Robert R. (1978). *Anatomy of a Power Elite: The Provincial Governors of Early Modern France*. New Haven, Connecticut: Yale University Press.

Harff, Barabara and Ted Robert Gurr (1988). "Toward Empirical Theory of

Genocides and Politicides: Identification and Measurement of Cases since 1945", *International Studies Quarterly* 32, pp.359~371.

Hart, Marjolein 't(1984). "In Quest for Funds: State and Taxation in Eighteenth-Century England and France", paper presented to the Workshop on the Politics of Taxation, European Consortium for Political Research, Salzburg.

———(1985). "Hoe de staat zijn raison d'être verloor. Staat en revolutie in Frankrijk 1775-1789", *Mens Maatschapij* 60, pp.5~25.

———(1986). "Taxation and the Formation of the Dutch State, 17th Century", paper presented to the Vlaams-Nederlandse Sociologendagen, Amsterdam.

———(1987). "Salt Tax and Salt Trade in the Low Countries", Jean-Claude Hocquet, *Le Roi, le Marchand et le Sel*. Villeneuve d'Ascq: Presses Universitaires de Lille.

———(1989a). "Credit and Power. Stale Making in Seventeenth Century Netherlands", unpublished doctoral dissertation in history, University of Leiden.

———(1989b). "Cities and Statemaking in the Dutch Republic, 1580-1680", *Theory and Society* 18, pp.663~687.

Haskins, Charles Homer(1915). *The Normans in European History*. Boston, Massachusetts: Houghton Mifflin.

Headrick, Daniel R.(1981). *The Tools of Empire. Technology and European Imperialism in the Nineteenth Century*. New York: Oxford University Press.

Hechter, Michael and William Brustein(1980). "Regional Modes of Production and Patterns of State Formation in Europe", *American Journal of Sociology* 85, pp.1061~1094.

Henning, Friedrich-Wilhelm(1977). "Der Beginn der modernen Welt im agrarischen Bereich", ed. Reinhart Koselleck, *Studien zum Beginn der modernen Welt*. Stuttgart: Klett-Cotta.

Heper, Metin(1985). "The State and Public Bureaucracy: A Comparative and Historical Perspective", *Comparative Studies in Society and History* 27, pp.86~110.

Hermant, Daniel ed.(1987). "Les coups d'État", *Etudes Polémologiques* 41, entire issue.

Hernández, Francesc and Francesc Mercadé eds. (1986). *Estructuras Sociales y Cuestión Nacional en España*. Barcelona: Ariel.

Hespanha, António Manuel (1986). "Centro e Periferia nas Estructuras Administrativas do Antigo Regime", *Ler História* 8, pp.35~60.

_____ (1989). "Cities and the State in Portugal", *Theory and Society* 18, pp.707~720.

Hinrichs, Ernst, Eberhard Schmitt and Rudolf Vierhaus eds. (1978). *Vom Ancien Régime zur Französischen Revolution. Forschungen und Perspektiven*. Göttingen: Vandenhoeck and Ruprecht.

Hirst, Derek (1986). *Authority and Conflict. England, 1603-1658*. Cambridge: Harvard University Press.

Hitchins, Keith (1988). "Rumanian Peasantism: The Third Way", paper presented to the Conference on Models of Development and Theories of Modernization in Eastern Europe Between the World Wars, Ráckeve, Hungary.

Hobsbawm, E. J. (1987). *The Age of Empire 1875-1914*. New York: Pantheon.

Hocquet, Jean-Claude (1982). *Le sel et la fortune de Venise*, 2 vols. Lille: Université de Lille III.

Hohenberg, Paul and Frederick Krantz eds. (1975). *Transition du féodalisme a la société industrielle: l'échec de l'Italie de la Renaissance et des Pays-Bas du XVIIe siècle*. Montreal: Centre Interuniversitaire d'Etudes Européennes.

Hohenberg, Paul and Lynn Hollen Lees (1985). *The Making of Urban Europe, 1000-1850*. Cambridge: Harvard University Press.

Holsti, K. J. (1985). *The Dividing Discipline. Hegemony and Diversity in International Theory*. Boston, Massachusetts: Allen & Unwin.

Holton, R. J. (1986). *Cities, Capitalism and Civilization*. London: Allen & Unwin.

Hood, James N. (1971). "Protestant-Catholic Relations and the Roots of the First Popular Counterrevolutionary Movement in France", *Journal of Modern History* 43, pp.245~275.

_____ (1979). "Revival and Mutation of Old Rivalries in Revolutionary France",

*Past and Present* 82, pp.82~115.

Horowitz, Donald L. (1980). *Coup Theories and Officers' Motives. Sri Lanka in Comparative Perspective*. Princeton, New Jersey: Princeton University Press.

Houweling, Henk and Jan G. Siccama (1988). "Power Transitions as a Cause of War", *Journal of Conflict Resolution* 32, pp.87~102.

Howard, Michael (1976). *War in European History*. Oxford: Oxford University Press.

Hunt, Lynn (1978). *Revolution and Urban Politics in Provincial France, Troyes and Reims, 1786-1790*. Stanford: Stanford University Press.

———— (1984). *Politics, Culture, and Class in the French Revolution*. Berkeley, California: University of California Press.

Huntington, Samuel P. (1957). *The Soldier and the State. The Theory and Politics of Civil-Military Relations*. New York: Vintage.

———— (1968). *Political Order in Changing Societies*. New Haven, Connecticut: Yale University Press.

Huntington, Samuel P. and Jorge I. Dominguez (1975). "Political Development", eds. Fred I. Greenstein and Nelson W. Polsby, *Handbook of Political Science vol.3*, Reading, Massachusetts: Addison-Wesley, pp.1~114.

Hutchful, Eboe (1984). "Trends in Africa", *Alternatives* 10, pp.115~138.

Immich, Max (1905). *Geschichte des europäischen Staatensystems von 1660 bis 1989*. Munich and Berlin: Oldenbourg.

Ingrao, Charles W. (1987). *The Hessian Mercenary State. Ideas, Institutions, and Reform under Frederick II, 1760-1785*. Cambridge: Cambridge University Press.

Israel, Jonathan I. (1982). *The Dutch Republic and the Hispanic World*. Oxford: Clarendon Press.

Jackman, Robert W. (1976). "Politicians in Uniform: Military Governments and Social Change in the Third World", *American Political Science Review* 70, pp.1078~1097.

———— (1978). "The Predictability of Coups d'Etat: A Model with African Data", *American Political Science Review* 72, pp.1262~1275.

Janos, Andrew (1988). "The Rise and Fall of Civil Society. The Politics of Backwardness on the European Peripheries, 1780-1945", paper presented to the Conference on Models of Development and Theories of Modernization in Eastern Europe Between the World Wars, Ráckeve, Hungary.

Janowitz, Morris (1964). *The Military in the Political Development of New Nations*. Chicago, Illinois: University of Chicago Press.

Janowitz, Morris and Jacques Van Doorn eds. (1971). *On Military Intervention*. Rotterdam: Rotterdam University Press.

Jelavich, Charles and Barbara Jelavich (1977). *The Establishment of the Balkan National States, 1804-1920*. Seattle, Washington: University of Washington Press.

Jervis, Robert (1988a). "Realism, Game Theory, and Cooperation", *World Politics* 40, pp.317~349.

_____ (1988b). "The Political Effects of Nuclear Weapons", *International Security* 13, pp.80~90.

Jespersen, Leon (1985). "The Machtstaat in Seventeenth-century Denmark", *Scandinavian Journal of History* 10, pp.271~304.

Jessenne, Jean-Pierre (1987). *Pouvoir au village et Révolution. Artois 1760-1848*. Lille: Presses Universitaires de Lille.

Johnson, John J. ed. (1962). *The Role of the Military in Underdeveloped Countries*. Princeton, New Jersey: Princeton University Press.

Johnson, Thomas H., Robert O. Slater and Pat McGowan (1984). "Explaining African Military Coups d'Etat, 1960-1982", *American Political Science Review* 78, pp.622~640.

Johnston, R. J. (1982). *Geography and the State*. New York: St. Martin's.

Jones, Colin (1980). "The Military Revolution and the Professionalization of the French Army Under the Ancien Regime", ed. Michael Duffy, *The Military Revolution and the State, 1500-1800*, Exeter Studies in History vol.1. Exeter: University of Exeter.

Jones, D. W. (1988). *War and Economy in the Age of William III and*

*Marlborough*. Oxford: Basil Blackwell.

Juillard, Etienne and Henri Nonn(1976). *Espaces et régions en Europe Occidentale*. Paris: Editions du Centre National de la Recherche Seientifique.

Kann, Robert A.(1980)[1974]. *A History of the Habsburg Empire, 1526-1918*. Berkeley, California: University of California Press.

Keeney, Barnaby C.(1947). "Military Service and the Development of Nationalism in England, 1272-1327", *Speculum* 4, pp.534~549.

Kellenbenz, Hermann ed.(1975). *Agrarisches Nebengewerbe und Formen der Reagrarisierung im Spätmittelalter und 19./20. Jahrhundert*. Stuttgart: Gustav Fischer.

_____ (1976). *The Rise of the European Economy. An Economic History of Continental Europe from the Fifteenth to the Eighteenth Century*. London: Wiedenfeld and Nicolson.

_____ (1981). "Marchands de l'Allemagne du Sud, médiateurs entre le Nord-Est et l'Occident européen", *Actes du Colloque Franco-Polonais d'Histoire*. Nice: Laboratoire d'Histoire Quantitative, Université de Nice.

Kelly, John Dunham(1988). "Fiji Indians and Political Discourse in Fiji: from the Pacific Romance to the Coups", *Journal of Historical Sociology* 1, pp.399~422.

Kennedy, Gavin(1974). *The Military in the Third World*. London: Duckworth.

Kennedy, Paul(1987). *The Rise and Fall of the Great Powers. Economic Change and Military Conflict from 1500 to 2000*. New York: Random House.

Kennedy, William(1964)[1913]. *English Taxation 1640-1799. An Essay on Policy and Opinionl*. New York: Augustus Kelley.

Keohane, Robert O. ed.(1986). *Neorealism and its Critics*. New York: Columbia University Press.

Keohane, Robert O. and Joseph S. Nye, Jr.(1975). "International Interdependence and Integration", eds. Fred I. Greenstein and Nelson W. Polsby, *Handbook of Political Science vol.8*, Reading, Massachusetts: Addison-Wesley, pp.363~414.

Kettering, Sharon (1986). *Patrons, Brokers, and Clients in Seventeenth-Century France*. New York: Oxford University Press.

Kick, Edward L. (1983). "World-System Properties and Military Intervention-Internal War Linkages", *Journal of Political and Military Sociology* 11, pp.185~208.

Kick, Edward L. and David Kiefer (1987). "The Influence of the World System on War in the Third World", *International Journal of Sociology and Social Policy* 7, pp.34~48.

Kidron, Michael and Dan Smith (1983). *The War Atlas, Armed Conflict - Armed Peace*. New York: Simon and Schuster.

Kiernan, V. G. (1973). "Conscription and Society in Europe before the War of 1914-18", ed. M. R. D. Foot, *War and Society: Historical Essays in Honour and Memory of J. R. Western, 1928-1971*. London: Elek Books.

Kim, Kyung-Won (1970). *Revolution and International System*. New York: New York University Press.

Kindleberger, Charles P. (1984). *A Financial History of Western Europe*. London: Allen & Unwin.

Kinzer, Stephen (1989). "Guatemala: What Has Democracy Wrought?", *New York Times Magazine*, March 26, 1989, pp.32~34, 50~51.

Klare, Michael T. and Cynthia Arnson (1981). *Supplying Repression. U.S Support for Authoritarian Regimes Abroad*. Washington DC: Institute for Policy Studies.

Klaveren, Jacob van (1960). "Fiskalismus - Merkantilismus - Korruption: Drei Aspekte der Finanz- und Wirtschaftspolitik während des Ancien Regime", *Vierteljahrschrift für Sozial- und Wirtschafsgeschichte* 47, pp.333~353.

Kirchheimer, Otto (1965). "Confining Conditions and Revolutionary Breakthroughs", *American Political Science Review* 59, pp.964~974.

Kliot, Nurit and Stanley Waterman eds. (1983). *Pluralism and Political Geography*. London: Croom Helm.

Koblik, Steven (1975). *Sweden's Development from Poverty to Affluence, 1750-1970*. Minneapolis, Minnesota: University of Minnesota Press.

Kohut, Zenon E. (1988). *Russian Centralism and Ukrainian Autonomy. Imperial Absorption of the Hetmanate, 1760s-1830s*. Cambridge: Harvard University Press for the Harvard Ukrainian Research Institute.

Konvitz, Joseph W. (1985). *The Urban Millennium: The City-Building Process from the Early Middle Ages to the Present*. Carbondale, Illinois: Southern Illinois University Press.

Korpi, Walter (1983). *The Democratic Class Struggle*. London: Routledge and Kegan Paul.

Krasner, Steven D. (1978). *Defending the National Interest. Raw Materials Investments and U.S. Foreign Policy*. Princeton, New Jersey: Princeton University Press.

_____(1985). *Structural Conflict. The Third World Against Global Liberalism*. Berkeley, California: University of California Press.

Krekic, Barisa (1972). *Dubrovnik in the 14th and 15th Centuries: A City Between East and West*. Norman, Oklahoma: University of Oklahoma Press.

_____ ed. (1987). *Urban Society of Eastern Europe in Premodern Times*. Berkeley, California: University of California Press.

Kriedte, Peter (1982). "Die Stadt im Prozess der europaïschen Proro-Industrialisierung", eds. Pierre Deyon and Franklin Mendels, *Proto-industrialisation: Theorie et réalité*. Lille: Universitédes Arts, Lettres, et Sciences Humaines.

_____(1983). *Peasants, Landlords and Merchant Capitalists. Europe and the World Economy, 1500-1800*. Cambridge: Cambridge University Press.

Kriedte, Peter, Hans Medick and Jurgen Schlumbohm (1977). *Industrialisierung vor der Industrialisierung. Gewerbliche Warenproduktion auf dem Land in der Formationsperiode des Kapitalismus*. Göttingen: Vandenhoeck and Ruprecht.

Kula, Witold (1960). "Secteurs et régions arriérés de l'économic du capitalisme naissant", *Studi Storid* 1, pp.569~585.

Kyle, Jörgen (1988). "Peasant Elite? A Case Study of the Relations between Rural Society and the Swedish Assignment System in the Eighteenth

Century", eds. Magnus Mörner and Thommy Svensson, *Classes, Strata and Elites. Essays on Social Stratification in Nordic and Third World History.* Göteborg: Department of History, University of Göteborg. Report no.34.

Lachmann, Richard (1987). *From Manor to Market. Structural Change in England, 1536-1640.* Madison, Wisconsin: University of Wisconsin Press.

Ladero Quesado, Miguel Angel (1970). "Les finances royales de Castille à la veille des temps modernes", *Annales; Economics, Sociétés, Civilisations* 25, pp.775~788.

Ladewig Petersen, E. (1983). "War, Finance and the Growth of Absolutism: Some Aspects of the European Integration of 17th Century Denmark", ed. Goran Rystad, *Europe and Scandinavia: Aspects of the Process of Integration in the 17th Century.* Lund: Esselte Studium.

Lane, Frederic C. (1958). "Economic Consequences of Organized Violence", *Journal of Economic History* 18, pp.401~417.

_____(1966)[1942]. "The Economic Meaning of War and Protection", *Venice and History: The Collected Papers of Frederic C. Lane.* Baltimore, Maryland: Johns Hopkins University Press.

_____(1973a). *Venice, a Maritime Republic. Baltimore.* Maryland: Johns Hopkins University Press.

_____(1973b). "Naval Actions and Fleet Organization, 1499-1502", ed. J. R. Hale, *Renaissance Venice.* London: Faber and Faber.

Lang, James (1979). *Portuguese Brazil. The King's Plantation.* New York: Academic Press.

Langer, William L. (1969). *Political and Social Upheaval, 1832-1852.* New York: Harper and Row.

Lapidus, Ira (1967). *Muslim Cities in the Later Middle Ages.* Cambridge: Harvard University Press.

_____(1973). "The Evolution of Muslim Urban Society", *Comparative Studies in Society and History* 15, pp.21~50.

Laqueur, Walter (1968). "Revolution", *International Encyclopedia of the Social Sciences* 13, pp.501~507.

Larson, Reidar (1970). *Theories of Revolution, from Marx to the First Russian Revolution*. Stockholm: Almqvisl & Wiksell.

Launius, Michael A. (1985). "The State and Industrial Labor in South Korea", *Bulletin of Concerned Asian Scholars* 16, pp.2~10.

Lebrun, François and Roger Dupuy eds. (1987). *Les résistances à la Révolution*. Paris: Imago.

Lee, Su-Hoon (1988). *State-Building in the Contemporary Third World*. Boulder, Colorado: Westview.

Le Goff, T. J. A. and D. M. G. Sutherland (1984). "Religion and Rural Revolt in the French Revolution: An Overview", eds. János M. Bak and Gerhard Benecke, *Religion and Rural Revolt*. Manchester: Manchester University Press.

Léon, Pierre, François Crouzet and Raymond Gascon eds. (1972). *L'Industriali-sation en Europe au XIXe siècle. Cartographie et typologie*. Paris: Editions du Centre National de la Recherche Scientifique.

Lepetit, Bernard (1982). "Fonction administrative et armature urbaine: Remarques sur la distribution des chefs-lieux de subdélégation en France à la fin de l'Ancien Régime", *Institut d'Histoire Economique et Sociale de l'Université de Paris I. Recherches et Travaux* 11, pp.19~34.

_____ (1988). *Les villes dans la France modene (1740-1840)*. Paris: Albin Michel.

Levack, Brian P. (1987). *The Formation of the British State. England, Scotland, and the Union, 1603-1707*. Oxford: Clarendon Press.

Levi, Margaret (1983). "The Predatory Theory of Rule", ed. Michael Hechter, *The Microfoundations of Macrosociology*. Philadelphia, Pennsylvania: Temple University Press.

_____ (1988). *Of Rule and Revenue*. Berkeley, California: University of California Press.

Levine, David (1987). *Reproducing Families. The Political Economy of English Population History*. Cambridge: Cambridge University Press.

Levine, Steven (1988). "War Settlement and State Structure: The Case of China and the Termination of World War II", Working Paper 62, Center for Studies of Social Change, New School for Social Research.

Levy, Jack S. (1983). *War in the Modern Great Power System, 1495-1975*. Lexington, Kentucky: University Press of Kentucky.

_____ (1989). "The Causes of War: A Review of Theories and Evidence", eds. Philip Tetlock et al., *Behavior, Society, and Nuclear War*. New York: Oxford University Press.

Lewis, Archibald R. (1988). *Nomads and Crusader A.D.1000-1368*. Bloomington, Indiana: Indiana University Press.

Lewis, Archibald R. and Timothy J. Runyan (1988). *European Naval and Maritime History, 300-1500*. Bloomington, Indiana: Indiana University Press.

Lewis, Gwynne (1978). *The Second Vendée: The Continuity of Counter-Revolution in the Department of the Gard, 1789-1815*. Oxford: Clarendon Press.

Lewis, Gwynne and Colin Lucas eds. (1983). *Beyond the Terror. Essays in French Regional and Social History, 1794-1815*. Cambridge: Cambridge University Press.

Lewis, John Wilson ed. (1974). *Peasant Rebellion and Communist Revolution in Asia*. Stanford, California: Stanford University Press.

Lindegren, Jan (1985). "The Swedish 'Military State', 1560-1720", *Scandinavian Journal of History* 10, pp.305~336.

Lindner, Rudi Paul (1981). "Nomadism, Horses and Huns", *Past and Present* 92, pp.3~19.

_____ (1983). *Nomads and Ottomans in Medieval Anatolia*. Bloomington, Indiana: Research Institute for Inner Asian Studies, Indiana University.

Livet, Georges and Bernard Vogler eds. (1983). *Pouvoir, ville, et société en Europe, 1650-1750*. Paris: Ophrys.

Löwy, Michael (1989). "Internationalisme, nationalisme et anti-imperialisme", *Critique Communiste* 87, pp.31~42.

Luard, Evan (1987). *War in International Society*. New Haven, Connecticut: Yale

University Press.

Lucas, Colin (1973). *The Structure of the Terror. The Example of Claude Javogues and the Loire.* Oxford: Oxford University Press.

_____ (1988). "The Crowd and Politics between Ancien Regime and Revolution in France", *Journal of Modern History* 60, pp.421~457.

Luckham, Robin (1971). *The Nigerian Military. A Sociological Analysis of Authority & Revolt, 1960-1967.* Cambridge: Cambridge University Press.

_____ (1981). "Armament Culture", *Alternatives* 10, pp.1~44.

Ludtke, Alf (1980). "Genesis und Durchsetzung des modernen Staates: Zur Analyse von Herrschaft und Verwaltung", *Archiv für Sozialgeschichte* 20, pp.470~491.

Luterbacher, Urs and Michael D. Ward eds. (1985). *Dynamic Models of International Conflict.* Boulder, Colorado: Lynne Rienner.

Lynn, John (1984). *The Bayonets of the Republic. Motivation and Tactics in the Army of Revolutionary France, 1791-94.* Urbana, Illinois: University of Illinois Press.

_____ (1989). "Introduction: The Pattern of Army Growth, 1445-1945", unpublished paper, University of Illinois Champaign-Urbana.

Lyons, G. M. (1961). "Exigences militaires et budgets militaires aux U.S.A.", *Revue Française de Sociologie* 2, pp.66~74.

Lyons, Martyn (1980). *Révolution et Terreur à Toulouse.* Toulouse: Privat.

Mackie, J. P. (1964). *A History of Scotland.* Baltimore: Penguin.

Mack Smith, Dennis (1968a). *A History of Sicily. Medieval Sicily, 800-1713.* London: Chatto & Windus.

_____ (1968b). *A History of Sicily. Modern Sicily after 1713.* London: Chatto & Windus.

McEvedy, Colin (1961). *The Penguin Atlas of Medieval History.* Harmondsworth: Penguin Books.

_____ (1972). *The Penguin Atlas of Modern History to 1815,* Harmondsworth: Penguin Books.

McNeill, William H. (1975)[1964]. *Europe's Steppe Frontier, 1500-1800.* Chicago,

Illinois: University of Chicago Press.

_____ (1976). *Plagues and Peoples*. Garden City, New York: Anchor/ Doubleday.

_____ (1982). *The Pursuit of Power. Technology, Armed Force and Society since A.D.1000*. Chicago, Illinois: University of Chicago Press.

Maland, David (1980). *Europe at War, 1600-1650*. Totowa, New Jersey: Rowman and Littlefield.

Mallett, M. E. (1974). *Mercenaries and their Masters. Warfare ill Renaissance Italy*. Totowa, New Jersey: Rowman and Littlefield.

Mallett, M. E. and J. R. Hale (1984). *The Military Organization of a Renaissance State. Venice, c.1400 to 1617*. Cambridge: Cambridge University Press.

Mandel, Robert (1980). "Roots of the Modern Interstate Border Dispute", *Journal of Conflict Resolution* 24, pp.427~454.

Maniruzzaman, Talukder (1987). *Military Withdrawal from Politics. A Comparative Study*. Cambridge, Massachusetts: Ballinger.

Mann, Michael (1986). *The Sources of Social Power vol.1. A History of Power from the Beginning to A.D.1760*. Cambridge: Cambridge University Press.

_____ (1988). *States, Wars and Capitalism*. Oxford: Basil Blackwell.

Maravall, José Antonio (1972). *Estado Moderno y Mentalidad Social (Siglos, XV a XVII)*, 2 vols. Madrid: Revista de Oeeidente.

Margadant, Ted (1979). *French Peasants in Revolt. The Insurrection of 1851*. Princeton, New Jersey: Princeton University Press.

_____ (1988a). "Towns, Taxes, and State-Formation in the French Revolution", paper presented to the Irvine Seminar on Social History and Theory, April 1988.

_____ (1988b). "Politics, Class, and Community in the French Revolution: An Urban Perspective", paper presented to conference on Revolutions in Comparison, University of California, Los Angeles, 1988.

Markoff, John (1985). "The Social Geography of Rural Revolt at the Beginning of the French Revolution", *American Sociological Review* 50, pp.761~781.

_____ (1986). "Contexts and Forms of Rural Revolt. France in 1789", *Journal* of *Conflict Resolution* 30, pp.253~289.

Markoff, John and Silvio R. Duncan Baretta (1986) "What We Don't Know About the Coups: Observations on Recent South American Politics", *Armed Forces and Society* 12, pp.207~235.

Martin, Jean-Clément (1987). *La Vendée et la France*. Paris: Le Seuil.

Martines, Lauro (1988)[1979]. *Power and Imagination. City-States in Renaissance Italy*. Baltimore, Maryland: Johns Hopkins University Press.

Marx, Karl (1970~1972). *Capital. A Critique of Political Economy*, 3 vols. London: Lawrence and Wishart.

Maschke, Eric and Jurgen Sydow eds. (1974). *Stadt und Umland. Protokoll der X. Arbeitstagung des Arbeitskreises für sudwestdeutsche Stadtgeschichts forschung*, Veröffentlichungen der Kommission für Geschichtliche Landeskunde in Baden-Württemberg, Reihe B, 82. Stuttgart: Kohlhammer.

Mauersberg, Hans (1960). *Wirtschafts- Imd Sozialgeschichte zentraleuropäischer Städte in neurer Zeit*. Göttingen: Vandenhoeck and Ruprecht.

Mayer, Arno (1981). *The Persistence of the Old Regime*. New York: Pantheon.

Mendels, Franklin (1978). "Aux origines de la proto-industrialisation", *Bulletin du Centre d'Histoire Economique et Sociale de la Region Lyonnaise* 2, pp.1~25.

———— (1980). "Seasons and Regions in Agriculture and Industry during the Process of Industrialization", ed. Sidney Pollard, *Region und Industriali- sierung: Studien zur Rollen der Region in der Wirtschafsgeschichte der letzten zwei Jahrhunderte*. Göttingen: Vandenhoeck and Ruprecht.

Merrington, John (1975). "Town and Country in the Transition to Capitalism", *New Left Review* 93, pp.71~92.

Meyer, David R. (1986a). "System of Cities Dynamics in Newly Industrializing Nations", *Studies in Comparative International Development* 21, pp.3~22.

———— (1986b). "The World System of Cities: Relations Between International Financial Metropolises and South American Cities", *Social Forces* 64, pp.553~581.

Meyer, Jean (1983). *Le poids de l'Etat*. Paris: Presses Universitaires de France.

Meyer, Jean et al.(1983). *Etudes sur les villes en Europe Occidentale*, 2 vols. Paris: Société d'Edition d'Enseignement Superieur.

Meyer, John W.(1980). "The World Polity and the Authority of the Nation-State", ed. Albert Bergesen, *Studies of the Modern World-System*. New York: Academic Press.

Michaud, Claude(1981). "Finances et guerres de religion en France", *Revue d'Histoire Moderne et Contemporaine* 28, pp.572~596.

Midlarsky, Manus ed.(1986). *Inequality and Contemporary Revolutions*, Monograph Series in World Affairs vol.22, book 2. Denver, Colorado: Graduate School of International Studies, University of Denver.

Migdal, Joel(1974). *Peasants, Politics, and Revolution. Pressures toward Political and Social Change in the Third World*. Princeton, New Jersey: Princeton University Press.

Miller, Edward(1975). "War, Taxation, and the English Economy in the Late Thirteenth and Early Fourteenth Centuries", ed. J. M. Winter, *War and Economic Development. Essays in Memory of David Joslin*. Cambridge: Cambridge University Press.

Milward, Alan S. and S. B. Saul(1973). *The Economic Development of Continental Europe, 1780-1870*. London: Allen & Unwin.

Mitchell, B. R.(1975). *European Historical Statistics 1750-1970*. New York: Columbia University Press.

Moberg, Carl-Axel(1962). "Northern Europe", eds. Robert J. Braidwood and Gordon R. Willey, *Courses toward Urban Life. Archeological Considerations of Some Cultural Alternates*. Chicago, Illinois: Aldine.

Modelski, George(1978). "The Long Cycle of Global Politics and the Nation-State", *Comparative Studies in Society and History* 20, pp.214~235.

Modelski, George and William R. Thompson(1988). *Seapower in Global Politics, 1494-1993*. Seattle, Washington: University of Washington Press.

Mollat, Michel, and Philippe Wolff(1973). *The Popular Revolutions of the Late Middle Ages*. London: Allen & Unwin.

Moore, Jr., Barrington(1966). *Social Origins of Dictatorship and Democracy*.

Boston, Massachusetts: Beacon.

Moote, A. Lloyd (1971). *The Revolt of the Judges: The Parlement of Paris and the Fronde.* Princeton, New Jersey: Princeton University Press.

Moraw, Peter (1989). "Cities and Citizenry as Factors of State Formation in the Roman-German Empire of the Late Middle Ages", *Theory and Society* 18, pp.631~662.

Mosca, Gaetano (1939). *The Ruling Class (Elementi di Scienza Politica).* New York: McGraw-Hill.

Moul, William Brian (1988). "Balances of Power and the Escalation to War of Serious Disputes among the European Great Powers, 1815-1939: Some Evidence", *American Journal of Political Science* 32, pp.241~275.

Mueller, John (1988). "The Essential Irrelevance of Nuclear Weapons", *International Security* 13, pp.55~79.

Mumford, Lewis (1961). *The City in History. Its Origin, Its Transformations, and its Prospects.* New York: Harcourt, Brace & World.

_____(1970). *The Myth of the Machine. The Pentagon of Power.* New York: Harcourt Brace Jovanovich.

Nef, John U. (1952). *War and Human Progress.* Cambridge: Cambridge University Press.

Nelkin, Dorothy (1967). "The Economic and Social Setting of Military Takeovers in Africa", *Journal of Asian and African Studies* 2, pp.230~244.

Nicholas, David M. (1968). "Town and Countryside: Social and Economic Tensions in Fourteenth-Century Flanders", *Comparative Studies in Society and History* 10, pp.458~485.

Nichols, Glenn O. (1987). "Intermediaries and the Development of English Government Borrowing: The Case of Sir John James and Major Robert Huntington, 1675-79", *Business History* 29, pp.28~46,

Nicolas, Jean ed. (1985). *Mouvements populaires et conscience sociale, XVIe-XIXe siècles.* Paris: Maloinc.

Nilsson, Sven A. (1988). "Imperial Sweden: Nation-Building, War and Social Change", Sven A. Nilsson et al., *Tire Age of New Sweden.* Stockholm:

Livrustkammaren.

North, Douglass C. (1981). *Structure and Change in Economic History*. New York: W. W. Norton.

North, Douglass C. and Robert Paul Thomas (1973). *The Rise of the Western World. A New Economic History*. Cambridge: Cambridge University Press.

Nunn, Frederick M. (1971). "The Latin American Military Establishment: Some Thoughts on the Origins of its Socio-Political Role and an Illustrative Bibliographical Essay", *The Americas* 28, pp.135~151.

O'Donnell, Guillermo (1972). *Modernización y autoritarismo*. Buenos Aires: Paidos.

_____ (1980). "Comparative Historical Formations in the State Apparatus and Socio-economic Change in the Third World", *International Social Science Journal* 32, pp.717~729.

Olson, Mancur (1982). *The Rise and Decline of Nations. Economic Growth, Stagflation, and Social Rigidities*. New Haven, Connecticut: Yale University Press.

Oquist, Paul (1980). *Violence, Conflict, and Politics in Colombia*. New York: Academic Press.

Organski, A. F. K. (1965). *The Stages of Political Development*. New York: Knopf.

Organski, A. F. K. and Jacek Kugler (1980). *The War Ledger*. Chicago, Illinois: University of Chicago Press.

Österberg, Eva and Dag Lindström (1988). *Crime and Social Control in Medieval and Early Modern Swedish Towns*, Studia Historica Upsaliensia vol.152. Stockholm: Almqvist & Wiksell.

Owusu, Maxwell (1989). "Rebellion, Revolution, and Tradition: Reinterpreting Coups in Ghana", *Comparative Studies in Society and History* 31, pp.372~397.

Ozouf-Marignier, Marie-Vic (1986). "De l'universalisme constituant aux intérèts locaux: le débat sur la formation des départements en France (1789-1790)", *Annales; Economies, Sociétés, Civilisations* 41, pp.1193~1214.

Paddison, Ronan (1983). *The Fragmented State. The Political Geography of*

*Power*. Oxford: Basil Blackwell.

Palmer, Stanley H. (1988). *Police and Protest in England and Ireland 1780-1850*. Cambridge: Cambridge University Press.

Pamlenyi, Ervin ed. (1975). *A History of Hungary*. London: Collet's.

Parker, Geoffrey (1972). *The Army of Flanders and the Spanish Road, 1567-1659*. Cambridge: Cambridge University Press.

_____ (1973). "Mutiny and Discontent in the Spanish Army of Flanders 1572-1607", *Past and Present* 58, pp.3~37.

_____ (1975). "War and Economic Change: The Economic Costs of the Dutch Revolt", ed. J. M. Winter, *War and Economic Development. Essays in Memory of David Joslin*. Cambridge: Cambridge University Press.

_____ (1976). "The 'Military Revolution', 1560-1660 - a Myth?", *Journal of Modern History* 48, pp.195~214.

_____ (1988). *The Military Revolution. Military Innovation and the Rise of the West, 1500-1800*. Cambridge: Cambridge University Press.

Parker, William and Eric L. Jones eds. (1975). *European Peasants and their Markets*. Princeton, New Jersey: Princeton University Press.

Parkinson, C. Northcote (1957). *Parkinson's Law and Other Studies in Administration*. Boston, Massachusetts: Houghton Mifflin.

Parry, J. H. (1961). *The Establishment of the European Hegemony, 1415-1715. Trade and Exploration in the age of the Renaissance*, 3rd ed. New York: Harper and Row.

_____ (1966). *The Spanish Seaborne Empire*. New York: Knopf.

Patten, John (1973). *Rural-Urban Migration in Pre-Industrial England*, Occasional Papers no.6. Oxford: School of Geography.

Peacock, Alan T. and Jack Wiseman (1961). *The Growth of Public Expenditure in the United Kingdom. Princeton*, New Jersey: Princeton University Press.

Pepper, Simon and Nicholas Adams (1986). *Firearms and Fortifications. Military Architecture and Siege Warfare in Sixteenth-Century Siena*. Chicago, Illinois: University of Chicago Press.

Perlmutter, Amos (1981). *Political Roles and Military Rulers*. London: Frank

Cass.

Petitfrère, Claude (1988). "The Origins of the Civil War in the Vendée", *French History* 2, pp.187~207.

Pitcher, Donald Edgar (1972). *An Historical Geography of the Ottoman Empire from Earliest Times to the End of the Sixteenth Century*. Leiden: Brill.

Platzhoff, Walter (1928). *Geschichte des europäischen Staatensystems 1559-1660*. Munich and Berlin: Oldenbourg.

Plumb, J. H. (1967). *The Origins of Political Stability. England 1675-1725*. Boston, Massachusetts: Houghton Mifflin.

Poggi, Gianfranco (1978). *The Development of the Modern State*. Stanford, California: Stanford University Press.

Polisensky, Josef V. (1978). *War and Society in Europe, 1618-1648*. Cambridge: Cambridge University Press.

Pounds, Norman J. G. (1973). *An Historical Geography of Europe 450B.C.-A. D.1330*. Cambridge: Cambridge University Press.

_____(1979). *All Historical Geography of Europe, 1500-1840*. Cambridge: Cambridge University Press.

Pounds, Norman J. G. and Sue Simons Ball (1964). "Core-Areas and the Development of the European States System", *Annals of the Association of American Geographers* 54, pp.24~40.

Powers, James F. (1988). *A Society Organized War. The Iberian Municipal Militias in the Central Middle Ages, 1000-1284*. Berkeley, California: University of California Press.

Pryor, John H. (1988). *Geography, Technology, and War. Studies in the Maritime History of the Mediterranean 649-1571*. Cambridge: Cambridge University Press.

Pullan, Brian (1971). *Rich and Poor in Renaissance Venice*. Oxford: Basil Blackwell.

Pye, Lucian (1960). "The Politics of Southeast Asia", eds. Gabriel A. Almond and James S. Coleman, *The Politics of the Developing Areas*. Princeton, New Jersey: Princeton University Press.

Quester, George H. (1975). "The World Political System", eds. Fred I. Greenstein and Nelson W. Polsby, *Handbook of Political Science* vol.8, Reading, Massachusetts: Addison-Wesley, pp.199~246.

Raeff, Marc (1983). *The Well-Ordered Police State. Social and Institutional Change through Law in the Germanies and Russia, 1600-1800.* New Haven, Connecticut: Yale University Press.

Rambaud, Placide and Monique Vincienne (1964). *Les transformations d'une société rurale. La Maurienne (1561-1962)*, Ecole Pratique des Hautes Etudes (VIe Section), Centre d'Etudes Economiques, Etudes et Mémoires, vol.59. Paris: Armand Colin.

Ramsay, G. D. (1975). *The City of London in International Politics at the Accession of Elizabeth Tudor.* Manchester: Manchester University Press.

＿＿＿＿ (1986). *The Queen's Merchants and the Revolt of the Netherlands.* Manchester: Manchester University Press.

Rapoport, David C. (1982). "The Praetorian Army: Insecurity, Venality, and Impotence", eds. Roman Kolkowicz and Andrzej Korbonski, *Soldiers, Peasants, and Bureaucrats: Civil-Military Relations in Communist and Modernizing Societies.* London: Routledge and Kegan Paul.

Rasler, Karen A. and William R. Thompson (1983). "Global Wars, Public Debts, and the Long Cycle", *World Politics* 35, pp.489~516.

＿＿＿＿ (1985a). "War Making and State Making: Governmental Expenditures, Tax Revenues, and Global Wars", *American Political Science Review* 79, pp.491~507.

＿＿＿＿ (1985b). "War and the Economic Growth of Major Powers", *American Journal of Political Science* 29, pp.513~538.

＿＿＿＿ (1988). "Defense Burdens, Capital Formation, and Economic Growth. The Systemic Leader Case", *Journal of Conflict Resolution* 32, pp.61~86.

＿＿＿＿ (1989). *War and Statemaking: The Shaping of the Global Powers.* Boston, Massachusetts: Unwin Hyman.

Ratajczyk, Leonard (1987). "Evolution of the Polish Armed Forces, 1764-1921", eds. Stephen Fischer-Galati and Béla K. Király, *Essays on War and Society in East Central Europe, 1740-1920*. Boulder, Colorado: Social Science Monographs.

Redlich, Fritz (1964~1965). *The Germanl Military Enterpriser and His Work Force*, 2 vols, Vierteljahrschrift für Sozial- und Wirtschaftsgeschichte, Beiheften vol.47~48. Wiesbaden: Steiner.

Reinhard, Marcel, André Armengaud and Jacques Dupâquier (1968). *Histoire générale de la population mondiale*. Paris: Montchrestien.

Renouard, Yves (1958) "1212-1216. Comment les traits durables de l'Europe occidentale moderne se sont définis au début du XIIIe siècle", *Annales de l'Université de Paris* 28, pp.5~21.

Reuter, Timothy (1978). "Introduction", ed. Timothy Reuter, *The Medieval Nobility*. Amsterdam: North-Holland.

Reynolds, Susan (1984). *Kingdoms and Communities in Western Europe, 900-1300*. Oxford: Clarendon Press,

Rian, Oystein (1985). "State and Society in Seventeenth-century Norway", *Scandinavian Journal of History* 10, pp.337~363.

Rice, Condoleezza (1988). "The Impact of World War II on Soviet State and Society", Working Paper 69, Center for Studies of Social Change, New School for Social Research.

Ringrose, David R. (1983). *Madrid and the Spanish Economy, 1560-1850*. Berkeley, California: University of California Press.

Roberts, Michael (1979). *The Swedish Imperial Experience*. Cambridge: Cambridge University Press.

Robinson, E. A. G. ed. (1969). *Backward Areas in Advanced Countries*. London: Macmillan.

Roider, Karl (1987). "Origins of Wars in the Balkans, 1660-1792", ed. Jeremy Black, *The Origins of War in Early Modern Europe*. Edinburgh: John Donald.

Rokkan, Stein (1975). "Dimensions of State Formation and Nation-Building: A Possible Paradigm for Research on Variations within Europe", ed. Charles Tilly, *The Formation of National States in Western Europe*. Princeton, New

Jersey: Princeton University Press,

Rokkan, Stein and Derek W. Urwin eds. (1982). *The Politics of Territorial Identity. Studies in European Regionalism*. Beverly Hills, California: Sage.

Roksandic, Drago (1988). "Agrarian Ideologies and Theories of Modernization in Yugoslavia, 1918-1941", paper presented to the Conference on Models of Development and Theories of Modernization in Eastern Europe Between the World Wars, Ráckeve, Hungary.

Romano, Salvatore Francesco (1963). *Storia della mafia*. Milan: Sugar.

Roscoe, Paul B. and Robert B. Graber eds. (1988). "Circumscription and the Evolution of Society", special issue of *American Behavioral Scientist* 31, pp.403~511.

Rosenau, James N. (1970). *The Adaptation of National Societies: A Theory of Political System Behavior and Transformation*. New York: McCaleb-Seiler.

Rosenberg, Hans (1958). *Bureaucracy, Aristocracy, and Autocracy. The Prussian Experience 1660-1815*. Cambridge: Harvard University Press.

Rosenberg, Harriet G. (1988). *A Negotiated World: Three Countries of Change in a French Alpine Community*. Toronto: University of Toronto Press.

Rosenberg, William G. and Marilyn B. Young (1982). *Transforming Russia and China. Revolutionary Struggles in the Twentieth Century*. New York: Oxford University Press.

Rothenberg, Gunther E. (1988). "The Origins, Causes, and Extension of the Wars of the French Revolution and Napoleon", *Journal of Interdisciplinary History* 18, pp.771~794.

Roubaud, François (1983). "Partition économique de la France dans la première moitié du XIXe siècle (1830-1840)", Institut d'Histoire Economique el Sociale de l'Université de Paris I Panthéon-Sorbonne. *Recherches et Travaux* 12, pp.33~58.

Rouquié, Alain (1987). *The Military and the State in Latin America*. Berkeley, California: University of California Press.

Rule, James B. (1988). *Theories of Civil Violence*. Berkeley, California: University of California Press.

Ruloff, Dieter (1985). *Wie Kriege beginnen*. Munich: C. H. Beck.

Russell, Conrad S. R. (1982). "Monarchies, Wars, and Estates in England, France, and Spain, c.1580-c.1640", *Legislative Studies Quarterly* 7, pp.205~220.

Russell, D. E. H. (1974). *Rebellion, Revolution, and Armed Force*. New York: Academic Press.

Russell, Jocelyne G. (1986). *Peacemaking in the Renaissance*. Philadelphia, Pennsylvania: University of Pennsylvania Press.

Russell, Josiah Cox (1972). *Medieval Regions and their Cities*. Newton Abbot: David & Charles.

Russett, Bruce (1970). *What Price Vigilance? The Burdens of National Defense*. New Haven, Connecticut: Yale University Press.

Rystad, Goran ed. (1983). *Europe and Scandinavia: Aspects of the Process of Integration in the 17th Century*. Lund: Esselte Studium.

Sales, Núria (1974). *Sobre esclavos, reclutas y mercaderes de quintos*. Madrid: Ariel.

_____ (1986). "Servei militar i societat: la desigaultat enfront del servei obligatori, segles XVII-XX", *L'Avenç* 98, pp.721~728.

Scammell, G. V. (1981). *The World Encompassed. The First European Maritime Empires c.800-1650*. London: Methuen.

Schama, Simon (1975). "The Exigencies of War and the Politics of Taxation in the Netherlands 1795-1810", ed. J. M. Winter, *War and Economic Development. Essays in Memory of David Joslin*. Cambridge: Cambridge University Press.

Schevill, Ferdinand (1963)[1936]. *Medieval and Renaissance Florence*, 2 vols. New York: Harper Torchbooks.

Schissler, Hanna (1978). *Preussische Agrargesellschaft im Wandel. Wirtschaftliche, gesellschaftliche und politische Transformationsprozesse von 1763 bis 1847*. Göttingen: Vandenhoeck and Ruprecht.

Schmal, H. ed. (1981). *Patterns of European Urbanization since 1500*. London: Croom Helm.

Schmoller, Gustav (1896). "Die Epochen der Getreidehandelsverfassung und politik", *Schmollers Jahrbuch* 20, pp.695~744.

Schram, Stuart R. ed.(1985). *The Scope of State Power in China.* published for European Science Foundation by School or Oriental and African Studies, University of London and the Chinese University Press of Hong Kong.

_____ ed.(1987). *Foundations and Limits of State Power in China.* published for European Science Foundation by School of Oriental and African Studies, University of London and the Chinese University Press of Hong Kong.

Schultz, Patrick(1982). *La décentralisation administrative dans le département du Nord(1790-1793).* Lille: Presses Universitaires de Lille.

Schulze, Hagen ed.(1987), *Nation-Building in Central Europe.* Leamington Spa: Berg.

Schumpeter, Joseph(1955). *Imperialism, Social Classes.* New York: Meridian.

Schwartz, Robert M.(1988). *Policing the Poor in Eighteenth-Century France.* Chapel Hill, North Carolina: University of North Carolina Press.

Scott, James(1985). *Weapons of the Weak. Everyday Forms of Peasant Resistance.* New Haven, Connecticut: Yale University Press.

Scott, William(1973). *Terror and Repression in Revolutionary Marseilles.* New York: Barnes and Noble.

Searle, Eleanor(1988). *Predatory Kinship and the Creation of Norman Power, 840-1066.* Berkeley, California: University of California Press.

Sedoc-Dahlberg, Betty(1986). "Interest Groups and the Military Regime in Suriname", eds. Alma H. Young and Dian E. Phillips, *Militarization in the Non-Hispanic Caribbean.* Boulder, Colorado: Lynne Rienner.

Segal, Daniel A.(1988). "Nationalism, Comparatively Speaking", *Journal of Historical Sociology* 1, pp.301~321.

Shennan, J. H.(1974). *The Origins of the Modern European State, 1450-1725.* London: Hutchinson University Library.

Shils, Edward(1962). *Political Development in the New States.* The Hague: Mouton.

Shue, Vivienne(1988). *The Reach of the State. Sketches of the Chinese Body*

*Politic*. Stanford, California: Stanford University Press.

Sid-Ahmed, Mohamed (1984). "Trends in the Middle East", *Alternatives* 10, pp.139~160.

Sivard, Ruth Leger (1974~1988, annual). *World Military and Social Expenditures*. Washington, DC: World Priorities.

Skinner, G. W. (1964). "Marketing and Social Structure in Rural China", *Journal of Asian Studies* 24, pp.3~43.

_____ ed. (1977). *The City in Late Imperial China*. Stanford, California: Stanford University Press.

_____ (1985). "The Structure of Chinese History", *Journal of Asian Studies* 44, pp.271~292.

Skocpol, Theda (1979). *States and Social Revolutions: A Comparative Analysis of France, Russia, and China*. Cambridge: Cambridge University Press.

Small, Melvin and J. David Singer (1982). *Resort to Arms. International and Civil Wars, 1816-1980*. Beverly Hills, California: Sage.

Smith, Adam (1910)[1778]. *The Wealth of Nations*, 2 vols. London: Dent.

Smith, C. T. (1967). *An Historical Geography of Western Europe before 1800*. London: Longmans.

Smith, Carol A. (1976). "Analyzing Regional Systems", ed. Carol A. Smith, *Regional Analysis. vol.2: Social Systems*. New York: Academic Press.

Sorokin, Pitirim A. (1962)[1937]. *Social and Cultural Dynamics vol.3. Fluctuation of Social Relationships, War, and Revolution*. New York: Bedminster.

Spuler, Bertold (1977). *Rulers and Governments of the World*, 3 vols. London: Bowker.

Steensgaard, Niels (1974). *The Asian Trade Revolution of the Seventeenth Century*. Chicago, Illinois: University of Chicago Press.

_____ (1981). "Asian Trade and World Market: Orders of Magnitude in 'The Long Seventeenth Century'", *Actes du Colloque Franco-Polonais d'Histoire*. Nice: Laboratoire d'Histoire Quantitative, Université de Nice.

Stein, Arthur A. (1978). *The Nation at War. Baltimore*. Maryland: Johns Hopkins University Press.

_____(1988). "War Settlement, State Structures, and National Security Policy", Working Paper 60, Center for Studies of Social Change, New School of Social Research.

Stein, Arthur A. and Bruce M. Russett(1980). "Evaluating War: Outcomes and Consequences", ed. Ted Robert Gurr, _Handbook of Political Conflict: Theory and Research_. New York: Free Press.

Stepan, Alfred(1988). _Rethinking Military Politics. Brazil and the Southern Cone. Princeton_. New Jersey: Princeton University Press.

Stinchcombe, Arthur L.(1963). "Institutions of Privacy in the Determination of Police Administrative Practice", _American Journal of Sociology_ 69, pp.150~160.

_____(1983). _Economic Sociology_. New York: Academic Press.

Stoessinger, John G.(1974). _Why Nations Go to War_. New York: St. Martin's.

Stohl, Michael(1976). _War and Domestic Political Violence. The American Capacity for Repression and Reaction_. Beverly Hills, California: Sage.

Stoianovich, Traian(1970). "Model and Mirror of the Premodern Balkan City", _Studia Balcanica III. La Ville Balkanique XVe-XIXe siècle_, pp.83~110.

_____(1981). "Mode de production maghrébin de commandement ponctuel", _Actes du Colloque Franco-Polonais d'Histoire_. Nice: Laboratoire d'Histoire Quantitative, Université de Nice.

_____(1989). "The Segmentary State and La Grande Nation", eds. Eugene D. Genovese and Leonard Hochberg, _Geographic Perspectives in History_. Oxford: Basil Blackwell.

Stone, Bailey(1981). _The Parlement of Paris, 1774-1789_. Chapel Hill, North Carolina: University of North Carolina Press.

Stone, Lawrence(1947). "State Control in Sixteenth-Century England", _Economic History Review_ 17, pp.103~120.

_____(1965). _The Crisis of the Aristocracy, 1558-1641_. Oxford: Clarendon Press.

_____(1983). "Interpersonal Violence in English Society, 1300-1980", _Past and Present_ 101, pp.22~33.

Strayer, Joseph (1970). *On the Medieval Origins of the Modern State*. Princeton, New Jersey: Princeton University Press.

Sundin, Jan and Eric Soderlund eds. (1979). *Time, Space and Man: Essays in Microdemography*. Stockholm: Almqvist & Wiksell International.

Sutton, F. X. (1959). "Representation and the Nature of Political Systems", *Comparative Studies in Society and History* 2, pp.1~10.

Tanter, Richard (1984). "Trends in Asia", *Alternatives* 10, pp.161~191.

Taylor, A. J. P. (1985). *How Wars End*. London: Hamish Hamilton.

Taylor, Peter J. (1981). "Political Geography and the World-Economy", eds. Alan D. Burnett and Peter J. Taylor, *The Politics of Territorial Identity*. New York: Wiley.

Taylor, Stan (1984). *Social Science and Revolution*. New York: St. Martin's.

Tenenti, Alberto (1967). *Piracy and the Decline of Venice, 1580-1615*. Berkeley, California: University of California Press.

Thee, Marek (1984). "Militarization in the United States and the Soviet Union: The Deepening Trends", *Alternatives* 10, pp.93~114.

Therborn, Goran (1978). *What Does the Ruling Class Do When it Rules?*. London: NLB.

Thibon, Christian (1987). "L'ordre public villageois: le cas du Pays de Sault (1848-1914)", *Société de la Révolution de 1848 et des Révolutions du XIXe Siècle, Maintien de l'ordre et polices en France et en Europe au XlXe Siècle*. Paris: Créaphis.

Thomas, George M. and John W. Meyer (1980). "Regime Changes and State Power in an Intensifying World-State-System", ed. Albert Bergesen, *Studies of the Modern World System*. New York: Academic Press.

Thomas, George M., John W. Meyer, Francisco O. Ramirez and Jeanne Gobalet (1979). "Maintaining National Boundaries in the World System: The Rise of Centralist Regimes", eds. John W. Meyer and Michael T. Hannan, *National Development and the World System. Educational, Economic, and Political Change, 1950-1970*. Chicago, Illinois: University of Chicago Press.

Thompson, I. A. A. (1976). *War and Government in Habsburg Spain 1560-*

*1620*. London: Athlone Press.

_____(1982). "Crown and Cortes in Castile, 1590-1665", *Parlements, Estates and Representation* 2, pp.29~45.

Thompson, William R. (1988). *On Global War. Historical-Structural Approaches to World Politics*. Columbia, South Carolina: University of South Carolina Press.

Thompson, William R. and Gary Zuk (1986). "World Power and the Strategic Trap of Territorial Commitments", *International Studies Quarterly* 30, pp.249~267.

Tilly, Charles (1983). "Flows of Capital and Forms of Industry in Europe, 1500-1900", *Theory and Society* 12, pp.123~143.

_____(1984). "Demographic Origins of the European Proletariat", ed. David Levine, *Proletarianization and Family Life*. Orlando, Florida: Academic Press.

_____(1985a). "War and the Power of Warmakers in Western Europe and Elsewhere", eds. Peter Wallensteen, Johan Galtung and Carlos Portales, *Global Militarization*. Boulder, Colorado: Westview.

_____(1985b). "War Making and State Making as Organized Crime", eds. Peter Evans, Dietrich Rueschemeyer and Theda Skocpol, *Bringing the State Back In*. Cambridge: Cambridge University Press.

_____(1986). *The Contentious French*. Cambridge: Belknap.

Tilly, Charles, Louise A. Tilly and Richard Tilly (1975). *The Rebellions Century, 1830-1930*. Cambridge: Harvard University Press.

Tilly, Louise A. (1971). "The Food Riot as a Form of Political Conflict in France", *Journal of Interdisciplinary History* 2, pp.23~57.

Timberlake, Michael ed. (1985). *Urbanization in the World-Economy*. Orlando, Florida: Academic Press.

Torres i Sans, Xavier (1988). "Guerra privada y bandolerismo en la Cataluña del Barraco", *Historia Social* 1, pp.5~18.

Torsvik, Per ed. (1981). *Mobilization, Center-Periphery Structures and Nation-Building. A Volume in Commemoration of Stein Rokkan*. Bergen:

Universitetsforlaget.

Tracy, James D. (1985). *A Financial Revolution in the Habsburg Netherlands. Renten and Renteniers in the County of Holland, 1515-1565*. Berkeley, California: University of California Press.

Treasure, Geoffrey (1985). *The Making of Modern Europe 1648-1780*. London: Methuen.

Trexler, Richard C. (1980). *Public Life in Renaissance Florence*. New York: Academic Press.

Trotsky, Leon (1965). *History of the Russian Revolution*, 2 vols. London: Gollancz.

Tucci, Ugo (1981). "Entre Orient et Occident: L'Age vénitien des épices", *Actes du Colloque Franco-Polonais d'Histoire*. Nice: Laboratoire d'Histoire Quantitative, Université de Nice.

Turner, Bryan S. (1988). "Religion and State Formation: A Commentary on Recent Debates", *Journal of Historical Sociology* 1, pp.322~333.

Ultee, Maarten ed. (1986). *Adapting to Condition. War and Society in the Eighteenth Century*. Alabama: University of Alabama Press.

Urlanis, B. Ts. (1960). *Voin'i i narodo-naselenie Evrop'i*. Moscow: Izdatel'srvo Sotsial'no-ekonomicheskoy literatur'i.

Van Creveld, Martin (1977). *Supplying War. Logistics from Wallenstein to Patton*. Cambridge: Cambridge University Press.

_____ (1989). *Technology and War From 2000 B.C. to the Present*. New York: Free Press.

Vaner, Semih (1987). "The Army", eds. Irvin C. Schick and Ertugrul Ahmet Tonak, *Turkey in Transition: New Perspectives*. New York: Oxford University Press.

Verhulst, Adriaan (1989). "The Origins of Towns in the Low Countries and the Pirenne Thesis", *Past and Present* 122, pp.3~35.

Vilar, Pierre (1962). *La Catalogne dans l'Espagne moderne. Recherches sur les fondements économiques des structures nationales*, 3 vols. Paris: SEVPEN.

von Greyerz, Kaspar (1989). "Portuguese conversos on the Upper Rhine and the converso community of sixteenth-century Europe", *Social History* 14, pp.59~82.

Vovelle, Michel ed.(1987). *Bourgeoisies de province Revolution*. Grenoble: Presses Universitaires de Grenoble.

Vries, Jan de(1973). "On the Modernity of the Dutch Republic", *Journal of Economic History* 33, pp.191~202.

_____(1974). *The Dutch Rural Economy in the Golden Age, 1500-1700*. New Haven, Connecticut: Yale University Press.

_____(1976). *The Economy of Europe in an Age of Crisis, 1600-1750*. Cambridge: Cambridge University Press.

_____(1978). "Barges and Capitalism. Passenger transportation in the Dutch economy, 1632-1839", *A. A. G. Bijdragen* 21, pp.33~398.

_____(1984). *European Urbanization, 1500-1800*. Cambridge: Harvard University Press.

Wakeman, Jr., Frederic(1985). *The Great Enterprise. The Manchu Reconstruction of Imperial Order in Seventeenth-Century China*, 2 vols. Berkeley, California: University of California Press.

Waldmann, Peter(1989). *Ethnischer Radikalismus. Ursachen und Folgen gewaltsamer Minderheitenkonflikte*. Opladen: Westdeutscher Verlag.

Waley, Daniel(1969). *The Italian City-Republics*, World University Library. New York: McGraw-Hill.

Walker, Mack(1971). *German Home Towns. Community, State, and General Estate 1648-1871*. Ithaca, New York: Cornell University Press.

Wallensteen, Peter, Johan Galtung and Carlos Portales eds.(1985). *Global Militarization*. Boulder, Colorado: Westview.

Wallerstein, Immanuel(1974~1988). *The Modern World System*, 3 vols. New York and Orlando, Florida: Academic Press.

_____(1979). *The Capitalist World-Economy*. Cambridge: Cambridge University Press.

Waltz, Kenneth N.(1979). *Theory of International Politics*. New York: Random House.

_____(1988). "The Origins of War in Neorealist Theory", *Journal of Interdisciplinary History* 18, pp.615~628.

Watkins, Susan Cotts (1989). *From Provinces into Nations*. Princeton, New Jersey: Princeton University Press.

Watson, J. Steven (1960). *The Reign of George III, 1760-1815*, Oxford History of England vol.12. Oxford: Clarendon Press.

Webber, Carolyn and Aaron Wildavsky (1986). *A History of Taxation and Expenditure in the Western World*. New York: Simon & Schuster.

Weber, Max (1972). *Wirtschaft und Gesellschaft*, 5th ed. Tübingen: Mohr.

Wedgewood, C. V. (1964)[1938]. *The Thirty Years War*. London: Jonathan Cape.

Wendt, Alexander E. (1987). "The Agent-Structure Problem in International Relations Theory", *International Organization* 41, pp.335~370.

Werner, Ernst (1985). *Die Geburt einer Grossmacht - die Osmanen (1300-1481)*. Vienna: Böhlhaus.

Wheatcroft, Andrew (1983). *The World Atlas of Revolutions*. London: Hamish Hamilton.

Whitney, Joseph B. R. (1970). *China: Area, Administration, and Nation Building*, Research Paper no.123. Chicago: Department of Geography, University of Chicago.

Wickham, Chris (1988). "The Uniqueness of the East", eds. Jean Baechler, John A. Hall and Michael Mann, *Europe and the Rise of Capitalism*. Oxford: Basil Blackwell.

Wijn, J. W. (1970). "Military Forces and Warfare 1610-1648", ed. J. P. Cooper, *The New Cambridge Modern History. vol.4: The Decline of Spain and the Thirty Years War, 1609-48/59*. Cambridge: Cambridge University Press.

Wilkenfeld, Jonathan ed. (1973). *Conflict Behavior and Linkage Politics*. New York: David McKay.

Wilson, Charles (1968). *The Dutch Republic and The Civilisation of the Seventeenth Century*, World University Library. New York: McGraw-Hill.

Winberg, Christer (1978). "Population Growth and Proletarianization. The Transformation of Social Structures in Rural Sweden During the Agrarian

Revolution", ed. Sune Akerman, *Chance and Change. Social and Economic Studies in Historical Demography in the Baltic Area*. Odense: Odense University Press.

Winter, J. M. (1986). *The Great War and the British People*. Cambridge: Harvard University Press.

Win, Peter-Christian ed. (1987). *Wealth and Taxation in Central Europe*. Leamington Spa: Berg.

Wong, R. Bin. (1983). "Les émeutes de subsistances en Chine et en Europe Occidentale", *Annales; Economies, Sociétés, Civilisations* 38, pp.234~258.

Wong, R. Bin. and Peter C. Perdue (1983). "Famine's Foes in Ch'ing China", *Harvard Journal of Asiatic Studies* 43, pp.291~332.

Wright, Quincy (1965). *A Study of War*, Revised ed. Chicago, Illinois: University of Chicago Press.

Wrigley, E. A. (1969). *Population and History*. New York: McGraw-Hill.

Wrigley, E. A. and R. S. Schofield (1981). *The Population History of England, 1541-1871. A Reconstruction*. Cambridge: Harvard University Press.

Wyczanski, Andrzej (1981). "La frontière de l'unité européenne au XVIème siècle: Liens - cadres - contenu", *Actes du Colloque Franco-Polonais d'Histoire*. Nice: Laboratoire d'Hisroire Quantitative, Université de Nice.

Wyrobisz, Andrezej (1989). "Power and Towns in the Polish Gentry Commonwealth: The Polish-Lithuanian State in the 16th and 17th Centuries", *Theory and Society* 18, pp.611~630.

Young, Alma H. and Dian E. Phillips eds. (1986). *Militarization in the Non-Hispanic Caribbean*. Boulder, Colorado: Lynne Rienner.

Zagorin, Perez (1982). *Rebels and Rulers, 1500-1660*, 2 vols. Cambridge: Cambridge University Press.

Zimmerman, Ekkart (1983). *Political Violence, Crises and Revolutions*. Cambridge: Schenkman.

Zinnes, Dina (1980). "Why War? Evidence on the Outbreak of International Conflict", ed. Ted Robert Gurr, *Handbook of Political Conflict*. New York: Free Press.

Zolberg, Aristide (1968). "The Structure of Political Conflict in the New States of Tropical Africa", *American Political Science Review* 62, pp.70~87.

_____ (1978). "Belgium", ed. Raymond Grew, *Crisis of Political Development in Europe and the United States*. Princeton, New Jersey: Princeton University Press.

_____ (1980). "Strategic Interactions and the Formation of Modern States: France and England", *International Social Science Journal* 32, pp.687~716.

_____ (1981). "International Migrations in Political Perspective", eds. Mary M. Kritz, Charles B. Keely and Silvano M. Tomasi, *Global Trends in Migration. Theory and Research on International Population Movements*. Staten Island, New York: Center for Migration Studies.

_____ (1987). "Beyond the Nation-State: Comparative Politics in Global Perspective", eds. Jan Berring and Wim Blockmans, *Beyond Progress and Development. Macro-Political and Macro-Societal Change*. Aldershot: Avebury.

# 찾아보기